汽车发动机构造与维修

主　编　王　敏　程　俊　蒋红波
副主编　童　亮
参　编　李小伟　杨会锋　张扬帆　何　威

北京理工大学出版社
BEIJING INSTITUTE OF TECHNOLOGY PRESS

内容提要

本书以基于工作过程和工作活动为目标的行动导向典型工作任务学习方法进行设计，结合实践应用，系统阐述了汽车发动机各部分的构造与故障诊断与排除过程，主要包括概述、曲柄连杆机构、配气机构、冷却系统、润滑系统、汽油机燃料供给系统、柴油机燃料供给系统、发动机修理工艺。本书既可作为高职高专院校汽车专业教学用书，也可作为汽车维修专业技术人员的培训教材和参考书。

图书在版编目（CIP）数据

汽车发动机构造与维修/王敏，程俊，蒋红波主编．—北京：北京理工大学出版社，2018.8（2020.8 重印）

ISBN 978－7－5682－6091－6

Ⅰ.①汽…　Ⅱ.①王…②程…③蒋…　Ⅲ.①汽车－发动机－构造－高等学校－教材②汽车－发动机－车辆修理－高等学校－教材　Ⅳ.①U472.43

中国版本图书馆 CIP 数据核字（2018）第 185243 号

出版发行／北京理工大学出版社有限责任公司
社　　址／北京市海淀区中关村南大街 5 号
邮　　编／100081
电　　话／（010）68914775（总编室）
　　　　　（010）82562903（教材售后服务热线）
　　　　　（010）68948351（其他图书服务热线）
网　　址／http：//www. bitpress. com. cn
经　　销／全国各地新华书店
印　　刷／三河市天利华印刷装订有限公司
开　　本／787 毫米×1092 毫米　1/16
印　　张／18.5
字　　数／435 千字
版　　次／2018 年 8 月第 1 版　2020 年 8 月第 3 次印刷
定　　价／48.00 元

责任编辑／多海鹏
文案编辑／多海鹏
责任校对／周瑞红
责任印制／李　洋

前　　言

本书根据职业教育的课程改革方向，以项目为主体，根据就业岗位的实际要求出发，参照相关的职业资格标准，结合学生创新能力的培养和职业道德方面的要求，提出教学目标并组织教学内容。本书以基于工作工程和工作活动为目标的行动导向典型工作任务学习方法进行设计，整个学习领域由八个项目组成。

本书由湖北工程职业学院王敏、黄冈职业技术学院程俊、武汉商贸职业学院蒋红波任主编，湖北工程职业学院童亮任副主编。参加本书编写工作的还有李小伟、杨会锋、张扬帆、何威等。湖北工程职业学院王青云教授对本书内容进行了审查。

本书在编写过程中得到了黄石大桥汽车服务有限公司、黄石德众汽车销售服务公司、黄石全柴腾达汽车销售服务有限公司、黄石恒信德龙汽车销售服务有限公司的大力支持与帮助，谨此致谢。

由于编者水平有限，书中难免有疏漏错误之处，恳请广大读者批评指正。

编　者

目　　录

项目一
概　　述

课程情景导入：

假期刚刚结束，在放假前小刘学过了汽车保养和汽车文化等专业基础课。小刘在暑假逛了几次车展，每次逛车展他都向爸爸解释各个汽车品牌的历史以及汽车各部分的名称，连旁边导购的服务员都说他很专业。可有一次爸爸问他发动机是怎么发展而来的，小刘却不知道从哪里说起，所以小刘就带着这个问题回到了学校。各位同学，相信你学过这个项目后就可以帮小刘回答了。

任务一 汽车发动机概述

发动机是汽车的“心脏”。汽车的发展与发动机的进步有着直接的联系。图1－1所示为现代汽车的发动机。

图1－1 现代汽车的发动机

18世纪中叶，瓦特发明了蒸汽机，此后人们开始设想把蒸汽机装到车子上载人。法国的居纽（N. J. Cugnot）是第一个将蒸汽机装到车子上的人。1770年，居纽制作了一辆三轮蒸汽机车，这辆车全长7.23m，速度为3.5km/h，是世界上第一辆蒸汽机车。如图1－2所示。

图1－2 早期蒸汽机汽车

1858年，定居在法国巴黎的里诺发明了煤气发动机，并于1860年申请了专利。发动机用煤气和空气的混合气体取代往复式蒸汽机的蒸汽，使用电池和感应线圈产生电火花，用电火花将混合气点燃爆发。这种发动机包括气缸、活塞、连杆和飞轮等。

1867年，德国人奥托（Nicolaus August Otto）受里诺研制煤气发动机的启发，对煤气发动机进行了大量的研究，制作了一台卧式气压煤气发动机，如图1－3所示，后经过改进，于1878年在法国举办的国际展览会上展出了他制作的样品。由于该发动机工作效率高，引起了参观者极大的兴趣。在长期的研究过程中，奥托提出了内燃机的四冲程理论，如图1－4

所示，为内燃机的发明奠定了理论基础。德国人奥姆勒和卡尔·本茨根据奥托发动机的原理，各自研制出具有现代意义的汽油发动机，为汽车的发展铺平了道路。

图 1-3 奥托于 1876 年发明的四冲程内燃机

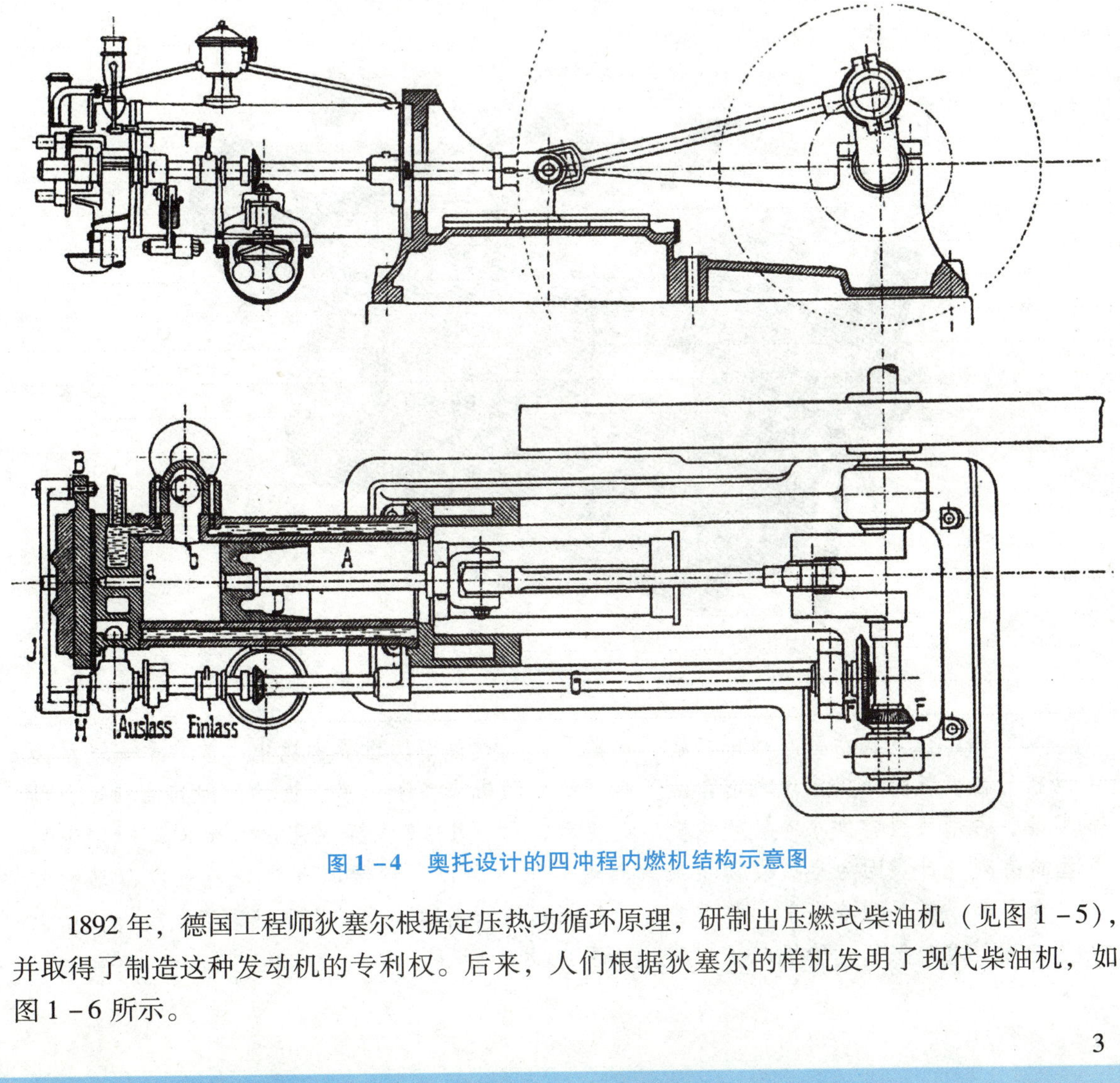

图 1-4 奥托设计的四冲程内燃机结构示意图

1892 年，德国工程师狄塞尔根据定压热功循环原理，研制出压燃式柴油机（见图 1-5），并取得了制造这种发动机的专利权。后来，人们根据狄塞尔的样机发明了现代柴油机，如图 1-6 所示。

图 1-5　狄塞尔于 1893 年第一次实验时所用的样机

图 1-6　现代柴油机

小故事：往复式活塞发动机在第一次世界大战和第二次世界大战中大放异彩——星型发动机。在喷气发动机出现之前，活塞式飞机发动机大多采用星型设计，因其曲轴短，结构紧凑，占用飞机空间小而被舰载机广泛使用，如图 1-7 所示，当时其余发动机则采用 V 型或直列设计。因为星型发动机最大转速较低，所以不需要减速齿轮就可以驱动螺旋桨，但是为了满足风冷需求，整个发动机前部都裸露出来，造成的飞机风阻比较大，所以对于速度要求较低的运输机广泛采用，如图 1-8 所示。

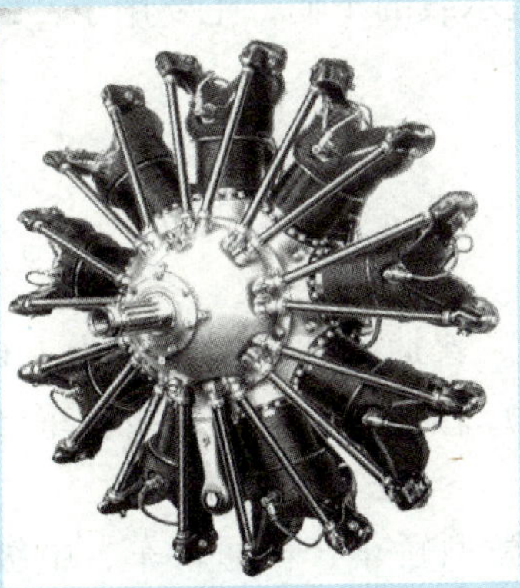

图 1－7 星型发动机示意图

图 1－8 BMW 132 星型发动机应用在汉莎订购的 Ju52 飞机上

1957 年，德国人汪克尔发明了转子活塞发动机，这是汽油发动机发展的一个重要分支。转子发动机的特点是利用内转子圆外旋轮线和外转子圆内旋轮线相结合的机构，无曲轴连杆和配气机构，可将三角活塞运动直接转换为旋转运动。它的零件数比往复活塞式汽油少 40%，质量轻、体积小、转速高、功率大。1958 年，汪克尔将外转子改为固定转子为行星运动，制成功率为 22.79kW、转速为 5 500r/min 的新型旋转活塞发动机。该发动机具有重要的开发价值，因而引起各国的重视。后来日本东洋公司（马自达公司）买下了转子发动机的样机，将转子发动机装在汽车上并量产。转子发动机体积小、质量轻，方便布置，如图 1－9 所示。

图 1－9 转子发动机

任务二 汽车分类和组成

学习目标

（1）汽车按传统习惯分为哪几类。
（2）高、中、低档汽车如何分类。
（3）汽车由哪几个部分组成。

相关知识

我国国家最新标准《汽车和挂车类型的术语和定义》（GB/T 3730.1—2001）中对汽车

有如下定义：由动力驱动，具有4个或4个以上车轮的非轨道承载的车辆，主要用于：载运人员和（或）货物；牵引载运人员和（或）货物的车辆。

一、汽车的分类

1. 国内分类原则

按照中国大陆标准划分为：微型轿车（排量为1L以下）、普通级轿车（排量为1.0～1.6L）、中级轿车（排量为1.6～2.5L）、中高级轿车（排量为2.5～4.0L）和高级轿车（排量为4L以上）。

过去我国是以发动机排量来衡量轿车的等级，由此分为微型轿车、普通轿车、中级轿车、中高级轿车和高级轿车几类。在某些时候的通俗分类法是以价格为主、技术规格为辅。将20万元以上的轿车视为中高级轿车；15万～20万元为中级轿车；10万元左右或10万～15万元为普通级轿车；10万元以下为微型轿车或经济型轿车。

2. 国外分类原则

1）德国A、B、C、D轿车分级标准

按照德国的汽车分级标准，A级（包括A0、A00）车是指小型轿车；B级车是中档轿车；C级车是高档轿车；而D级车则指的是豪华轿车。其等级划分主要依据轴距、排量和重量等参数，字母顺序越靠后，该级别车的轴距越长，排量和重量越大，轿车的豪华程度也不断提高。资料显示，A00级轿车的轴距应在2.1～2.4m，发动机排量小于1L，例如奥拓就属于A00级轿车；A0级轿车的轴距为2.4～2.55m，排量为1～1.3L，比较典型的是两厢比亚迪F0、长安奔奔、铃木奥拓轿车；一般所说的A级车，其轴距范围在2.4～2.6m，排量在1.3～1.6L，一汽大众的捷达、上海大众的POLO、本田飞度、丰田致炫等都算得上是A级车当中的明星；B级中档轿车轴距在2.6～2.8m，排量为1.6～2.4L，在某些时候，B级车市场逐渐成为国内汽车企业拼杀的主战场，日系中的凯美瑞、天籁、雅阁、德系的帕萨特和迈腾、美系的别克君威、福特蒙迪欧、吉利博瑞和荣威950等众多车型均属于B级车的阵营；C级高档轿车的轴距在2.8～3.0m，发动机排量为2.3～3.0L；D级豪华轿车大多外形气派，车内空间极为宽敞，发动机动力也非常强劲，其轴距一般均大于3m，排量基本都在3.0L以上，在某些时候我们常见的D级车有宝马7系（见图1－10）、奔驰S系列（见图1－11）和奥迪A8。

图1－10　新款宝马7系—D级

图1－11　新款奔驰S级—D级

当然，随着车型的增加以及价格、款式、配置的选择越来越多样化，A级、B级和C级车的边缘化也会越来越多。例如，有些车型或许轴距属于A级车范围，而排量与价格却与B

级车相差无几。因此，轿车分级不应过于僵化死板，需灵活处理。

2）美国汽车分类

对于美系分类标准，可从通用汽车公司的分类中略见一斑。通用公司一般将轿车分为6级，它是综合考虑了车型尺寸、排量、装备和售价之后得出的分类。它的Mini级别相当于我国的微型轿车；我国的普通型轿车在通用的分类中可找到2个级别，即Small和LowMed；各家只对中级轿车的分类标准比较一致，即中级轿车Interm（B级）；中高级轿车即Upp－med，在我国相当于近几年涌现最多、销售最畅的奥迪、别克和雅阁等新型车；高级轿车相对应的是Large/Lux级别。

按照功能性划分：房车、旅行/轿车、轿跑车、跑车和敞篷车等车型。按照车型布置划分：四门五座、五门掀背、双门双座和双门五座软顶等。

3. 根据轿车结构的分类

（1）普通轿车：车身为封闭式，侧窗中柱可有可无，车顶为固定式、刚性结构，有的车顶可部分开启；座位至少有两排座，有四个或四个以上座位；有两个或四个侧门，也可有一个后门；有四个车窗（侧窗）。

（2）高级轿车：车身为封闭式，前后排座之间可设有隔板；车顶为固定式、刚性结构，有的车顶可部分开启；至少有两排座，有四个或四个以上座位，在后排座的前面可安装折叠式座椅；有四个或六个侧门，也可有一个后门；有四个或四个以上侧窗。

（3）旅行轿车，如图1－12所示：车身为封闭式，车身后部形状按提供较大的内部空间设计；车顶为固定式、刚性结构，有的车顶部分开启；至少有两排座，有四个或四个以上座位，一排或多排座椅，可拆除或装有向前折叠的靠背，以提供装货平台；有两个或四个侧门和一个后门；有四个或四个以上的侧窗。

图1－12　帕萨特旅行版

（4）活顶轿车，如图1－13所示：车身侧围框架为固定式、刚性结构；车顶为篷布或金属硬顶，能够折叠或移动；至少有一排座，有两个以上座位；有两个或四个侧门；有两个或两个以上侧窗。

图1－13　捷豹新款敞篷车

4. 新能源汽车分类原则

新能源汽车一般来说是指采用非常规的车用燃料（汽油、柴油）作为动力来源，或是使用常规的车用燃料而采用新型车载动力装置的汽车。

新能源汽车覆盖的范围很广，电动汽车、氢能源动力汽车、太阳能汽车、替代能源（天然气、乙醇等）汽车等都可以看作是新能源汽车。

现在谈到新能源汽车，很多时候大家所指的都是电动车，甚至有的干脆将新能源汽车与电动汽车画等号。

电动汽车再往下分可分为纯电动汽车（Electric Vehicle，EV），以特斯拉为代表，如图 1 – 14 所示；混合动力汽车（Hybrid Electric Vehicle，HEV），以卡罗拉双擎为代表，如图 1 – 15 所示；还有燃料电池汽车，以丰田氢燃料电池汽车为代表，如图 1 – 16 所示。

图 1 – 14　特斯拉轿车 MODEL – X

图 1 – 15　卡罗拉双擎

图 1 – 16　丰田氢能源的 Mirai（中文释义：未来）

而混合动力汽车，大家一般都愿意将它看作是过渡时期的东西，因为纯电动汽车是未来方向之一，但是目前技术上尤其是电池技术上一直没有革命性的突破，所以混合动力有一个过渡时期的空间。

麦肯锡的电动汽车报告对汽车动力进行了总结，可以视为目前市场上主要的新能源汽车种类汇总，如表 1 – 1 所示。

表 1－1　新能源汽车种类汇总

归为电动车　✓主要　✓次要

				动力		能量来源		
				内燃机	电动机	内燃机	插电（为电池充电）	燃料电池
内燃机汽车	ICE（Internal Combustion Engine）	大众高尔夫	只用发动机驱动汽车	✓		✓		
油电混合动力车	HEV（Hybrid Electric Vehicle）	丰田普锐斯 PRIUS	使用发动机和/或电动机驱动汽车，以能量回收方式为电池充电	✓	✓	✓		
插电式混合动力车	PHEV（Plug－in Hybrid Electric Vehicle）	比亚迪秦	使用发动机和/或电动机驱动汽车，以插电方式为电池充电	●—✓—●		✓	✓	
增程式电动车	REEV（Range Extended Electric Vehicle）	BMW i3 增程式	只用电动机驱动汽车，以内燃机和插电方式为电池充电		✓	✓	✓	目前试验中
充电式纯电动车	BEV（Battery Electric Vehicle）	尼桑聆风 LEAF，特斯拉	只用电动机驱动汽车，以插电方式为电池充电		✓		✓	
燃料电池电动车	FCEV（Fuel Cell Electric Vehicle）		只用电动机驱动汽车，以氢燃料经电化学反应产生的电能为动力源		✓		✓	✓

二、汽车的组成

汽车的各组成部分如图 1－17 所示。

1. 发动机

发动机是汽车的动力装置。其作用是使燃料燃烧产生动力，然后通过底盘的传动系统驱动车轮使汽车行驶。发动机主要有汽油机和柴油机两种。汽油发动机由曲柄连杆机构、配气机构和燃料供给系统、冷却系统、润滑系统、点火系统和起动系统组成。柴油发动机的点火方式为压燃式，所以无点火系统。

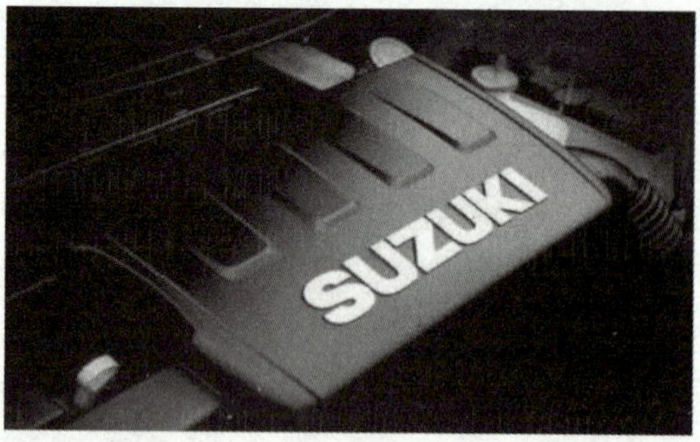

(a)

(b)

(c)

(d)

图 1－17　汽车的四大组成

(a) 发动机；(b) 底盘；(c) 车身；(d) 电气设备

2. 底盘

底盘的作用是支撑、安装汽车发动机及其各部件、总成，形成汽车的整体造型，并接受发动机的动力，使汽车产生运动，保证正常行驶。底盘由传动系统、行驶系统、转向系统和制动系统四部分组成。

3. 车身

车身安装在底盘的车架上，用于驾驶员、旅客乘坐或装载货物。轿车、客车的车身一般都是整体式结构，货车车身一般是由驾驶室和货箱两部分组成的。

4. 电气设备

电气设备由电源和用电设备两大部分组成。电源包括蓄电池和发电机；电气设备包括发动机的起动系统、汽油机的点火系统和其他用电装置。

小提示： 汽车发动机是为汽车提供动力的装置，是汽车的心脏，决定着汽车的动力性、经济性和环保性。根据动力来源不同，汽车发动机可分为柴油发动机、汽油发动机、电动汽车电动机以及混合动力机等。

任务三　发动机分类和常用术语

学习目标

发动机的分类方法。

相关知识

一、发动机分类

内燃机的分类方法很多，按照不同的分类方法可以把内燃机分成不同的类型，下面让我们来看看内燃机是怎样分类的。

1. 按照所用燃料分类

内燃机按照所使用燃料的不同可以分为汽油机和柴油机。使用汽油为燃料的内燃机称为汽油机，如图 1－18 所示；使用柴油为燃料的内燃机称为柴油机。汽油机与柴油机比较各有特点：汽油机转速高，质量小，噪声小，起动容易，制造成本低；柴油机压缩比大，热效率高，经济性能和排放性能都比汽油机好。

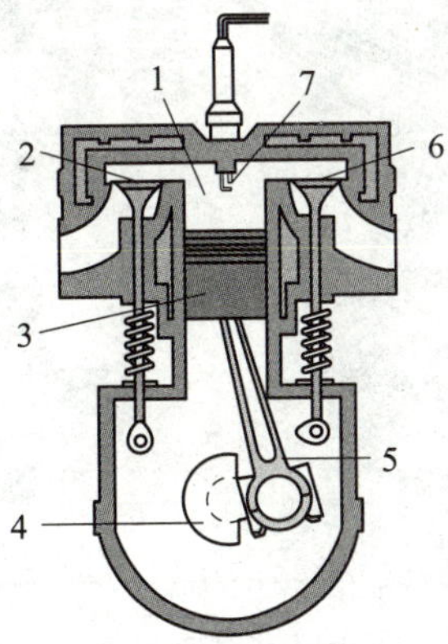

图 1－18　汽油机构造

1—气缸；2—进气门；3—活塞；4—曲轴；5—连杆；6—排气门；7—火花塞

2. 按照行程分类

内燃机按照完成一个工作循环所需的行程数可分为四行程内燃机（见图 1－19）和二行程内燃机（见图 1－20）。把曲轴转两圈（720°），活塞在气缸内上下往复运动四个行程，完成一个工作循环的内燃机称为四行程内燃机；而把曲轴转一圈（360°），活塞在气缸内上下往复运动两个行程，完成一个工作循环的内燃机称为二行程内燃机。汽车发动机广泛使用四行程内燃机。

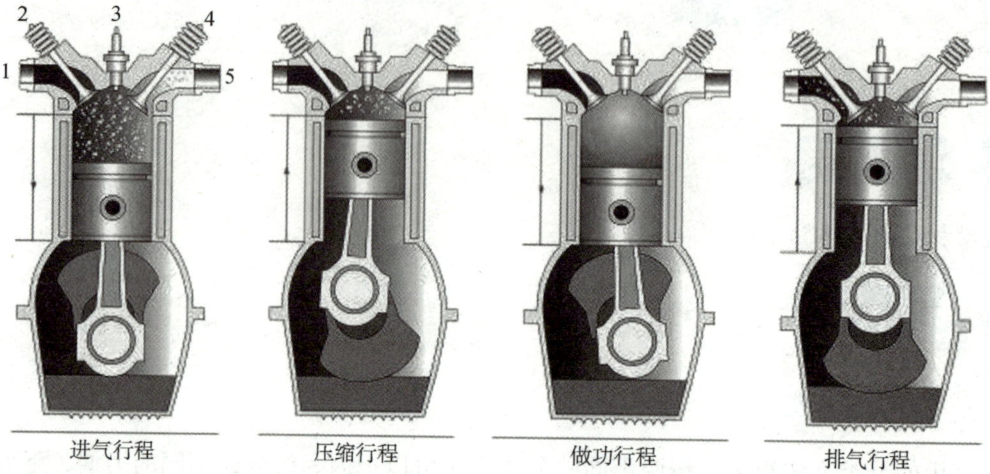

图 1－19　四行程汽油发动机工作原理

1—排气道；2—排气气门；3—火花塞；4—进气气门；5—进气道

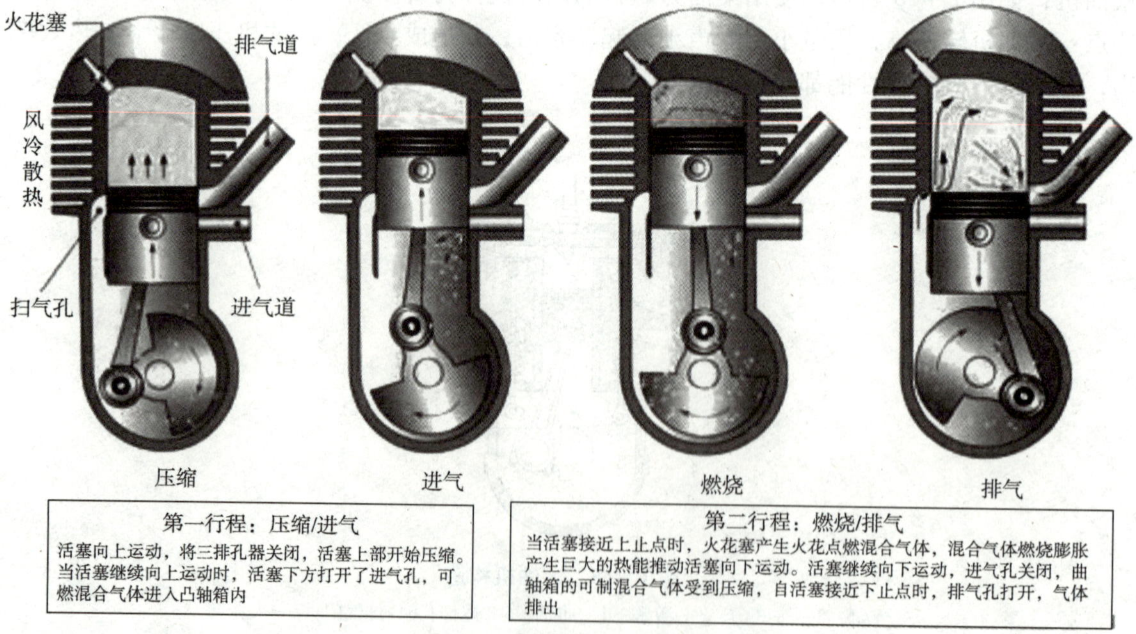

图 1－20　二行程汽油发动机工作原理图

3. 按照冷却方式分类

内燃机按照冷却方式不同可以分为水冷发动机和风冷发动机，如图 1－21 所示。水冷发动机是利用在气缸体和气缸盖冷却水套中进行循环的冷却液作为冷却介质进行冷却的；而风冷发动机是利用流动于气缸体与气缸盖外表面散热片之间的空气作为冷却介质进行冷却的。水冷发动机冷却均匀，工作可靠，冷却效果好，被广泛应用于现代车用发动机。

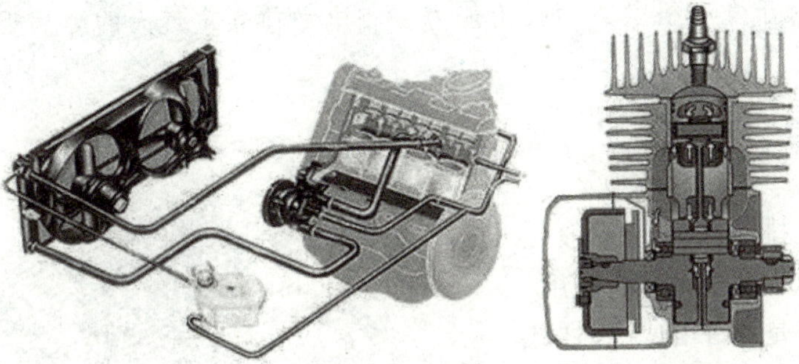

（a）　　（b）

图 1－21　水冷和风冷发动机

（a）水冷；（b）风冷

4. 按照气缸数目分类

内燃机按照气缸数目不同可以分为单缸发动机和多缸发动机，仅有一个气缸的发动机称为单缸发动机；有两个及两个以上气缸的发动机称为多缸发动机，如双缸、三缸（见图 1－22）、四缸（见图 1－23）、五缸、六缸（见图 1－24）、八缸、十二缸等发动机都是多缸发动机。现代车用发动机多采用四缸、六缸、八缸发动机。

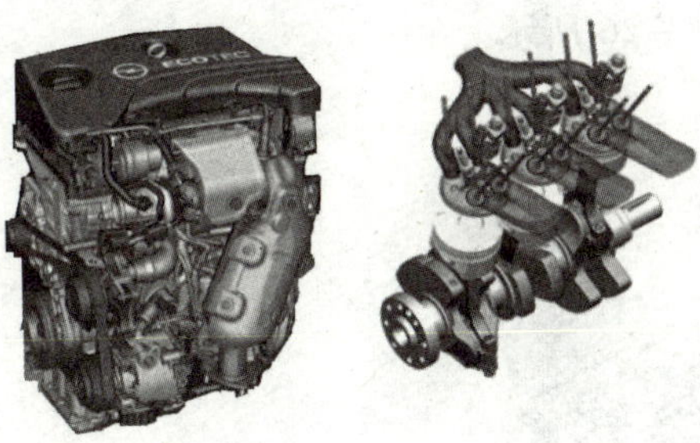

图 1－22　三缸发动机

图 1－23　四缸发动机

图 1－24　六缸发动机

新动态：过去的三缸发动机具有马力小、噪声大、有抖动等几大缺点，但如今采用偏心式的飞轮，在皮带轮、齿轮上下功夫，又或者加装平衡轴来平衡惯性扭矩，通过平衡轴的反向转动（相对发动机曲轴的转动方向而言）来减少发动机运行时的振动，这些都能使得三缸发动机在减振方面向四缸机靠近。为了给发动机降噪，工程师们可谓想尽了方法，比如优化对声振源的控制，在里面加装各种隔音材料、密封条，将悬置由金属材料改换为树脂材料，都可以提升对于发动机噪声的吸附能力，相比之前噪声过大的弊病现在已经有了明显的提升。

5. 按照气缸排列方式分类

1）单列式发动机

单列式发动机的各个气缸排成一列，一般是垂直布置的，如图1－25所示，但为了降低高度，有时也把气缸布置成倾斜甚至是水平的；双列式发动机把气缸排成两列，若两列之间的夹角小于180°（一般为90°），则称为V型发动机，若两列之间的夹角为180°，则称为水平对置发动机。

图1－25　宝马直列六缸气缸体

汽车发动机是为汽车提供动力的装置，是汽车的“心脏”，决定着汽车的动力性、经济性和环保性。根据动力来源不同，汽车发动机可分为柴油发动机、汽油发动机、电动汽车电动机以及混合动力机等。

2）V型发动机

V型发动机是将所有气缸分为两组，两组气缸以一定夹角布置，使两组气缸形成的一个夹角平面呈V字形，故称“V型”发动机，如图1－26所示。

图1－26　V型发动机爆炸图

因为V型发动机气缸相对直列布局有一定角度，缩短了机体长度和高度，从而可以获得更低的安装位置，有利于获得更低的车身重心，也便于设计师设计出风阻系数更低的车身。同时得益于气缸对向布置，还可以抵消一部分振动，使发动机运转更为平顺。

3）W 型发动机

W 型发动机气缸排列形式呈 W 形排列，如图 1－27 所示，像是两台 V 型发动机拼装在一起，严格来说也应属于 V 型发动机，是 V 型发动机的一个变种。

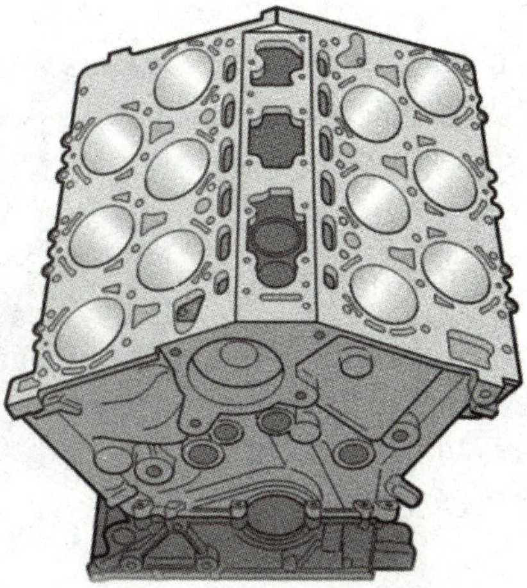

图 1－27　W12 发动机示意图

W 型发动机是德国大众公司的专属发动机技术，是将 V 型发动机的每侧气缸再进行小角度错开，便形成了 W 型发动机的布局。

4）水平对置发动机

水平对置发动机左右两列气缸中心线夹角为 180°（V 型发动机通常为 60°），其最大的优点是重心低，由于它的气缸为“平放”状态，不仅降低了汽车的重心，还能让车头设计得更扁、更低，这些因素都能增强汽车的行驶稳定性。同时水平对置气缸布局是一种对称稳定的结构，这使得发动机的运转平顺性比 V 型发动机更好，运动时的功率耗损也更小，如图 1－28 所示。

图 1－28　水平对置发动机透视图

但是水平发动机的制造成本和工艺难度相当高，所以目前世界上只有保时捷和斯巴鲁两个厂商在使用，如图 1－29 所示。

图 1－29　斯巴鲁水平对置发动机

5）转子发动机

转子发动机与常见的L型、V型等传统气缸式发动机完全不同，传统的气缸发动机在工作时，活塞在气缸内做往复直线运动，为了把活塞的直线运动转化为旋转运动，必须使用曲柄连杆机构。

转子发动机则不同，它直接将可燃气的燃烧膨胀力转化为驱动扭矩，可大大缩小发动机的尺寸，而且振动和噪声较低，具有较大的优势。

6. 按照进气系统是否采用增压方式分类

内燃机按照进气系统是否采用增压方式可以分为自然吸气（非增压）式发动机和强制进气（增压）式发动机，如图1－30所示。汽油机常采用自然吸气式，柴油机为了提高功率有的采用增压式。图1－31所示为涡轮增压器在汽车中的作用方式。

图1－30　丰田汉兰达涡轮增压标识

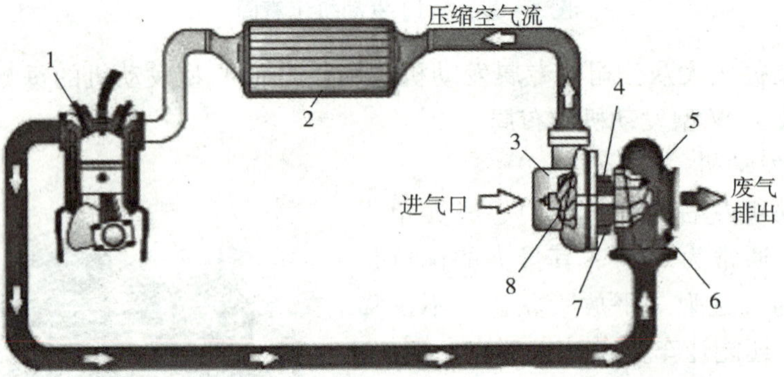

图1－31　涡轮增压器在汽车中的作用方式

1—发动机气缸；2—进气冷却器；3—压缩机；4—涡轮增压器进油口；5—涡轮；6—废气泄放阀；7—出油口；8—压缩机轮

小故事：涡轮增压

究竟是谁发明了涡轮增压一直没有定论，但较为公认的是瑞士的工程师比希，他在1905年申请了涡轮增压的专利。涡轮增压器开始仅应用于飞机和坦克的发动机上，直到1961年美国通用才将其装载在汽车上做试验，真正出现在量产车上是20世纪70年代，这款车是保时捷的911，如图1－32所示，后来萨博将此技术广泛传播。

图1－32　保时捷911是首款搭载涡轮增压器的量产车

二、发动机常用术语

发动机的常用术语如图 1－33 所示。

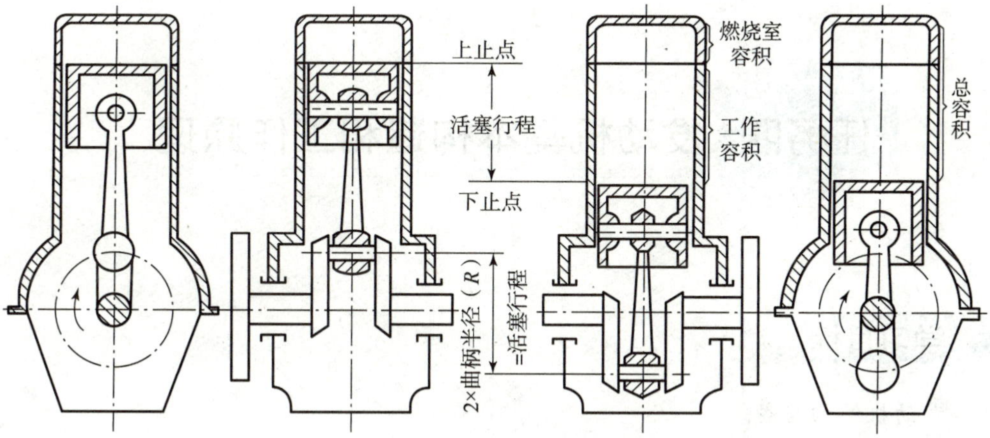

图 1－33　发动机常用术语

1. 上止点

活塞顶部距离曲轴旋转中心线的最远位置称为上止点。

2. 下止点

活塞顶部距离曲轴旋转中心线的最近位置称为下止点。

3. 活塞行程

上、下止点间的距离叫活塞行程。四行程发动机的活塞从上（下）止点到下（上）止点每移动 1 次称为 1 个行程，且每移动 1 个行程，曲轴必须旋转半周（180°）。

4. 燃烧室容积

活塞位于上止点时，活塞顶上方的空间称为燃烧室容积。

5. 气缸工作容积

上、下止点之间气缸的容积称为气缸工作容积。

6. 发动机排量

多气缸发动机各气缸工作容积之和称为发动机排量。

7. 气缸总容积

活塞位于下止点时，活塞顶上方的空间称为气缸总容积。气缸总容积等于气缸工作容积与燃烧室容积之和。

8. 压缩比

气缸总容积与燃烧室容积的比值称为压缩比，压缩比表示气体被压缩的程度。发动机的压缩比，汽油机一般为 6～10，柴油机为 16～22。

9. 工作循环

发动机完成进气、压缩、做功和排气四个行程叫 1 个工作循环。

10. 四行程发动机

曲轴旋转两周（720°），活塞上、下往复运动 4 个行程内完成 1 个工作循环的发动机，称为四行程发动机。

任务四 发动机基本构造和工作原理

学习目标

（1）发动机结构组成。
（2）发动机各个组成部分的作用。
（3）发动机的工作原理。

相关知识

一、基本构造

发动机是一种由许多机构和系统组成的复杂机器。无论是汽油机，还是柴油机；无论是四行程发动机，还是二行程发动机；无论是单缸发动机，还是多缸发动机，要完成能量转换，实现工作循环，保证长时间连续正常工作，都必须具备以下一些机构和系统。

1. 曲柄连杆机构

曲柄连杆机构是发动机实现工作循环、完成能量转换的主要运动零件，如图 1－34 所示。它由机体组、活塞连杆组和曲轴飞轮组等组成。在做功行程中，活塞承受燃气压力在气缸内做直线运动，通过连杆转换成曲轴的旋转运动，并从曲轴对外输出动力。而在进气、压缩和排气行程中，飞轮释放能量又把曲轴的旋转运动转化成活塞的直线运动。

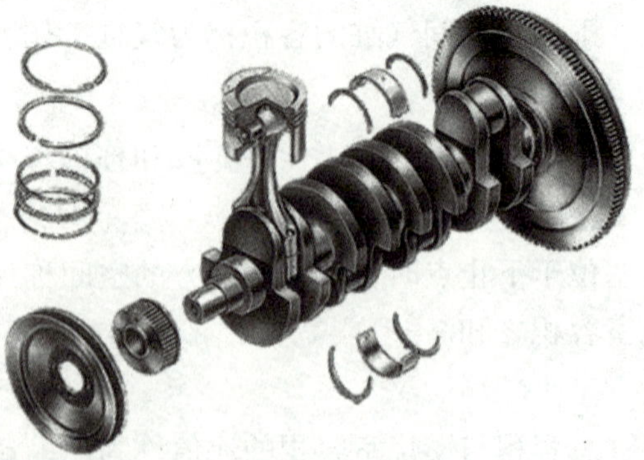

图 1－34　曲柄连杆机构的组成

2. 配气机构

配气机构的功用是根据发动机的工作顺序和工作过程，定时开启与关闭进气门和排气门，使可燃混合气或空气进入气缸，并使废气从气缸内排出，实现换气过程，如图 1－35 所示。配气机构大多采用顶置气门式配气机构，一般由气门组、气门传动组和气门驱动组组成。

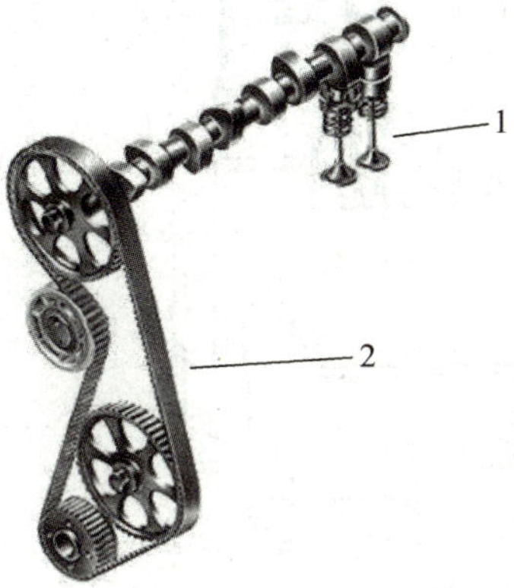

图 1－35　配气机构

1—气门组；2—气门传动组

3. 燃料供给系统

汽油机燃料供给系统的功用是根据发动机的要求，配制出一定数量和浓度的混合气，供入气缸，并将燃烧后的废气从气缸内排到大气中去，如图 1－36 所示；柴油机燃料供给系统的功用是把柴油和空气分别供入气缸，在燃烧室内形成混合气并燃烧，最后将燃烧后的废气排出。

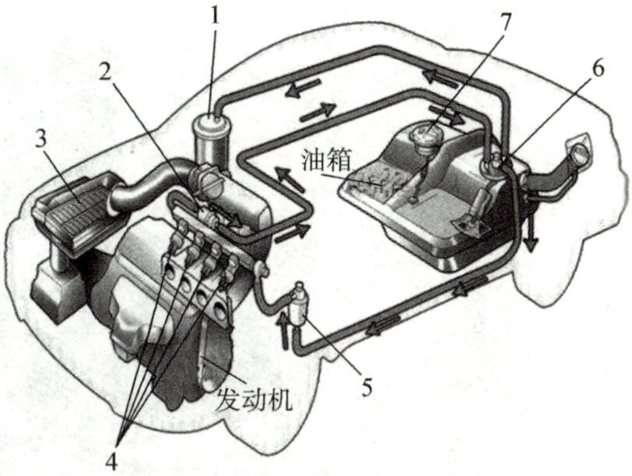

图 1－36　燃油供给系统

1—燃油蒸汽回收罐；2—燃油压力调节器及回油管；3—空气滤芯；4—喷油嘴；5—燃油滤清器；6—燃油泵；7—油量传感器

4. 润滑系统

润滑系统的功用是向做相对运动的零件表面输送定量的清洁润滑油，以实现液体摩擦，减小摩擦阻力，减轻机件的磨损，并对零件表面进行清洗和冷却。润滑系统通常由润滑油道、机油泵、机油滤清器和一些阀门等组成，如图 1－37 所示。

5. 冷却系统

冷却系统的功用是将受热零件吸收的部分热量及时散发出去，保证发动机在最适宜的温度状态下工作。水冷发动机的冷却系统通常由冷却水套、水泵、风扇、水箱、节温器等组成，如图 1－38 所示。

6. 点火系统

无触点电子点火系统主要由点火信号发生器、点火器、点火线圈、分电器和火花塞等组成。与传统点火系统相比，无触点电子点火系统采用点火信号发生器和点火器取代白金触点来控制点火线圈初级电路的接通和开闭，如图 1－39 所示。

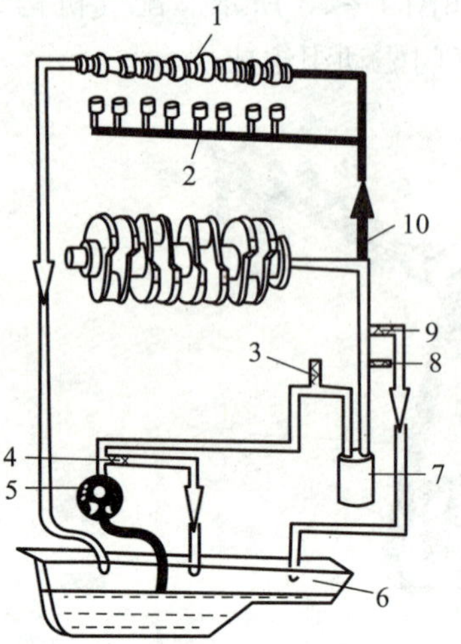

图 1-37　AJR 发动机润滑系统示意图

1—凸轮轴；2—液力挺杆；3—油压开关（25kPa）；4—减压阀；5—机油泵；6—油底壳；
7—润滑油滤清器（带旁通阀）；8—油压开关；9—减压阀；10—止回阀

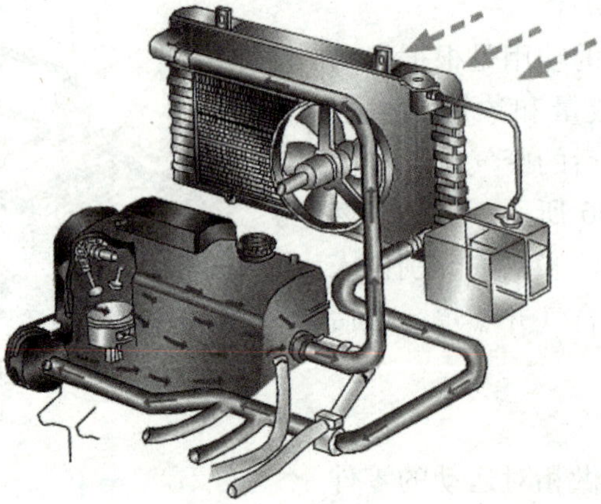

图 1-38　冷却系统

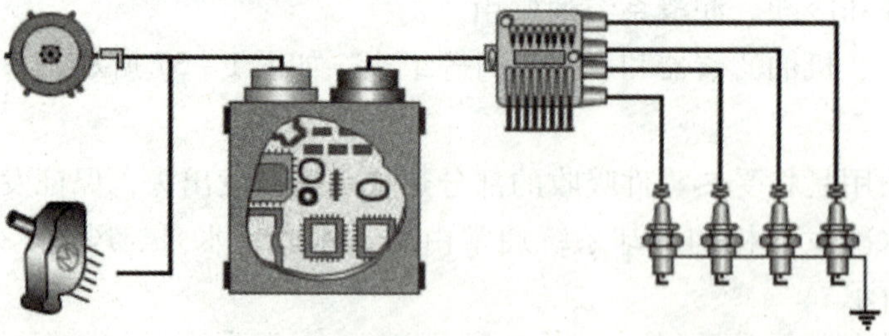

图 1-39　点火系统

无触点电子点火系统按信号发生器的工作原理，可分为磁感应式、霍尔式、光电式及电磁振荡式等。其中磁感应式和霍尔式的应用最为广泛。

7. 起动系统

要使发动机由静止状态过渡到工作状态，必须先用外力转动发动机的曲轴，使活塞做往复运动，气缸内的可燃混合气燃烧膨胀做功，推动活塞向下运动使曲轴旋转，发动机才能自行运转，工作循环才能自动进行。因此，曲轴在外力作用下开始转动到发动机开始自动地怠速运转的全过程，称为发动机的起动。完成起动过程所需的装置称为发动机的起动系统，如图 1－40 所示。

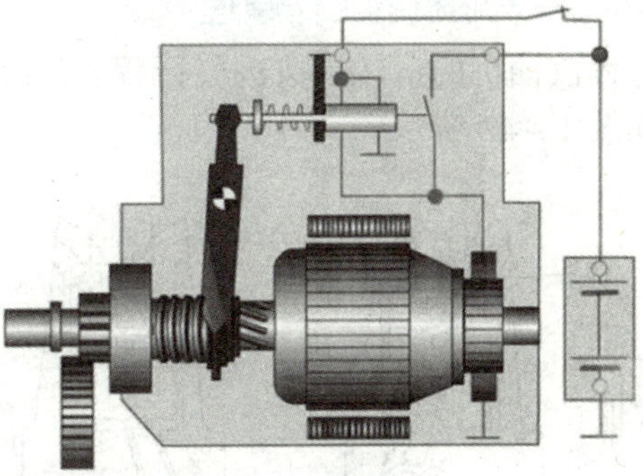

图 1－40 起动系统

小故事：起动机

20 世纪初，起动汽车绝非一件简单的事，并非扭动一下钥匙就可以。当时起动汽车需要搅动曲柄，这是需要很大力气的，一不小心就会被反转的曲柄击伤，有位美国青年就因此丧命。后来，凯迪拉克的总经理利兰决心要找出一种新方法来起动车辆从而避免悲剧再次发生。最终，工程师查尔斯·凯特林发明了起动机，并于 1912 年安装在凯迪拉克车上。如图 1－41 所示。

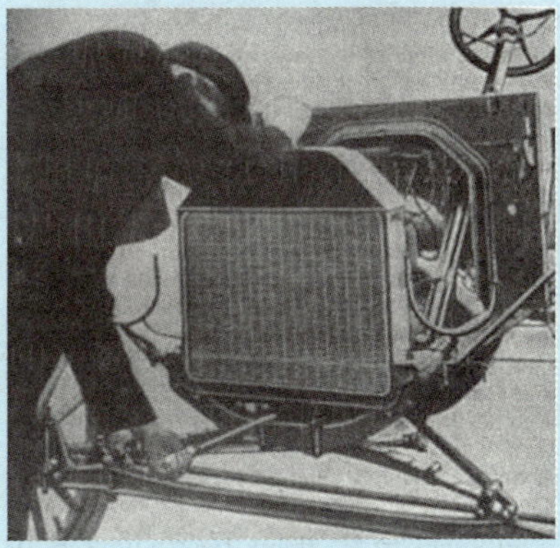

图 1－41 1912 安装于凯迪拉克上的起动机

汽油机由以上两大机构和五大系统组成，即由曲柄连杆机构、配气机构及燃料供给系统、润滑系统、冷却系统、点火系统和起动系统组成；柴油机由以上两大机构和四大系统组成，即由曲柄连杆机构、配气机构及燃料供给系统、润滑系统、冷却系统和起动系统组成，柴油机是压燃的，故不需要点火系统。

二、发动机的工作原理

发动机是一种能量转换机构，它将燃料燃烧产生的热能转变成机械能。那么，它是怎样完成这个能量转换过程的呢？也就是说它是怎样把热能转换成机械能的呢？

要完成这个能量转换必须经过进气，即把可燃混合气（或新鲜空气）引入气缸；然后将进入气缸的可燃混合气（或新鲜空气）压缩，压缩接近终点时点燃可燃混合气（或将柴油高压喷入气缸内形成可燃混合气并引燃）；可燃混合气着火燃烧、膨胀，推动活塞下行实现对外做功；最后排出燃烧后的废气，即经过进气、压缩、做功、排气四个过程。

把这四个过程称作发动机的一个工作循环，工作循环不断地重复，就实现了能量转换，使发动机能够连续运转。把完成一个工作循环，曲轴转两圈（720°），活塞上下往复运动四次的发动机，称为四行程发动机。而把完成一个工作循环，曲轴转一圈（360°），活塞上下往复运动两次的发动机，称为二行程发动机。下面介绍一下四行程发动机的工作原理和工作过程。

1. 四行程汽油机的工作原理

四行程汽油机的运转是按进气行程、压缩行程、做功行程和排气行程的顺序不断循环反复的，如图 1－42 所示。

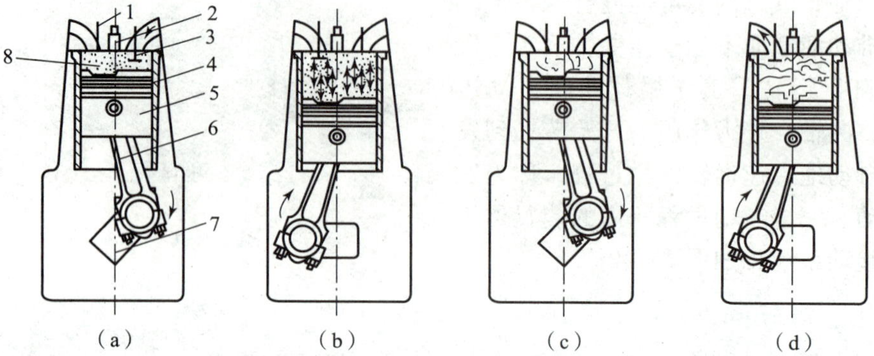

图 1－42　四行程汽油机工作循环示意图

1—排气门；2—火花塞；3—进气门；4—气缸；5—活塞；6—连杆；7—曲轴；8—可燃混合气

1）进气行程

由于曲轴的旋转，活塞从上止点向下止点运动，这时排气门关闭、进气门打开。进气过程开始时，活塞位于上止点，气缸内残存有上一循环未排净的废气，因此，气缸内的压力稍高于大气压力。随着活塞下移，气缸内容积增大，压力减小，当压力低于大气压时，在气缸内产生真空吸力，空气经空气滤清器并与化油器供给的汽油混合成可燃混合气，通过进气门被吸入气缸，直至活塞向下运动到下止点。

在进气过程中，受空气滤清器、化油器、进气管道、进气门等阻力的影响，进气终了时，气缸内气体压力略低于大气压，为 0.075～0.09MPa，同时受到残余废气和高温机件加热的影响，温度达到 370～400K。实际汽油机的进气门是在活塞到达上止点之前打开，并且延迟到下止点之后关闭，以便吸入更多的可燃混合气。

小知识：热力学温度表示成开尔文温度，符号 K，是以绝对零度作为计算起点的温度，即将水三相点的温度准确定义为 273.15K 后所得到的温度，过去称为绝对温度。开尔文温度常用符号 T 表示，其单位为开尔文，定义为水三相点温度的 1/273.15，常用符号 K 表示。开尔文温度和人们习惯使用的摄氏温度相差一个常数 273.15，即 $T=t+273.15$（t 是摄氏温度的符号）。

2）压缩行程

曲轴继续旋转，活塞从下止点向上止点运动，这时进气门和排气门都关闭，气缸内成为封闭容积，可燃混合气受到压缩，压力和温度不断升高，当活塞到达上止点时压缩行程结束。此时气体的压力和温度主要随压缩比的大小而定，可燃混合气压力可达 0.6～1.2MPa，温度可达 600～700K。压缩比越大，压缩终了时气缸内的压力和温度越高，则燃烧速度越快，发动机功率也越大。

但压缩比太高，容易引起爆燃。所谓爆燃就是由于气体压力和温度过高，可燃混合气在没有点燃的情况下自行燃烧，且火焰以高于正常燃烧数倍的速度向外传播，造成尖锐的敲缸声。爆燃会导致发动机过热、功率下降、汽油消耗量增加以及机件损坏。轻微爆燃是允许的，但强烈爆燃对发动机是很有害的，汽油机的压缩比一般为 $\varepsilon=6\sim10$。

3）做功行程

做功行程包括燃烧过程和膨胀过程，在这一行程中，进气门和排气门仍然保持关闭。当活塞位于压缩行程接近上止点（即点火提前角）位置时，火花塞产生电火花点燃可燃混合气，可燃混合气燃烧后放出大量的热使气缸内气体温度和压力急剧升高，最高压力可达 3～5MPa，最高温度可达 2 200～2 800K，高温高压气体膨胀，推动活塞从上止点向下止点运动，通过连杆使曲轴旋转并输出机械功，机械功除了用于维持发动机本身继续运转外，其余用于对外做功。随着活塞向下运动，气缸内容积增加，气体压力和温度降低，当活塞运动到下止点时，做功行程结束，气体压力降低到 0.3～0.5MPa，气体温度降低到 1 300～1 600K。

4）排气行程

可燃混合气在气缸内燃烧后生成的废气必须从气缸中排出去以便进行下一个进气行程。当做功接近终了时，排气门开启，进气门仍然关闭，靠废气的压力先进行自由排气，活塞到达下止点再向上止点运动时，继续把废气强制排到大气中去，活塞越过上止点后，排气门关闭，排气行程结束。实际汽油机的排气行程也是排气门提前打开、延迟关闭，以便排出更多的废气。由于燃烧室容积的存在，不可能将废气全部排出气缸。受排气阻力的影响，排气终止时，气体压力仍高于大气压力，为 0.105～0.115MPa，温度为 900～1 200K。

曲轴继续旋转，活塞从上止点向下止点运动，又开始了下一个新的循环过程。可见四行程汽油机经过进气、压缩、做功、排气四个行程完成一个工作循环，这期间活塞在上、下止点往复运动了四个行程，相应地曲轴旋转了两圈。

2. 四行程柴油机的工作原理

四行程柴油机和四行程汽油机的工作过程相同，每一个工作循环同样包括进气、压缩、做功和排气四个行程，但由于柴油机使用的燃料是柴油，柴油与汽油有较大的差别，柴油黏度大、不易蒸发、自燃温度低，故可燃混合气的形成、着火方式、燃烧过程以及气体温度压力的变化都与汽油机不同。下面主要分析一下柴油机和汽油机在工作过程中的不同点，如图 1－43 所示。

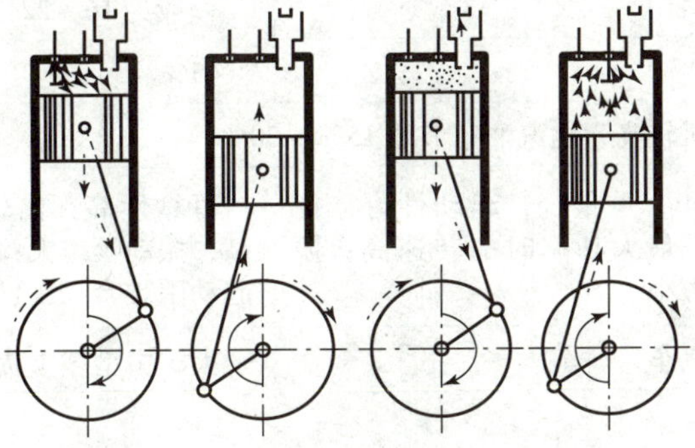

图 1－43　四行程柴油机的工作原理

(a) 进气行程；(b) 压缩行程；(c) 做功行程；(d) 排气行程

在进气行程中四行程柴油机吸入气缸的是纯空气而不是可燃混合气，在进气通道中没有化油器，进气阻力小，进气终了时气体压力略高于汽油机而气体温度略低于汽油机。进气终了时气体压力为0.0785～0.0932MPa，气体温度为300～370K。

压缩行程压缩的也是纯空气，在压缩行程接近上止点时，喷油器将高压柴油以雾状喷入燃烧室，柴油和空气在气缸内形成可燃混合气并着火燃烧。柴油机的压缩比比汽油机的压缩比大很多（一般为16～22），压缩终了时气体温度和压力都比汽油机高，大大超过了柴油机的自燃温度。压缩终了时，气体压力为3.5～4.5MPa，气体温度为750～1 000K，柴油机是压缩后自燃着火的，不需要点火，故柴油机又称为压燃机。

柴油喷入气缸后，在很短的时间内与空气混合后便立即着火燃烧，柴油机的可燃混合气是在气缸内部形成的，而不像汽油机那样，混合气主要是在气缸外部的化油器中形成的。柴油机在燃烧过程中气缸内出现的最高压力要比汽油机高得多，可高达6～9MPa，最高温度也高达2 000～2 500K。做功终了时，气体压力为0.2～0.4MPa，气体温度为1 200～1 500K。

柴油机的排气行程和汽油机一样，废气同样经排气管排入大气中去，排气终了时，气缸内气体压力为0.105～0.125MPa，气体温度为800～1 000K。

与汽油机比较，柴油机的压缩比高，热效率高，燃油消耗率低，同时柴油价格较低，因此，柴油机的燃料经济性能好，而且柴油机的排气污染少，排放性能较好。但它的转速低，质量大，噪声大，振动大，制造和维修费用高。在其发展过程中，柴油机不断发扬其优点，克服缺点，提高速度，有望得到更广泛的应用，如表1－2所示。

表1－2　汽油机和柴油机的区别

发动机类型	汽油发动机	柴油发动机
燃料	汽油	柴油
燃料能量密度	柴油为各日常燃料中最高的，比液化天然气高出近1倍，比汽油高出10%以上	
燃料挥发性	较强	不易挥发
燃料燃点	220℃～250℃	着火点较高
点火方式	火花塞点燃	压燃式
压缩比	一般≤10	一般为16～22
热效率	35%	45%
经济性	柴油机较高，比汽油车节油15%～30%	
特点	体积小，重量轻，起动性好，价格便宜，最大功率时的转速高；振动及噪声小	可靠性高；比较笨重，体积较大，成本较高，振动噪声大；柴油不易蒸发；冬季冷车时起动困难
应用	载客汽车、轿车	大、中型载重货车（近年逐步应用于轿车）

三、多缸发动机的工作原理

前面介绍的是单缸发动机的工作过程，而现代汽车发动机都是多缸四行程发动机，那么，多缸四行程发动机与单缸四行程发动机的工作过程有什么区别呢？就能量转换过程而言，发动机的每一个气缸和单缸机的工作过程是完全一样的，都要经过进气、压缩、做功和排气四个行程，单缸柴油发动机如图 1－44 所示。

图 1－44 单缸柴油发动机

但是单缸发动机的四个行程中只有一个行程做功，其余三个行程不做功，即曲轴转两圈，只有半圈做功，所以运转平稳性较差，功率越大，平稳性就越差。为了使运转平稳，单缸机一般都装有一个大飞轮。而多缸发动机的做功行程是差开的，按照工作顺序做功，即曲轴转两圈交替做功，因此，运转平稳，振动小。缸数越多，做功间隔角越小，同时参与做功的气缸越多，发动机运转越平稳。多缸机使用最多的有四缸发动机、六缸发动机和八缸发动机，如图 1－45 所示。

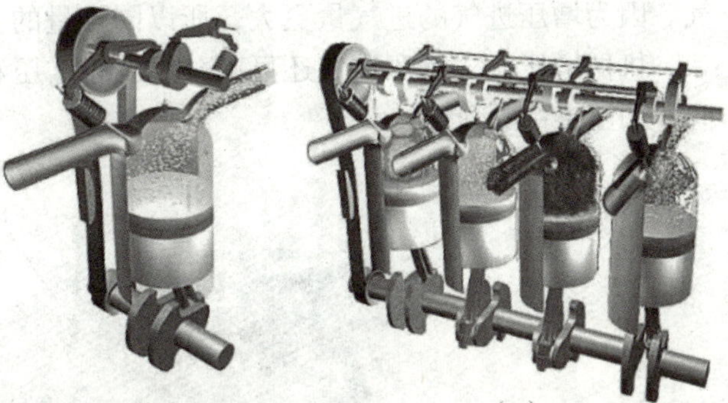

(a) (b)

图 1－45 单缸机和多缸机

(a) 单缸；(b) 多缸

任务五 发动机性能指标及标识

学习目标

(1) 发动机性能指标。

(2) 发动机标号的意义。

相关知识

一、发动机性能指标

1. 排量

发动机的排量是发动机气缸工作容积的综合，说得通俗一点，发动机排量越大，发动机工作容积越大。这个词其实多少有点误导的成分，排量其实是发动机内部的容积，而不一定是排气量。

排量的单位一般是升（L），我们常说的1.6、1.8就是指发动机排量为1.6L、1.8L，此外常用的单位还有mL和cc。发动机排量关系到购车和用车中各种税款的税率，但是发动机排量并不是油耗的唯一影响因素，并不是排量大的发动机油耗就一定高。

2. 进气形式

发动机燃烧需要空气，发动机进气形式可以分为自然吸气和增压进气。自然吸气就是靠发动机工作时的真空负压来完成吸气，增压进气就是靠额外的空气增压设备来强制发动机进气。因为增压进气的进气量更大，所以同排量的发动机增压进气的动力一般更高。

机械增压方式增压进气还可以分为涡轮增压和机械增压，区别在于增压器的能量来源不同，如图1-46所示。

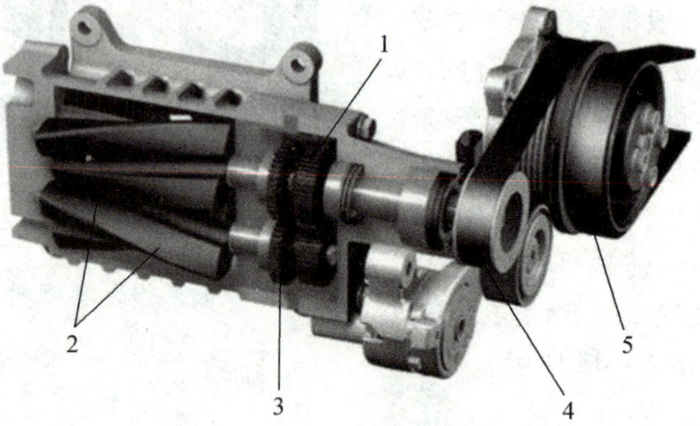

图1-46　机械增压

1—主动齿轮；2—压气机转子；3—从动齿轮；4—皮带轮；5—发动机曲轴

3. 气缸排列形式

汽车发动机是多气缸发动机，不同气缸之间的相对排布位置就叫作气缸排列形式，常见的有直列式（L型）、V型，此外还有W型和水平对置式（简称H或者B）。不同气缸排布形式从理论上讲会有不同的输出特性，但是对于消费者而言则并不必那么在意气缸排列形式的不同，除了性能方面的差别，普通使用中没什么差别。

4. 气缸数

汽车发动机是多气缸发动机，每个气缸都是一个能够点火、做功的单元。气缸越多，发动机每次点火的时间间隔就越短，相应的发动机运转也就更平顺。目前主流的发动机以4缸发动机为主。

5. 气门数

发动机每个气缸都有至少两个气门，这两个气门负责发动机的进气和排气。气门个数越多，理论上的进、排气量也就越多，但这些都是理论。现在每缸四气门已经是绝对的主流。

6. 压缩比

气缸在下止点时的最大体积与气缸在上止点时的最小体积之比，即为压缩比。一般来说，压缩比越高的发动机效率越高，经济性越好，但过高的压缩比会对发动机材料和燃料提出更高的要求。而且由于目前可变气门技术以及不等循环思路的完善，对普通消费者来说，压缩比这个参数的参考价值已经越来越小了，如图 1－47 所示。

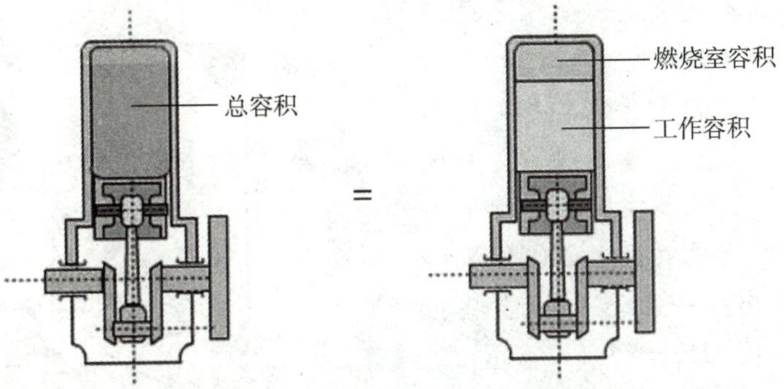

图 1－47　往复式活塞发动机

7. 配气机构

所谓配气机构，就是发动机气门的驱动机构。在汽车发动机上，绝大多数发动机的配气机构都是凸轮轴。发动机的凸轮轴布局形式分为顶置凸轮轴（OHC）和底置凸轮轴（OHV）两种，顶置凸轮轴又可以分为双顶置（DOHC）和单顶置（SOHC），DOHC 双顶置凸轮轴如图 1－48 所示。十年前关于哪种布置形式更好的争论还很大，到了现在已经基本没有争论了，因为采用何种布置形式更多的是出于发动机整体布置结构的考虑，而并不是因为另一种就“偷工减料”。

图 1－48　DOHC 双顶置凸轮轴

8. 最大功率

初中物理告诉我们：功率是指物体在单位时间内所做的功的多少，即功率是描述做功快慢的物理量。通俗一点，发动机最大功率指的是这台发动机可以实现的最大动力输出。功率的国际通用单位是千瓦（kW），此外还有大家常说的马力。但是要注意的是马力分为公制马力（PS）和英制马力（HP），二者的换算关系并不一样，而我们常说的马力指的是公制马力。公制马力和千瓦的换算关系为 1HP = 0. 735kW。

小故事：马力的由来

在柴油机、汽轮机上常见写有"马力"二字。马力是怎样产生的呢？200 多年前，根据英国人詹姆斯·瓦特的设计，制造出了世界上第一批改良后的蒸汽机。一个啤酒厂订购了一台，想代替马匹去推动抽水机。啤酒厂主想确定一下蒸汽机的生产效率是否能够抵得上一匹马。于是，他从自己的马群中选了一匹最强壮的马，让它不住脚地连续干了 8h，并计算出这段时间里共汲上 200 多万 kg 的水。经过折算得出：一匹马每秒能够把 75kg 的水提高 1m，即 1HP = 75（kg·m）/s。以后人们就把它作为动力机械的功率单位，一直沿用至今，如图 1 - 49 所示。

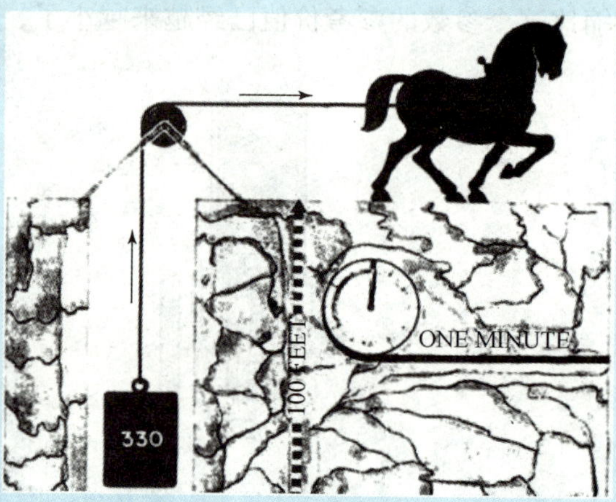

图 1 - 49　马力示意图

9. 最大扭矩

初中物理告诉我们：扭矩是使物体发生转动的一种特殊的力矩。通俗一点，发动机的扭矩就是指发动机从曲轴端输出的力矩。扭矩的通用单位是 N·m。扭矩对于一台发动机来说和功率同等重要，如图 1 - 50 所示。

图 1 - 50　新款大众朗度 330 标识（表示该车型发动机扭矩为 330N·m（1 450 ~ 4 100 r/min））

10. 最大功率和最大扭矩输出转速

发动机的输出特性受转速和负荷的控制，最大功率和最大扭矩输出都有特定的转速，而不能在全转速范围内输出最大功率和最大扭矩。需要注意的是，这个输出转速指的是全负荷状态下的输出转速，并不是在这个转速就一定输出最大功率和最大扭矩。大概 5 年前还有一种错误说法："最大扭矩输出转速越低越好"，正确的应该是最大扭矩输出转速和最大功率输出转速越接近，理论上发动机的效率越高。

11. 气门正时技术

发动机在不同转速和负荷下对于气门的开闭时间和气门升程（打开的幅度）的要求都是不一样的，传统的机械式配气机构很难适应复杂多变的运行工况，所以出现了可变气门正时、升程技术。不同厂商的叫法不一样，例如什么 VVT、VVL、CVVT、VTEC 等，但目的都是一样的，即提高发动机在不同运行状况下的综合效率。

12. 燃油标号

加油站供应着不同标号的燃油，对于汽油来说，不同标号燃油的抗爆性以及清洁性不同；对于柴油来说，不同标号燃油的低温流动性不同。至于该加什么标号的燃油，这个完全不需要考虑那么多，车的油箱盖上都写着呢，照做就好。2017 年全国汽油标号已全部更换，如图 1－51 所示。

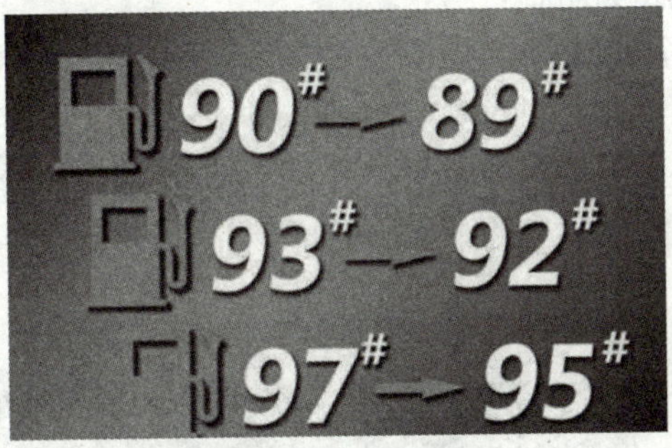

图 1－51　燃油标识

2017 年 1 月 1 日，根据国家发改委要求，国内全面供应国Ⅴ（国五）标准的成品油。原国Ⅳ（国四）标准下的 93 号汽油更换为国Ⅴ92 号，90 号汽油更换为国Ⅴ89 号，97 号汽油更换为国Ⅴ95 号，同时新增 98 号汽油，柴油标号不变。

13. 供油方式

供油方式指的是燃油供给给发动机燃烧的方式。20 年前还有“化油器”式纯机械的燃油供给方式，但是后来国家通过立法的方式禁止生产和销售“化油器”车型，中国汽车的供油方式全面进入了“电喷”时代。所谓“电喷”就是电子控制的燃油喷射系统。

而现在供油方式有“缸内直喷”和“进气道燃油喷射”，区别在于燃油是直接喷入气缸还是喷到气缸外，而深层次的区别在于缸内直喷改变了预混合燃烧的模式，理论上燃烧效率更高。而现在常说的“多点电喷”就是“进气道燃油喷射”。

二、发动机型号

不同国家或者不同厂家所生产的发动机型号标注方式各不相同，发动机标号包含一些信息。我国常见发动机型号如下。

1. 沈阳三菱 4G63 系列发动机

三菱 4G63 是早期自主品牌车型中应用最广泛的型号，此类发动机为 SOHC 16V 结构，最大功率在 90～95kW，最大扭矩为 180N·m。4G63 推出配有 MIVEC 的可变气门正时及升程，如图 1－52 所示。

图 1－52　三菱 4G63 系列发动机

2. 奇瑞 ACTECO 系列发动机

ACTECO 是中国首个完全拥有自主知识产权的发动机品牌。2004 款的奇瑞 QQ3 就已经在使用型号为 CAC－SQR372 的 0.8L 自然吸气发动机，ACTECO 系列发动机让奇瑞很早就摆脱了对三菱发动机的依赖，经过这些年的不断进步，通过充分优化发动机缸体、燃烧室、活塞、曲轴连杆等部位的结构设计，其动力以及油耗的表现都有着不错的水平，如图 1－53 所示。

图 1－53　奇瑞 ACTECO 系列发动机

3. 上汽集团 MGE 系列发动机

上汽集团的“蓝芯”计划中有两个系列的发动机，即与通用汽车一同研发的 SGE 系列，还有自主研发的 MGE 系列。其中 MGE 系列的发动机表现非常抢眼，如荣威 950 上的 1.8T，以及荣威 RX5 和 MG 锐腾上的 2.0T。2.0T 涡轮增压发动机让锐腾成了首款百公里加速 8s 以内的自主品牌 SUV，发动机技术亮点分别是中置缸内直喷、DVVT 双可变气门正时系统及单涡轮双涡管，如图 1－54 所示。

4. 比亚迪 476ZQA 发动机

代号为 476ZQA 的 1.5T 涡轮增压发动机目前已经成为比亚迪使用最广泛的发动机，还有一款是比亚迪 S7 上的 2.0T。1.5T 发动机除了使用涡轮增压之外，还应用了缸内直喷、可变气门正时、双级回路冷却循环系统等技术，如图 1－55 所示。

图 1-54 上汽集团 MGE 系列发动机

图 1-55 比亚迪 476ZQA 发动机

任务六 常用工具的使用

学习目标

(1) 常用工具的类型。
(2) 扳手的优先使用原则。

相关知识

汽车发动机修理的常用工具有扳手、钳子、起子（部分地区称改锥）、手锤、活塞环卡箍、气门拆装钳、塞尺、量缸表、游标卡尺和外径千分尺等。

扳手是设备修理中最常用的一种工具，主要用于扭转螺栓、螺母或带有螺纹的零件。如果扳手选用或使用不当，不但会造成工件或扳手损坏，还可能引发危及人身安全方面的事故。因此，正确地选用和使用扳手显得尤为重要。扳手种类繁多，常见的有套筒扳手、梅花扳手、开口扳手、组合扳手、活动扳手和呆扳手等。常见扳手如图 1－56 所示。

图 1－56 常见扳手

1. 套筒扳手

套筒扳手是首选工具，也是拆卸螺栓最方便、灵活且安全的工具。使用套筒扳手不易损坏螺母的棱角，常见套筒如图 1－57 所示。

图 1－57 常见套筒

套筒的使用方法及注意事项：

将套筒套在配套手柄的方榫上（视需要与长接杆、短接杆或万向接头配合使用），再用套筒套住螺栓或螺母，左手握住手柄与套筒连接处，保持套筒与所拆卸或紧固的螺栓同轴，右手握住配套手柄加力。

在使用套筒扳手的过程中，左手握紧手柄与套筒连接处，切勿摇晃，以免套筒滑出或损坏螺栓螺母的棱角，朝向自己的方向用力，可防止滑脱造成手部受伤，如图 1－58 所示。

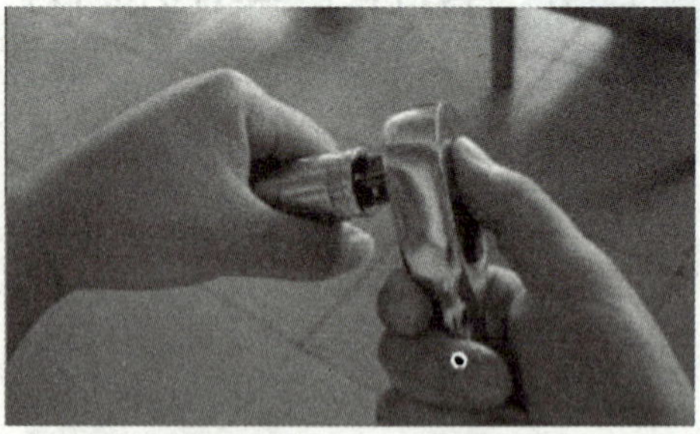

图 1－58 套筒扳手使用

2. 梅花扳手

梅花扳手是指两头为花环状的扳手，且两头花环不一样大，如 12—15，24—32，…是现实生活中容易见到的。从侧面看，旋转螺栓部分和手柄部分是错开的，这种结构方便拆卸装配在凹陷空间的螺栓、螺母，并可以为手指提供操作间隙，以防止擦伤。其用于补充拧紧和类似操作中，可以使用梅花扳手对螺栓或螺母施加大扭矩。梅花扳手有各种大小，使用时要选择与螺母或螺栓相同的扳手，如图 1－59 所示。

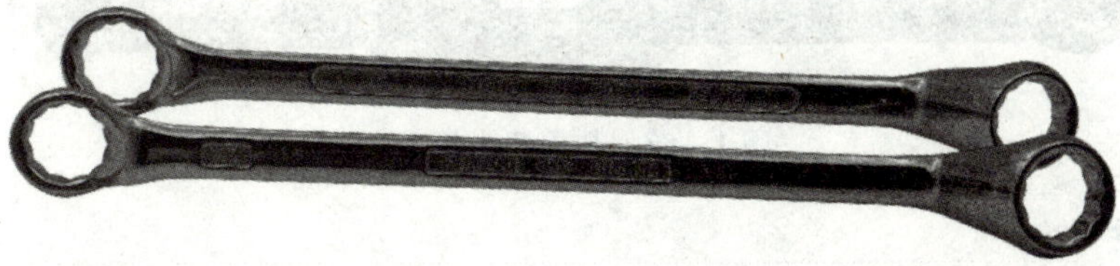

图 1－59　梅花扳手

3. 开口扳手

开口扳手的正确使用原则如下：

（1）选用各种扳手时，扳口大小必须符合螺母或螺栓头的尺寸。如扳口松旷，则易滑脱，损坏扳手或螺母、螺栓头的棱角，甚至会碰伤人。

（2）使用开口扳手时，为使扳手不致损坏和滑脱，应使受力大的部位靠近扳口较厚的一边。

（3）使用任何扳手时，要想得到最大的扭力，拉力的方向一定要和扳手成直角。

（4）在使用扳手时，最好的效果是拉动。倘若必须推动时，也只能用手掌来推，并且手指要伸开，以防螺母或螺栓突然松动碰伤手指，如图 1－60 所示。

图 1－60　开口扳手

4. 力矩扳手

力矩扳手又叫扭矩扳手、扭力扳手、扭矩可调扳手，是扳手中的一种。按动力源可分为：电动力矩扳手、气动力矩扳手、液压力矩扳手及手动力矩扳手，如图 1－61 所示。手动力矩扳手可分为：预置式、定值式、表盘式、数显式（见图 1－62）、打滑式、折弯式以及公斤扳手。

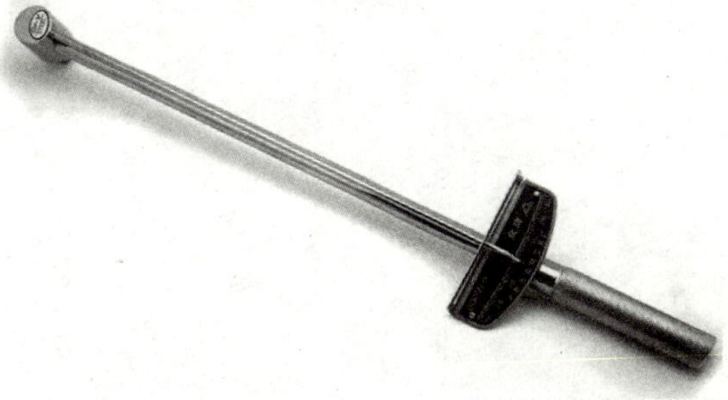

图 1－61　普通扭力扳手

图 1-62　数显扭力扳手

5. 棘轮扳手

棘轮扳手是一种手动的螺丝松紧工具，单头、双头多规格活动柄棘轮梅花扳手（固定孔的）是由不同规格尺寸的主梅花套与从梅花套通过铰接键的阴键和阳键咬合的方式连接的，如图 1-63 所示。由于一个梅花套具有两个规格的梅花形通孔，故可以用于两种规格螺丝的松紧，从而扩大了使用范围，节省了原材料和工时费用。活动扳柄可以方便地调整扳手使用角度，用于螺丝的松紧操作，具有适用性强、使用方便和造价低的特点。

图 1-63　棘轮扳手

6. 内六角扳手

内六角扳手也叫艾伦扳手，常见的英文名称有“Allen key（或 Allen wrench）”和“Hex key”（或 Hexwrench）。它通过扭矩施加对螺丝的作用力，大大降低了使用者的用力强度，是工业制造业中不可或缺的得力工具，如图 1-64 所示。

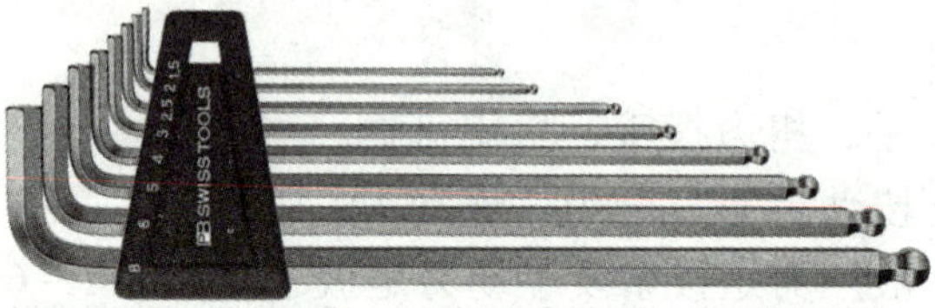

图 1-64　内六角扳手

<table>
<tr><td colspan="3">正时皮带拆装更换　作业工单</td></tr>
<tr><td colspan="3">小组组长：________　　维修技师甲：________　　维修技师乙：________
质检员：________　　记录员：________</td></tr>
<tr><td>整车型号</td><td colspan="2"></td></tr>
<tr><td>车辆识别代码</td><td colspan="2"></td></tr>
<tr><td>发动机型号</td><td colspan="2"></td></tr>
<tr><td>任务</td><td>作业记录内容</td><td>备注</td></tr>
<tr><td>一、前期准备</td><td>按 6S 标准进行常用工具、工位准备</td><td></td></tr>
<tr><td>二、安全检查</td><td>油、水、电等现场安全确认</td><td></td></tr>
<tr><td>三、操作步骤</td><td>1. 附件拆装记录________
2. 气缸盖拆装记录________
3. 油底壳拆装记录________
4. 活塞连杆组拆装记录________
5. 曲轴飞轮组拆装记录________</td><td></td></tr>
<tr><td>四、竣工检验</td><td>设备器材、工具的整理、清洁和检查记录（严格按照 6S 标准）
________</td><td></td></tr>
<tr><td colspan="3">教师（客户签字）：________　　维修时间：________</td></tr>
</table>

项目二 曲柄连杆机构

情景导入

同学们经过项目一的学习，对发动机的基本知识了解了不少吧，是不是迫不及待地想动手拆装发动机了呢？曲柄连杆机构是同学们真正掌握发动机机械结构的第一个机构系统，学完这个项目，同学们就可以大展身手，检测曲柄连杆机构的机械故障，并对其进行检测维修了。

任务一 曲柄连杆机构概述

学习目标

(1) 掌握曲柄连杆机构的功用与组成。

(2) 了解曲柄连杆机构的受力情况。

相关知识

一、曲柄连杆机构的功用

曲柄连杆机构的功用是将燃料燃烧时产生的热能转变为活塞往复运动的机械能，再通过连杆将活塞的往复运动变为曲轴的旋转运动，进而对外输出扭矩，如图 2－1 所示。

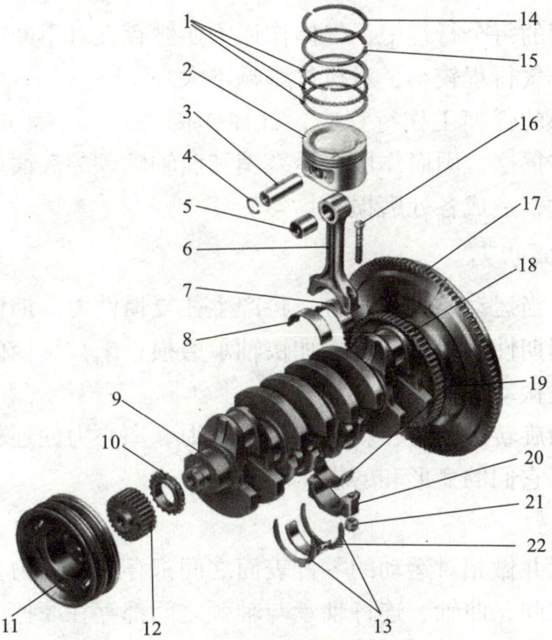

图 2－1 曲柄连杆机构

1—油环；2—活塞；3—活塞销；4—卡环；5—连杆小头轴瓦；6—连杆；7—连杆大头轴瓦；8—主轴承上轴瓦；9—曲轴；10—曲轴链轮；11—带轮；12—曲轴正时齿带轮；13—止推片；14—第一道气环；15—第二道气环；16—连杆螺栓；17—飞轮；18—转速传感器脉冲轮；19—连杆大头下轴瓦；20—连杆盖；21—连杆螺母；22—主轴承下轴瓦

在发动机工作过程中，燃料燃烧产生的气体压力直接作用在活塞顶上，推动活塞做往复直线运动，经活塞销、连杆和曲轴，将活塞的往复直线运动转换为曲轴的旋转运动。发动机产生的动力，大部分经曲轴后端的飞轮输出，还有一部分通过曲轴前端的齿轮与带轮驱动其他机构和系统。

二、曲柄连杆机构的组成

（1）机体组，主要包括气缸体、油底壳、气缸套、气缸盖和气缸垫等。

（2）活塞连杆组，主要包括活塞、活塞环、活塞销和连杆等。

（3）曲轴飞轮组，主要包括曲轴、飞轮、减震器等。

三、曲柄连杆机构的工作条件与受力分析

曲柄连杆机构工作条件十分恶劣，气缸内最高温度可达 2 500K 以上，最高压力可达 5 ~9MPa，最高转速可达 3 000 ~7 000r/min，活塞每秒要进行 100 ~200 个行程，可见其线速度极高。此外，与可燃混合气和燃烧废气接触的机件（如气缸、气缸盖和活塞组等）还将受到化学腐蚀。因此，曲柄连杆机构是在高温、高压、高速和化学腐蚀的条件下工作的。同时，曲柄连杆机构在工作时做变速运动，受力情况相当复杂，有气体压力、运动质量惯性力、旋转运动的离心力以及相对运动件接触表面的摩擦力等。

1. 气体压力

在发动机工作循环的每个行程中，气体作用力始终存在且不断变化：做功行程最高；压缩行程次之；进气和排气行程较小，对机件影响不大。

在发动机工作循环的任何工作行程中，气体作用力的大小都是随着活塞的位移而变化的，再加上连杆的左右摇摆，因而作用在活塞销和曲轴轴颈的表面以及二者的支撑表面上的压力和作用点不断变化，造成各处磨损不均匀。

2. 往复惯性力和离心力

往复运动的物体，当运动速度变化时，将产生往复惯性力。惯性力使曲柄连杆机构的各零件和所有轴颈承受周期性的附加载荷，加快轴承磨损；未被平衡的变化的惯性力传到气缸体后，还会引起发动机振动。

物体绕某一中心做旋转运动时，就会产生离心力，离心力使连杆大头的轴承和轴颈受到又一附加载荷，增加了它们的变形和磨损。

3. 摩擦力

任何一对互相压紧并做相对运动的零件表面之间都存在摩擦力。在曲柄连杆机构中，活塞、活塞环、气缸壁之间，曲轴、连杆轴承与轴颈之间都存在摩擦力，它是造成零件配合表面磨损的根源。

上述各种力的作用在曲柄连杆机构和机体的各有关零件上，使它们受到压缩、拉伸、弯曲和扭转等不同形式的载荷。曲柄连杆机构产生的惯性力和摩擦力都是有害的，现代高速发动机应尽量减少运动件的质量和活塞的行程，以便减少惯性力。同时，为保证发动机工作可靠、减少磨损，应在结构上采取相应措施以及加强润滑，以减少摩擦力。

任务驱动

1. 曲柄连杆机构工作时，是将燃料燃烧时产生的________转变为活塞往复运动的________，再通过连杆将活塞的________变为曲轴的________，进而对外输出扭矩。

2. 曲柄连杆机构是由________、________和________三大部分组成的。

3. 分析曲柄连杆机构工作时的受力情况。

____

____

____

任务二 机体组

学习目标

（1）掌握气缸体的结构特点。

（2）掌握气缸盖及气缸垫的结构特点。

（3）能够正确测量气缸体和气缸盖的平面度。

相关知识

发动机的机体组是发动机的骨架，是曲柄连杆机构等发动机各系统主要零部件的装配载体。它主要由气缸盖罩、气缸盖、气缸垫、气缸体和油底壳等组成，通过螺栓、螺母连接成一个整体，构成发动机的总成机体部分，其他各系统安装在机体组的内部或外部，即可构成发动机总成。机体组的分解图如图 2－2 所示。

一、气缸体

气缸体是发动机各机构及系统的装配基体，它可以保持发动机各运动部件相互之间的准确位置，如图 2－3 所示。

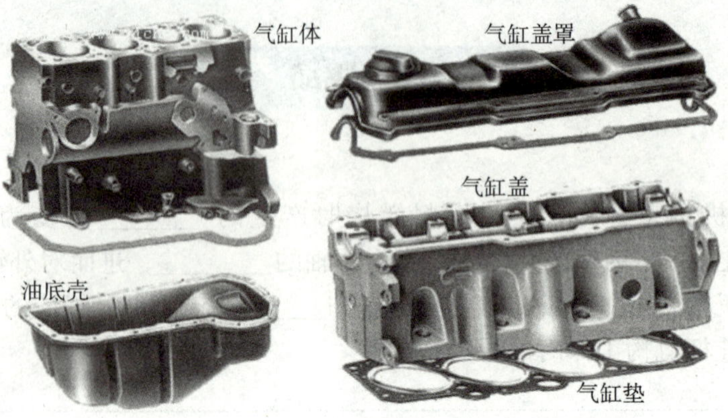

图 2-2　机体组

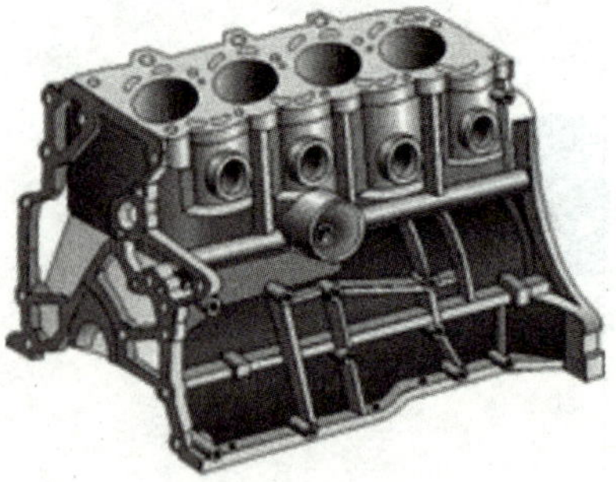

图 2-3　气缸体

水冷发动机的气缸体和上曲轴箱常铸成一体，称为气缸体，即曲轴箱。气缸体上部有一个或数个为活塞在其中运动做导向的圆柱形空腔，称为气缸，下部为支承曲轴的曲轴箱，其内部为曲轴运动的空间，气缸体的上下两个平面用于安装气缸盖和油底壳，前后两个平面用于安装正时齿轮或飞轮壳，左右两个平面用于安装机油滤清器等，内部铸有许多加强筋、冷却水套和润滑油道等。

气缸体承受较大的机械负荷和热负荷，故应具有足够的刚度和强度及良好的耐热性和耐腐蚀性。此外为进一步提高气缸体的耐磨性，在制造时还加入少量铬、磷等合金元素。部分发动机为减少质量而采用铝合金铸造。

1. 气缸体的结构形式

气缸体按曲轴箱的形式可以分为一般式、龙门式和隧道式三种，如图 2-4 所示。

发动机的曲轴轴线与气缸体下平面在同一平面上的气缸体称为一般式气缸体；发动机的曲轴轴线高于曲轴箱的分开面的气缸体称为龙门式气缸体；隧道式气缸体曲轴的主轴承孔为整体式，采用滚动轴承，主轴承孔较大，曲轴从气缸体后部装入。三种结构形式气缸体的各自性能及应用如表 2-1 所示。

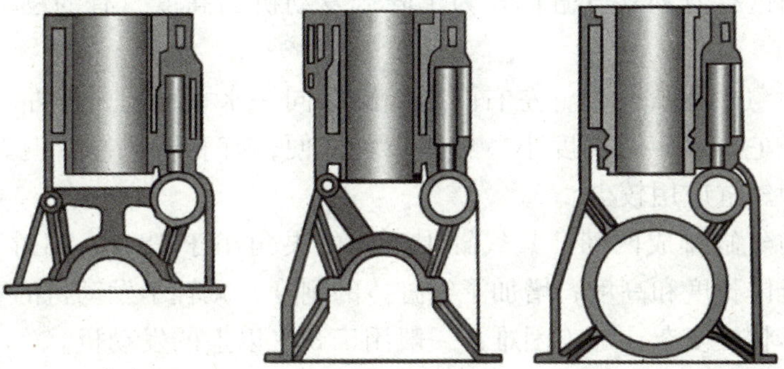

图 2-4 气缸体的结构形式
(a) 一般式；(b) 龙门式；(c) 隧道式

表 2-1 曲轴箱三种结构形式的性能及应用

名称	性能	应用
一般式	机体高度小、重量轻、结构紧凑，便于加工拆卸；刚度和强度差	492Q 汽油机，90 系列柴油机
龙门式	强度和刚度较好；工艺性较差，结构笨重，加工困难	捷达轿车、富康轿车、桑塔纳轿车
隧道式	结构紧凑，刚度和强度好；难加工，工艺性差，曲轴拆卸不方便	负荷较大的柴油机

2. 气缸体的排列形式

多缸发动机的气缸排列有三种基本形式：直列式、对置式和 V 型，如图 2-5 所示。

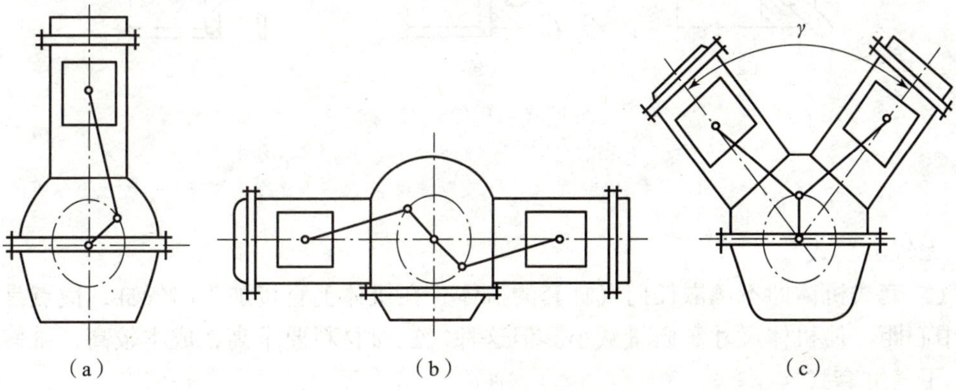

图 2-5 气缸的排列形式
(a) 直列式；(b) 对置式；(c) V 型

(1) 直列式：发动机的各气缸排成一列，一般是垂直布置。单列式气缸体结构简单，加工容易，但发动机长度和高度较大，一般六缸以下发动机多采用单列式。如捷达轿车所使用的发动机均采用这种直列式气缸体。为了降低发动机的高度，有的发动机采用斜置式气缸体。

（2）对置式：气缸排成两列，左右两列气缸在同一水平面上，即左右两列气缸中心线的夹角等于180°。它的特点是高度小，总体布置方便，有利于风冷；但其宽度太大，维护保养不方便，这种气缸应用较少。

（3）V型：将气缸排成两列，其气缸中心线的夹角小于180°，相对于直列发动机，V型发动机缩短了机体长度和高度，增加了气缸体的刚度，减轻了发动机的重量，但加大了发动机的宽度，且形状较复杂，加工困难，一般用于8缸以上的发动机。

3. 气缸与气缸套

气缸体内引导活塞做往复运动的圆柱形空腔称为气缸。气缸工作表面承受燃气的高温、高压作用，且活塞在其中做高速运动，因此要求其耐高温、耐高压、耐磨损和耐腐蚀。为了提高耐磨性，有时在铸铁中加入了一些合金元素，如镍、钼、铬和磷等。如果气缸体全部采用优质耐磨材料，则成本太高，因为除与活塞配合的气缸壁表面外，其他部分对耐磨性要求并不高，所以现代汽车发动机广泛采用在气缸体内镶入气缸套，形成气缸工作表面，这样气缸套可用耐磨性较好的合金铸铁或合金钢制造，而气缸体则用价格较低的普通铸铁或铝合金等材料制造。

气缸有三种结构，即无气缸套式、干气缸套式和湿气缸套式，如图2－6所示。

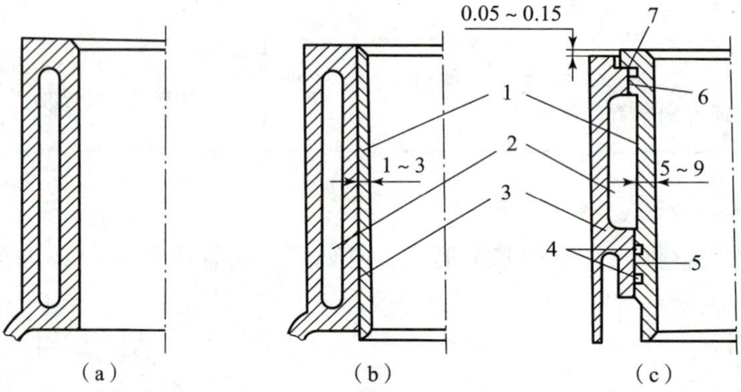

图2－6　气缸的结构

（a）无气缸套式；（b）干气缸套式；（c）湿气缸套式

1—气缸套；2—水套；3—机体；4—密封圈；5—下支撑密封带；6—上支撑定位带；7—缸套凸缘平面

1）无气缸套式

无气缸套式机体即不镶嵌任何气缸套的机体，在机体上直接加工出气缸，优点是可以缩短气缸中心距，使机体尺寸和质量减小。但这种气缸对材料要求高，成本较高，维修不便。

2）干气缸套式

干气缸套式不直接与冷却液接触，而是被压入缸体孔中，由于缸套自上而下都支撑在缸体上，所以可以加工得很薄，壁厚一般为1～3mm，外表面和气缸套座孔内表面均须精加工，以保证必要的位置精度。干气缸套式的优点是不会引起漏水、漏气现象，气缸体结构刚度大、缸心距小、整体结构紧凑，缺点是传热较差、温度分布不均匀、容易发生局部形变。

3）湿气缸套式

湿气缸套式与冷却液直接接触，也是被压入缸体的。冷却水接触到缸套的中部，由于它只在上部和下部有支撑，所以必须比干气缸套式厚一点，一般壁厚为 5 ~ 9mm，以微小的装配间隙放入气缸孔中。湿气缸套式的优点是机体上没有密封水套，容易铸造，传热好，温度分布比较均匀，修理方便，不必将发动机从汽车上拆下就可更换气缸套。缺点是机体刚度差，容易漏水。

二、气缸盖与气缸垫

1. 气缸盖

气缸盖是发动机上最复杂的零件之一，气缸盖的主要功能是密封气缸的上部，与活塞、气缸壁等共同构成燃烧室，同时还可作为凸轮轴和摇臂轴及进排气管的支撑。

1）气缸盖基本结构

气缸盖内部有与气缸体相通的冷却水套；有进、排气门座及气门导管孔和进、排气通道；有燃烧室、火花塞座孔或喷油器座孔；上置凸轮轴式发动机的气缸盖上还有用以安装凸轮轴的轴承座，如图 2 – 7 所示。

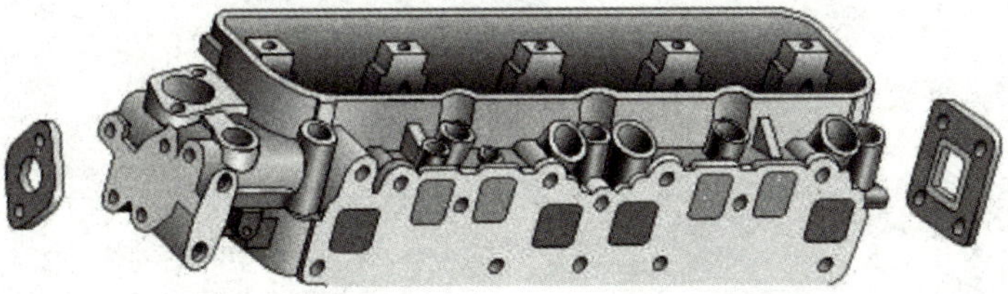

图 2 – 7　气缸盖

汽车发动机气缸盖的结构形式有两种：整体式和分开式。

整体式气缸盖是指多缸发动机的多个气缸共用一个缸盖。整体式气缸盖结构紧凑，零件数少，可缩短气缸中心距和发动机总长度，制造成本低。当气缸数不超过 6 个，气缸直径小于 105mm 时，均采用整体式气缸盖。

分开式气缸盖是指一个、两个或三个气缸共用一个缸盖。这种结构刚度较高，变形小，易于实现对高温高压燃气的有效密封，同时易于实现发动机产品的系列化。但气缸盖零件数增多会使气缸中心距增大，一般用在缸径较大的发动机上。

2）燃烧室

汽油机的燃烧室主要设置在气缸盖上，由活塞顶部及气缸盖上相应的凹部空间组成，对汽油机燃烧室的主要要求是结构紧凑、冷却面积小、充气效率高、有良好的进气和适当的压缩涡流、表面光滑、不易积炭等。常见的汽油机燃烧室有半球形、楔形和盆形三种，如表 2 – 2 所示。

表 2－2　汽油机燃烧室类型

名称	特点	示意图	应用车型
半球形	结构紧凑，火焰行程短，燃烧速率高，热损失小，热效率高；充气性好，发动机动力性最好，对排气净化有利	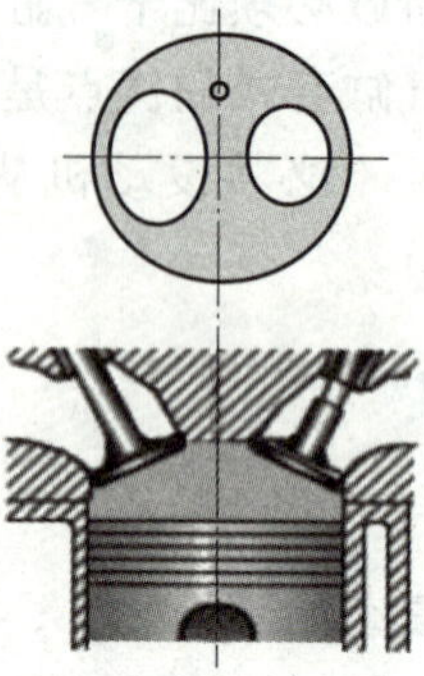	多用于高速发动机，如桑塔纳、富康等
楔形	结构简单、紧凑，散热面积小，热损失少；进气道比较平直，进气阻力小，故燃烧速度较快，经济性和动力性较好	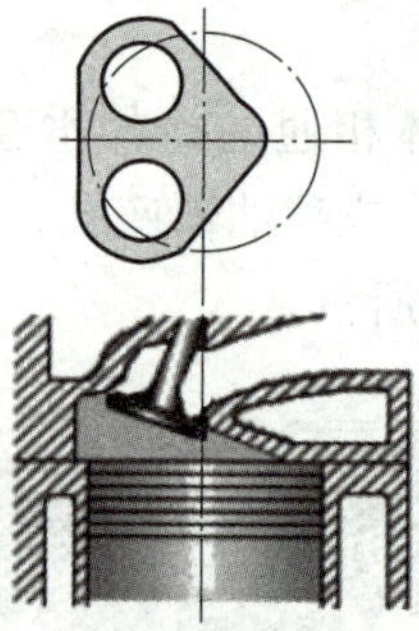	多用于每缸两气门的发动机，如切诺基汽车
盆形	工艺性好，成本低；进气道弯道较大，进气阻力大，进排气效果不如半球形燃烧室	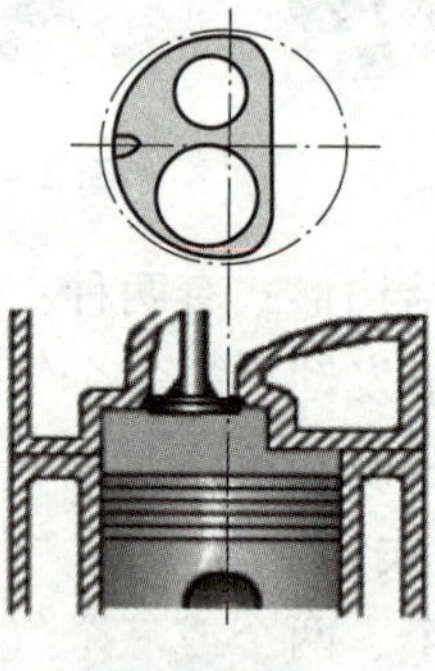	一般用于每缸两气门的发动机，如捷达、奥迪等

2. 气缸垫

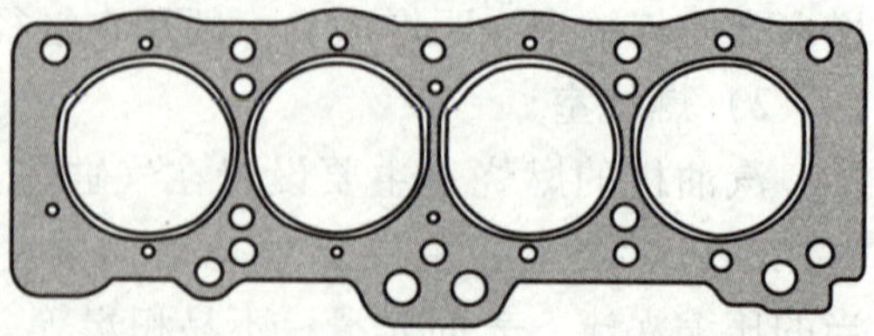

图 2－8　气缸垫

气缸盖衬垫（简称气缸垫）是机体顶面与气缸盖底面之间的密封件，安装于气缸盖和气缸体之间，又称气缸床，如图 2－8 所示。其作用是保证气缸盖与气缸体接触面的密封，防止漏气、漏水和漏油。气缸垫接触高温、高压气体及冷却液，故而在高温、高压和高腐蚀的燃气作用条件下其应具有足够的强度，耐热、耐腐蚀，具有一定的弹性，能补偿结合面的不平度，以保证可靠的密封。

根据所用的材料，气缸垫可分为以下三种类型。

1）金属—石棉气缸垫

这种石棉中间夹有金属丝或金属屑，且外包铜皮或内夹铁皮。这种钢垫厚度为 1.2 ~ 2mm，有很好的弹性和耐热性，能反复使用，但强度较差，厚度和质量也不均匀，被汽车发动机广泛采用。

2）金属气缸垫

采用实心金属片（铜、铝或低碳钢）制成，其强度高，抗腐蚀能力强，这种垫多用在强化发动机上，如在轿车和赛车上多采用这种气缸垫。

3）金属—复合材料气缸垫

中心用编制的钢丝网或有孔钢板为骨架，在两边用耐热、耐压和耐腐蚀的新型复合材料黏结而成的气缸盖衬垫。

安装发动机气缸垫时，一般将卷边朝向易修整的接触面或硬平面。如果气缸盖为铝合金、气缸体为铸铁，则应将气缸垫光滑一面朝向气缸盖；若气缸盖和气缸体均为铸铁，则气缸垫光滑面朝向气缸体。换用新的气缸垫时，有文字标记［“OPEN”“TOP”（顶部的意思）］的一面朝向气缸盖。

三、油底壳

油底壳是曲轴箱的下半部，又称为下曲轴箱，用于储存机油并封闭曲轴箱，同时可以防止杂质进入，并收集和储存发动机各摩擦表面流回的润滑油，散去部分热量，防止润滑油氧化。油底壳一般都不受力，故而常用薄钢板冲压而成，如图 2－9 所示。

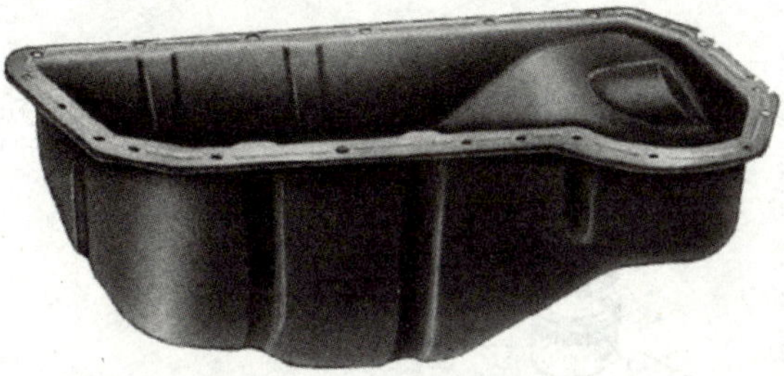

图 2－9　油底壳

为了保证发动机纵向倾斜时机油泵仍然可以吸到机油，油底壳中部做得较深，并在底部装有放油螺塞，通常放油螺塞上装有永久磁铁，以吸附润滑油中的金属屑，减少发动机的磨损，同时其侧面装有油尺，用来检查油量。为了防止漏油，曲轴箱与油底壳之间还装有密封垫或者涂密封胶。

任务驱动

1. 气缸体的排列形式有________、________和________。

2. 气缸垫的作用是保证气缸盖与气缸体接触面的密封，防止________、________和________。

3. 简述气缸的几种结构形式。

任务三 活塞连杆组

学习目标

（1）掌握活塞组的结构特点。
（2）掌握连杆组的结构特点。
（3）能够检测活塞及“三隙”。

相关知识

活塞连杆组由活塞、活塞环、活塞销和连杆组等机件组成，如图 2－10 所示。

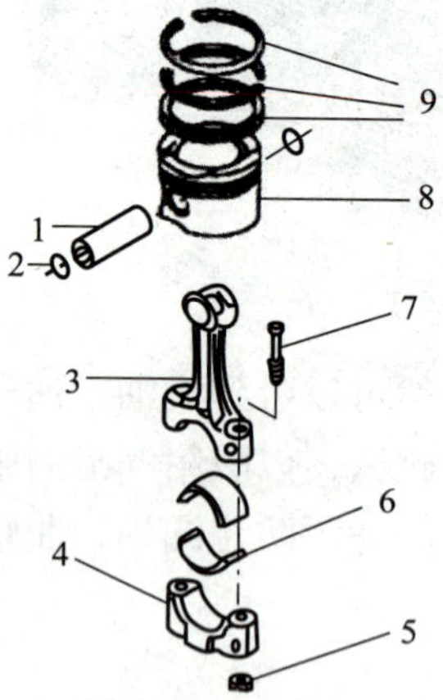

图 2－10　活塞连杆组

1—活塞销；2—卡簧；3—连杆；4—连杆轴承盖；5—连杆螺母；6—连杆轴承；7—连杆螺栓；8—活塞；9—活塞环

一、活塞组

1. 活塞

1）活塞的功用

发动机好比是汽车的“心脏”，而活塞则可以理解为发动机的“中枢”，活塞的功用是与气缸盖共同构成燃烧室，承受气体压力，并通过活塞销传给连杆驱动曲轴旋转。

2）活塞的工作条件

活塞顶部直接与高温（可达2 000℃～2 500℃）、高压（柴油机达6～9MPa，汽油机达3～5MPa）燃气接触，且散热条件差；活塞运动时平均线速度可达8～12m/s，承受很大的惯性力，各部分就会产生交变的拉伸、压缩和弯曲应力，从而导致活塞磨损、变形等破坏。

活塞的工作条件就要求活塞应具有足够的强度、刚度，质量尽可能小，导热性好，耐热性及耐磨性好，热膨胀小。现代汽车发动机广泛采用高强度铝合金的活塞，部分柴油机采用高级铸铁、耐热钢。铝合金活塞具有质量小、导热性好、摩擦系数小等优点，这就使得在发动机高速运转时，活塞温度降低，活塞与气缸壁之间的摩擦损失减小。

3）活塞的结构

活塞的结构可分为三部分，即活塞顶部、活塞头部和活塞裙部，如图2－11所示。

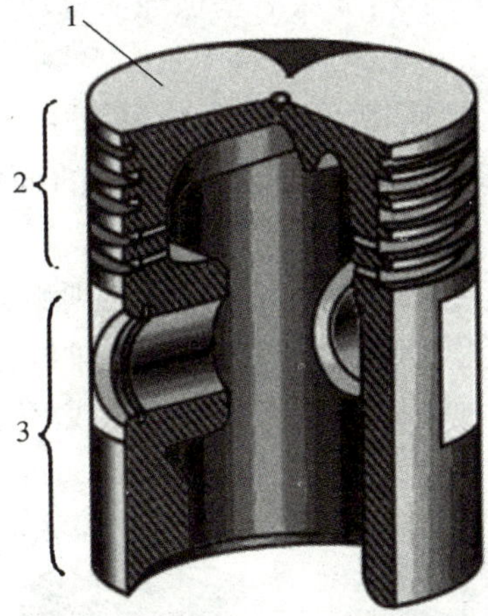

图2－11　活塞的结构

1—顶部；2—头部；3—裙部

（1）活塞顶部。活塞顶部是燃烧室的组成部分，主要作用是承受气体压力，其形状与选用燃烧室形式和压缩比大小有关，常见形状如图2－12所示。

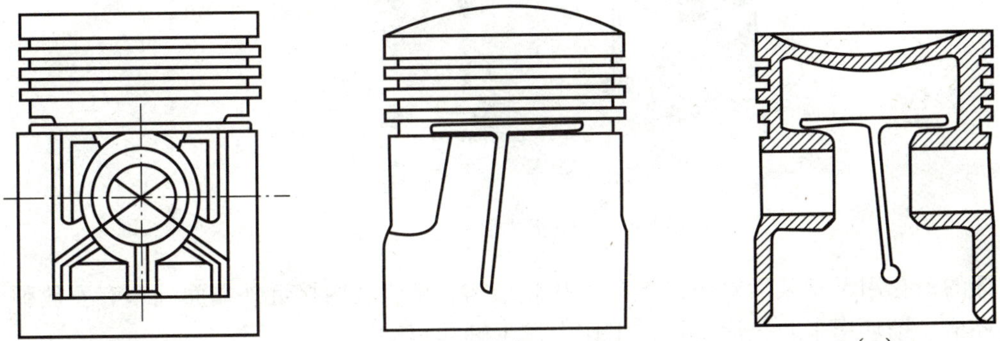

（a）　　（b）　　（c）

图2－12　活塞顶部形状

（a）平顶；（b）凸顶；（c）凹顶

平顶活塞顶部为平面，其优点是结构简单、制造容易、受热面积小、应力分布较均匀，多用在汽油机上。

凸顶活塞顶部有凸起，呈球状，顶部强度高，起导向作用，有利于改善换气过程，主要适用于小型二行程汽油机。

凹顶活塞顶部有凹坑，其形状、位置必须有利于可燃混合气的燃烧，直喷式柴油机都采用凹顶活塞。

(2) 活塞头部。活塞头部是活塞环槽以上的部分，主要作用是承受气体压力，并传给连杆；同时与活塞环一起实现气缸的密封，将活塞顶所吸收的热量通过活塞环传导到气缸壁上。

活塞头部切有若干道用以安装活塞环的环槽。汽油机一般有2~3道环槽，上面1~2道用以安装气环，下面一道用以安放油环。在油环槽底面上钻有许多径向小孔，使被油环从气缸壁上刮下来的多余机油得以经过这些小孔流回油底壳。

活塞头部一般做得比较厚，以便于热量从活塞顶经活塞环传到气缸的冷却壁面上，从而防止活塞顶部的温度过高。

(3) 活塞裙部。活塞裙部是指油环槽下端以下部分，主要作用是为活塞在气缸内做往复运动导向和承受侧压力。裙部要有一定的长度和足够的面积，以保证可靠导向和减轻磨损。

裙部的基本形状为一薄壁圆筒，若该圆筒为完整的，则称为全裙式。许多高速发动机为了减小活塞质量，在活塞不受作用力的两侧，即沿销座孔轴线方向的裙部切去一部分，形成拖板式裙部，如图2-13所示。这种结构的活塞裙部弹性较好，可以减小活塞与气缸的装配间隙。

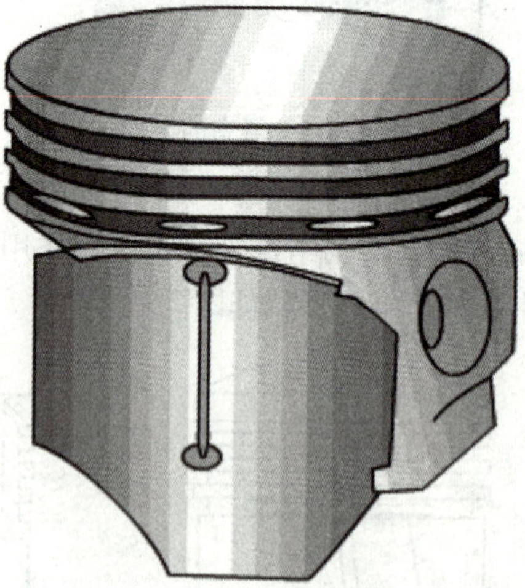

图2-13 拖板式活塞

活塞裙部的销孔用于安装活塞销，是厚壁圆筒结构。销座孔内接近外端面处车有安放弹性锁环的锁环槽，锁环用来防止活塞销在工作中发生轴向窜动。

2. 活塞环

1) 活塞环的作用

活塞环按作用不同分为气环和油环两种，两者配合使用，如图2-14所示。气环的作用是保证活塞与气缸壁间的密封，防止气缸中的气体漏入曲轴箱，同时将活塞顶部的大部分热量传导到气缸壁（活塞环槽部不和气缸壁直接接触），再由冷却水或空气带走。另外，还起到刮油、布油的辅助作用。油环用来刮除气缸壁上多余的机油，并在气缸壁上涂覆一层均匀的油膜，这样既可以防止机油窜入气缸燃烧，又可减小活塞、活塞环与气缸壁的磨损和摩擦阻力。此外，油环也起到封气的辅助作用。一般发动机上每个活塞装有 2 ~ 3 道气环、1 ~ 2 道油环。

图 2－14　活塞环

2）活塞环的工作条件

活塞环是在高温、高压、高速和润滑极其困难的条件下工作的。它的运动情况很复杂，一方面与气缸壁间有相对高速的滑动摩擦，以及因为环的胀缩而产生环与环槽侧面相对的摩擦；另一方面，因为环对环槽侧面的上下撞击及高温使环的弹力下降、润滑变坏，尤以第一道环工作条件最为恶劣，是发动机所有零件中工作寿命最短的。所以制造活塞环的材料除具有良好的耐磨性、导热性、耐热性外，还需具有高强度、高冲击韧性和足够的弹性。

3）活塞环的间隙

发动机工作时，活塞、活塞环都会发生膨胀，并且活塞环随着活塞在气缸内做往复运动有径向胀缩变形现象。为防止环卡死在缸内或者胀死在环槽中，安装时，活塞环应留有端隙、侧隙和背隙，如图 2－15 所示。

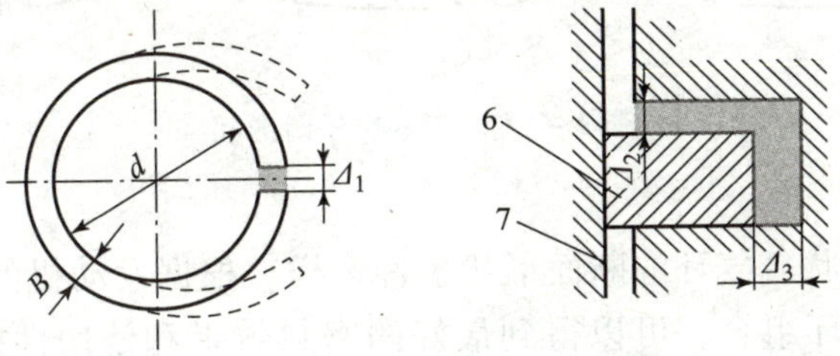

图 2－15　活塞环的间隙

Δ_1—端隙；Δ_2—侧隙；Δ_3—背隙

端隙 Δ_1 也称为开口间隙，是活塞环装入气缸后开口处的间隙，一般为 0. 25 ~ 0. 50mm。

侧隙 Δ_2 又称边隙，是活塞环装入气缸后，其侧面与活塞环槽之间的间隙，第一道环因工作温度高，取值为 0. 04 ~ 0. 10mm；其他气环一般为 0. 03 ~ 0. 07mm。普通油环的侧隙较小，一般为 0. 025 ~ 0. 07mm。

背隙 Δ_3 是活塞及活塞环装入气缸后，活塞环内圆柱面与活塞环槽底部间的间隙，一般为0.5～1mm，普通油环的背隙比较大，以增大存油间隙，利于减压卸油。为了便于测量，维修中以环的厚度与环槽的深度差来表示背隙，此值比实际背隙要小。

4）气环

（1）气环的密封原理。活塞环在自由状态下，其外圆直径略大于缸径，所以装入气缸后，气环就产生一定的弹力 F_1 与缸壁压紧，形成所谓的第一密封面，如图2－16所示。气缸内的高压气体绕行至活塞与气缸之间的间隙进入活塞环的侧隙和背隙之中，窜入活塞环背隙的气体将产生背压力 F_2，使环对缸壁进一步压紧，加强了第一、二密封面的密封，称为第二次密封。

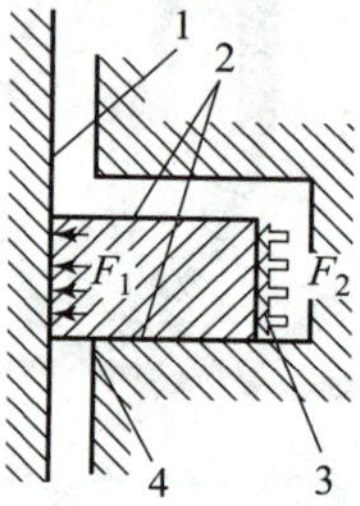

图2－16 气环的密封原理

1—第一密封面；2—第二密封面；3—背压力；4—活塞环自身弹力

为减少气体泄漏，将活塞环装入气缸时，各道环的开口应相互错开。如有三道环，则各道环开口应沿圆周成120°夹角；如有四道环，则第一、二道互错180°，第二、三道互错90°，第三、四道互错180°，形成迷宫式的路线，以增大漏气阻力，减少漏气量。

（2）气环的开口形状。气环的开口形状对漏气量有一定的影响，如图2－17所示。直开口工艺性好，但密封性差；阶梯形开口密封性好，但工艺性差；斜开口的密封性和工艺性介于前两种之间，斜角一般为30°或45°。

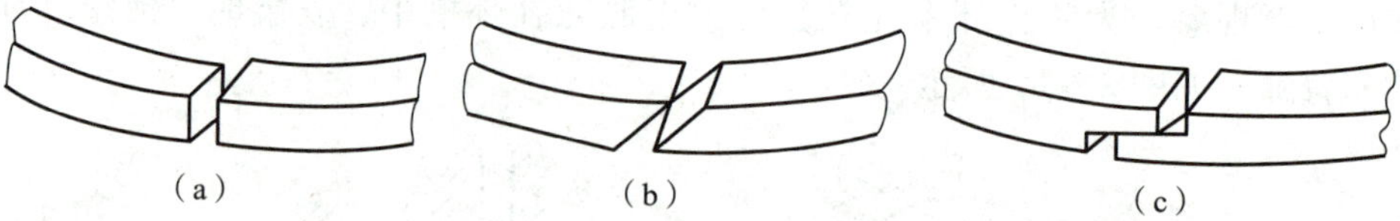

图2－17 气环的开口形状

（a）直开口；（b）斜开口；（c）阶梯形开口

（3）气环的断面形状。气环的断面形状多种多样，根据发动机的结构特点和强化程度，选择不同断面形状的气环组合，可以得到最好的密封效果和使用性能，常见的气环断面形状、特点及示意图如表2－3所示。

表2－3 气环的断面形状、特点及示意图

形状	特点	示意图
矩形环	结构简单、制造方便、易于生产、应用面广。但泵油作用大，磨合性能和刮油性能较差，多用于发动机第一道油环	

续表

形状	特点	示意图
扭曲环	断面不对称，受力不平衡，使活塞环扭曲，安装时要注意方向，内切口朝上、外切口朝下	
锥面环	减少了环与气缸壁的接触面，提高了表面接触压力，有利于磨合和密封，安装时需注意方向	
梯形环	环槽侧隙变化，可将槽中的焦油状挤出，但加工困难、精度要求高	
桶面环	外圆为凸圆弧形，机油容易进入，减小了磨损，且与气缸适应性好，但加工困难，广泛用于内燃机的第一道气环	

气环的泵油作用：由于活塞环侧隙和背隙的存在，发动机工作时，活塞环便产生了泵油作用。具体地说，当活塞带着活塞环下行时，在惯性力和摩擦阻力的作用下，活塞环紧贴于环槽的上端面上，于是从缸壁上刮下来的机油便充满侧隙和背隙，如图 2－18（a）所示；当活塞带动活塞环上行时，活塞环又紧贴在环槽的下端面上，将机油挤到环槽的上方，如图 2－18（b）所示。如此反复进行，使油泵将机油不断压入燃烧室，这种现象即为泵油作用。

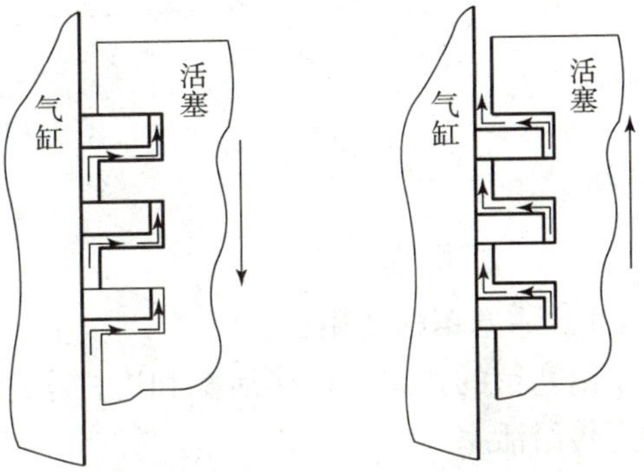

（a）　（b）

图 2－18　气环的泵油作用

（a）活塞下行；（b）活塞上行

5）油环

油环的作用是形成一层必要的油膜来润滑活塞和气缸壁。油环可分为整体式油环和组合式油环两种，如图 2－19 所示。

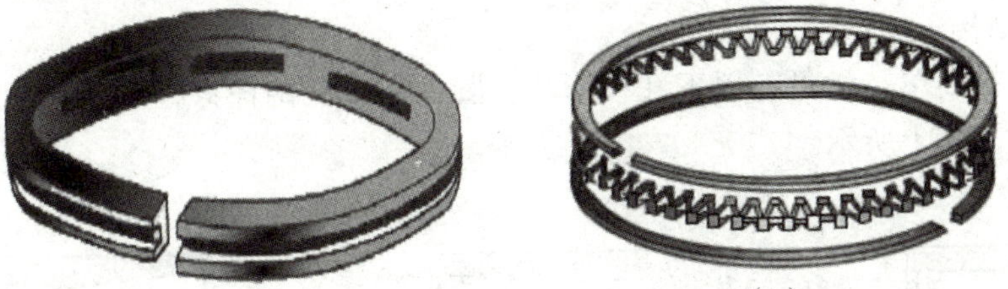

（a）　（b）

图 2－19　油环

（a）整体式油环；（b）组合式油环

整体式油环一般用合金铸铁制造，其外圆柱面的中部切有一道凹槽，凹槽底部开有若干个回油用的小孔或窄槽，有的在其背面加装弹性衬垫，既可保证对气缸壁的弹力，又可有较好的柔性，延长其使用寿命。

组合式油环由上、下刮片和衬簧组成。其环片很薄，对气缸壁的比压大，刮油钢片刮油作用很强，刮油效果好。同时它还具有质量小、回油通路大的特点。因此，组合式油环在高速发动机上得到了广泛的应用。

油环的刮油作用如图 2－20 所示。无论活塞上行还是下行，油环都能将气缸壁上多余的机油刮下来经活塞上的回油孔流回油底壳。

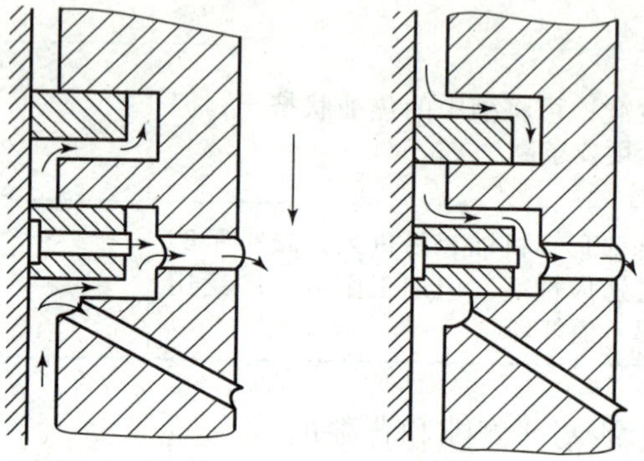

（a）　　（b）

图 2－20　油环的刮油作用

（a）活塞下行；（b）活塞上行

3. 活塞销

1）活塞销的功用

活塞销的作用是连接活塞和连杆小端，将活塞承受的气体作用力传给连杆或将连杆承受的力传给活塞。

2）活塞销的工作条件及材料

活塞销工作时承受很大的周期性冲击载荷，且高温，润滑条件差，因而要求活塞销要有足够的刚度和强度，表面耐磨，质量轻。因此，活塞销通常做成空心圆柱体。

活塞销一般采用低碳钢或低碳合金钢，如 20、20Mn、15Cr 等。外表面渗碳淬火后再精磨和抛光，这样既提高了其表面硬度和耐磨性，又保证有较高的强度和冲击韧性。

3）活塞销的结构

活塞销结构形状简单，常见有以下几种形状：圆柱形孔、两段截锥与一段圆柱结合及两段截锥形孔，如图 2－21 所示。

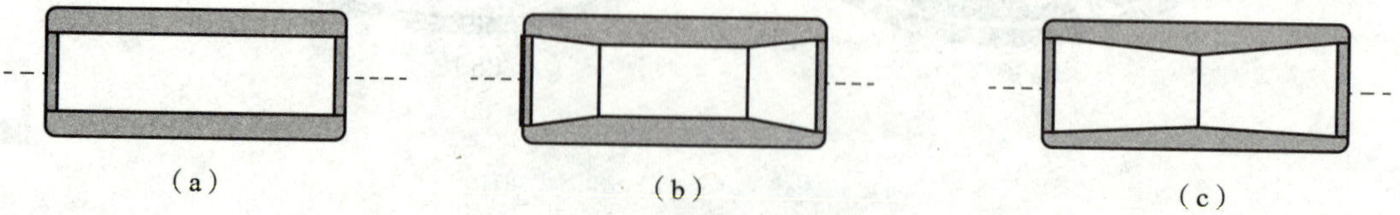

（a）　　（b）　　（c）

图 2－21　活塞销的结构

（a）圆柱形孔；（b）组合形孔；（c）两段截锥形孔

活塞销与活塞销座孔和连杆小头的连接方式一般有全浮式和半浮式两种，如图 2－22 所示。

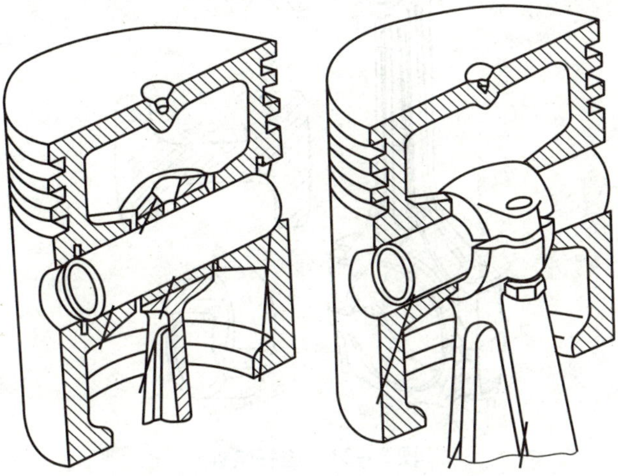

图 2－22　活塞销的连接方式

(a) 全浮式；(b) 半浮式

全浮式连接是指在发动机工作温度时，活塞销与销座、活塞销与连杆小头之间都是间隙配合，可以相互转动。这种连接方式增大了实际接触面积，减小了磨损且使磨损均匀，被广泛采用。为防止工作时活塞销从孔中滑出，必须用卡环将其固定在销座孔内。

半浮式连接是指销与座孔或销与连杆小头两处，一处固定，一处浮动。这种连接方式可以将活塞销压配在连杆小头孔内，也可将活塞销中部与连杆小头用紧固螺栓连接。这种方式不需要卡环，也不需要连杆衬套。

二、连杆组

1. 连杆组的功用及工作条件

连杆的作用是连接活塞与曲轴，并将活塞承受的力传给曲轴，推动曲轴转动，从而使活塞的往复运动变为曲轴的旋转运动。

连杆在工作时承受气体作用力及活塞连杆小端等往复运动的惯性力，这些力周期性变化循环冲击载荷，对连杆形成疲劳损害。同时连杆大小端轴承与活塞销（或十字头销）及曲柄销产生摩擦磨损，受压缩载荷时连杆会产生纵向弯曲。因此，要求质量尽可能小，有足够的刚度和强度。连杆一般采用中碳钢或中碳合金钢模锻，然后经过机械加工和热处理而成。

2. 连杆的结构

连杆由连杆小头、杆身和连杆大头三部分组成，如图 2－23 所示。

1）连杆小头

连杆小头孔内装有减磨的连杆衬套，一般为青铜衬套或铁基粉末冶金衬套。连杆衬套和活塞销之间存在运动，必须润滑。其润滑方式有两种：一种是在连杆小头和衬套上开集油孔或集油槽，靠收集曲轴旋转时飞溅起来的机油来润滑，即集油润滑；另一种是在连杆杆身内

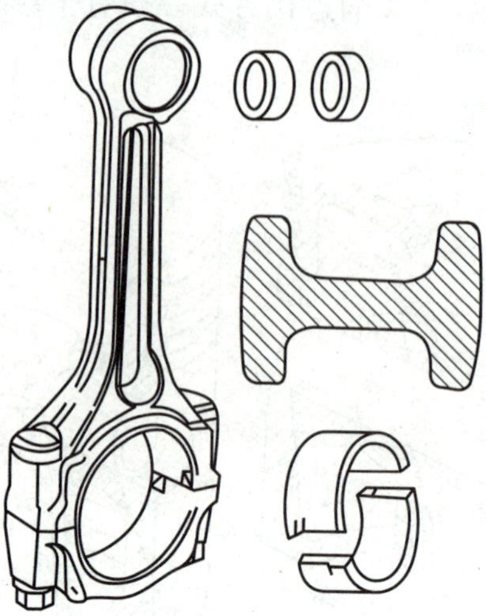

图 2-23 连杆组件

钻润滑油道，通过连杆轴颈的油道得到有压力的润滑油进行润滑，即压力润滑。

2）杆身

连杆杆身通常做成工字形断面，以求在满足强度和刚度要求的前提下尽量减轻其质量。另外，有的连杆在杆身内加工有油道，用来润滑小头衬套或冷却活塞。

3）连杆大头

连杆大头与曲轴的连杆轴颈相连，为便于安装，连杆大头一般做成剖分式的，被分开的部分称为连杆盖，借特制的连杆螺栓紧固在连杆大头上。连杆盖与连杆大头是组合镗孔的，为了防止装配时配对错误，在同一侧刻有配对记号。连杆大头除应具有足够的强度外，还应外形尺寸小、质量轻。

连杆大头按剖分面的方向不同可分为平切口和斜切口两种，如图 2-24 所示。平切口连杆的剖分面垂直于连杆轴线。一般汽油机连杆大头尺寸都小于气缸直径，可以采用平切口。柴油机的连杆由于受力较大，其大头的尺寸往往超过气缸直径。为使连杆大头能通过气缸，便于拆装，一般采用斜切口连杆。斜切口式连杆的大头剖分面与连杆轴线成 30°～60°（常用 45°夹角）。

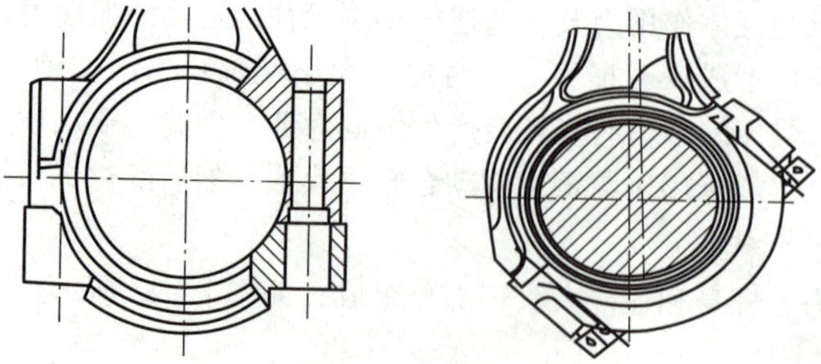

（a）　　（b）

图 2-24 连杆大头的剖分方式

（a）平切口式；（b）斜切口式

3. V 型发动机连杆

V 型发动机连杆主要有并列连杆式、主副连杆式和叉形连杆式三种，如图 2－25 所示。

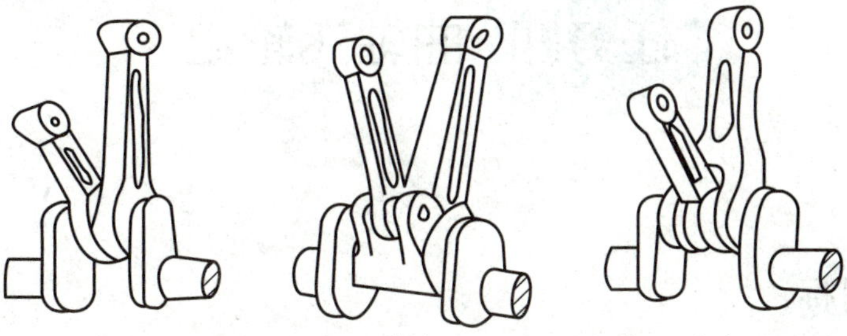

图 2－25　V 型发动机连杆示意图

（a）并列连杆式；（b）主副连杆式；（c）叉形连杆式

1）并列连杆式

两个完全相同的连杆一前一后并列地安装在同一个曲柄销上。并列连杆的优点是前后连杆可以通用，左右两列气缸的活塞运动规律相同；缺点是两列气缸沿曲轴纵向须相互错开一段距离，从而增加了曲轴和发动机的长度。

2）主副连杆式

一个主连杆和一个副连杆组成主副连杆，副连杆通过销轴铰接在主连杆体或主连杆盖上。一列气缸装主连杆，另一列气缸装副连杆，主连杆大头安装在曲轴的曲柄销上。采用主副连杆的 V 型发动机，其两列气缸不需要相互错开，因而也就不会增加发动机的长度。

3）叉形连杆式

叉形连杆式是指一列气缸中的连杆大头为叉形，另一列气缸中的连杆与普通连杆类似，只是大头的宽度较小，一般称其为内连杆。叉形连杆的优点是两列气缸中活塞的运动规律相同，两列气缸无须错开；缺点是叉形连杆大头结构复杂，制造比较困难，维修也不方便，且大头刚度较差。

任务驱动

1. 活塞连杆组主要由________、________、活塞销和________等机件组成。
2. 活塞的结构可分为三部分，即________、________和活塞裙部。
3. 活塞环按作用不同分为________和________两种，两者配合使用。
4. 连杆由________、________和________三部分组成。

任务四 曲轴飞轮组

学习目标

（1）掌握曲轴的结构特点。
（2）掌握扭转减震器的作用。

相关知识

曲轴飞轮组主要由曲轴、飞轮、正时齿轮、皮带轮和扭转减震器等部件组成，如图 2－26 所示。

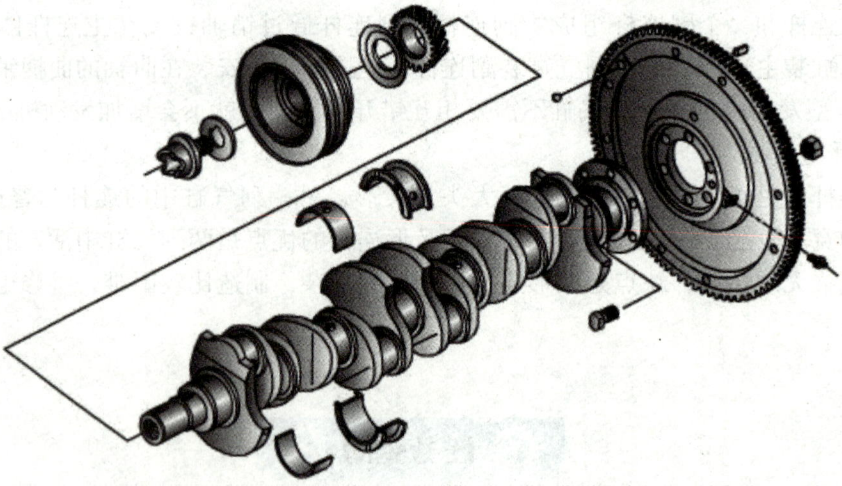

图 2－26 曲轴飞轮组

在发动机工作过程中，燃料燃烧产生的气体压力直接作用在活塞顶上，推动活塞做往复直线运动，经活塞销、连杆和曲轴，将活塞的往复直线运动转换为曲轴的旋转运动。发动机产生的动力大部分经曲轴后端的飞轮输出，还有一部分通过曲轴前端的齿轮与带轮驱动其他机构和系统。

一、曲轴

1. 曲轴的功用

曲轴的作用是把活塞连杆组传来的气体压力转变为扭矩对外输出，还用来驱动发动机的配气机构及其他各种辅助装置。

2. 曲轴的工作条件

曲轴工作时，承受周期性变化的气体压力及活塞连杆等运动件的往复和旋转惯性力作用，这些力及其力矩使曲轴产生弯曲和扭转变形，弯曲和扭转作用还会使曲轴产生振动，因此要求曲轴必须有足够的刚度、强度、耐磨性和很高的平衡性。

3. 曲轴的材料

曲轴是发动机最重要的部件之一，一般采用优质中碳钢或中碳合金钢模锻而成，其主轴颈和连杆轴颈表面上均高频淬火或氮化，以提高耐磨性。也有发动机采用球墨铸铁铸造曲轴，球墨铸铁曲轴具有材料价格便宜、耐磨性好、机械加工量小等优点，但必须采用全支承以保证刚度。

4. 曲轴的分类

按曲轴主轴颈的数目，可以把曲轴分为全支承曲轴和非全支承曲轴两种。在每个连杆轴颈两边都设置有一个主轴颈的曲轴，称为全支承曲轴，否则为非全支承。显然全支承曲轴的主轴颈数比非全支承式曲轴连杆轴颈数多一个，这种支承方式曲轴刚度好，但长度较长。目前柴油机和大部分汽油机均采用全支承曲轴。

按曲轴的总体结构，可以把曲轴分为整体式和组合式两种。整体式曲轴将曲轴做成一个整体零件，它具有较高的强度和刚度，结构紧凑而且质量轻。组合式曲轴将曲轴分成若干个零件分别进行加工，然后组装在一起而构成完整的曲轴。其优点是加工方便，便于系列产品的生产；不足是强度和刚度较差，装配较复杂。多缸发动机曲轴一般做成整体式，某些小型汽油机或采用滚动轴承为曲轴主轴承的发动机，采用组合式曲轴，即将曲轴分段加工后组合成整个曲轴。

5. 曲轴的结构

曲轴的基本结构包括前端轴、主轴颈、连杆轴颈、曲柄、平衡重以及后端凸缘等，如图 2－27 所示。

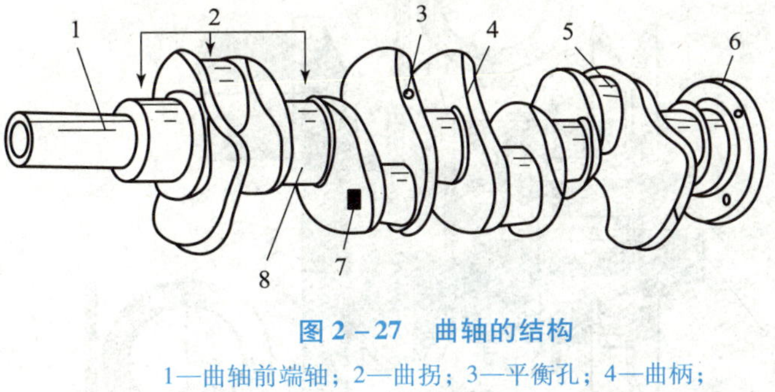

图 2－27　曲轴的结构

1—曲轴前端轴；2—曲拐；3—平衡孔；4—曲柄；
5—连杆轴颈；6—后端凸缘；7—平衡重；8—曲轴主轴颈

1）轴颈

曲轴上磨光的表面为轴颈。将曲轴支承在主轴承上旋转的轴颈为主轴颈，主轴颈的轴线都在同一条直线上。偏离主轴颈轴线用以安装连杆的轴颈为连杆轴颈，连杆轴颈之间有一定的夹角。连杆轴颈、主轴颈和轴瓦上都钻有径向油孔，这些油孔由斜向的油道相连，机油就可以进入主轴颈和曲柄销的工作表面进行润滑，如图 2－28 所示。

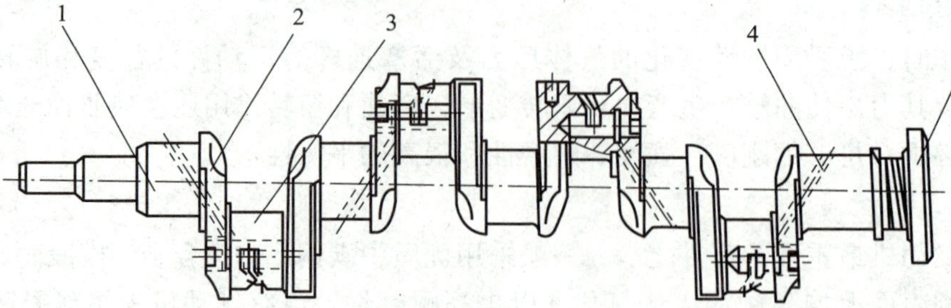

图 2－28 曲轴的油道

1—曲轴主轴颈；2—曲柄；3—连杆轴颈；4—油道；5—后端凸缘

2）曲柄

曲柄是连接主轴颈和连杆轴颈的部分，其长度取决于活塞行程。曲柄截面形状大多为椭圆形，因为这种结构金属利用率高，抗弯、抗扭刚度强。曲柄是曲轴最薄弱的部分，曲柄断裂是曲轴常见的损坏形式。曲柄与轴颈的过渡圆角对应力集中影响很大，在维修时要特别注意。

3）平衡重

曲轴平衡重的作用是平衡连杆大头、连杆轴颈和曲柄等产生的旋转惯性力及其力矩，以减轻主轴承负荷、发动机振动和噪声。

4）前端

曲轴前端是指曲轴第一道主轴颈之前的部分，用以安装正时齿轮、皮带轮等，为防止机油沿曲轴轴颈外漏，一般在正时齿轮前端装一个甩油盘，正时齿轮盖内孔周围还嵌有自紧式油封。当机油溅落在随着曲轴旋转的甩油盘上时，由于离心力的作用，被甩到正时齿轮盖的内壁上，油封挡住机油，使机油沿壁面流回油壳中，如图 2－29 所示。

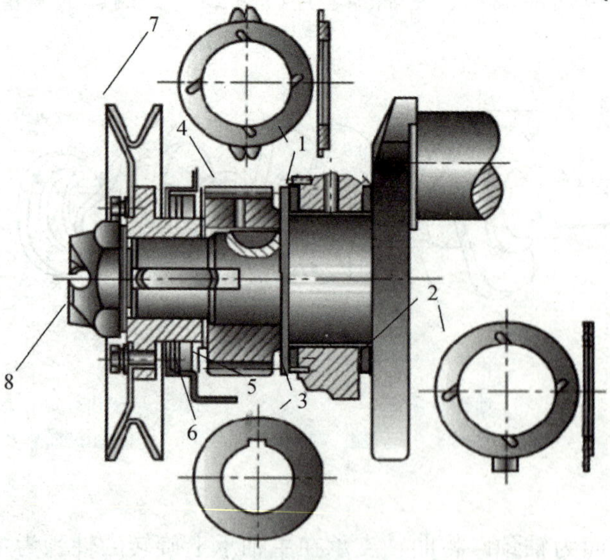

图 2－29 曲轴的前端结构

1，2—止推轴承；3—止推片；4—正时齿轮；5—甩油盘；6—油封；7—皮带轮；8—起动爪

5）后端

曲轴后端是最后一道主轴颈之后的部分，有安装飞轮用的凸缘，为防止机油从后端泄漏，后端也安装有油封装置，如图 2－30 所示。

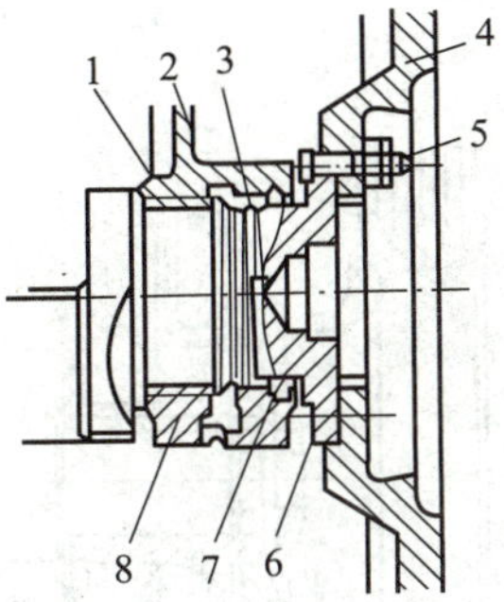

图 2－30　曲轴的后端结构

1—轴承座；2—挡油凸缘；3—回油螺纹；4—飞轮；5—飞轮螺栓；6—曲轴凸缘盘；7—填料油封；8—轴承盖

二、曲轴扭转减震器

当发动机工作时，曲轴在周期性变化的转矩作用下，各曲拐之间发生周期性相对扭转的现象称为扭转振动，简称扭振。对扭转振动而言，由于曲轴较长，扭转刚度较小，而且曲轴轴系的转动惯量又较大，故曲轴扭振的频率较低，在内燃机工作转速范围内容易产生共振，当发动机转矩的变化频率与曲轴扭转的自振频率相同或成整数倍时，就会发生共振。共振时扭转振幅增大，并导致传动机构磨损加剧，发动机功率下降，甚至使曲轴断裂。因此，扭转振动是内燃机设计过程中必须考虑的重要因素。为了消减曲轴的扭转振动，现代汽车发动机多在扭转振幅最大的曲轴前端安装扭转减震器，如图 2－31 所示。常用的扭转减震器有橡胶扭转减震器、硅油扭转减震器、硅油—橡胶扭转减震器等。

图 2－31　曲轴扭转减震器

如图 2－32 所示，在橡胶扭转减震器中，转动惯量较大的惯性盘用一层橡胶垫和由薄钢片冲压制成的盘相连。盘和惯性盘都同橡胶垫硫化黏接。盘的毂部用螺钉固定在装于曲轴前端的风扇皮带轮上。当曲轴发生扭转振动时，曲轴前端的角振幅最大，而且通过皮带轮毂带动圆盘一起振动。惯性盘则因转动惯量较大而实际上相当于一个小型的飞轮，其转动瞬时角速度也就比圆盘均匀得多。这时由于橡胶垫变形而产生的橡胶内部的分子摩擦，消耗扭转振动能量，整个曲轴的扭转振幅将减小，把曲轴共振转速移向更高的转速区域内，从而避免在常用转速内出现共振。

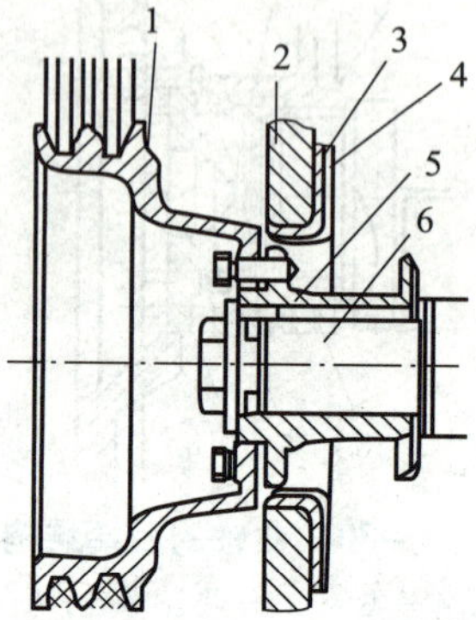

图 2-32　橡胶扭转减震器

1—带轮；2—惯性盘；3—橡胶环；4—减振圆盘；5—带轮轮毂；6—曲轴前端

三、飞轮

飞轮是一个转动惯量很大的圆盘，多用灰铸铁制造，外缘上压有一个齿圈，可与起动机的驱动齿轮啮合，供起动发动机用，如图 2-33 所示。其功用是通过储存和释放能量来提高发动机运转的均匀性，并且使发动机有可能克服短时的超载荷，与此同时又将发动机的动力传递给离合器。

图 2-33　飞轮的结构

有些飞轮上通常刻有第一缸点火正时记号，以便校准点火时间。飞轮与曲轴装配后应进行动平衡。为了拆装时不破坏它们的平衡状态，飞轮与曲轴之间应有严格的相对位置，用定位销或不对称布置的螺栓予以保证。

任务驱动

1. 曲轴飞轮组主要由曲轴、________、正时齿轮、________、________等部件组成。

2. 曲轴的基本结构包括前端轴、________、连杆轴颈、________、________以及后端凸缘等部件。

3. 简述曲轴扭转减震器的作用。

____

____

____

任务五 曲柄连杆机构的拆装与典型故障

学习目标

（1）掌握曲柄连杆机构的拆装顺序与方法。

（2）掌握曲柄连杆机构的典型故障分析。

相关知识

一、曲柄连杆机构的拆装

1. 气缸体曲轴箱组拆卸

（1）先从发动机上拆去燃料供给系统、点火系统、冷却系统等有关部件。

（2）拆卸前、后气缸盖总成；拆除摇臂机构，取出推杆。

（3）拆卸气缸盖及衬垫（拆卸缸盖螺栓、螺母应从周围向中间交叉均匀拆卸，可用木槌轻敲缸盖四周使其松动，不允许用起子或其他硬物撬缸盖）。拆下缸盖后，注意观察燃烧室结构、火花塞及气门位置、缸盖上水道和油道等。

（4）放倒发动机，拆下油底壳（若油底壳内储有机油，应拧开放油螺塞将油放尽后再拆）。拆除油底壳后，注意观察机油泵安装位置再拆去，并观察曲轴支承形式。

2. 活塞连杆组拆卸

（1）分别将所有活塞连杆组转到下止点。

（2）拆下连杆螺母，取下连杆盖、衬垫与轴承，按顺序放好。

（3）用手锤木柄推出活塞连杆组，将取下的连杆盖、衬垫、轴承和连杆螺栓等按原样装复，不可错乱。

（4）用活塞环装卸钳拆下活塞环。

（5）将活塞销锁环拆下，再用活塞销铳将活塞销铳出。

注意观察活塞结构及与连杆的连接和安装方向等；活塞环结构形式及安装方向；连杆轴承结构及定位方法。

3. 曲轴飞轮组拆卸

（1）放倒发动机，拆下主轴承盖螺栓，取下主轴承盖、衬垫并按顺序放好。

（2）拆下曲轴，将轴承盖等装回原位。

（3）拆除飞轮固定螺栓，拆下飞轮。

（4）拆下起动爪、曲轴皮带轮总成、曲轴正时齿轮等。

注意观察曲轴轴向定位装置：曲轴前（后）端轴防漏结构、扭转减震器等。

4. 清洗、准备

清洗各零部件，注意观察其具体结构；按三个组拆卸的顺序将零部件堆放整齐以备安装，安装顺序与拆卸顺序相反。

5. 曲轴飞轮组安装

（1）将飞轮装在曲轴后端凸缘盘上，安装时先用两个定位螺栓定位，再紧固螺母。螺母紧固时应对角交叉进行，扭紧力矩为 137 ~ 147N · m。

（2）在曲轴主轴承座上安装、固定好主轴承（轴承油孔与轴承油道孔对正），在轴瓦表面涂上薄机油。

（3）将曲轴安装在主轴承座上。将不带油槽的主轴承装入主轴承盖，将各道主轴承盖按原位装在各道主轴颈上且按规定扭矩依次拧紧主轴承螺栓。螺栓拧紧分 2 ~ 3 次完成，拧紧顺序为由中到外交叉进行，扭紧力矩为 170 ~ 190N · m，拧紧后用不大于 30N · m 的力矩应能转动曲轴，否则应在主轴承座和主轴承盖间加装垫片。

（4）在曲轴前端轴依次装上曲轴正时齿轮、挡油盘、扭转减震器总成、起动爪等。

6. 活塞连杆组安装

（1）将活塞销、连杆小头孔内涂上薄机油，将活塞放入 90℃以上热水内加热后取出活塞，迅速将活塞销铳入销座、连杆小头孔内，以连接活塞与连杆，在销座两端环槽内用尖嘴钳装上活塞销锁环（安装时注意活塞顶部边缘缺口与连杆体、连杆盖凸点都朝向同侧，即发动机前方）。

（2）用活塞环装卸钳依次装上气环、油环，安装时注意扭曲环不可装反（内切扭曲环一般装于第一道环槽，边缘槽口向上；外切扭曲环一般装于第二、三道环槽，边缘槽口向下）。

（3）将各道环槽端隙按一定角度错开（三道气环按 120°错开，第一道环端隙应避开活塞销座及侧压力较大一侧）。用活塞环箍箍紧活塞环，用手锤木柄轻敲活塞顶部，使活塞进入气缸至连杆大头与曲轴连杆轴颈连接，装上连杆盖，按规定扭矩拧紧连杆螺栓螺母，拧紧力矩为 80～100N·m。

7. 气缸体曲轴箱组安装

（1）放倒发动机，装上油底壳衬垫、油底壳。拧紧油底壳螺栓时应从中间向两侧交叉进行。

（2）竖直发动机，安装气缸垫、气缸盖，气缸垫光滑面朝向气缸体，定位销孔对正缸体上定位销，前后气缸垫不应调换，缸盖螺栓由中间向四周交叉均匀分 2～3 次拧紧，规定力矩为 167～196N·m。

（3）安装推杆、摇臂与气缸盖罩等。

（4）安装其他非曲柄连杆机构部件总成。

二、曲柄连杆机构常见故障分析

曲辆连杆机构的典型故障主要表现为异响。所谓异响就汽车而言，是指汽车总成或机构在工作中产生的超过技术文件规定的不正常的响声，常见曲柄连杆机构异响的类型有：曲轴主轴承异响、连杆轴承异响、活塞敲缸异响、活塞销异响和活塞环异响。

曲柄连杆机构的异响一般是由于某些运动件自然磨损使其间隙过大、润滑不良、紧固不良或修理调整不当等引起的。曲柄连杆机构异响常与发动机的转速、负荷、温度和缸位有关。

1. 曲轴主轴承异响

1）现象

（1）发动机一般稳定运转不响，转速突然变化时会发出低沉、钝重、连续的“镗镗”或“刚、刚、刚”的金属敲击声，严重时机体会发生很大的振动。

（2）发动机的转速越高，响声就越大。

（3）发动机有负荷时响声更加明显。

（4）单缸断火时响声无变化。

（5）响声发生在缸体下部的曲轴箱内。

2）原因

（1）主轴承盖螺栓松动。

（2）主轴承与主轴颈配合间隙过大。

（3）发动机机油压力太低或者机油变质。

（4）主轴承合金层烧毁或脱落。

（5）曲轴弯曲。

3）故障诊断与排除

用旋具抵触曲轴箱接近曲轴主轴承处听察，并反复变更发动机的转速，在突然加速或减速时，如有明显的沉重响声，则为主轴承响。单缸断火时响声无变化，而相邻两缸断火时响声会明显减弱。第一道主轴承响，声音较清脆；第五道主轴承响，声音偏沉闷。

（1）发动机温度越高响声越明显，说明发动机机油黏度过低或老化，应更换发动机机油。

（2）发动机高速运转，汽车重载爬坡，机件有较大的振动，机油压力明显下降，说明主轴承与主轴颈配合间隙过大，或合金层脱落，应及时更换主轴承或修磨主轴颈。

（3）若怀疑是曲轴轴向窜动响，可踏下离合器踏板，如果响声减弱或消失，则为曲轴轴向窜动发响。此时应更换曲轴止推垫片或更换曲轴。

（4）若怀疑主轴承盖螺栓松动，必须撤除主轴承盖，检查轴瓦、螺栓、轴颈是否损伤，如完好，则按规定力矩拧紧。

（5）若怀疑是飞轮固定不良发响，可在发现异响时关闭点火开关，而当发动机即将熄火时，再立即接通点火开关，若此时能听到一声撞击声，且每次重复上述操作均如此，即证明是飞轮固定不良发响，应紧固或更换飞轮固定螺栓予以排除。

2. 连杆轴承异响

1）现象

（1）突然加速时，发动机有明显连续“铛、铛、铛”的类似木棒敲击铁桶的声音，该声响较主轴承响清脆。

（2）怠速时响声较小，中速时明显。

（3）单缸断火后，响声明显减弱或消失，但复火时又能立即出现，即具有所谓响声“上缸”的现象。

（4）汽车高速或爬坡时，响声加剧。

2）原因

（1）连杆轴承盖的螺栓松动或折断。

（2）连杆轴瓦或轴颈磨损过甚，造成径向间隙过大。

（3）连杆轴承合金层烧毁或脱落。

（4）发动机机油压力太低、机油变质或者曲轴内通连杆轴颈的油道堵塞。

3）故障诊断与排除

（1）发动机初发动时，响声严重，待机油压力上升后，响声减弱或消失，表明个别连杆轴承间隙稍大或合金层剥落，应视情况修磨连杆轴颈或更换连杆轴承。

（2）若发动机温度正常，由低速突然加至中高速时，发动机发出有节奏的“铛、铛、铛”响声；转速再升高时，其响声减弱直至消失；单缸断火时响声消失，复火时响声恢复；稍关节气门，响声更明显，说明连杆轴承间隙过大。应修磨连杆轴颈或更换连杆轴承。

（3）发动机温度升高，响声增加，说明发动机机油不符合要求，应予更换。若同时提高发动机转速，其响声却减弱但显得杂乱，则说明连杆轴承合金层过热融化，应立即修复。

3. 活塞敲缸异响

所谓活塞敲缸异响，是指活塞侧面拍打气缸壁产生的异响。一般来讲，当活塞顶部产生轴向力的方向随着活塞从压缩行程变为做功行程时，就会产生活塞敲缸异响。换句话说就是每次当活塞经过上止点向下运动时，活塞都将被迫撞击缸壁，导致活塞敲缸故障发生。活塞敲缸响的原因是多方面的，因具体原因不同，敲缸响所表现的现象也不同。

1）现象

（1）发动机在怠速或低速运转时，气缸上部发出有节奏的“嗒、嗒、嗒”的金属敲击声，而转速稍高响声减弱或消失。

（2）发动机低温时发响，温度正常后响声消失，即冷车时明显，热车时减弱或者消失，但个别原因造成的活塞敲缸反而在温度升高后加重。

（3）响声严重时，负荷越大，响声也就越大，而机油压力不降低。

2）原因

（1）活塞与气缸壁配合间隙偏大。

（2）发动机机油量少，机油飞溅润滑不足。

（3）连杆轴颈与主轴颈不平行。

（4）连杆轴承装配过紧。

（5）活塞裙部椭圆度过小。

（6）活塞销装配过紧。

（7）活塞环背隙、开口间隙过小。

3）故障诊断与排除

（1）拔出机油尺，检查机油量并视情况加添。

（2）发动机低温初发动时，有有节奏的“吭吭”响声，机油加注口和排气管均冒蓝烟。向怀疑发响的气缸注入20mL左右的新机油，响声减弱或消失，说明活塞与气缸壁配合间隙偏大。应检测活塞与气缸，必要时修理气缸、更换活塞。

（3）若是连杆变形或连杆衬套与活塞销装配过紧而产生响声，应重新校正连杆或修刮连杆衬套，当活塞与气缸壁的配合间隙过大时，若因活塞磨损过大而产生异响，可更换同一修理级别的新活塞。

4. 活塞销异响

1）现象

（1）发动机有较尖锐、清脆、有节奏的“嗒嗒嗒”类似于手锤敲击铁的响声，在同转速下比活塞敲缸响连续且尖细。

（2）随发动机转速变化，响声发生周期性变化，加速时响声更大。

（3）发动机温度升高，响声不减，甚至更明显。

（4）单缸断火，响声减弱或消失。

（5）略将点火时间提前，响声更大。

2）原因

（1）活塞销与连杆衬套磨损过甚，间隙增大。

（2）活塞销与其座孔配合松旷。

（3）活塞销卡环脱落，使活塞销轴向窜动。

（4）发动机机油量少，机油飞溅不足。

3）故障诊断与排除

（1）发动机低温怠速时发出“嗒嗒嗒”的连续响声，响声部位在发动机上部，发动机中、低速时响声消失。发响时，若某单缸断火响声消失，复火则响声恢复，即为该缸故障。

此故障一般是活塞销与连杆衬套配合间隙稍大，暂可继续使用。

（2）发动机温度正常，中、低速运转时均发出有节奏、清脆且明显的“嗒嗒嗒”声。单缸断火响声消失，复火时响声恢复，即为该缸活塞销与连杆衬套配合间隙过大，应更换活塞销或连杆衬套。

（3）发动机在低温、高温及低速、高速均发出带振动性的、有节奏的、沉重的“嗒、嗒、嗒”响声；断火试验时，响声转为“咯咯”的哑声，即可断定为活塞销与连杆衬套严重松旷。应立即拆检，必要时更换活塞销或连杆衬套。

（4）发动机只在某一转速时发出“贴贴贴”明显而有节奏的响声，断火试验时响声减弱却杂乱，即为活塞销与其座孔间隙过大，应拆检并视情况更换活塞销和活塞。

（5）检查机油变质情况，查看机油量，必要时加添或更换发动机机油。

5. 活塞环异响

1）现象

活塞环敲击响，发动机出现钝哑的“啪啪”响声，发动机转速升高响声增大，且显得杂乱；活塞环漏气响，类似活塞敲缸响，单缸断火时响声减弱但不消失。

2）原因

活塞环敲击响时：活塞环折断；活塞环磨损，在环槽内松旷；气缸壁顶部磨出凸肩，修磨连杆轴颈后，使活塞环与气缸壁凸肩相碰。

活塞环漏气响：活塞环弹力减弱，使活塞环与气缸壁密封不严；活塞环开口间隙过大或各环开口重叠；气缸壁划伤而有沟槽；活塞环在环槽内卡死等，都会造成活塞环漏气响。

3）故障诊断与排除

（1）单缸断火试验，声响减小，但不消失，把螺丝刀放在火花塞或喷油嘴上听察，如发出“啪、啪”声响，则可确定为活塞环折断；如发出“噗、噗”声响，且断火后无变化，则可确定为活塞环碰撞气缸凸肩。根据具体故障情况更换活塞环或修理气缸。

（2）发动机冷车起动时，发出“嘣、嘣”声响，在机油加注口处可见冒蓝烟，其频率与声频吻合，做断火试验时，声响消失，机油加注口处冒烟减少或消失，可确定为该缸活塞环漏气异响。发动机温度升高，若仍有明显的窜气声响，再做断火试验，但机油加注口处仍有明显漏气现象，可确定为活塞环与缸壁密封不良，应视情况更换或按规定重新安装活塞环。

小　结

1. 汽车发动机曲柄连杆机构，其功用是将燃料燃烧后施加在活塞顶上的气体压力转变为推动曲轴旋转的转矩，向外输出动力。

2. 曲柄连杆机构一般由机体组、活塞连杆组和曲轴飞轮组三部分组成。

3. 机体组主要由气缸盖罩、气缸盖、气缸垫、气缸体和油底壳等组成。

4. 气缸体是发动机各个机构和系统的装配机体，是发动机中最重要的一个部件。气缸体有水冷式气缸体和风冷式气缸体两种。

5. 气缸套有干式气缸套和湿式气缸套两种。

6. 气缸盖的主要作用是封闭气缸上部，与活塞顶部和气缸壁一起构成燃烧室。

7. 气缸盖与气缸体之间装有气缸衬垫，其作用是保证气缸盖与气缸体间的密封，防止燃烧室漏气、水套漏水。

8. 油底壳的主要作用是储存机油并封闭曲轴箱。油底壳受力很小，一般采用薄钢板冲压而成。

9. 活塞连杆组由活塞、活塞环、活塞销和连杆等主要机件组成。

10. 活塞的作用是与气缸盖、气缸壁等共同组成燃烧室，并承受气缸中的气体压力，通过活塞销将作用力传给连杆，以推动曲轴旋转。活塞可分为头部、环槽部和裙部三部分。

11. 活塞环安装在活塞环槽内，用来密封活塞与缸壁之间的间隙，防止窜气，同时使活塞往复运动更顺捷。活塞环分为气环和油环两种。

12. 活塞销的作用是连接活塞和连杆小头，并将活塞所受的气体作用力传给连杆。

13. 活塞销与活塞销座孔和连杆小头衬套孔的连接采用全浮式和半浮式连接。

14. 连杆的作用是将活塞承受的力传给曲轴，并将活塞的往复运动转变为曲轴的旋转运动。

15. 连杆由连杆体、连杆盖、连杆螺栓和连杆轴瓦等零件组成。

16. 曲轴飞轮组主要由曲轴、飞轮、正时齿轮、皮带轮、扭转减震器等部件组成。

17. 曲轴的作用是将活塞连杆组传来的气体作用力转变成曲轴的旋转力矩对外输出，并驱动发动机的配气机构及其他辅助装置工作。

18. 曲轴的基本结构包括前端轴、主轴颈、连杆轴颈、曲柄、平衡重以及后端凸缘等。

<table>
<tr><td colspan="3">曲轴磨损检查　作业工单</td></tr>
<tr><td colspan="3">小组组长：________　维修技师甲：________　维修技师乙：________
质检员：________　记录员：________</td></tr>
<tr><td>整车型号</td><td colspan="2"></td></tr>
<tr><td>车辆识别代码</td><td colspan="2"></td></tr>
<tr><td>发动机型号</td><td colspan="2"></td></tr>
<tr><td>任务</td><td>作业记录内容</td><td>备注</td></tr>
<tr><td>一、前期准备</td><td>按 6S 标准进行曲轴、外径千分尺等工具工位的检查准备</td><td></td></tr>
<tr><td>二、安全检查</td><td>检测曲轴前，先清除曲轴、外径千分尺周围的尘埃、杂物，以免影响曲轴测量精度</td><td></td></tr>
<tr><td rowspan="3">三、操作步骤</td><td>1. 前期准备记录：
____
____
____________</td><td></td></tr>
<tr><td>2. 测量记录：
<table>
<tr><td>第（）道轴颈</td><td>横向面</td><td>纵向面</td><td>圆度</td><td>圆柱度</td></tr>
<tr><td>左部</td><td></td><td></td><td></td><td rowspan="3"></td></tr>
<tr><td>中部</td><td></td><td></td><td></td></tr>
<tr><td>右部</td><td></td><td></td><td></td></tr>
</table></td><td></td></tr>
<tr><td>3. 测量分析记录：
____
____________</td><td></td></tr>
<tr><td>四、竣工检验</td><td>设备器材、工具的整理、清洁及检查记录（严格按照 6S 标准）
____
____________</td><td></td></tr>
<tr><td colspan="3">教师（客户签字）：____________　维修时间：____________</td></tr>
</table>

活塞环三隙的检测　作业工单		
小组组长：________　维修技师甲：________　维修技师乙：________ 质检员：________　记录员：________		
整车型号		
车辆识别代码		
发动机型号		
任务	作业记录内容	备注
一、前期准备	按6S标准进行活塞连杆组、缸体、塞尺、游标卡尺等工具工位的检查准备	
二、安全检查	缸体的水平放置、环槽的清洁	
三、操作步骤	1. 活塞环端隙检测： 采用________把活塞环从环槽内取下，垂直放置于________位置，并采用活塞将其推平。根据间隙选择进行测量，记录________，根据维修标准判断活塞环是否正常	
	2. 活塞环侧隙的检查________________________	
	3. 活塞环安装注意事项： ________________________ ________________________	
四、竣工检验	设备器材、工具的整理、清洁及检查记录（严格按照6S标准） ________________________ ________________________	
教师（客户签字）：________________　维修时间：________________		

<table>
<tr><td colspan="3">气缸磨损测量　作业工单</td></tr>
<tr><td colspan="3">小组组长：________　维修技师甲：________　维修技师乙：________
质检员：________　记录员：________</td></tr>
<tr><td>整车型号</td><td colspan="2"></td></tr>
<tr><td>车辆识别代码</td><td colspan="2"></td></tr>
<tr><td>发动机型号</td><td colspan="2"></td></tr>
<tr><td>任务</td><td>作业记录内容</td><td>备注</td></tr>
<tr><td>一、前期准备</td><td>按6S标准进行常用工具、专用工具（量缸表，游标卡尺，干净的抹布）等工具工位的检查准备</td><td></td></tr>
<tr><td>二、安全检查</td><td>检测气缸体前，先将发动机周围的尘埃、杂物清理干净，严防异物掉入气缸内影响测量精度</td><td></td></tr>
<tr><td rowspan="3">三、操作步骤</td><td>1. 量缸表的组装、校准记录：
____
____
________</td><td></td></tr>
<tr><td>2. 气缸的测量记录：
<table>
<tr><td>第（）缸</td><td>横向面</td><td>纵向面</td><td>圆度</td><td>圆柱度</td></tr>
<tr><td>左部</td><td></td><td></td><td></td><td rowspan="3"></td></tr>
<tr><td>中部</td><td></td><td></td><td></td></tr>
<tr><td>右部</td><td></td><td></td><td></td></tr>
</table></td><td></td></tr>
<tr><td>3. 测量分析记录：
____
________</td><td>查阅相关资料</td></tr>
<tr><td>四、竣工检验</td><td>设备器材、工具的整理、清洁及检查记录（严格按照6S标准）
____
________</td><td></td></tr>
<tr><td colspan="3">教师（客户签字）：____________　维修时间：____________</td></tr>
</table>

项目三
配气机构

情景导入

经过半个月的学习，我们已经掌握了一定的发动机知识，而且对曲柄连杆机构有了较深的认识。同学们学习完本项目后就可以独立地去更换正时皮带了。

可是看起来更换正时皮带挺简单，等到同学们动手就会发现安装起来需要花费九牛二虎之力，而且即使安装完毕，也心里没底。

正时皮带如果安装不正确，不仅会损坏皮带，甚至会造成气门顶断，造成较大的经济损失，所以认真学习好本项目内容非常有必要。

任务一 配气机构的概述

学习目标

（1）能够清楚地指出配气机构主要零部件的安装位置，并能规范安装。
（2）能够正确调整气门间隙和正时。

相关知识

一、配气机构的作用

配气机构的作用是按照发动机各缸的做功顺序及每缸工作循环的要求，在合适的时刻开启和关闭进、排气门，实现发动机的换气。

目前，四行程汽车发动机都采用气门式配气机构。其功用是按照发动机的工作顺序和工作循环的要求，定时开启和关闭各缸的进、排气门，使新气进入气缸、废气从气缸排出。所谓新气，对于汽油机就是汽油与空气的混合物，对于柴油机则为纯净的空气。

进入气缸内的新气数量或称进气量对发动机性能的影响很大。进气量越多，发动机的有效功率和转矩越大。因此，配气机构首先要保证进气充分，进气量尽可能多；同时，废气要排除干净，因为气缸内残留的废气越多，进气量越少。其次，配气机构的运动件应该具有较小的质量和较大的刚度，以使配气机构具有良好的动力特性。

二、配气机构的布置型式

配气机构主要分为气门配气和气口配气。汽车发动机普遍采用气门配气机构。

气门配气机构由气门组和气门传动组两部分组成，每组的零件组成则与气门的位置、凸轮轴的位置和气门驱动形式等有关。配气机构的布置形式可按气门的位置、凸轮轴的位置、凸轮轴的传动方式、每个气缸的气门数及其排列方式等分为不同类型。

1. 气门的布置型式

配气机构按气门的布置位置不同，分为气门顶置式配气机构（见图 3－1（a））和气门侧置式配气机构（见图 3－1（b））。

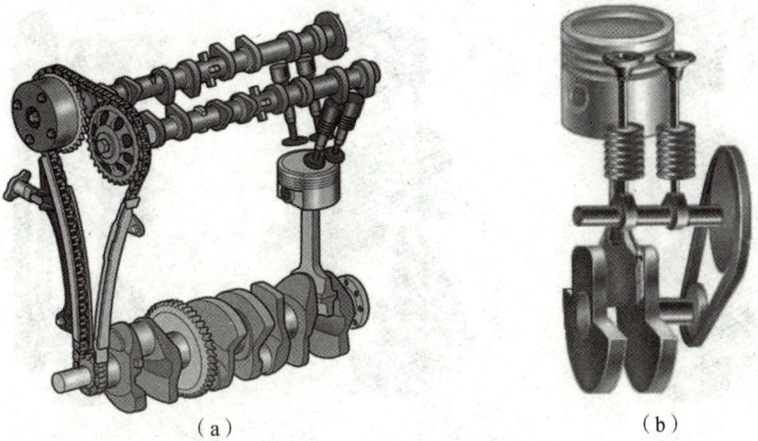

（a） （b）

图 3-1 配气机构

（a）气门顶置式；（b）气门侧置式

现代汽车发动机均采用顶置式气门配气机构。其结构总成如图 3-2 所示，进、排气门置于气缸盖内，气门头朝下，倒挂在气缸盖上。

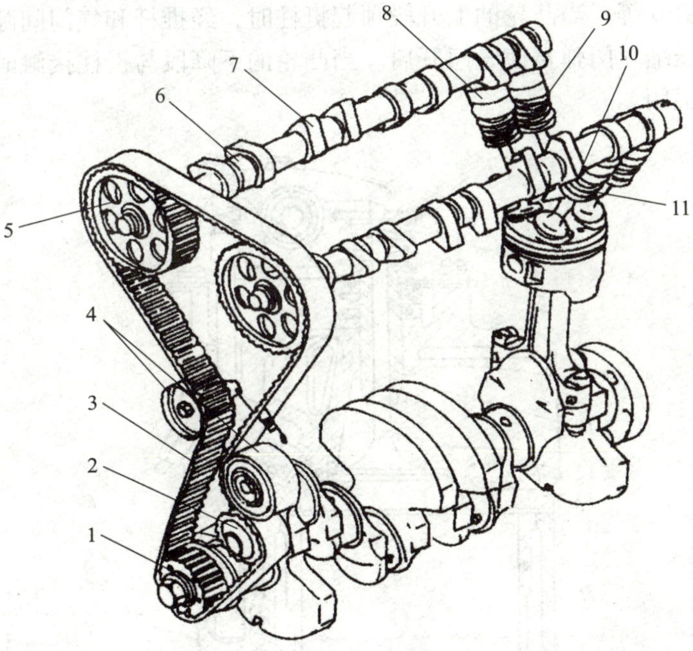

图 3-2 配气机构总成

1—曲轴正时带轮；2—中间轴正时带轮；3—齿形带；4—张紧轮；5—凸轮轴正时带轮；6—进气凸轮轴；7—凸轮；8—液力挺柱；9—进气门组件；10—排气凸轮轴；11—排气门组件

2. 凸轮轴的布置型式

配气机构按凸轮轴的布置位置不同，可分为下置式、中置式和顶置式三种，如图 3-3 所示。

图 3－3　凸轮轴布置型式

（a）下置式；（b）中置式；（c）顶置式

凸轮轴置于曲轴箱内的配气机构为凸轮轴下置式配气机构，其典型结构示意如图 3－4 所示。其中气门组零件包括气门 12、气门座圈 13、气门导管 11、气门弹簧 10、气门弹簧座 9 和气门锁夹 8 等；气门传动组零件则包括凸轮轴 1、挺柱 2、推杆 3、摇臂 7、摇臂轴 4 和气门间隙调整螺钉 6 等。当凸轮的上升段顶起挺柱时，经推杆和气门间隙调整螺钉推动摇臂绕摇臂轴摆动，压缩气门弹簧使气门开启。当凸轮的下降段与挺柱接触时，气门在气门弹簧力的作用下逐渐关闭。

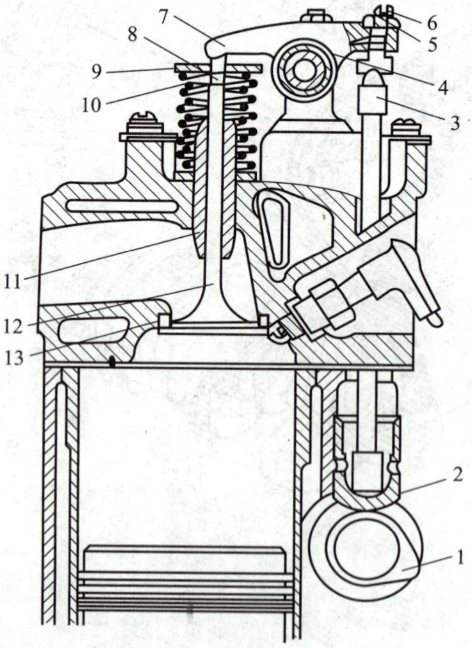

图 3－4　凸轮轴下置式配气机构示意图

1—凸轮轴；2—挺柱；3—推杆；4—摇臂轴；5—所紧螺母；6—调整螺钉；7—摇臂；
8—气门锁夹；9—气门弹簧座；10—气门弹簧；11—气门导管；12—气门；13—气门座圈

由于曲轴与凸轮轴位置靠近，只用一对正时齿轮传动，使得传动系统结构比较简单。

四行程发动机每完成一个工作循环，每个气缸进、排气一次。这时曲轴转两周，而凸轮轴只转一周，所以曲轴与凸轮轴的转速比或传动比为2∶1。

凸轮轴下置式配气机构的主要优点是凸轮轴与曲轴位置靠近，可以简单地用一对齿轮传动。缺点是零件多，传动链长，整个机构的刚度差。在高转速时，可能破坏气门的运动规律和气门的正时启闭。因此多用于转速较低的发动机，如货车用的柴油机等。

凸轮轴中置式配气机构的凸轮轴布置在气缸体上部，如图3－5所示，由凸轮轴经过挺柱直接驱动摇臂。与凸轮轴下置式配气机构相比，省去了推杆，从而减轻了配气机构的往复运动质量，增大了机构的刚度，其更适用于较高转速的发动机。有些凸轮轴中置式配气机构的组成与凸轮轴下置式配气机构没有什么区别，只是推杆较短而已，如YC6105Q、6110A、依维柯8210、22S和福特2.5ID等发动机都是这种机构。

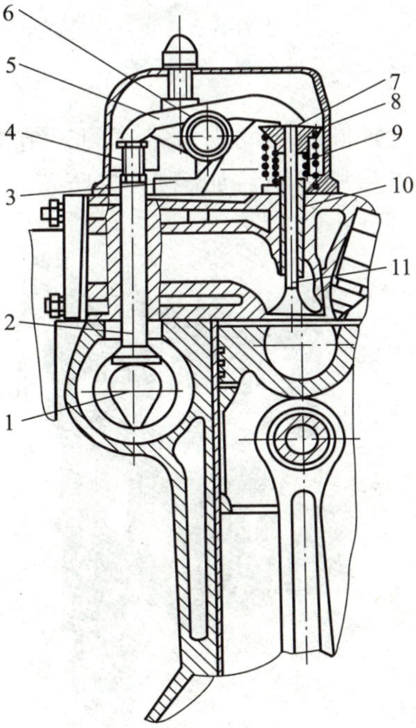

图3－5　凸轮轴中置式配气机构

1—凸轮轴；2—挺柱；3—支架；4—气门间隙调整螺钉；5—摇臂；6—摇臂轴；7—气门锁夹；8—气门弹簧座；9—气门弹簧；10—气门导管；11—气门

凸轮轴顶置式配气机构的凸轮轴直接布置在气缸盖上。凸轮轴可直接通过摇臂来驱动气门或由凸轮轴直接驱动气门，如图3－6所示，它省去了挺柱和推杆，使往复运动质量大大减小。其主要优点是运动件少，传动链短，整个机构的刚度大，适合于高速发动机。由于气门排列和气门驱动形式的不同，凸轮轴顶置式配气机构有多种多样的结构形式。

根据顶置气门凸轮轴的个数，又分为单顶置凸轮轴（SOHC）和双顶置凸轮轴（DOHC）两种。

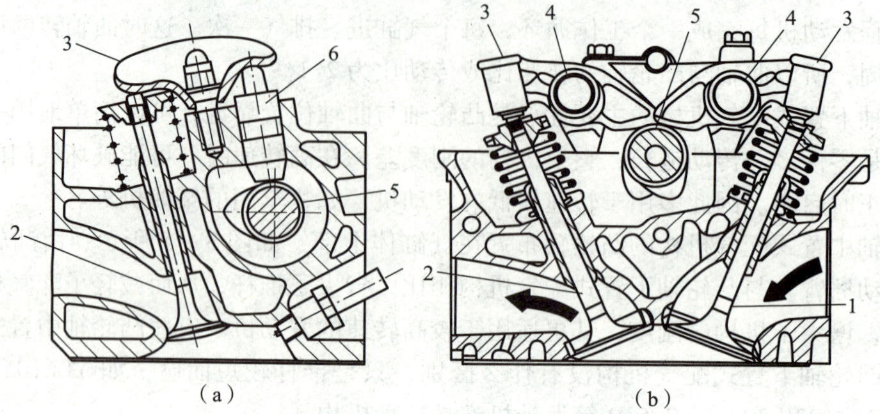

图 3－6 凸轮轴上置式配气机构

（a）凸轮驱动液力挺柱；（b）凸轮驱动摇臂

1—进气门；2—排气门；3—摇臂；4—摇臂轴；5—凸轮轴；6—液力挺柱

单顶置凸轮轴仅用一根凸轮轴同时驱动进、排气门，结构简单，布置紧凑。双顶置凸轮轴由两根凸轮轴分别驱动进气门和排气门，如图 3－7 所示。

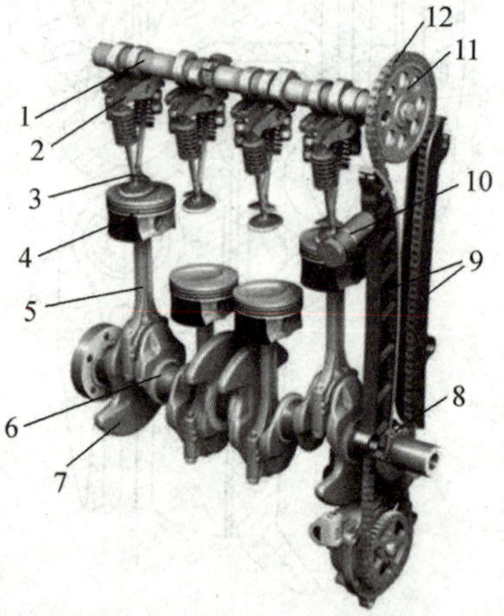

图 3－7 单顶置凸轮轴

1—凸轮轴；2—摇臂；3—气门；4—活塞；5—连杆；6—曲轴；7—曲轴平衡重；8—曲轴定时链轮；9—导链板；10—张紧器；11—凸轮轴定时链轮；12—正时链条

如图 3－8 所示的捷达王轿车发动机即采用双顶置凸轮轴配气机构。进气凸轮轴 2 和排气凸轮轴 1 分别驱动进气门 7 和排气门 6。进气凸轮轴与排气凸轮轴分开安装后，有利于多气门布置，该发动机每个气缸有 5 个气门。气门数目越多，发动机的充气效率越高（当发动机转速达 4 000r/min 时，充气效率可大于 1.0；而当发动机转速为 6 000r/min 时，充气效率仍不低于 0.9），发动机功率也就越大。在工作容积不变的条件下，仅仅是单缸气门就由 2 个变成了 5 个，轿车的功率提高了近 40%。

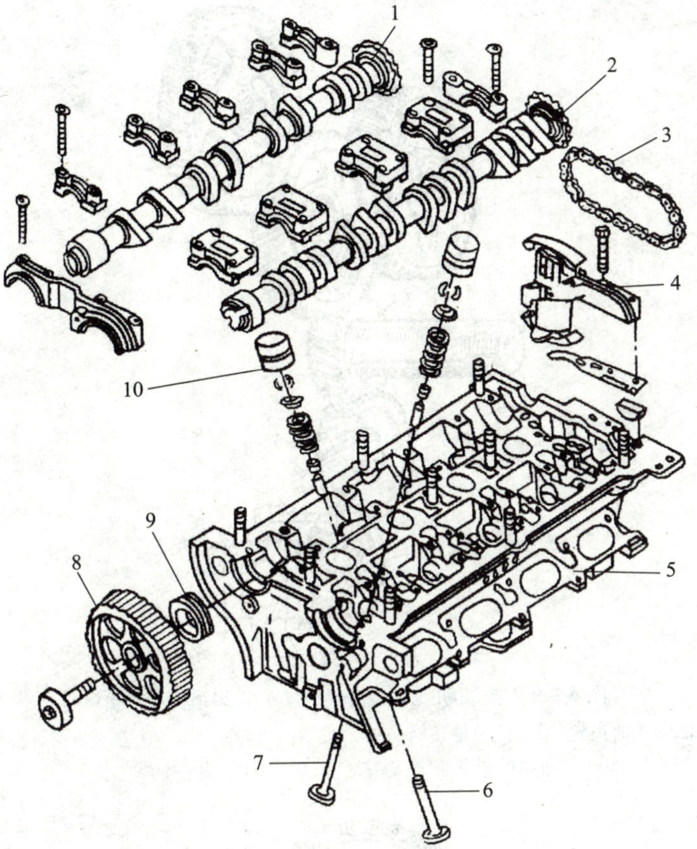

图 3－8　捷达王轿车发动机配气机构

1—排气凸轮轴；2—进气凸轮轴；3—传动链；4—液压链张紧器；5—气缸盖；
6—排气门；7—进气门；8—凸轮轴带轮；9—油封；10—液力挺柱

3. 凸轮轴的传动方式

凸轮轴由曲轴带动旋转，它们之间的传动方式有齿轮传动、链传动及齿形带传动等几种。

1）齿轮传动

在凸轮轴下置、中置式配气机构中，由于凸轮轴与曲轴位置较近，大多数采用圆柱正时齿轮传动。汽油机一般只用一对正时齿轮，即曲轴正时齿轮和凸轮轴正时齿轮。柴油机需要同时驱动喷油泵，所以增加一个中间齿轮，如图 3－9 所示。为了啮合平稳，减小噪声和磨损，正时齿轮一般都用斜齿轮并用不同材料制成，曲轴正时齿轮常用钢来制造，而凸轮轴正时齿轮则用铸铁或夹布胶木制成。

2）链传动

链传动特别适合于凸轮轴上置式配气机构，如图 3－10 所示。为使工作中链条有一定的张力而不致脱链，通常装有导链板和张紧装置等。链传动的主要问题是其工作可靠性和耐久性不如齿轮传动，它的传动性能主要取决于链条的制造质量。现代伊兰特等轿车发动机配气机构即采用链传动。

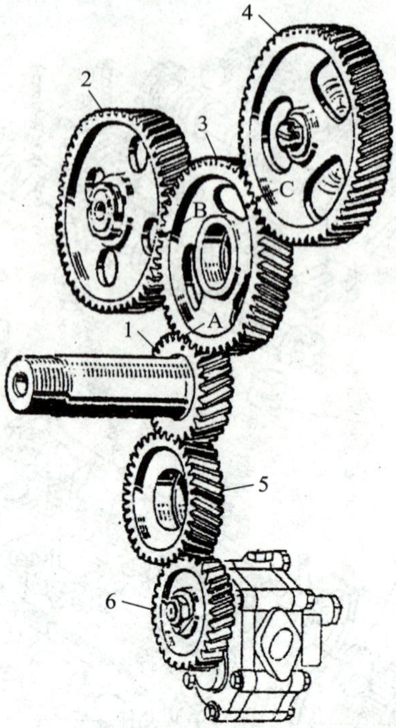

图 3－9　柴油机正时齿轮机构（6120 型发动机）

1—曲轴正时齿轮；2—凸轮轴正时齿轮；4，5—中间齿轮；4—喷油泵正时齿轮；6—机油泵传动齿轮；A，B，C—正时记号

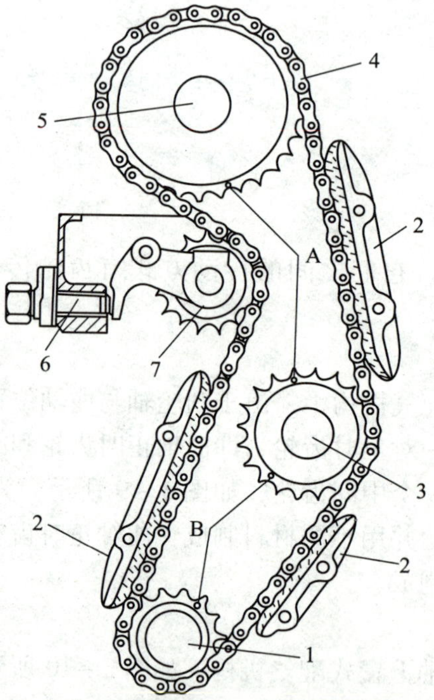

图 3－10　凸轮轴的链传动装置

1—曲轴定时链轮；2—导链板；3—中间链轮；4—链条；5—凸轮轴定时链轮；6—液力张紧装置；7—张紧轮；A，B—定时记号

3）齿形带传动

高速汽车发动机上还广泛采用齿形带代替传动链，如图3－11所示。这种齿形带用氯丁橡胶制成，中间夹有玻璃纤维以增加强度。采用齿形带传动，能减小噪声和结构质量，对降低成本也有好处。一汽丰田卡罗拉和捷达/高尔夫、上海桑塔纳型轿车发动机配气机构均采用齿形带传动。

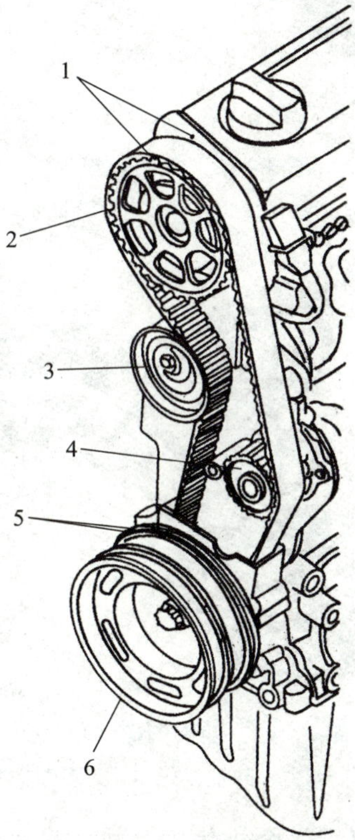

图3－11　齿形带传动装置

1—凸轮轴正时记号；2—凸轮轴带轮；3—半自动张紧轮；4—水泵带轮；5—曲轴正时记号；6—曲轴带轮

4. 气门数目及排列方式

发动机通常都采用每缸两气门，即一个进气门和一个排气门的结构。为了进一步改善气缸的换气性能，在结构允许的条件下，应尽量增大进气门头部的直径。当气缸直径较大、活塞平均线速度较高时，每缸一进一排的气门结构就不能保证良好的换气质量，因此，在很多中、高级新型轿车和运动型汽车发动机上普遍采用每缸多气门结构，有三、四、五气门，其中尤以四气门发动机为数最多，如图3－12所示。

四气门发动机每缸有两个进气门和两个排气门，如图3－13所示。其突出优点是气门通过面积大，进气充分，排气彻底，发动机的转矩和功率得以提高。另外，每缸采用四个气门，每个气门的头部直径较小，每个气门的质量减轻，运动惯性力减小，有利于提高发动机转速。还有，四气门发动机多采用篷形燃烧室，火花塞布置在燃烧室中央，有利于燃烧。缺点是发动机零件数目增多，制造成本增加。丰田卡罗拉、现代朗动、大众高尔夫、别克威朗等发动机均为四气门发动机。

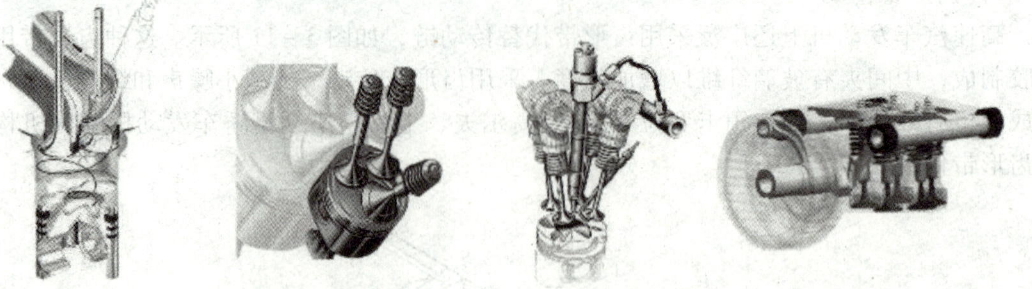

（a）　　（b）　　（c）　　（d）

图 3－12　气门数量

（a）二气门；（b）三气门；（c）四气门；（d）五气门

图 3－13　四气门配气机构

1—进气门；2—进气凸轮轴；3—排气凸轮轴；4—排气门

图 3－14　五气门配气机构

三气门发动机每缸两个进气门、一个排气门，排气门头部直径比进气门大。与两气门发动机相比，进气量明显增加，其他方面不如四气门发动机，特别是火花塞很难布置在燃烧室中央，对燃烧不利。斯巴鲁 J12、丰田 A2E 等配置每缸三气门的发动机。

五气门发动机每缸三个进气门、两个排气门，如图 3－14 所示。这种结构能够明显增加进气量，在这方面比四气门还优越。但是结构也变得非常复杂，尤其是增加了燃烧室表面积，对燃烧不利。捷达王 EA113 型、三菱 3G81 型等发动机均为五气门发动机。

当每缸采用两气门时，气门的布置有两种方式，一种是将所有气门沿机体纵向轴线排成一列的方式，这样相邻两缸同名气门就有可能合用一个气道，并得到较大的气道通过截面；另一种方式是将进、排气门交替布置，每缸单独占用一个气道，这样有助于气缸盖冷却均匀。柴油机中为避免进气受到预热而影响充气效率，把进、排气道分别置于气缸盖的两侧。汽油机的进、排气道通常置于气缸盖的同一侧，以便排气对进气进行预热。

当每缸采用四气门时，气门排列也有两种方式。一种是同名气门排成两列，如图 3－15（a）所示，另一种是同名气门排成一列，如图 3－15（b）所示。前一种布置方式，所有气门可由一个凸轮轴通过T形驱动件同时驱动，结构简单，但由于两个气门串联，会影响充气效率且使前后两排气门热负荷不均匀，故不常采用；后一种方案在组织进气涡流、保证排气门及缸盖热负荷均匀等方面都具有优越性，但一般需用两根凸轮轴分别驱动进气门和排气门，结构稍显复杂。

提问： 为什么进气门和排气门的大小不一样？

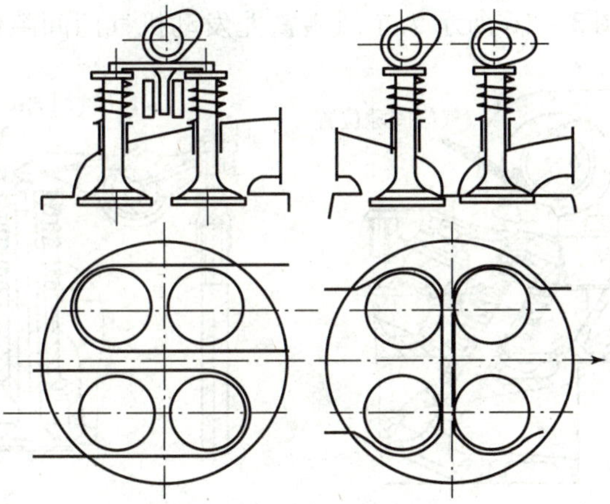

图 3－15 每缸四气门的布置

（a）同名气门排成两列；（b）同名气门排成一列

1—T形杆；2—气门尾端的从动盘

提示：

进、排气的效率是决定发动机性能好坏的重要因素，当发动机正常运转时活塞的往复运动速度是非常快的，在 3 000r/min 的转速下发动机完成每一个进气或排气行程的时间只有 0.04s，要想在这么短的时间内吸进或排出更多的气体就要增大进、排气的有效面积，于是有的发动机便采用了多气门技术。

如今人们对发动机性能指标要求越来越高，且尾气排放法规日益严格，每缸两气门（即一个进气门、一个排气门）这种结构已经显得有些落伍了，越来越多的发动机采用每缸三气门结构（两个进气门、一个排气门），或者每缸四气门结构（即两个进气门、两个排气门），有的公司已经开始采用每缸五气门结构（即三个进气门、两个排气门）。

但是气门数量并不是越多越好，五气门确实可以提高进气效率，但是结构极其复杂，加工困难，采用较少。

三、气门间隙

发动机工作时，气门及其传动件，如挺柱、推杆等都将因温度升高而膨胀伸长。如果气门及其传动件之间，在冷态时无间隙或间隙过小，则在热态下，气门及其传动件的受热膨胀势必会引起气门关闭不严，造成发动机在压缩和做功行程中漏气，从而使功率下降，严重时甚至不易起动。为此，发动机在冷态下，当气门处于关闭状态时，在气门与传动件之间留有适当的间隙，以补偿气门受热后的膨胀量，此间隙称为气门间隙。

气门间隙的大小由发动机制造厂根据试验确定，一般在冷态时，进气门的间隙为 0.25 ~ 0.30mm，排气门的间隙为 0.30 ~ 0.35mm。气门间隙过大，将影响气门的开启量，同时在气门开启时会产生较大的冲击响声。为了能对气门间隙进行调整，在摇臂（或挺柱）上装有调整螺钉及锁紧螺母。图 3 – 16 所示为东风雪铁龙发动机气门间隙值。

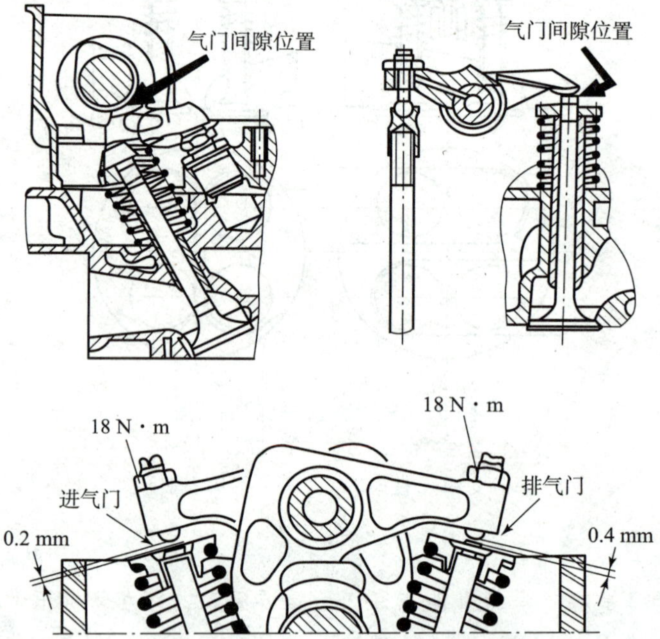

图 3 – 16　东风雪铁龙发动机气门间隙值

轿车发动机普遍采用液力挺柱，液力挺柱的长度能自动调整，故不需要预留气门间隙，也没有气门间隙调整装置。

讨论： 为什么排气门的间隙比进气门的大？

任务驱动

1. 配气机构是按照________及________要求，适时地开启和关闭进、排气门，实现________。

2. 配气机构的传动形式有________、________和________等。

3. 正时链条与正时皮带相比有哪些优缺点？

____

____

____

任务二 配气相位

学习目标

(1) 配气相位的定义。

(2) 配气相位角有哪些。

相关知识

一、配气相位的定义

提问： 气门应该什么时间开启和关闭？

进入气缸内的新气量越多，发动机的动力性越好。影响进气量的因素很多，而进、排气门开启和关闭的时刻便是其中之一。

理论上，四行程发动机的进气门是当活塞到达上止点时开启、下止点时关闭；排气门则是当活塞到达下止点时开启、上止点时关闭。进气时间和排气时间各占180°曲轴转角。但由于现代汽车发动机转速很高，活塞每一行程历时相当短。如发动机转速在5 600r/min时，一个行程的时间只有0.005 4s，这么短的时间进气和排气，必然会使发动机进气不充分、排气不彻底，从而使发动机功率下降。因此，现代发动机多采用延长进、排气门开启时间，使气门早开和晚闭来改善进、排气状况。

用曲轴转角表示的进、排气门实际开闭时刻和开启持续时间，称为配气相位。通常用相对于上、下止点曲拐位置的曲轴转角的环形图来表示，这种图形称为配气相位图，如图3－17所示。

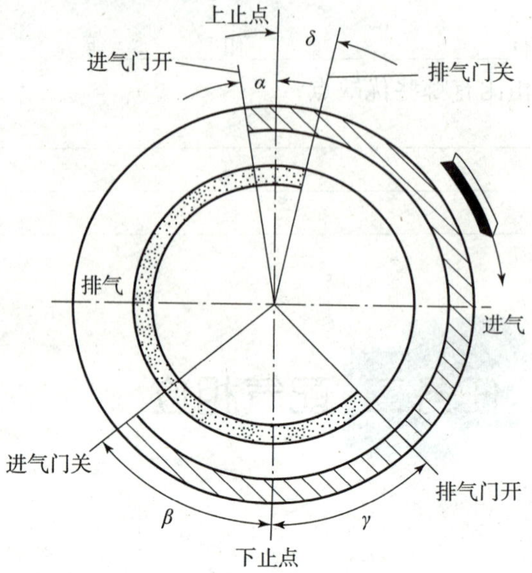

图 3-17　配气相位

α—进气提前角；β—进气延迟角；γ—排气提前角；δ—排气延迟角

二、进气门配气相位

1. 进气提前角

在排气行程接近终了、活塞到达上止点之前，进气门便开始开启，从进气门开始开启到活塞移到上止点所对应的曲轴转角 α 称为进气提前角。进气门提前开启的目的是：保证进气行程开始时进气门已开大，减小进气阻力，使新鲜气体能顺利地充入气缸。

2. 进气延迟角

在进气行程下止点过后，活塞又上行一段，进气门才关闭。从下止点到进气门关闭所对应的曲轴转角 β 称为进气延迟角。进气门延迟关闭的目的是：由于活塞到达下止点时，气缸内压力仍低于大气压力，且气流还有相当大的惯性，故可以利用气流惯性和压力差继续进气。

由此可见，进气门开启持续时间内的曲轴转角，即进气持续角为 $\alpha+180°+\beta$。α 角一般为 10°~30°，β 角一般为 40°~80°。

提示： 进气门延迟角随发动机转速的升高而增大。

三、排气门配气相位

1. 排气提前角

在做功行程接近终了，活塞到达下止点之前，排气门便开始开启。从排气门开始开启到下止点所对应的曲轴转角 γ 称为排气提前角。排气门提前开启的目的是：当做功行程活塞接近下止点时，气缸内的气体还有 0.30~0.50MPa 的压力，此压力对做功的作用已经不大，但仍比大气压力高，可利用此压力使气缸内的废气迅速地自由排出，待活塞到达下止点时，气缸内只剩 0.11~0.12MPa 的压力，使排气行程所消耗的功率大为减小，此外，高温废气迅速排出还可以防止发动机过热。

2. 排气延迟角

活塞越过上止点后，排气门才关闭。从上止点到排气门关闭所对应的曲轴转角δ称为排气延迟角。排气门延迟关闭的目的是：由于活塞到达上止点时，气缸内的残余废气压力高于大气压力，加之排气时气流有一定的惯性，故仍可以利用气流惯性和压力差把废气排放得更干净。

由此可见，排气门开启持续时间内的曲轴转角，即排气持续角为$\gamma+180°+\delta$。γ角一般为$40°\sim80°$，δ角一般为$10°\sim30°$。

四、气门叠开

一般进气门早开和排气门晚关，在排气终了和进气开始，活塞处于上止点附近的一段时间内，进、排气门同时开启，这种现象称为气门叠开。进、排气门同时开启过程对应的曲轴转角，称为气门叠开角。气门叠开角的大小为$\alpha+\delta$。

由于新鲜气流和废气流的流动都有一定的惯性，在短时间内是不会改变流向的，因此只要气门叠开角选择适当，就不会有废气倒流入进气管及新鲜气体随同废气排出的可能性。相反，进入气缸内部的新鲜气体可增加气缸内的气体压力，有助于废气的排出。

不同发动机，由于其结构型式、转速各不相同，因而配气相位也不相同。同一台发动机转速不同也应有不同的配气相位，转速越高，提前角和迟后角也应越大，采用可变配气相位的发动机可以做到这一点，而不变配气相位发动机只适用于某一常用的转速。

提示： 现在很多汽车，为提高充气效率，常采用可变配气相位机构。

任务驱动

1. 配气相位的定义：________________________________。
2. 配气相位包括________、________、________、________、________、________、________、________。

任务三　气门组的主要零件

学习目标

（1）气门组的主要零部件。

（2）气门的结构组成。

（3）气门弹簧的种类。

相关知识

配气机构由气门组和气门传动组组成。气门组包括气门、气门导管、气门座和气门弹簧等主要零部件。气门传动组主要包括凸轮轴、凸轮轴正时齿轮（带轮或链轮）、挺柱、推杆、摇臂和摇臂轴等。

气门组的作用是实现气缸的密封。气门组的组成如图 3－18 所示，主要有气门、气门座、气门导管、气门弹簧等零件。

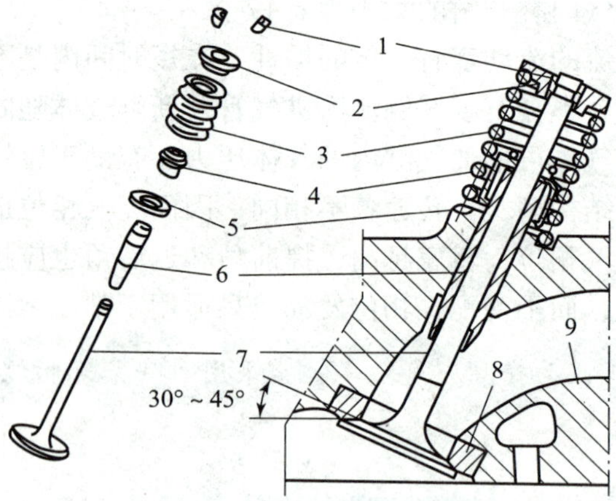

图 3－18　气门组的组成

1—气门锁片；2—气门弹簧座；3—气门弹簧；4—气门油封；5—气门弹簧垫圈；6—气门导管；7—气门；8—气门座圈；9—气缸盖

一、气门

气门的功用与结构。

气门分进气门和排气门。气门的功用是与气门座相配合，对气缸进行密封，并按工作循环的要求定时开启和关闭，使新鲜气体进入气缸，并使废气排出气缸。气门由头部和杆部两部分组成，头部用来封闭进、排气通道，杆部在气门开闭过程中起导向作用。

由于气门是在高温、高压、散热困难、润滑差、受燃气体中腐蚀介质的腐蚀等很差的工作条件下工作的，所以要求气门材料必须有足够的刚度、强度，且耐高温和耐磨损。通常进气门采用中碳合金钢（如镍钢、镍铬钢和铬钼钢等），排气门则采用耐热合金钢（如硅铬钢、硅铬钼钢等）。另外，为了改善气门的导热性能，可在气门内部充注金属钠，如图 3－19 所示。由于钠在 970℃时为液态，液态钠可将气门头部的热量传给气门杆，冷却效果十分明显。奥迪 A6 轿车发动机排气门即采用充钠气门，长城汽车也在2015 年技术展示中展示了所研制的充钠气门。

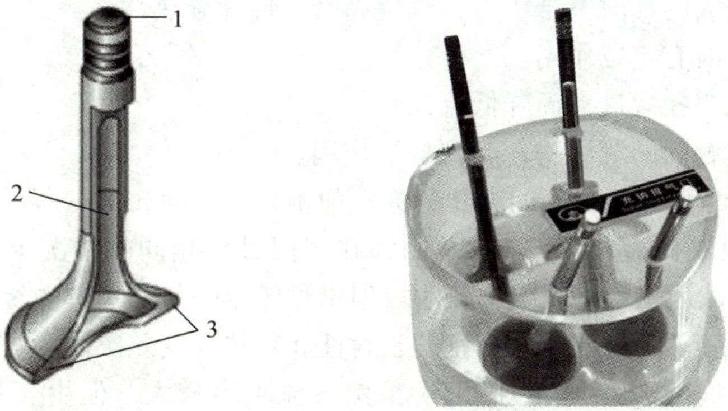

(a)　　　　　　　　(b)

图 3－19　充钠排气门

1，3—镶装硬合金；2—充钠

充钠气门就是在气门内充入金属钠，它可以更好地将气门头部的热量带走，降低气门的金属疲劳。充钠气门一般由上、下两部分组成，而它的制造难度也在于如何将二者焊接起来。

气门是由头部和杆部构成的，两部分用圆弧连接。气门头部由气门顶部和密封锥面组成，而气门杆部的形状取决于气门弹簧座的固定方式。

气门顶部的形状主要分为平顶、喇叭形顶和球面顶三种形式，如图 3－20 所示。目前使用最多的是平顶气门头部。平顶气门头部结构简单，制造容易，吸热面积较小，质量小，进、排气门均可采用。喇叭形顶头部与杆部的过渡部分具有一定的流线型，气流流通较便利，可减小进气阻力，但其顶部受热面积较大，故多用于进气门，而不宜用于排气门。球面顶气门头部的强度高，排气阻力小，废气清除效果好，适用于排气门，但球形气门顶部的受热面积大，质量和惯性力也大，加工较困难。

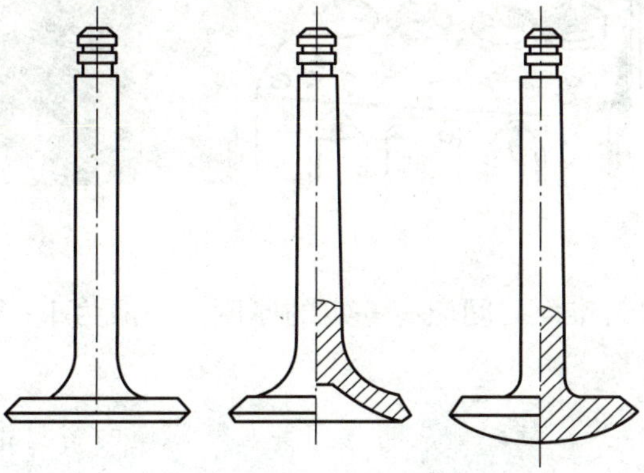

(a)　　　　(b)　　　　(c)

图 3－20　气门头部的结构型式

(a) 平顶；(b) 喇叭形顶；(c) 球面顶

气门密封锥面是与杆身同心的圆锥面，用来与气门座接触，起到密封气道的作用。采用密封锥面的目的有以下几方面：

（1）能获得较大的气门座合压力，以提高密封性和导热性。

（2）气门落座时有定位作用。

（3）避免使气流拐弯过大而降低流速。

（4）能挤掉接触面的沉淀物，起到自洁作用。

气门密封锥面与顶平面之间的夹角称为气门锥角，如图3－21所示。气门锥角一般做成45°，有的发动机进气门做成30°，这是因为在气门升程相同的情况下，气门锥角小，可获得较大的气流通过截面积，进气阻力较小。但锥角较小的气门头部边缘较薄，刚度较小，使用中容易变形，导致气门头部与气门座的密封性和导热性变差。因为排气门温度较高，导热要求也很高，故排气门的锥角多为45°。虽然气流阻力较大，但由于排气压力高，故影响不大。

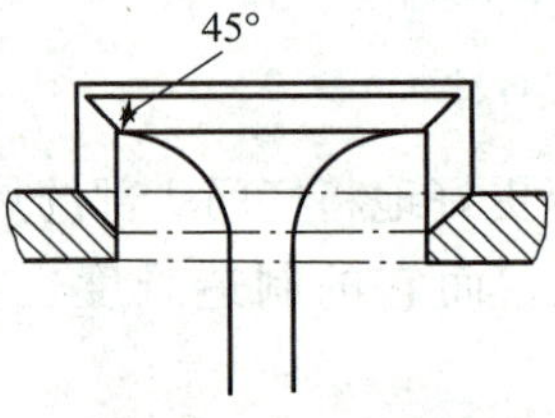

图3－21　气门锥角

一般气门锥角比气门座或气门座圈锥角小0.5°～1°，其作用是使两者不以锥面的全宽接触，这样可以增加密封锥面的接触压力，加速磨合，并能切断和挤出两者之间的积垢和积炭，保持锥面良好的密封性，进行气门铰削，如图3－22所示。

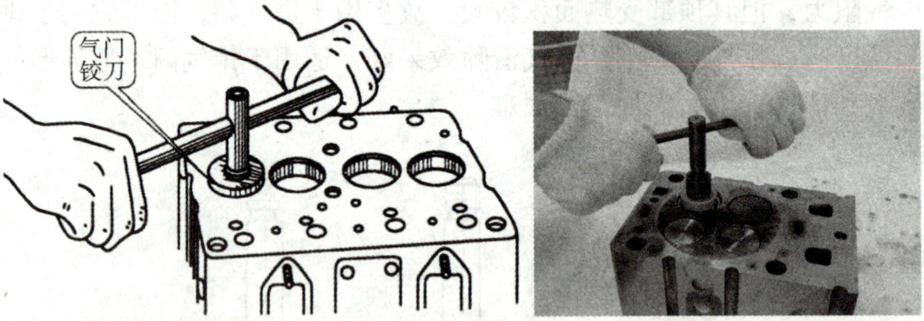

图3－22　气门铰削

气门顶边缘与气门密封锥面之间应有一定的厚度，一般为1～3mm，以防止在工作中受冲击损坏或被高温气体烧坏。

提示：为保证良好密封，装配前应将气门头与气门座的密封锥面互相研磨，研磨好的零件不能互换。

气门头部直径越大，气门口通道截面就越大，进、排气阻力就越小。由于最大尺寸受燃烧室结构的限制，考虑到进气阻力比排气阻力对发动机性能的影响大得多，为尽量减小进气阻力，进气门直径往往大于排气门。另外，排气门稍小些还不易变形。

气门杆与气门导管配合，为气门开启和关闭过程中的上下运动导向。气门杆是圆柱形，在气门导管中不断上、下往复运动。气门杆部应具有较高的加工精度和较小的表面粗糙度值，与气门导管保持正确的配合间隙，以减小磨损和起到良好的导向、散热作用。气门杆尾部结构取决于气门弹簧座的固定方式，如图 3－23 所示。常用的结构是用剖分成两半的锥形锁片 4 来固定气门弹簧座，如图 3－23（a）所示，这时气门杆 1 的尾部可切出环形槽来安装锁片；也可以用锁销 5 来固定气门弹簧座 3，如图 3－23（b）所示，对应的气门杆尾部应有一个用来安装锁销的径向孔。

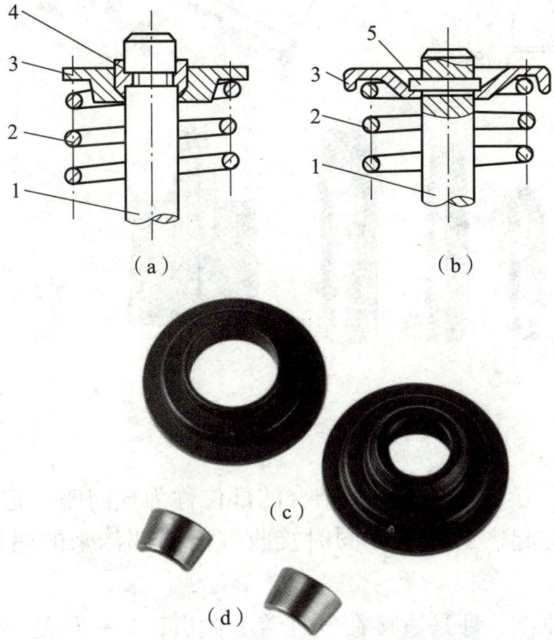

图 3－23 气门弹簧座的固定方式、弹簧座及锁片

（a），（b）固定方式；（c）弹簧座；（d）锁片

1—气门杆；2—气门弹簧；3—气门弹簧座；4—锥形锁片；5—锁销

二、气门导管

气门导管的功用与结构。

气门导管的功用是为气门的运动导向，保证气门的往复直线运动和气门关闭时能正确地与气门座贴合，并为气门杆散热。气门导管通常单独加工，再压入气缸盖的承孔中。由于润滑较困难，气门导管一般用含石墨较多的铸铁或粉末冶金制成，以提高自润滑效果。

气门导管的结构如图 3－24 所示。为便于调换或修理，气门导管内、外圆柱面经加工后压入气缸盖导管孔中，然后再精铰内孔。为了防止气门导管在使用过程中松落，有的发动机对气门导管用卡环定位，使气门弹簧下座将卡环压住，导管就有了可靠的轴向定位。气门杆与气门导管之间一般留有 0.05～0.12 mm 的间隙，使气门杆能在导管中自由运动。

讨论： 气门杆与气门导管之间的间隙过大或过小，对发动机工作会产生什么影响？

三、气门座

气门座的功用与结构。

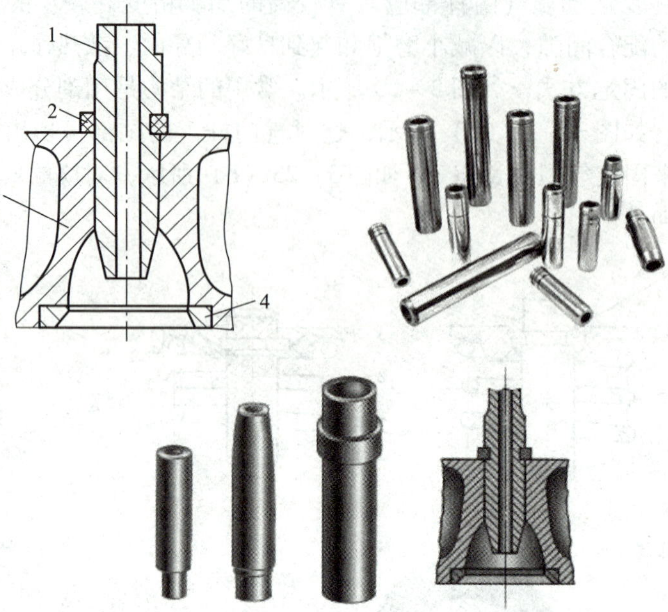

图 3－24　气门导管

1—气门导管；2—卡环；3—气缸盖；4—气门座

气缸盖上的进、排气道与气门锥面相结合的部位称为气门座，它也有相应的锥面。气门座与气门头部一起对气缸起密封作用，同时接收气门头部传来的热量，起到对气门散热的作用。

气门座的形式有两种：一种是直接在气缸盖上镗出；另一种是单独加工后镶嵌在气缸盖承孔中，如图 3－25 所示。

图 3－25　气门座

直接在气缸盖上镗出的气门座散热效果好，使用中不会脱落而造成事故，但存在着耐高温和耐磨损性差及不便于修理更换等缺点。气门座圈用耐热合金钢或耐热合金铸铁制成，然后镶嵌入气缸盖的气门座圈孔中。它不但耐高温、耐磨损、耐腐蚀，而且使用寿命长，易于更换；缺点是导热性差、加工精度高，如果与气缸盖承孔配合不良，使用中可能发生脱落而造成事故。

提示： 采用铝合金气缸盖的发动机，必须镶配气缸座圈。

四、气门弹簧

气门弹簧的功用和结构。

气门弹簧是圆柱形或圆锥形螺旋弹簧，位于气缸盖与气门杆尾端弹簧座之间。其功用是克服气门关闭过程中气门及传动件所产生的惯性力，保证气门及时落座并与气门座或气门座圈紧密贴合，同时也可防止气门在发动机振动时因跳动而破坏密封。因此要求气门弹簧具有足够的刚度和安装预紧力。

气门弹簧多采用优质合金钢丝卷绕成螺旋状，弹簧两端磨平，以防止工作中弹簧产生歪斜，如图 3－26（a）所示。为了提高弹簧的疲劳强度，弹簧丝表面要进行磨光、抛光或喷丸处理。弹簧丝表面还必须进行发蓝或磷化处理，以免在使用中生锈。

为了防止弹簧发生共振，可采用变螺距的圆柱形弹簧，如图 3－26（b）所示。大多数高速发动机一个气门装有同心安装的内、外两根气门弹簧，如图 3－26（c）所示，这样不但可以防止共振，而且当一根弹簧折断时，另一根仍可维持工作。此外，还能减小气门弹簧的高度。当装用两根气门弹簧时，气门弹簧的螺旋方向和螺距应各不相同，这样可以防止折断的弹簧圈卡入另一个弹簧圈内。一汽丰田卡罗拉、大众 POLO、本田飞度发动机均采用双气门弹簧。

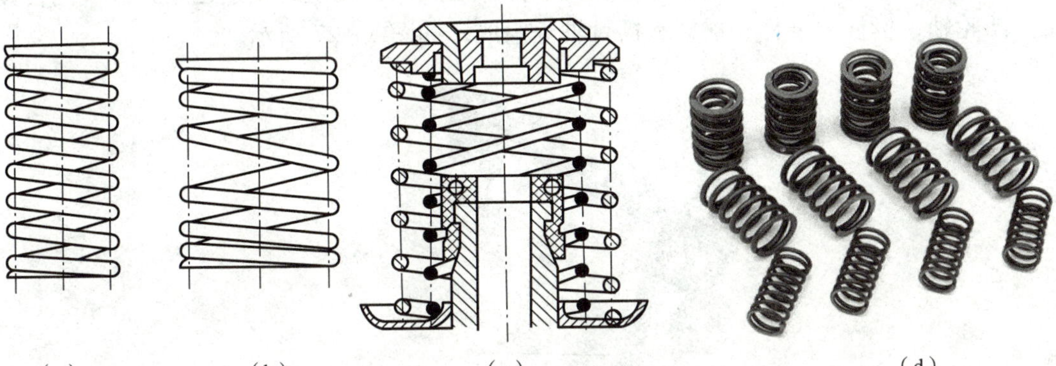

（a）　　（b）　　（c）　　（d）

图 3－26　气门弹簧

任务驱动

1. 气门组由________、________、________、________和________零件组成。
2. 气门头部有________、________、________三种形式。
3. 气门油封是否可以重复使用？________。
4. 气门弹簧弹力不足，对发动机运转会产生什么后果？

任务四 气门传动组的主要零件

学习目标

(1) 气门传动组的作用和组成。
(2) 凸轮轴的工作过程。
(3) 气门传动路线。

相关知识

气门传动组的作用是使气门按发动机配气相位规定的时刻及时开、闭，并保证规定的开启时间和开启高度。由于配气机构的布置型式多样，故气门传动组的差别也很大。气门传动组通常由凸轮轴、挺柱、推杆、摇臂和摇臂轴等组成，如图 3－27 所示。

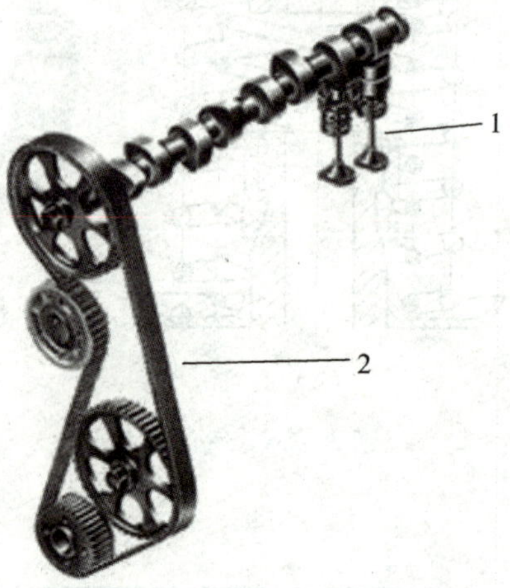

图 3－27 气门传动组
1—气门组；2—气门传动组

一、凸轮轴

凸轮轴的功用与结构。

如图 3－28 所示，凸轮轴上加工有凸轮 1、凸轮轴轴颈 2 等。凸轮用于保证各缸进、排气门按一定的工作次序和配气相位及时开、闭。凸轮轴通过轴颈固定在气缸体或气缸盖上。对于下置式凸轮轴的汽油机还具有驱动分电器等的螺旋齿轮 4 及驱动汽油泵的偏心轮 3 等结构。凸轮受到气门间歇性开启的周期性冲击载荷，因此要求凸轮表面要耐磨，且凸轮轴要有足够的韧性和刚度。凸轮轴一般用优质钢模锻而成，也有的用合金铸铁或球墨铸铁铸造而成。凸轮和轴颈的工作表面经热处理后需进行精磨和抛光，以使其具有足够的硬度和耐磨性。

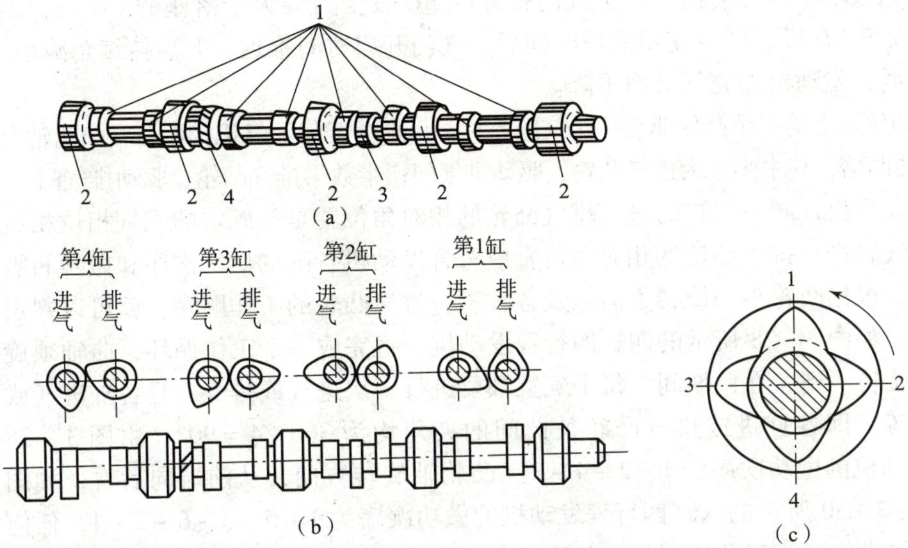

图 3－28　四缸四行程汽油机凸轮轴

（a）发动机凸轮轴；（b）各凸轮的相对角位置；（c）进（排）气凸轮投影

1—凸轮；2—凸轮轴轴颈；3—驱动汽油泵的偏心轮；4—驱动分电器等的螺旋齿轮

凸轮是凸轮轴上的重要组成部分。凸轮的轮廓决定了气门升程、气门开闭的持续时间和运动规律。凸轮的轮廓形状如图 3－29 所示。O 点为凸轮轴的旋转中心，圆弧 EA 为凸轮的基圆。当凸轮按图 3－29 所示方向转过 EA 圆弧时，挺柱处于最低位置不动，气门处于关闭状态。对于普通挺柱而言，凸轮转过 A 点后，挺柱开始上移，但由于气门间隙的存在，气门并没有开启。凸轮转至 B 点与挺柱接触时，气门间隙消除，气门开始开启。凸轮转到 C 点与挺柱接触时，气门开度达到最大。凸轮轴继续转动，挺柱开始下移，气门在气门弹簧的作用下开始关闭。当凸轮转到 D 点与挺柱接触时，气门完全关闭。此后，挺柱继续下落，出

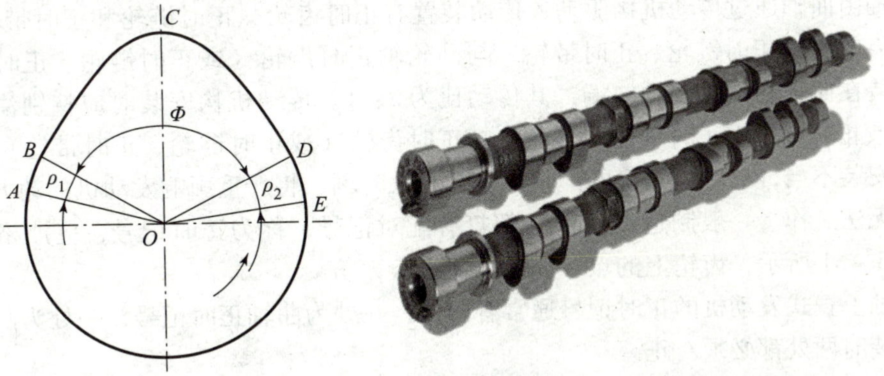

图 3－29　凸轮轮廓形状

现气门间隙，至 E 点挺柱又处于最低位置。Φ 对应着气门开启持续角，ρ_1 和 ρ_2 则分别对应着消除和恢复气门间隙所需的转角。凸轮轮廓 BCD 圆弧段为凸轮的工作段，其形状决定了气门的升程及其升降过程的运动规律。

凸轮轮廓曲线是对称的，在凸轮轮廓与基圆结合处设有一小段缓冲段，以减小气门在打开和落座时的冲击，减小噪声与磨损。由于气门打开的 BC 段受力要大于落座的 CD 段，因此 BC 段的磨损要大于 CD 段。所以使用一段时间后，气门开启时间推迟，开启持续角减小，气门的升程有所降低，发动机的充气效率下降。

大多数发动机凸轮轴上的一个凸轮驱动一个气门。对于每缸两气门配气机构而言，凸轮轴上凸轮的数量是缸数的两倍，其中半数为进气凸轮，驱动进气门；半数为排气凸轮，驱动排气门。

由图 3－30 可以看出，同一气缸的进、排气凸轮的相对角位置是与既定的配气相位相适应的。发动机各个气缸进、排气凸轮的相对角位置应符合发动机各缸的做功次序和做功间隔时间的要求。因此，根据凸轮轴的旋转方向以及各缸进、排气凸轮的工作顺序，就可以判定发动机的做功次序。如图 3－28 所示的四缸四行程发动机，每完成一个工作循环，曲轴须旋转两周而凸轮轴只旋转一周，在此期间，每个气缸都要进行一次进气或排气，且各缸进气或排气的时间间隔相等，即各缸进或排气凸轮彼此间的夹角均为 360°/4 = 90°。由图 3－28（c）可见，汽车发动机的做功次序为 1－2－4－3（凸轮轴旋转方向，从前端向后看，如图中箭头所示）。如图 3－30 所示的六缸四行程发动机的做功次序为 1－5－3－6－2－4，任何两个相继做功的气缸进气或排气凸轮间的夹角均为 360°/6 = 60°。

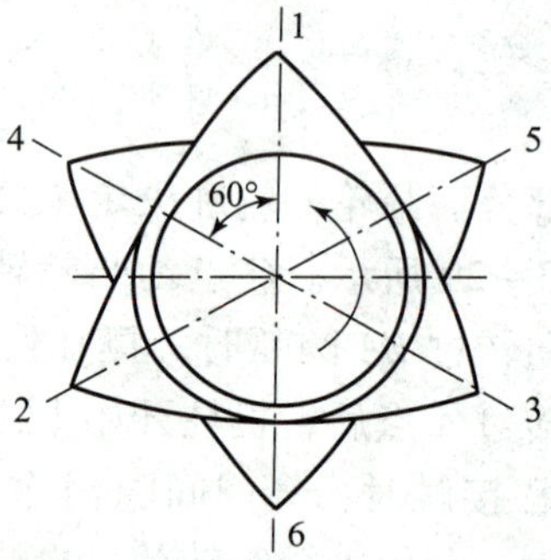

图 3－30　六缸四行程发动机进（排）气凸轮投影

凸轮轴由曲轴通过传动机构驱动，传动装置有正时齿轮、正时链轮和正时带轮等形式。曲轴正时齿轮（或正时链轮、正时带轮）与凸轮轴正时齿轮（或正时链轮、正时带轮）分别用键安装在曲轴和凸轮轴的前端，其传动比为 2：1。传动机构安装时应特别注意曲轴正时齿轮（或正时链轮、正时带轮）与凸轮轴正时齿轮（或正时链轮、正时带轮）的相互位置关系。安装不当，会影响正确的配气相位和点火时刻，将严重影响发动机的动力性和经济性，甚至无法工作。一般制造厂出厂时都打有配对记号，称为正时记号，应严格按要求安装。如图 3－31 所示，齿轮上的点 A 应与点 B 相互对齐。

凸轮轴上置式发动机的正时记号通常有两处，一处为曲轴正时记号，一处为凸轮轴正时记号，安装时两处都必须对正。

讨论： 如果正时记号没有对齐，对发动机工作会产生什么影响？

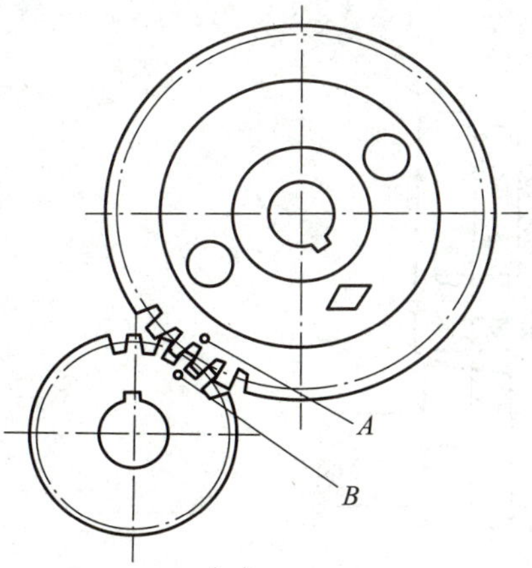

(a)

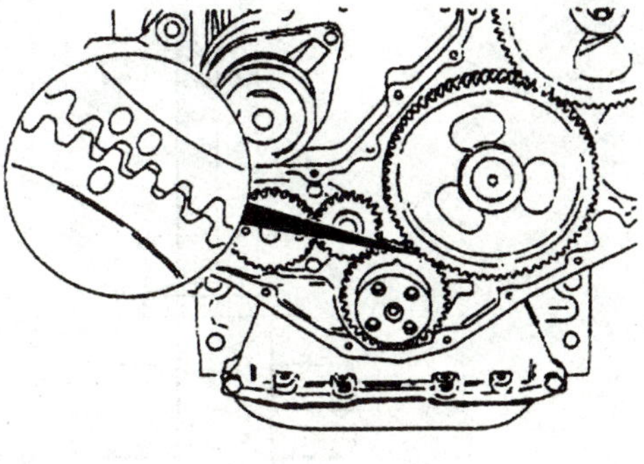

(b)

图 3-31 正时齿轮安装记号

二、挺柱

挺柱的作用是将凸轮的推力传递给推杆或气门杆，并承受凸轮轴旋转时所施加的侧向力。挺柱可分为普通挺柱和液力挺柱两种。

1. 普通挺柱

配气机构采用的普通挺柱有筒式和滚轮式两种结构型式，如图 3-32 所示。大多数发动机采用筒式挺柱，筒式挺柱钻有通孔，便于筒内收集的机油流出对挺柱底面及凸轮加以润滑；另外，由于挺柱中间为空心，故其质量可较小。大型柴油机采用滚轮式挺柱可以显著减少摩擦力和侧向力，但结构较复杂，质量较大。挺柱位于导向孔内，有些发动机的导向孔直接在缸体或缸盖上镗出，也有些发动机采用可拆式挺柱导向体，导向体固定在缸体上，挺柱装入导向体的导向孔内。

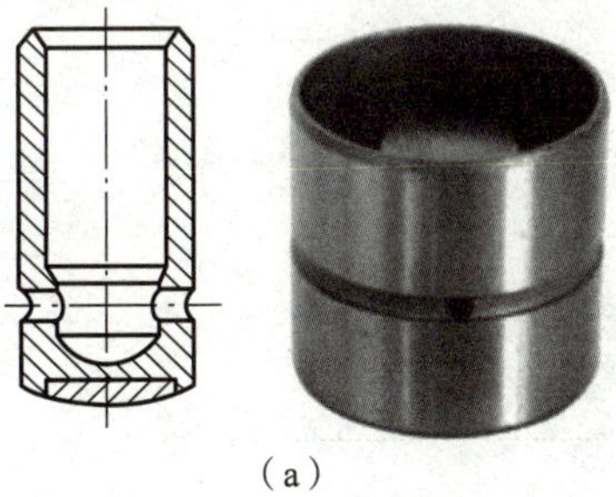

(a)

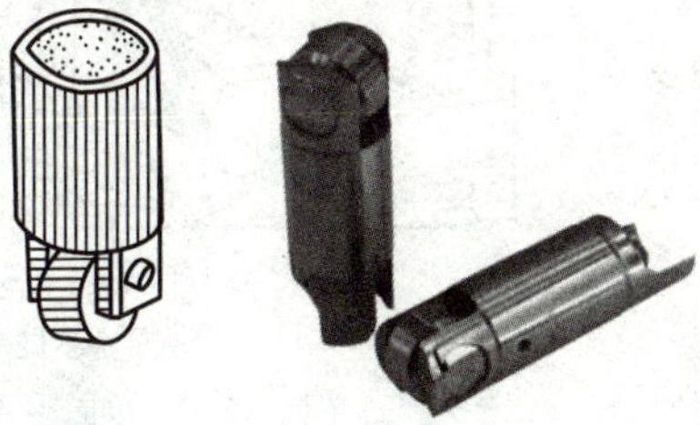

(b)

图 3-32 普通挺柱

(a) 筒式；(b) 滚轮式

挺柱工作时，由于受凸轮侧向推力的作用，会稍有倾斜，并且由于侧向推力方向是一定的，将引起挺柱与导管之间的单面磨损，同时挺柱与凸轮固定不变地在一处接触，也会造成磨损不均匀。因此，挺柱在结构上有的制成球面，而且把凸轮面制成带锥度形状，如图 3-33 所示，这样凸轮与挺柱的接触点偏离挺柱轴线，当挺柱被凸轮顶起上升时，接触点的摩擦力使其绕本身轴线转动，以达到磨损均匀的目的。

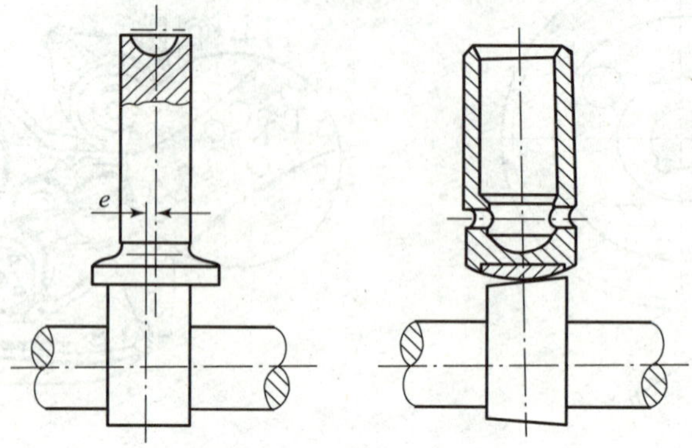

图 3－33　减轻底面磨损的结构措施

（a）挺柱轴线偏移；（b）凸轮工作面呈锥形

2. 液力挺柱

由于气门间隙的存在，发动机工作时，配气机构中将发生撞击而产生噪声。为解决这一矛盾，有些发动机采用了液力挺柱，如图 3－34 所示。液力挺柱由挺柱体 3、油缸 4、柱塞 2、单向阀 5、单向阀弹簧 7 和柱塞弹簧 8 等部件组成。

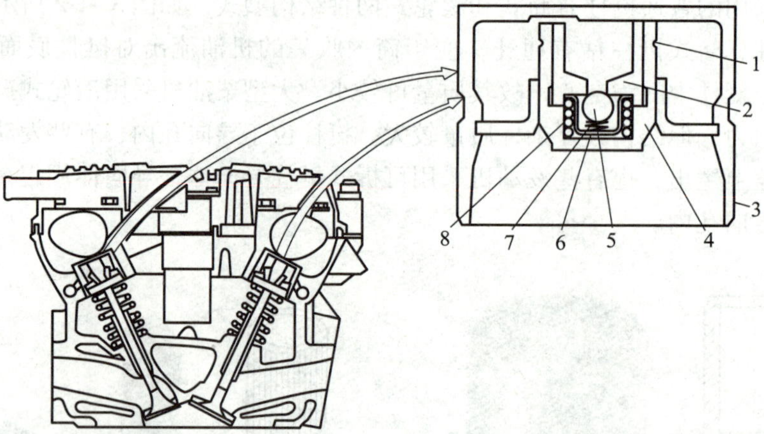

图 3－34　液力挺柱结构

1—卡夹；2—柱塞；3—挺柱体；4—油缸；
5—单向阀；6—单向阀罩；7—单向阀弹簧；8—柱塞弹簧

示例：

奥迪和桑塔纳轿车的发动机上采用的液力挺柱如图 3－35 所示，其工作原理与上述液力挺柱基本相同，其结构如图 3－35 所示，该结构的特点如下：

（1）采用倒置的液力挺柱，直接推动气门开启；

（2）挺柱体是由上盖和圆筒，经加工后再用激光焊接成一体的薄壁零件；

（3）单向阀采用钢球、弹簧式结构。

挺柱体是液力挺柱的基础件，外圆柱面上加工有环形油槽，顶部内侧加工有键形油槽，中

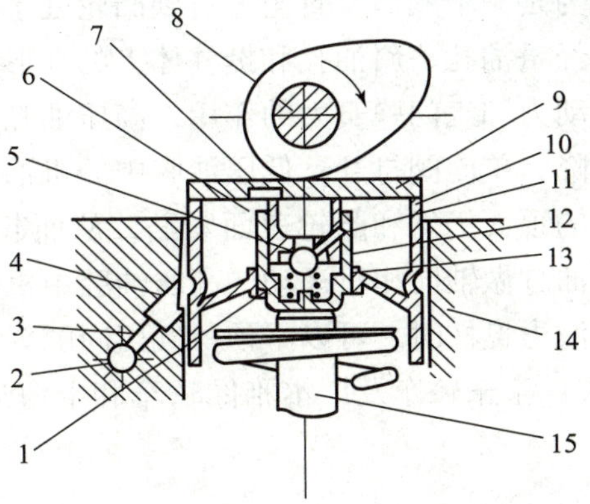

图 3-35 奥迪和桑塔纳轿车发动机液力挺柱

1—高压油腔；2—缸盖油道；3—油量孔；4—斜油孔；5—球阀；6—低压油腔；7—键形槽；8—凸轮轴；9—挺柱体；10—柱塞焊缝；11—柱塞；12—套筒；13—弹簧；14—缸盖；15—气门杆

部内圆柱面与油缸配合。油缸内装有柱塞，两者存在着相对运动。单向阀弹簧将单向阀压靠在柱塞的阀座上，该弹簧还可以使挺柱顶面与凸轮轮廓线保持紧密接触，从而消除气门间隙。

油缸与柱塞、单向阀与单向阀弹簧装配在一起，构成了气门间隙补偿偶件。球阀将油缸下部和柱塞上部分隔成两个油腔。当球阀关闭时，上部为低压油腔、下部为高压油腔；当球阀打开时，上、下油腔连通。发动机工作时，机油可以通过缸盖上的主油道及专门设计的量孔、斜油孔进入挺柱体环形油槽，再经键形油槽进入柱塞上部的低压油腔，这样缸盖上主油道与液力挺柱的低压油腔之间便形成了一个通路。

液力挺柱装在气缸盖上的挺柱孔内，挺柱顶面与凸轮接触，油缸底面则与气门杆端接触。液力挺柱的工作原理如图 3-36 所示。当凸轮轴转动，凸轮的升程段与挺柱顶面接触时，挺柱在凸轮推动力作用下向下移动，高压腔内的机油被压缩，单向阀在压力差和单向阀弹簧的作用下关闭，高、低压油腔被分隔开。由于液体的不可压缩性，整个挺柱如同一个刚体一样下移推开气门并保证了气门升程。此时挺柱体上的环形油槽已离开了气缸盖上的进油位置，停止进油。当挺柱开始上行返回时，在弹簧向上顶压和凸轮下压的作用下，高压油腔

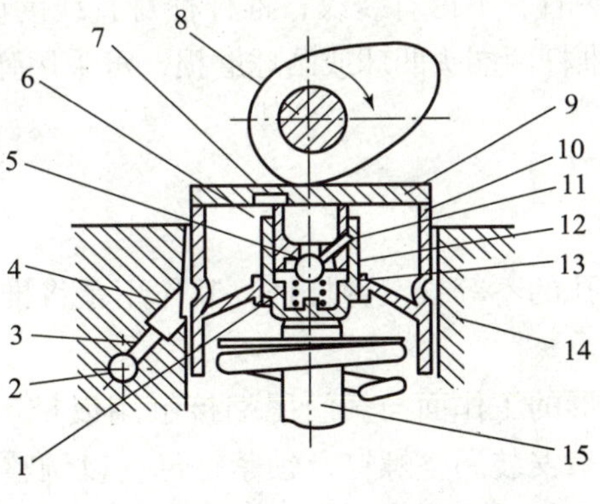

图 3-36 液力挺柱工作原理

1—高压油腔；2—气缸盖上的油道；3—量油孔；4—斜油道；5—单向阀；6—低压油腔；7—键形槽；8—凸轮轴；9—挺柱体；10—柱塞焊缝；11—柱塞；12—油缸；13—单向阀弹簧；14—气缸盖；15—气门杆

继续封闭，液力挺柱仍可认为是一个刚体，直至上行到凸轮处于基圆即气门关闭时为止。此时，气缸盖主油道中的机油经量油孔、斜油孔和挺柱体上的环形油槽再次进入挺柱的低压油腔，由于挺柱不再受凸轮推动力和气门弹簧力的作用，高压油腔中的机油与回位弹簧推动柱塞上行，高压油腔的油压下降，单向阀打开，低压油腔中的机油流入高压油腔，使两腔连通充满机油。这时，液力挺柱的顶面仍然和凸轮表面紧贴，从而起到了补偿气门间隙的作用。当气门受热膨胀时，柱塞和油缸做轴向相对运动，高压油腔中机油可经过油缸与柱塞间缝隙被挤入低压油腔。所以使用液力挺柱时，可以不预留气门间隙。

一汽奥迪、捷达/高尔夫、宝来轿车及广本雅阁轿车和上海通用别克型轿车发动机均采用液力挺柱。

三、推杆

采用下置凸轮轴式的配气机构，利用推杆将挺柱传来的力传给摇臂。推杆下端与挺柱接触，上端与摇臂调整螺钉接触。由于摇臂绕摇臂轴转动，推杆在做上下往复直线运动的同时，上端随摇臂一起做微量的摆动。为防止发生运动干涉，推杆下端做成球形，与挺柱的凹球面配合；推杆上端做成凹球面，与摇臂调整螺钉球形头部配合。这样还可以在接触面间储存一定的润滑油，减轻磨损。推杆的结构如图 3－37 所示。

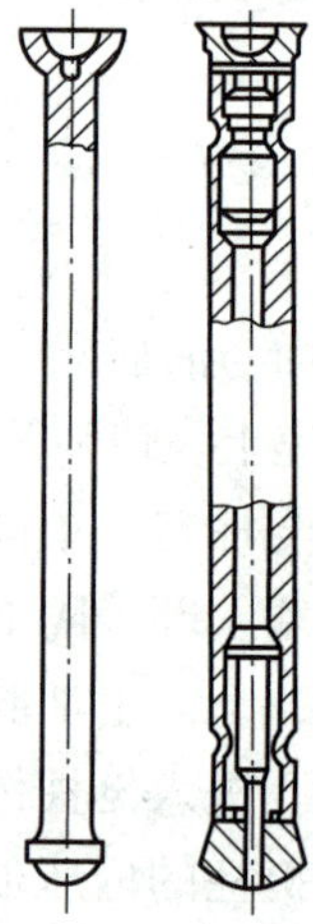

图 3－37　推杆

(a) 实心推杆；(b) 空心推杆

推杆承受压力，很容易变形。除要求有足够的刚度外，应尽可能做得短一些。推杆的材料通常是钢制的，对于缸体和缸盖都是铝合金制造的发动机，其推杆最好用硬铝制造。推杆可以是实心的，也可以是空心的。钢制实心结构推杆同两端的球形或凹球形支座锻成一个整体，而铝制实心结构推杆在两端配以钢制的支座。空心推杆多采用冷拔无缝钢管制成，两端配以钢制的支座。两端的支座必须经过淬火和磨光处理，以保证其耐磨性。

推杆的损伤主要表现为杆身弯曲变形、裂纹及两端头磨损等。

气门推杆表面应光滑、平直，不得有裂纹；推杆杆身直线度误差应不大于 0.30mm，否则应进行冷压校直处理；气门推杆两端头凹球或凸球磨损，可采用弹簧钢丝堆焊，再进行修磨。

四、摇臂组件

摇臂组件的结构。

摇臂是一个中间带有圆孔的不等长双臂杠杆，其作用是将推杆传来的力改变方向，作用到气门杆尾部使其推开气门。

摇臂的长臂端部以圆弧形的工作面与气门尾端接触用以推动气门，如图 3－38（a）所示；短臂的端部有螺孔，用来安装调整螺钉及锁紧螺母，以调整气门间隙。螺钉的球头与推杆顶端的凹球座相连接。由于靠气门一端的臂长，所以在一定的气门升程下，可减小推杆、挺柱等运动件的运动距离和加速度，从而减小了工作中的惯性力。图 3－38（b）所示为薄板冲压而成的摇臂，它与液力挺柱配合使用，所以摇臂上不安装气门间隙调整螺钉。

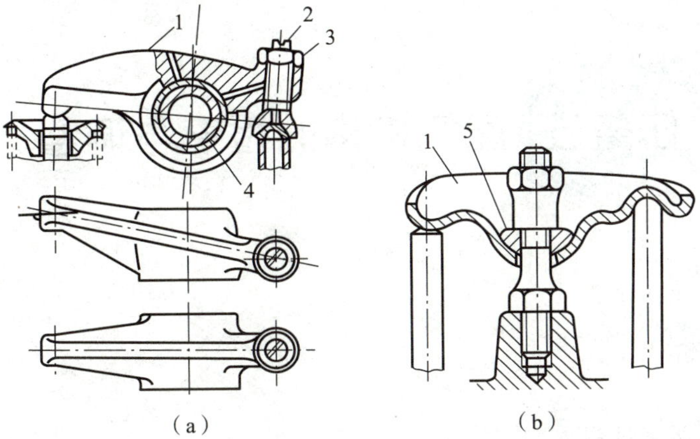

图 3-38 摇臂

1—摇臂；2—气门间隙调整螺钉；3—锁紧螺母；4—摇臂衬套；5—摇臂支点球座

图 3-39 所示为气门摇臂组件，主要由摇臂、摇臂轴、摇臂轴支座及定位弹簧等组成。摇臂 7 通过摇臂衬套 6 空套在摇臂轴 2 上，摇臂轴是空心的，两端带有密封端盖 1。摇臂轴又通过摇臂轴支座 5、10、12 固定在气缸盖上。摇臂上钻有油孔，润滑油从缸体、缸盖上的主油道和摇臂轴支座中的油道进入中空的摇臂轴，然后通过轴上的径向孔进入摇臂与摇臂轴之间进行润滑，再通过摇臂上的细小油道把润滑油输送到与推杆相配合的球形工作面进行润滑。为防止摇臂轴向窜动，在摇臂轴每两个摇臂之间都装有限位弹簧。

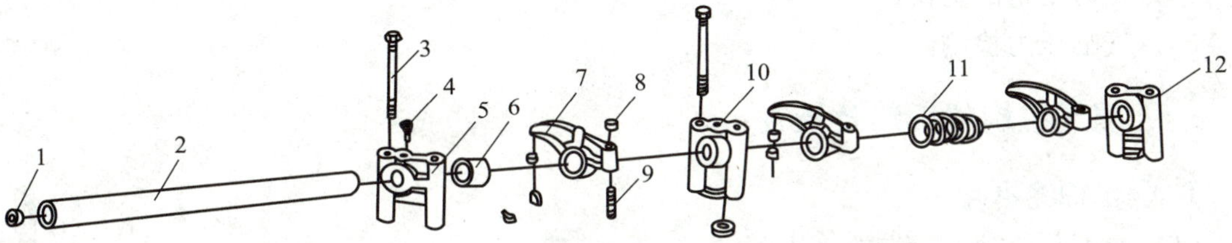

图 3-39 摇臂组

1—密封端盖；2—摇臂轴；3—螺栓；4—摇臂轴紧固螺钉；5—摇臂轴前支座；6—摇臂衬套；7—摇臂；8—锁紧螺母；9—调整螺钉；10—摇臂轴中间支座；11—限位弹簧；12—摇臂轴后支座

摇臂由锻钢、可锻铸铁、球墨铸铁或铝合金制造。为提高耐磨性，在摇臂支座的轴孔内镶有青铜衬套或装有滚针轴承。

任务驱动

1. 气门传动组由________、________、________、________和________等零件组成。
2. 汽油机正时皮带更换周期一般是______________km。

任务五 配气机构的检查与调整

学习目标

(1) 凸轮轴的拆装过程。
(2) 正时皮带、链条的检查和更换方法。
(3) 气门间隙的调整方法。

相关知识

(1) 主要零件的拆装及检查。
(2) 气门座的铰销和气门的研磨。
(3) 气门间隙的调整。
(4) 正时皮带的更换。
(5) 气缸压力检测。

一、配气机构的拆装及检查

1. 凸轮轴的拆卸

(1) 取下凸轮轴正时齿轮、半圆键。

(2) 按照先拆下第1、3道的轴承盖，再拆下第2、5道的轴承盖，最后拆下第4道的轴承盖的顺序拆下凸轮轴轴承盖，并按顺序放好。

2. 凸轮轴的装配

(1) 安装凸轮轴之前，先装上各轴承盖，检查凸轮轴孔是否错位。

(2) 安装凸轮轴时，第1缸的凸轮必须向上，不压迫气门。

(3) 装上轴承盖后，先按对角线交替旋紧第2和第5道的轴承盖，力矩为20N·m，然后再装上第1和第3道的轴承盖，最后装上第4道的轴承盖，旋紧全部轴承盖螺栓，力矩为20N·m。

(4) 安装凸轮轴油封，装上凸轮轴半圆键和正时齿轮，旋紧螺栓，力矩为80N·m。

3. 凸轮轴的检测

若凸轮轴的弯曲和磨损超过要求，则更换凸轮轴。

4. 凸轮轴弯曲的检查

将凸轮轴两端轴颈置于平台上的V形垫块上，如图3-40所示，用百分表触头与中间轴颈的表面接触（应有 1mm 的压缩量），并缓慢转凸轮轴一圈，如最大弯曲度超过 0.05mm，应进行冷压校正或更换，校正后的弯曲度应不大于 0.03mm。

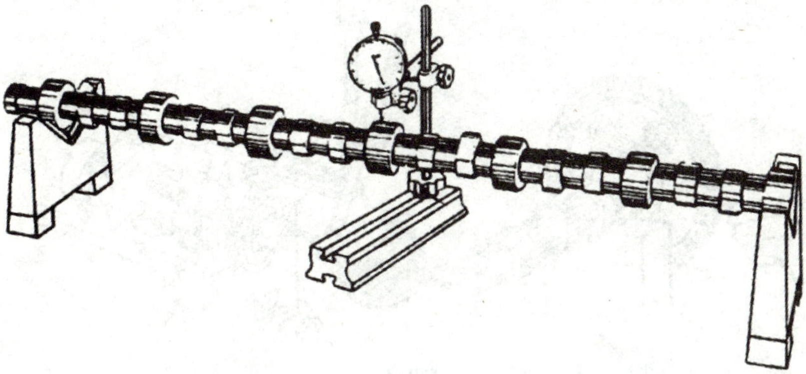

图 3－40 凸轮轴弯曲的检查

5. 凸轮轴轴颈尺寸检测

凸轮轴轴颈磨损的检测：用外径千分尺测量凸轮轴轴颈尺寸，计算圆度和圆柱度误差。若凸轮轴轴颈尺寸的测量值小于磨损极限，则应更换新的凸轮轴。如图 3－41 所示。

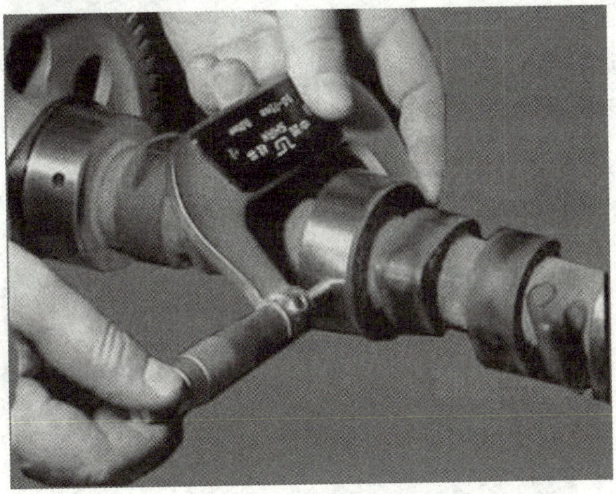

图 3－41 凸轮轴颈尺寸检测

6. 凸轮轴凸轮尺寸检测

凸轮轴凸轮尺寸的检测，如图 3－42 所示。

（1）用检视法可以检查出凸轮表面擦伤和疲劳剥落、麻点等损伤。

（2）用千分尺测量各个齿轮的高度值，与标准值对比，小于规定值即为磨损。

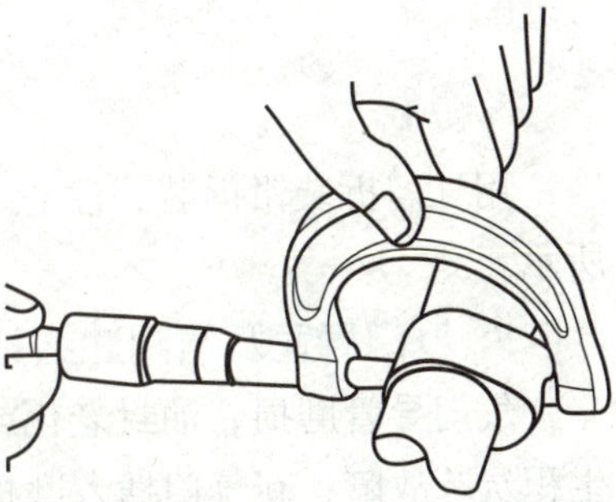

图 3－42 凸轮轴凸轮尺寸检测

7. 凸轮轴轴向间隙检测

凸轮轴的轴向间隙由凸轮前端的止推片厚度决定，止推片用两个螺栓固定在缸体上，止推片与凸轮轴第一轴颈端面的距离即是凸轮轴的轴向间隙，如图 3－43 所示。间隙过大，则增加止推片；反之，则减少止推片。

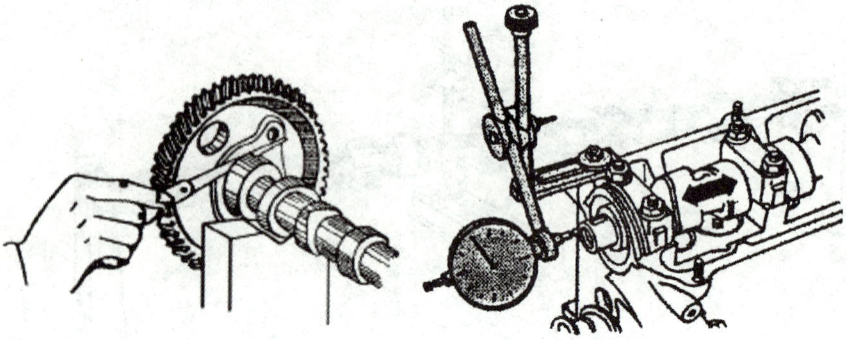

图 3－43　凸轮轴轴向间隙

提示：

（1）弯曲超过 0. 025mm，凸轮高度磨损超过 0. 2mm，应更换凸轮轴。

（2）凸轮轴轴向窜动量不得超过 0. 15mm，否则应更换凸轮轴定位止推片或更换凸轮轴。

8. 气门检测

检测气门是否磨损和弯曲，气门工作锥面是否磨损或烧蚀、积炭，检查气门杆是否断裂，只要有损坏就应该更换新件，如图 3－44 所示。

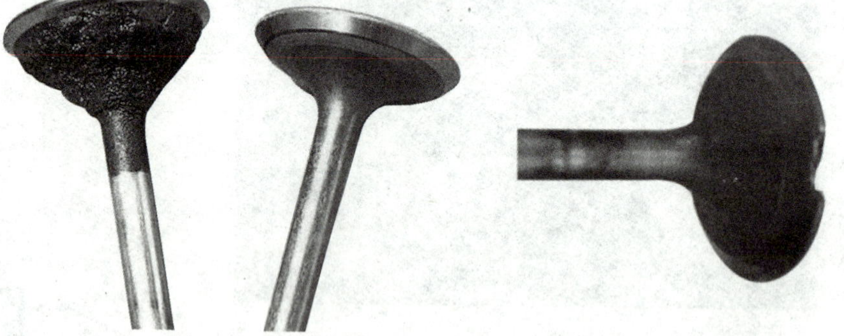

（a）　　（b）

图 3－44　气门积炭、烧蚀

（a）积炭；（b）烧蚀

用气门拆装钳拆装，注意不能使气门钳压得过紧，否则会压坏气门油封，如图 3－45 所示。

9. 气门导管及气门油封检查

气门导管磨损、油封老化或破损，会造成气门不密封、发动机烧机油、气门和气道上产生积炭等故障；新气门插入磨损的导管后会导致摆动过大；老化的油封橡胶脆硬，会损坏导管和油封，应更换，如图 3－46 所示。

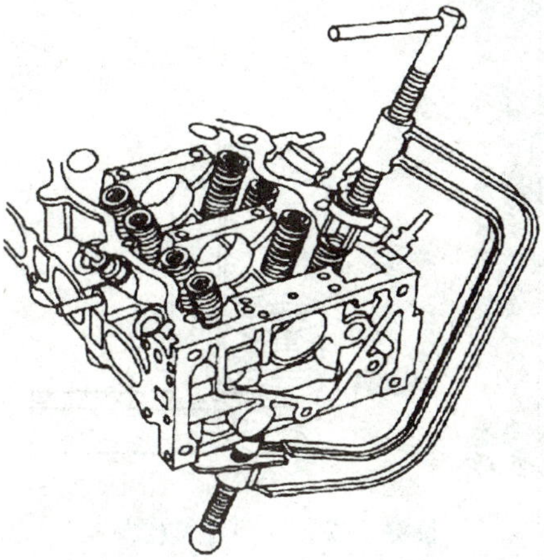

图 3－45 气门拆装钳拆装

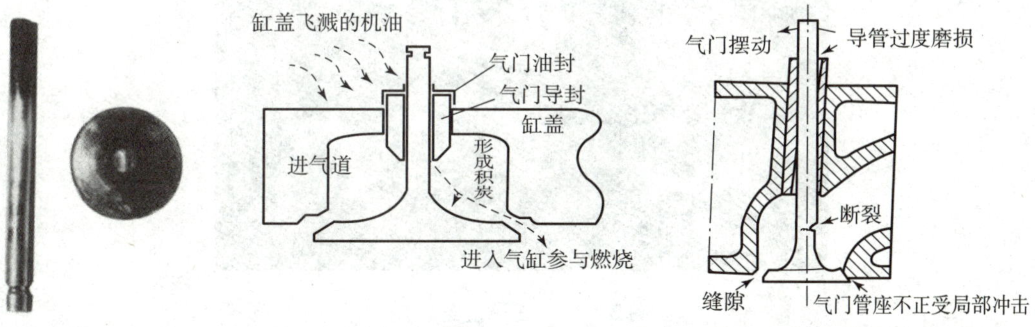

图 3－46 气门导管间隙检查

提示:

(1) 导管安装：最好先将缸盖加热（用开水煮），再用冲头敲击或压入。

(2) 气门油封安装：用专用冲头装入，装好后检查是否装坏。

10. 气门弹簧检查

弹簧长时间使用会导致其自由度变短、弹力变小，甚至断裂或变形，如图 3－47 所示。

11. 正时齿轮、正时链条、正时皮带检查

以上零件磨损或损坏都会影响配气正时，甚至会损坏气门、导管等零件。齿轮在使用过程中可能会出现齿轮磨损、表面麻点，甚至断齿。正时链条磨损后会变长，传动噪声会变大，如磨损过大会断开，如图 3－48 所示。

正时皮带易出现老化、龟裂，甚至断裂，如图 3－49 所示。

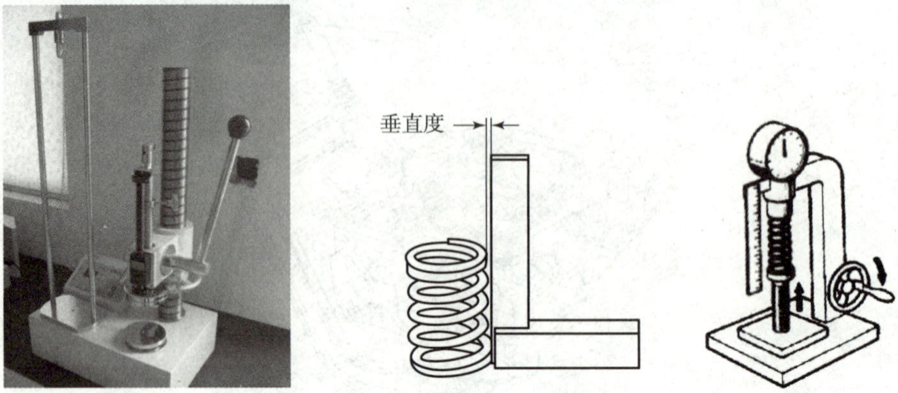

图 3-47　气门弹簧检测

图 3-48　正时链条检查

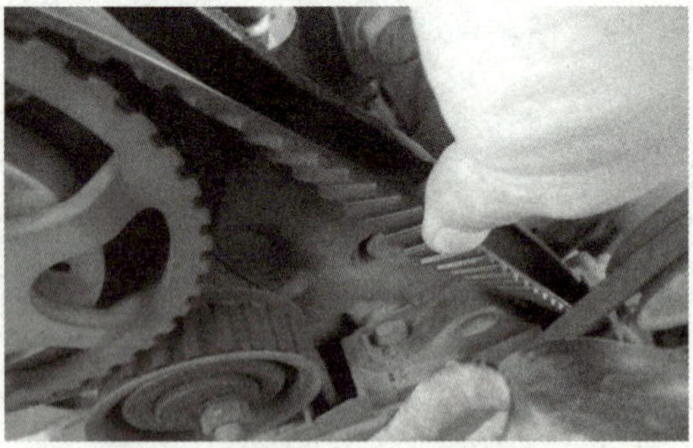

图 3-49　正时皮带检查

二、气门座铰销和气门研磨

发动机在工作中，气门座及气门工作面会产生偏磨或烧蚀，造成工作锥面不密封、发动机漏气，此时需要更换气门或对气门进行研磨，更换气门座或对气门座进行铰销加工。

发动机气缸的密封主要包括三处：活塞、活塞环和气缸之间的密封；缸垫的密封；气门和气门座的密封。

1. 气门

气门由杆部和头部组成：杆部在导管内运动，为气门的运动导向；头部与气门座紧密贴合，以保证气缸的密封。如图 3－50 所示。

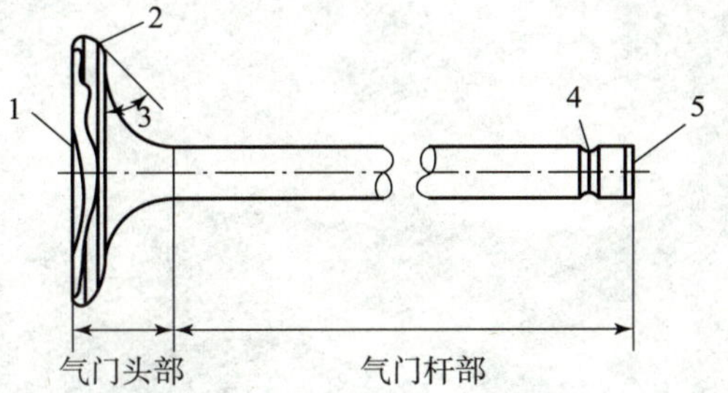

图 3－50 气门机构及各部分名称

1—气门顶面；2—气门锥面；3—气门锥角；4—气门锁夹槽；5—气门尾端面

2. 气门座

气门座有两种结构型式，如图 3－51 所示，一种是制成单独的座圈，镶入缸盖；另一种是在缸盖上直接铰销成型。

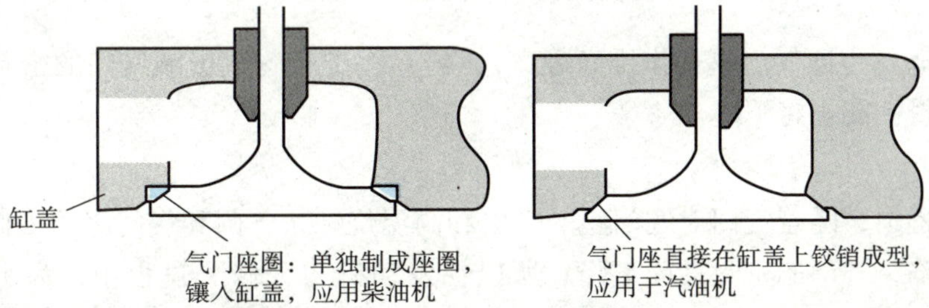

图 3－51 气门座的结构形式

对于在缸盖上直接铰销成型的气门座，其有三个锥面：外锥面、内锥面和气门座工作锥面，如图 3－52 所示。

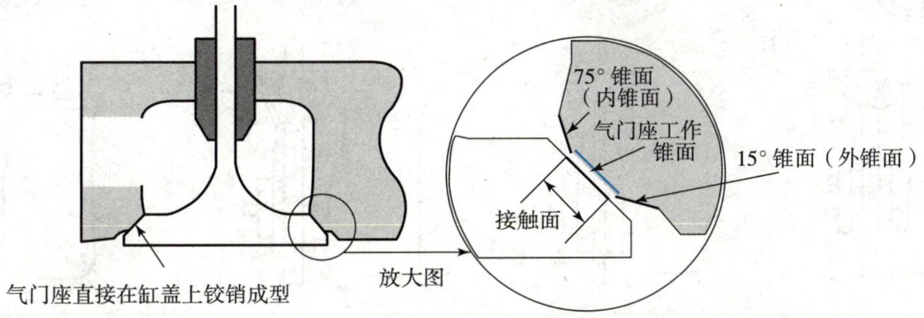

图 3－52 气门座结构

气门落座时，与气门座工作锥面接触，在气门工作锥面上形成一个环状的接触面，接触面的宽度为1.2～1.8mm，接触面位于气门工作锥面的中间。如图3－53所示。

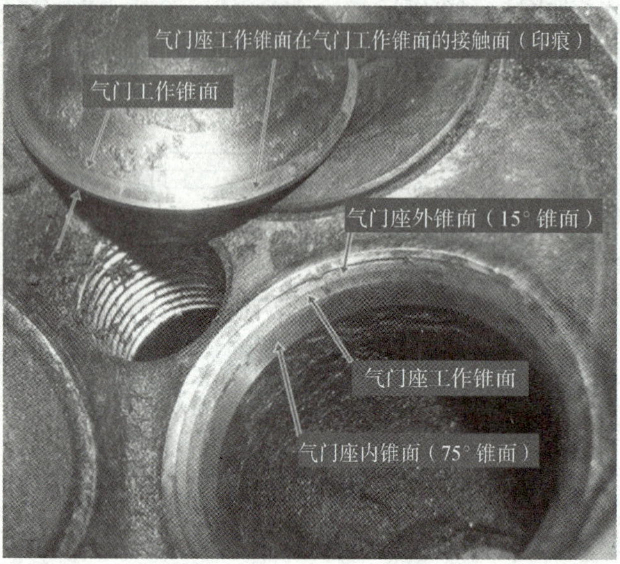

图3－53　气门座锥面示意图

接触面过宽（也即气门座工作锥面过宽），容易粘上杂物，影响气门的密封性能；若接触面过窄，密封性能也将下降。

3. 注意

在工作过程中，随着气门对气门座的撞击和高温烧蚀，气门和气门座的工作锥面出现麻点、烧蚀、凹陷，气门的密封性能下降。所以在发动机“大修”过程中，为了保证气门的密封性能，应更换气门，同时对气门座进行铰销和研磨（如果是气门座圈型式，则直接更换气门座圈），以保证气门接触面的宽度和位置合适，保证气门的密封性能，如图3－54和图3－55所示。

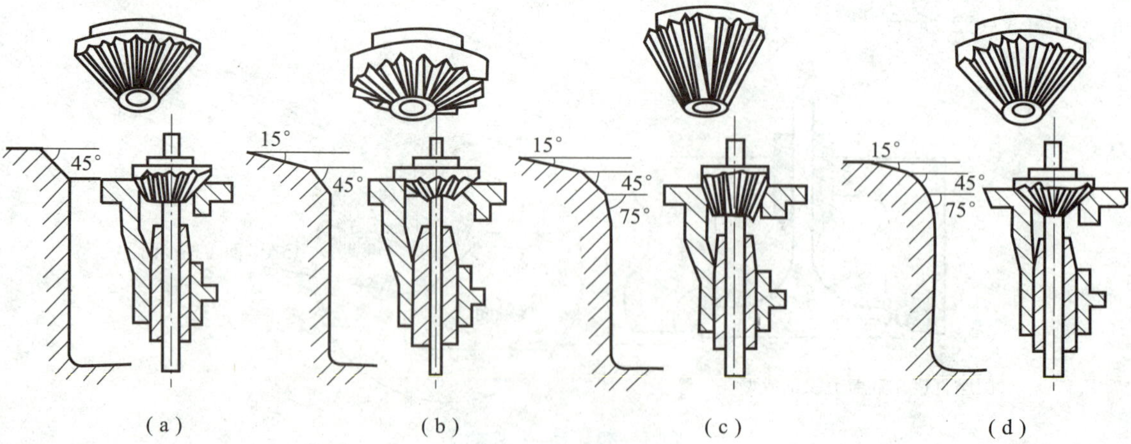

图3－54　气门座的铰削

图 3 – 55 硬质合金气门座绞刀修理工具

三、气门间隙的调整

在汽车的使用过程中，气门间隙通常会因配气机构零件的磨损变形而发生变化，导致气门间隙过大或过小而影响发动机的正常工作。因此在汽车使用和维护时，应对气门间隙进行检查和调整，使之符合原厂规定。表 3 – 1 所示为常见汽车发动机的气门间隙。

表 3 – 1 常见汽车发动机的气门间隙

mm

发动机型号	进气门		排气门	
	热车	冷车	热车	冷车
大众桑塔纳	0. 25 ±0. 05	0. 20 ±0. 05	0. 45 ±0. 05	0. 40 ±0. 05
标致 301		0. 20		0. 40
丰田致炫	0. 15		0. 15	
大众 POLO	0. 20 ~0. 30	0. 15 ~0. 25	0. 40 ~0. 50	0. 35 ~0. 45
三菱 4G63 系列		0. 07		0. 17

气门间隙的调整有二次调整法和逐缸调整法。

1. 二次调整法——“双排不进法”

“双排不进法”的“双”指该缸的两个气门间隙均可调，“排”指该缸仅排气门间隙可调，“不”指两个气门间隙均不可调，“进”指该缸的进气门间隙可调。

“双排不进法”的操作程序如下：

（1）先将发动机的气缸按工作顺序等分为两组。

（2）将一缸活塞转动到压缩行程上止点位置，按双、排、不、进调整其一半气门的间隙。

（3）转动曲轴一周，使末缸工作的气缸活塞达到压缩行程上止点位置，仍按双、排、不、进的方法调整其余一半气门的间隙。

表3－2～表3－5所示为几种不同工作顺序的发动机可调气门的排列表。

表3－2　六缸发动机

工作顺序	1	5	3	6	2	4
	1	4	2	6	3	5
第一遍（一缸在压缩上止点）	双	排		不	进	
第二遍（一缸在排气上止点）	不	进		双	排	

表3－3　四缸发动机

工作顺序	1	3	4	2
	1	2	4	3
第一遍（一缸在压缩上止点）	双	排	不	进
第二遍（一缸在排气上止点）	不	进	双	排

表3－4　八缸发动机

工作顺序	1	5	4	2	6	3	7	8
第一遍（一缸在压缩上止点）	双	排			不	进		
第二遍（一缸在排气上止点）	不	进			双	排		

表3－5　三缸发动机

工作顺序	1	2	3
第一遍（一缸在压缩上止点）	双	排	进
第二遍（一缸在排气上止点）	不	进	排

（4）进气门与排气门的确定

①根据进、排气道确定进、排气门。

②用转动曲轴的方法观察确定。当一缸活塞处于压缩行程上止点时，转动曲轴，观察一缸的两个气门，先动的为排气门，后动的为进气门，做好记号。然后依次检查各缸，做好记号。

（5）一缸压缩上止点的确定。

①分火头判断法。记下一缸高压线位置，打开分电器盖，转动曲轴，当分火头与一缸高压线位置相对时，表示一缸在压缩上止点位置。

②逆推法。转动曲轴，观察与一缸曲柄连杆轴颈同在一个方位的六（四）缸排气门打开又逐渐关闭到进气门动作瞬间，六（四）缸在排气上止点，即一缸在压缩上止点。

③逐缸调整法。

打开气门室盖，转动曲轴，使该缸活塞处于压缩上止点位置（该缸进、排气凸轮的基圆对准气门杆），此时可调整该缸进、排气门间隙。

转动曲轴，以同样的方法检查和调整其余各缸的气门间隙。

四、正时皮带更换

正时皮带在使用过程中容易老化，寿命较短，如图3－56所示，损坏前几乎无征兆或响声，损坏后会造成气门、导管甚至凸轮轴等零件损坏。因此正时皮带必须定期更换。正时皮带的更换周期是80 000～100 000km，柴油机一般为60 000km。一般步骤如下：

（1）转动曲轴皮带轮，将皮带轮缺口与机油泵外壳凸点处对正。

（2）检查凸轮轴正时齿轮上的正时标记，确认凸轮轴正时齿轮K孔与凸轮轴轴承盖上的缺口对齐（一缸处于上止点位置）。

（3）拆卸曲轴皮带轮螺栓和曲轴皮带轮。

（4）拆卸正时皮带下盖。

（5）拆卸正时皮带导轮。

（6）拆卸正时皮带张紧器和正时皮带。

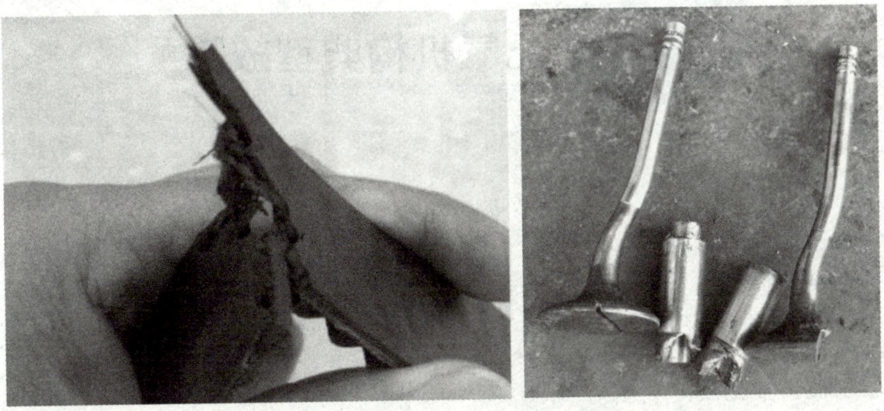

图3－56　正时皮带损坏

五、气缸压力的检测

通过检测气缸压力，可以判断气缸的密封性。检查气缸压力的步骤如下：

（1）确定曲轴箱内的机油黏度适当、油位正确，并且蓄电池充电适当。

（2）拆卸发动机装饰盖。

（3）拆卸点火线圈和各缸火花塞。

（4）按如下方法检查气缸压缩压力。

①在火花塞孔内插入气缸压力表，如图3－57所示。

②拉好手刹，挂入空挡，将离合器踏板踩到底。

③完全踩下加速踏板（节气门在全开位置），然后起动发动机，测量压缩压力。

④对各缸按①～④的步骤重复检测。

气缸压力：标准压力为1 200kPa，最小压力为1 000kPa，各缸之间的压力差在98kPa以下。

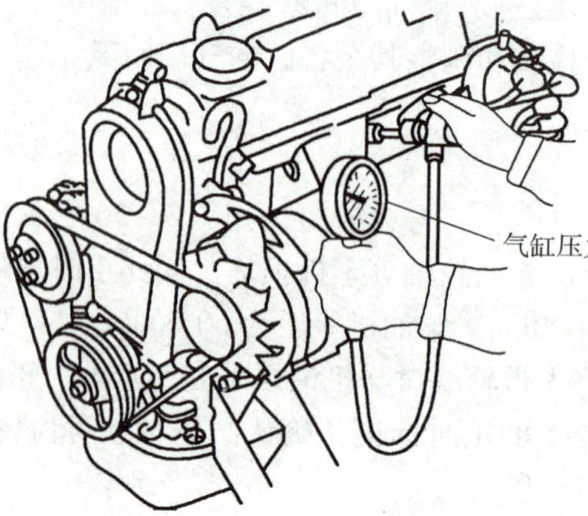

图 3－57　安装气缸压力表

任务六　配气机构典型故障

学习目标

（1）配气机构常见故障检测。

（2）配气机构常见故障判断。

相关知识

配气机构是发动机的重要组成部分，功用是：按照发动机各气缸的工作顺序要求，定时开启和关闭各气缸的进、排气门，使新鲜的可燃混合气进入气缸、废气及时从气缸排出。配气机构零部件磨损、烧蚀损坏或变形都会直接影响到发动机的技术性能，易使发动机起动困难、运转不正常。

一、配气机构常见故障检测

1. 气门组检测

气门与气门座在高温高压、润滑不良、冲击载荷条件下工作，产生机械磨损和化学腐蚀，气门杆弯曲变形，气门表面凹陷并出现麻点、积炭，导管烧蚀，座圈烧蚀松动，工作不正常，产生异响，功率下降，气门杆弯曲变形，一般用百分表测量，并铰削修磨气门及座圈。气门弹簧长期使用会导致弹性减弱、损伤、折断，气门关闭不严，发动机起动困难，功率下降，甚至使（顶置式）气门掉入气缸中，经检查达不到技术要求的应予更换。气门推杆润滑不良、磨损过限而折断、弯曲变形，导致气门关闭不严，使气缸不工作，应更换新件。摇臂及轴磨损过甚而松旷，气门关闭不严，并发出金属异响，应通过焊修或电镀修磨。气门挺杆润滑不良而致底部剥落、外圈表面擦伤，配合松旷，上、下运动发生偏斜、摇摆、异响，气门间隙发生变化，应修磨或更换。

2. 气门传动组检测

凸轮轴受周期性不均衡负荷作用，凸轮外形高度磨损及弯曲变形，引起凸轮轴、轴颈和轴承表面磨损，配气准确性不良，气门脚间隙调整困难，充气不足，废气排不干净，功率下降，应校正，重新选配轴承。正时齿轮磨损过限、齿隙变大、工作中产生异响噪声、配合间隙值超过 0.15mm 时应更换齿轮副。

气门密封不良：所检测的气缸压缩压力过低，并将少量润滑油从火花塞座孔倒入气缸后重测，气缸压缩压力仍不变，即表明气门密封不良。造成这一故障的主要原因如下：

（1）气门工作锥面烧蚀或积炭而凹凸不平。气门工作锥面的锥面角为 45.5°。光磨后，再将气门与座圈一起进行研磨，直到气门密封性符合要求为止。当进、排气门头部边缘厚度小于 0.8mm、1.0mm 时，应更换进、排气门。

（2）气门座圈工作面过宽或凹凸不平。在气门工作锥面上涂一层红铅油，将气门放入气门导管中并让其自由落下 2 ~ 3 次（气缸盖下平面朝上），在气门工作锥面上便可看到其与气门座圈的接触痕带。接触痕带的宽度即为气门座圈工作面的宽度，其标准为 1.0 ~ 1.8mm。气门座圈工作面过宽会使气门与座圈的接触应力减小，导致气门密封性下降；过窄，又易使气门工作锥面出现沟槽。若气门座圈工作面过宽，应用气门座圈铰刀进行铰削。铰削时，应使其工作面的宽度为 1.4mm，下圆周（较大的圆周）直径分别为：进气门座为 35mm，排气门座为 32mm。座圈铰削后，应与气门一起进行研磨。气门座圈工作面上若有积炭，也需对其进行铰削。

（3）气门弹簧失效。气门弹簧失效是指气门弹簧在工作时不能使气门对气门座有足够的压力而影响二者间的密封性。为检测气门弹簧的性能，可在气门弹簧测试仪上检测气门弹簧的自由长度及安装长度（34.9mm）下的弹力。若其自由长度小于 42.0mm 或安装长度下的弹力小于 222.5N，应更换气门弹簧。此外，还应用角尺检查气门弹簧在自由状态下的垂直度，若超过 1.5mm，应予更换。

（4）气门杆与气门导管间间隙过大。测取气门导管内径、气门杆外径，气门导管内径的最大值与气门杆外径的最小值之差即为气门杆与气门导管间的间隙，其标准是进气门为 0.040 ~ 0.090mm，排气门为 0.045 ~ 0.100mm。若超过此标准，应更换气门及气门导管。更换时，先用铜冲从导管卡圈处敲断旧气门导管，再朝燃烧室方向冲下残留在气缸盖内的旧气门导管，然后压入新的气门导管，直到新气门导管上的卡圈碰到气缸盖为止。装好后，应用气门导管铰刀绞去管内的毛刺。

（5）气门运动卡滞。气门关闭过程中，可能会因气门杆弯曲变形、气门杆上润滑油结焦（润滑油受热而炭化，并附在气门杆上）而使运动卡滞，导致气门关闭不严。若发现这种情况，应校直气门杆或清除气门杆上的结焦。

3. 气门开闭不及时检测

气门开闭不及时，进、排气门不能按所要求的配气相位及时开闭，都会使发动机功率下降。造成这一故障的原因主要是正时齿形带不能正常工作，如因其沾水而打滑、因其沾油膨胀伸长而变松、传动齿形带断裂或脱落等。为消除以上各故障，汽车每行驶 10 000km 应对正时齿形带进行检查，如发现齿根折断或开裂、齿形带背面开裂或磨损、齿形带侧面磨损、带齿磨损、齿形带折断等损伤，应更换正时齿形带。为保证发动机正确的配气相位，在安装新正时齿形带时，必须使曲轴正时齿轮及凸轮轴正时齿轮上的正时记号与正时齿形带上的正时记号相互对正，并使正时齿形带有合适的张紧力。为此应：

（1）转动曲轴，使曲轴正时齿轮上的正时记号对准平衡轴齿轮罩上的正时记号。

（2）转动凸轮轴，使凸轮轴正时齿轮上的正时记号对准气缸盖上的正时记号。

（3）安装正时齿形带，装时不得使用螺丝刀之类的工具硬撬，应将齿形带背面上的正时记号对准平衡轴齿轮罩及气缸盖上的正时记号。

（4）挂上张紧轮弹簧，依靠张紧轮弹簧的拉力将张紧轮压紧在正时齿形带上。

（5）以 19 ~ 30N · m 的力矩拧紧张紧轮固定螺栓。

（6）安放正时齿形带外挡圈，并使内、外挡圈的凸面相对。

4. 气门脚检测

发动机工作时若气门脚响，则是气门间隙过大所引起的。气门间隙过大会使气门晚开早关、开度不足，导致发动机进气量减少，从而使发动机功率下降。使用中，造成气门间隙过大的主要原因有气门间隙调整螺钉松动、凸轮轴凸轮磨损过大和凸轮轴弯曲等。气门间隙的检查与调整必须在发动机热态（冷却液温度 90℃ 左右）、气门完全关闭状态下进行。检查、调整的顺序是：转动曲轴，使凸轮轴正时齿轮上的键槽朝发动机正上方（拆去上正时齿形带罩即可看到），此时第一缸活塞正位于压缩行程的上止点位置，可检查和调整第一缸正时齿轮上的键槽朝发动机的正下方，并检查和调整其余各气门的气门间隙。检查时，在装气门间隙调整螺钉的一端按下摇臂，用厚薄规便可在气门摇臂的另一端与凸轮轴凸轮间测出气门间隙。进、排气门的气门间隙标准均为 0. 15mm（热机），若气门间隙超过此标准，应予调整。调整时，先松开气门间隙调整螺钉，在摇臂与凸轮轴凸轮间放入厚度为 0. 15mm 的厚薄规，再拧紧气门间隙调整螺钉并锁紧。

二、配气机构常见故障判断

1. 气门脚异响

发动机中在任何转速下都能听到“嗒、嗒”的金属敲击声，响声连续并有节奏，怠速和中速时较为清晰明显，高速时声响杂乱。发动机温度改变或断火时响声无变化，即可断定为气门脚异响，检查时可拆下气门室罩盖，在发动机怠速运转时，用手将推杆提起或在气门脚间隙处插入厚薄规，逐个气门进行试验。当插入到某个气门间隙中时响声消失或减弱，即为该气门脚间隙过大，应按技术规范调整。

2. 气门挺杆响

发动机怠速运转时，从凸轮轴一侧发出有节奏的“嗒、嗒”声，响声清脆（把挺杆室盖打开听得更加明显）。断火试验，响声无变化；转速升高，响声减弱或消失，可判定为气门挺杆响。引起异响的一般原因为挺杆体外表面与其配合的衬套磨损过度而松旷，或其底部磨损与凸轮接触不良。应更换新件，必要时修磨凸轮轴凸轮。

3. 气门烧蚀

使用中如果感到行驶无力、油耗增加、化油器回火、排气管放炮和冒黑烟、低温激活不良等症状，多数是由气门烧蚀而密封不良引起的。发动机长时间在大负荷、高温条件下工作，超过了设计限度，引起气门早期磨损，破坏了气门的密封性，影响到气门散热，使之烧蚀。此外，发动机高温易引起润滑油与燃油氧化聚合和分解，在气门头和气门杆形成胶状沉积物，使气门密封面腐蚀。当发现气门烧蚀时，必须重新修磨气门及其座圈，必要时更换新件。

4. 正时齿轮响

正时齿轮响，一般是由于啮合间隙不当和个别牙齿损坏引起的。正时齿轮啮合间隙过大，发动机怠速运转时发出“嘎啦、嘎啦”的金属异响，转速越高，响声越大，高速时响声杂乱，不受断火和发动机温度的影响。当发动机怠速或用金属棒抵在齿轮室盖上察听时，响声较为明显。此响声是良性响声，一般可不排除；严重时可更换合适的齿轮副，以恢复其正常间隙。

5. 凸轮轴瓦响

凸轮轴瓦响是一种发闷而有节奏的响声，同时在其附近常伴有振动。检查时可用起子头触在凸轮轴瓦附近，将耳朵贴在起子柄上听，反复变换发动机转速，即可听到异响并感到振动。此响声多数是由轴与瓦配合间隙过大或磨损松旷引起的，应当拆检重新配瓦。

三、配气机构常见故障维修

1. 汽车配气机构早期损坏的主要原因

1）维修质量差

维修质量差在维修作业中突出的问题是气门与气门座工作面加工质量达不到要求，造成工作面烧蚀、凹陷而早期损坏；凸轮轴轴承在刮削中，其配合间隙、接触面积、各轴承同心度达不到要求，加速磨损，出现异响而造成早期损坏；气门导管在更换新件时，铰削质量达不到规定要求，直接影响气门及气门座使用寿命。

2）维修数据应用不当

维修中不能科学地选择维修数据是造成机件早期损坏的重要原因，如气门与气门座接触面宽度，规定进气门为1～2.2mm，排气门为1.5～2.5mm。但在维修中，人们往往认为宽一点比窄一点保险，习惯选用上限或接近上限值，因而刚修好的车气门工作面宽度就已接近使用极限了。再如气门脚间隙，一般扫地车规定为0.2～0.25mm，但在维护调整中也误认为间隙大一点比小一点好，因此，超上限使用。实际上间隙过大，不但会降低扫地车发动机的功率，而且还会出现敲击声（气门口自）而导致早期损坏。

2. 维修中应注意的事项

汽车配气机构在维修中手工作业较多，由于维修人员技术上的差异和认识上的偏差，维修质量很难达到规定要求。因此，在维修中应特别强调汽车配气机构的维修质量，并采取有效措施提高维修质量，以延长其使用寿命。

1）气门的光磨

在维修作业中，若气门出现烧蚀、麻点及凹陷，均应进行光磨（严重时需更换气门），通常在气门光磨机上进行，作业时应注意以下四个问题：

（1）保证气门头与杆部同心，否则应先校直。

（2）光磨量在能磨出完整锥面的前提下越小越好。

（3）尽量减小表面的表面粗糙度。

（4）气门杆端部凹陷应予以磨平。

2）气门座的铰削

气门座铰削通常为手工作业，应特别重视以下三个问题：

（1）在消除凹陷、斑点，能铰出完整锥面的基础上，铰削量越小越好。

（2）铰削时用力要均匀，起刀和收刀要轻，少铰多观察，以保证较少的铰削量和较小的表面粗糙度。

（3）与气门试配，确定好工作面位置和宽度。位置应调整到气门锥面的中下部，偏上或偏下可用上、下口铰刀进行调整。工作面宽度，进气门可控制在0.9mm（规定为1～2.2mm），排气门可控制在1.4mm（规定为1.5～2.5mm）。实践证明，上述宽度在气门与气门座研磨后，进气门可达1mm，排气门可达1.5mm，均在规定宽度的下限，能大大提高其使用寿命。

3）气门的研磨

气门的研磨分为两种情况，一是气门与座只有轻微麻点，不需要光磨和铰削时的研磨；二是气门与气门座均已经过光磨和铰削后的研磨。前者先用粗金刚砂研磨，将麻点研磨掉后，再用细金刚砂研磨，最后涂上机油研磨，直至密封符合要求、宽度符合规定为止。后者只有密封性达不到要求时才进行研磨，但操作时一定要注意，不要过分用力，严禁将气门上下敲打，否则将出现凹形砂痕，影响维修质量。

4）气门导管的铰削

气门杆与气门导管配合间隙是决定气门导管寿命的关键，因此当更换新的气门导管进行铰削时，应严格掌握好配合间隙，使用各车型规定间隙的下限，以有效延长使用寿命。

5）凸轮轴轴承的刮削

凸轮轴轴承的刮削属于手工作业，保证质量有一定难度。为使刮削方便，通常在气缸体外加工，因此应特别注意以下四个问题：

（1）要确定好轴承刮削后内孔的直径（用公式表述为：内孔直径＝轴颈直径实测值＋配合间隙下限值＋轴承与座孔过盈量实测值）。

（2）刮削中要尽量注意保持轴承内孔与外圆的同轴度。

（3）边刮削边与轴颈试配（此时间隙为过盈量＋配合间隙），并保证接触印痕分布均匀。

（4）将轴承压入座孔时，应注意对正油孔。

刮削后装入凸轮轴，转动数圈，视情况进行适当修整，接触面积应达到75%以上并分布均匀，间隙符合规定。

6）气门脚间隙的调整

汽车配气机构各机件在正常使用中，随着零件的磨损，气门脚间隙将发生变化。如凸轮、气门杆端面及挺杆接触面磨损后间隙将变大，而气门头与气门座磨损后间隙又变小，因此，在调整中应取间隙的中间值。如规定为0.2～0.25mm，可实取0.22mm，这样既照顾了间隙变化的实际情况，又考虑了测量误差问题，可充分保证气门脚间隙作用的实现。

7）气缸体密封不严

发动机的缸体是由上、下两部分组成的，加上缸盖、油底壳，整个缸体共三道密封衬垫，其中以气缸衬垫和上、下缸体间垫尤为重要，若密封不严，则容易引起下列故障：

（1）发动机不起动，排气冒白烟。

（2）发动机运转不正常，功率不足。

（3）发动机过热。

（4）油耗高。

发现上述现象后，应对气缸盖、气缸体螺栓的拧紧力矩进行检查，并重新按紧固顺序和要求进行紧固。如故障仍不能排除，则需拆卸缸体，检查气缸衬垫，必要时更换气缸衬垫。

3. 积炭维修

1）积炭形成的原因

（1）在发动机正常工作中，汽油和正常进入燃烧室的发动机机油，在供氧不足的条件下，不能在气缸内完全燃烧，产生油烟和润滑油烧焦的微粒。当发动机继续运转时，进一步受到氧化变成胶质，牢固地粘在活塞顶、活塞环、气门背面、进气管内面、节气门体和燃烧室内，等等。在高温的反复作用下，又将胶质变成沥青质、树脂质及炭质，从而形成积炭。

（2）曲轴箱通风设置。为防止污染空气，汽车设计工程师们把发动机内部的废气直接引入进气歧管，随着新鲜空气一起进入燃烧室进行燃烧。高温的油蒸气随新鲜空气一起充满进气歧管，一部分附着在管壁及气门背部，另一部分随进气流在进气门处与喷入的燃油混合形成混合气，进入燃烧室燃烧后被排出车外。

（3）汽油在储存、运输过程中，容易和空气发生氧化反应，生成胶状物质，或者汽油本身胶质的含量就很高（汽油品质差），这些胶质随汽油通过车辆的燃油供给系统进入燃烧室内部，然后和汽油一同燃烧后，就会使燃油供给系统中的喷油器、发动机的燃烧室、活塞环槽、火花塞、进气门背部、进气道等部位产生很多积炭及油污等。

（4）拥堵的城市路况，使车辆始终处于走走停停的状态，发动机不能高转速运转，燃油或窜入燃烧室的润滑油也不可能百分之百燃烧，未燃烧的部分油料在高温和氧的作用下形成胶质，黏附在发动机内部的零件表面上，再经过高温作用形成积炭。

（5）受电喷发动机控制特点的决定，气缸每次工作时都是先喷油再点火，当熄灭发动机的一瞬间点火马上被切断，但是这次工作循环所喷出的汽油却无法被回收，只能贴附在进气门和燃烧室壁上，汽油很容易挥发，但汽油中的蜡和胶质物却留了下来，长此以往汽油中的蜡和胶质物越积越厚，反复受热后变硬就形成了积炭。

总之，发动机工作产生积炭及油污等是不可避免的，但是当积炭在发动机内过多时就会造成发动机工作不良，产生不同的故障现象。

柴油机的气缸盖、缸套、活塞、活塞环、气门、喷油器等零件以及燃烧室，在使用一段时间后，表面会黏着一层积炭及油污等。积炭及油污等是由于柴油及渗入气缸中的机油燃烧不完全而形成的一种复杂的混合物，它具有密实、疏松、柔软等形态，颜色从黑至灰白，形成部位的温度约为200℃。由于积炭及油污等的导热性较差，零件表面大量积炭及油污等将导致零件局部过热，使其刚度、强度下降，严重时还会造成喷油器偶件烧结、气门烧蚀、活塞环卡死和拉缸等严重事故。同时，高温颗粒积炭在燃烧室内还会引起表面点火，造成功率下降（据有关实验数据，功率会下降2%～15%），以及使燃烧室的容积减小，实际压缩比增大，形成早燃和爆燃等不良现象。此外，积炭及油污等的聚积还会污染润滑系统，堵塞油路和滤清器，缩短柴油机的使用寿命，因此在修理时必须清除。定期做保养，保持油路和气路的清洁；建议每4 000～8 000km（根据车辆的使用和实际情况）清理空气滤清器（视实际情况进行更换），清洗节气门积炭，并清洁喷油嘴；每15 000～25 000km（根据车辆的使用和实际情况）清洗进气管节气门燃烧室以及相关油路，检查柴油滤清器，视情况进行更换；加强自己的驾驶水平，避免长时间怠速停车、高速行驶后立即熄火、起动后立刻高速行驶、低转速换挡。

4. 清除柴油机积炭方法

（1）机械法是采用钢丝刷、刮刀、竹片或砂布来清除积炭及油污等的方法。可按照零件清洗部位的形状做成专用刷子和刮刀：如对喷油器喷孔周围的积炭及油污等，可用细铜丝刷刷净；对压力室的积炭可用铜丝做成的专用通针插入以刮净；对气门导管、气门座的积炭及油污等，可用圆柱形金属刷来清除。

机械法清除积炭工效低、清除质量差，有些部位难以刮除干净，还会留下许多细小划痕，成为新积炭的生长点，增大了零件的表面粗糙度。因此，对精度要求高的零件一般不宜采用此法。

（2）化学法（俗称打吊瓶）是使用一种化学溶剂——退炭剂，将零件表面的积炭及油污等软化，使其失去与金属结合的能力，然后将软化的积炭除去的方法。此法除积炭及油污等的效率高、效果好，不易损坏零件表面。退炭剂一般由积炭溶剂、稀释剂、缓成释剂和活性剂4种成分组成。退炭剂的种类较多，按金属零件材质的不同可分为钢件退炭剂和铝件退炭剂。

①无机退炭剂：由无机药品与水配制而成，需要加温使用，主要用于钢件退炭。使用无机退炭剂时要将溶液加热到80℃～90℃，使零件在溶液中浸泡2h，待积炭及油污等软化后取出；然后用毛刷刷除软化的积炭及油污等，再用含有0.1%～0.3%的重铬酸钾的热水清洗；最后用软布擦干，以免锈蚀。

②有机退炭剂：由有机溶剂配制而成的退炭溶剂，其退炭能力强，对金属无腐蚀作用，且可在常温下使用，主要用于精密零件的退炭。

配方Ⅰ：醋酸已酯4.5%、乙醇22.0%、丙酮1.5%、苯40.8%、石醋1.2%、氨水30.0%。配制时，只要按上述重量百分比称重后混合均匀即可。使用时，将零件放入溶剂中浸泡2～3h；取出后用毛刷蘸汽油，刷除软化的积炭及油污等即可。此溶剂对铜有腐蚀作用，所以不适用于铜制零件的退炭，但对钢铁、铝件无腐蚀作用。此配方同时具有去除旧漆层的作用。注意，使用时作业环境应具备良好的通风条件。

配方Ⅱ：煤油22%、松节油12%、油酸8%、氨水15%、苯酚35%、油酸8%。配制方法是，先将煤油、汽油、松节油按（重量）比例混合后，再与苯酚、油酸混合，加入氨水后不断搅拌，直到呈橙红色透明液体。使用时，将需退炭的零件放入溶剂中，浸泡2～3h，待积炭及油污等软化，取出后用汽油刷除。该配方不适用于铜制零件。

配方Ⅲ：初馏柴油40%、软肥皂20%、混合粉30%、三乙醇胺10%。配制时，先将混合粉加热到80℃～90℃，在不断搅拌下加入软肥皂，当其全部溶解时再加入初馏柴油，最后加入三乙醉胺。使用时，将零件放入密封容器中，用蒸汽加热到80℃～90℃，浸泡2～3h。该配方对金属无腐蚀作用。

总之，积炭及油污等对柴油机的使用性能有很大的影响，因此在修理过程中，可以根据积炭及油污等的形成部位以及自身条件，来选择具体的实施方法，以便有效地清除积炭及油污等。

5. 排气门烧蚀

烧蚀气门的特征：气门烧蚀后，柴油机常常表现出工作无力、排气管冒黑烟、着火时声音不好等症状。如果排气门烧蚀，则排气管过热，甚至发红。如果用手摇转曲轴没有沉重的感觉，并在压缩冲程中进气管或排气管有又长又响的“嗤嗤”漏气声，说明气门已烧蚀。气门烧蚀的原因如下：

（1）气门间隙过大或气门弹簧弹力减弱，导致气门与气门座密封不严，燃烧后的高温高压气体从缝隙中冲出来，烧蚀气门。

（2）气门及气门座积炭严重，造成气门漏气，散热不好；气门杆部积炭，使气门运动不灵活，烧蚀气门。

（3）气门杆磨损严重，使气门与气门导管配合间隙过大（超过0.30mm），气门在运动中左右摆动，使气门头与气门座口配合位置经常改变，破坏了气门头部密封环带，造成气门与气门座密封不严、漏气，烧蚀气门。

（4）喷油泵喷油量过大、喷油器喷油质量差、喷油时间过晚等，使燃烧恶化、燃烧时间延长、排气温度过高、排气管冒火，烧蚀气门。

（5）拖拉机长期超负荷作业，由于供油多，往往燃烧不全，燃气甚至在排气管中继续燃烧，火焰通过气门时烧蚀气门。

气门烧蚀容易导致发动机自动熄火，这主要是使用不合理造成的。

（1）发动机长时间超负荷或者在大负荷下工作，引起气门较早地磨损。同时超负荷长期磨损还将引起气缸盖、气门座、气门导管等变形，使气门密封性降低、散热条件恶化，导致气门烧蚀。

（2）发动机冷却不足，发动机持续高温，引起机油、柴油发生化学变化，在气门头部和杆部形成烧蚀。

（3）气门弹簧弹力过小或气门间隙调整不当也会导致气门烧蚀。气门烧蚀是汽车配气机构的常见故障。因此，在使用中应注意对发动机的例行保养，防止发动机长时间大负荷工作；及时清除积炭；按规定调整气门间隙。若不能修复，则更换。

小　结

1. 配气机构的功用是按照发动机的工作顺序和工作循环的要求，定时开启和关闭各缸的进、排气门，使新气进入气缸，废气从气缸排出。

2. 充气效率是指每循环实际进入气缸内的新鲜充气量与在进气状况下充满气缸工作容积的新鲜充气量的比值。

3. 配气机构由气门组和气门传动组两部分组成，气门组包括气门、气门导管、气门座和气门弹簧等主要零部件。气门传动组主要包括凸轮轴、凸轮轴正时齿轮、挺柱、推杆、摇臂和摇臂轴等。

4. 配气机构按凸轮轴的位置型式可分为下置式、中置式和顶置式三种。目前应用较多的是凸轮轴顶置式配气机构。

5. 配气机构按凸轮轴的传动方式可分为齿轮传动式、链条传动式和齿形带传动式。轿车发动机普遍采用齿形带传动。

6. 配气机构按每个气缸气门数可分为二气门式、四气门式和五气门式等。其中四气门配气机构应用较多。

7. 在采用普通挺柱的配气机构中，通常留有气门间隙。气门间隙过小，气门关闭不严，容易漏气；气门间隙过大，工作中会产生噪声，而且影响气门升程，使充气效率降低。

8. 气门间隙应在发动机冷态气门完全关闭时调整，其调整方法分二次调整法和逐缸调整法。

9. 液力挺柱的作用是保证配气机构无间隙驱动。

10. 气门的开闭时刻与升程规律取决于凸轮的轮廓。气门的开启是通过气门传动组的驱动来完成的，而气门的关闭则是由气门弹簧来完成的。

11. 配气相位是指用曲轴转角表示的进、排气门实际开闭时刻和开启持续时间；配气相位图是指相对于上、下止点曲拐位置的曲轴转角的环形图，包括进气提前角、进气迟后角、排气提前角和排气迟后角。

12. 可变配气相位能够根据发动机的运行状况而改变气门升程和气门开闭的时间，使发动机在所有工作转速下都能获得较佳的配气相位和气门升程，提高发动机的动力性和经济性。

13. 为保证气门与气门座配合严密，应对气门与气门座的密封性进行检查。

14. 工作中，为防止凸轮轴产生过大的窜动，应对凸轮轴进行轴向定位。

15. 发动机曲轴与凸轮轴安装时，应注意对准正时记号，否则配气相位不准。

16. 配气机构的常见故障主要是异响，主要表现为气门响和正时齿轮响。

<table>
<tr><td colspan="3">气门间隙调整 作业工单</td></tr>
<tr><td colspan="3">小组组长：________ 维修技师甲：________ 维修技师乙：________
质检员：________ 记录员：________</td></tr>
<tr><td>整车型号</td><td colspan="2"></td></tr>
<tr><td>车辆识别代码</td><td colspan="2"></td></tr>
<tr><td>发动机型号</td><td colspan="2"></td></tr>
<tr><td>任务</td><td>作业记录内容</td><td>备注</td></tr>
<tr><td>一、前期准备</td><td>按 6S 标准进行常用工具、专用工具（塞尺）和工位的准备</td><td></td></tr>
<tr><td>二、安全检查</td><td>1. 调整气门间隙时务必摇转曲轴复查，不要直接起动发动机，防止出现活塞顶撞气门现象；
2. 检查所调整发动机的转动情况</td><td></td></tr>
<tr><td rowspan="6">三、操作步骤</td><td>1. 拆卸附件。
________________</td><td></td></tr>
<tr><td>2. 将发动机旋转至一缸压缩上止点位置。
________________</td><td></td></tr>
<tr><td>3. 第一次调整各缸气门间隙。
____
________________</td><td></td></tr>
<tr><td>4. 将发动机旋转至四缸压缩上止点位置。
________________</td><td></td></tr>
<tr><td>5. 第二次调整各缸气门间隙。
________________</td><td></td></tr>
<tr><td>6. 气门间隙检查。
________________</td><td></td></tr>
<tr><td>四、竣工检验</td><td>设备器材、工具的整理、清洁及检查记录（严格按照 6S 标准）
____
________________</td><td></td></tr>
<tr><td colspan="3">教师（客户签字）：________________ 维修时间：________________</td></tr>
</table>

<table>
<tr><td colspan="3">正时皮带拆装更换　作业工单</td></tr>
<tr><td colspan="3">小组组长：________　维修技师甲：________　维修技师乙：________
质检员：________　记录员：________</td></tr>
<tr><td>整车型号</td><td colspan="2"></td></tr>
<tr><td>车辆识别代码</td><td colspan="2"></td></tr>
<tr><td>发动机型号</td><td colspan="2"></td></tr>
<tr><td>任务</td><td>作业记录内容</td><td>备注</td></tr>
<tr><td>一、前期准备</td><td>按6S标准进行常用工具、专用工具（内六角）和工位的准备</td><td></td></tr>
<tr><td>二、安全检查</td><td>1. 正确、安全使用举升机；
2. 注意车辆使用前的检查（挡位、手刹等）和清洁；
3. 检查和调整配气正时之后手动转动曲轴检查</td><td></td></tr>
<tr><td>三、操作步骤</td><td>1. 转动曲轴皮带轮，将皮带轮缺口和机油泵外壳凸点处对正。
____
2. 检查凸轮轴正时齿轮上的正时标记，确认凸轮轴正时齿轮K孔与凸轮轴轴承盖上的缺口对齐（一缸处于上止点位置）。
____
3. 拆卸曲轴皮带轮螺栓和曲轴皮带轮。
____
4. 拆卸正时皮带下盖。
____
5. 拆卸正时皮带导轮。
____
6. 拆卸正时皮带张紧器和正时皮带。
____
7. 正时皮带的安装顺序。
________________</td><td></td></tr>
<tr><td>四、竣工检验</td><td>设备器材、工具的整理、清洁及检查记录（严格按照6S标准）
________________</td><td></td></tr>
<tr><td colspan="3">教师（客户签字）：________________　维修时间：________________</td></tr>
</table>

项目四
冷却系统

情景导入

随着发动机采用更加紧凑的设计及具有更大的比功率，发动机产生的发热量也随之明显增大。一些关键区域，如排气门周围的散热问题需优先考虑，因为冷却系统即便出现小的故障也可能在这样的区域造成严重的后果。发动机冷却系统的散热能力一般应满足发动机满负荷时的散热需求，因为此时发动机产生的热量最多。然而，在部分负荷时，冷却系统会发生功率损失，水泵所提供的冷却液流量将超过所需的流量。我们希望发动机冷起动时间尽可能短，因为发动机怠速时排放的污染物较多，油耗也大。冷却系统的结构对发动机的冷起动时间有很大的影响。同时解决制冷系统这方面的瓶颈问题，是提高发动机转速的重要前提。

随着车辆行驶里程的增加，冷却系统的工作效率逐渐下降，对发动机的整体工作能力产生了较大影响，冷却系统的重要性在于维护发动机在常温下工作，犹如人体的皮肤汗腺，如果有一天，人体的汗腺不能正常工作了，那么身体内的热量将无法散去，轻则中暑，重则休克。

任务一 冷却系统的概述

学习目标

（1）能够清楚指出冷却系统主要零部件的安装位置。

（2）能够分清大小循环的路径。

相关知识

一、冷却系统的作用

冷却系统的作用是对高温条件下工作的发动机零件进行冷却，带走发动机因燃烧所产生的热量，保证发动机在适宜的温度范围内（80℃～90℃）工作。汽车发动机依照冷却的方式可分为风冷却及水冷却，风冷却是靠发动机带动风扇及车辆行驶时的气流来冷却发动机；水冷却则是靠冷却水在发动机中的循环来冷却发动机。不论采用何种方式冷却，正常的冷却系统必须确保发动机在各种行驶环境都不致过热。

发动机工作时，气缸内的气温高达 2 500℃，若不及时冷却，会使零部件温度过高、受热膨胀过大，影响正常的配合间隙，导致“咬缸”、轴瓦“抱轴”、柴油机因柱塞卡死而飞车等严重事故，还会使发动机在工作过程中恶化，容易产生爆燃，零部件的机械强度下降，润滑油变质、润滑不良、零件磨损加剧等，最终导致发动机动力性、经济性、可靠性、耐久性及排放性能全面下降。

发动机工作温度过低时，会造成着火燃烧条件变差，起动困难；发动机工作粗暴；散热损失及摩擦损失增加，零件磨损加剧；CO 及 HC 排放量增加，排放恶化等，导致发动机功率下降及燃油消耗率增加。

二、冷却系统的类型

汽车发动机常见的冷却方式有两种，即水冷却和风冷却。以空气为冷却介质的冷却系统称为风冷却系统；以冷却液为冷却介质的冷却系统称为水冷却系统。汽车发动机，尤其是轿车发动机大多采用水冷却系统，只有少数汽车发动机采用风冷却系统。

1. 风冷却系统

风冷却系统的作用是利用高速流动的空气直接吹过气缸盖和气缸体表面，把热量散发到发动机机体外，保证发动机在各种工况下正常工作。

风冷却系统一般由风扇、散热片、气缸导流罩和分流板组成。图 4-1 所示为风冷发动机利用高速空气流直接吹过气缸盖和气缸体的外表面，把从气缸内部传出的热量散发到大气中去，以保证发动机在最有利的温度范围内工作。发动机气缸和气缸盖采用传热较好的铝合金铸成，结构简单、质量轻、故障少且无须特殊保养等。但是由于材料质量要求和价格高、冷却不够均匀、工作噪声大等缺点，目前在发汽车上很少使用。

图 4-1　风冷发动机

由于风冷发动机表面空气阻力较水冷却系统的大，故风冷发动机采用功率、流量均较大的轴流式风扇，以加强发动机冷却，如图 4-1 所示。

风冷却系统与水冷却系统比较，结构简单、重量轻、使用维修方便、起动升温快，但由于材料质量要求高、冷却强度难以调节、消耗功率大、工作噪声大等，目前在汽车上的应用不如水冷却系统广泛。

2. 水冷却系统

水冷却系统是以水作为冷却介质，把发动机受热零件吸收的热量散发到大气中去。水冷却系统具有冷却可靠、布置紧凑、噪声小和使用方便等优点。

这种系统包括水泵、散热器、冷却风扇、节温器、补偿水桶、发动机机体和气缸盖中的水套以及其他附加装置等，如图 4-2 所示。

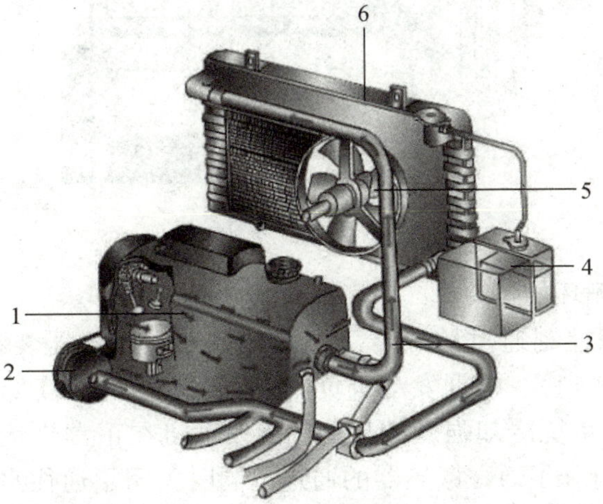

图 4-2　水冷却系统

1—冷却水；2—水泵；3—水管；4—储水箱；5—风扇；6—散热器

1）水冷却系统的工作原理

水冷却系统以冷却液为介质，依靠冷却液将热量从高温机件带走，再散发到大气中去，使发动机的温度降低，而散热后的冷却液再重新流回到受热机件处。这样不断的循环流动，保证发动机在正常的温度条件下工作。

水冷却系统一般都是由水泵强制给水（或冷却液）在冷却系统中进行循环流动的，故称为强制循环式水冷却系统。

冷却液由水泵加压后经叶轮直接进入发动机缸体的水套中，然后流进气缸盖水套，由气缸盖后端的出水口流出，带走热量。此后冷却液分成两路：一路经散热器冷却后进入节温器，由节温器进入冷却液泵口，称为大循环，如图 4－3 所示；另一路为直接通过节温器后流入水泵进口，称为小循环，如图 4－4 所示。

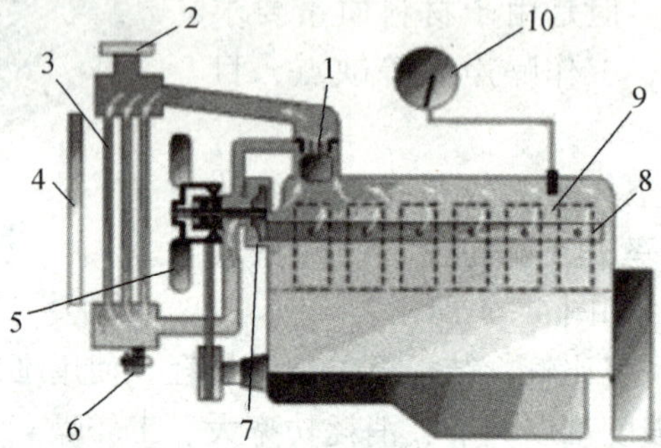

图 4－3　大循环

1—节温器；2—散热器盖；3—散热器；4—百叶窗；5—风扇；
6—放水阀；7—水泵；8—分水管；9—水套；10—水温表

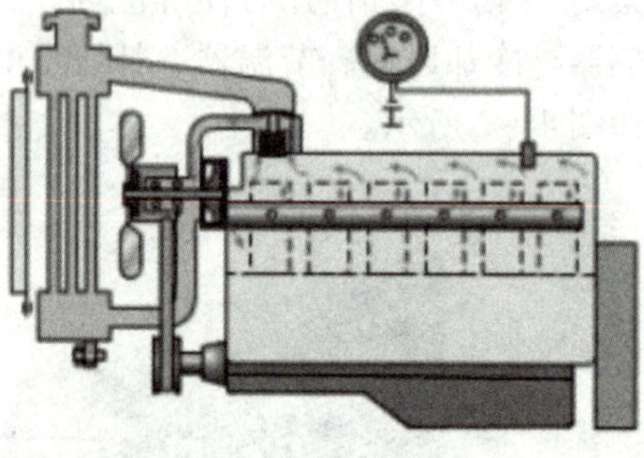

图 4－4　小循环

2）冷却系统大小循环的实质

通常利用节温器来控制通过散热器冷却水的流量。节温器装在冷却水循环的通路中（一般装在气缸盖的出水口），根据发动机负荷的大小和水温的高低自动改变水的循环流动路线，以达到调节冷却系统冷却强度的目的。当发动机在正常热状态下工作，即水温高于 105℃时，节温器阀门打开了通往散热器的通道，同时关闭了通往水泵的旁通管，冷却水全部流经散热器，形成大循环；当冷却水温低于 85℃时，节温器阀门关闭了通往散热器的通道，同时打开了通往水泵的旁通管，水套内的水只能由旁通孔流出经旁通管进入水泵，又被水泵压入发动机水套，此时冷却水并不流经散热器，只在水套与水泵之间进行小循环，从而防止发动机过冷；当发动机的冷却水温为 85℃ ~105℃时，通往散热器的通道和通往水泵的旁通管均处于半开闭状态，此时一部分水进行大循环，而另一部分水进行小循环，即混合循环。如图 4－5 所示。

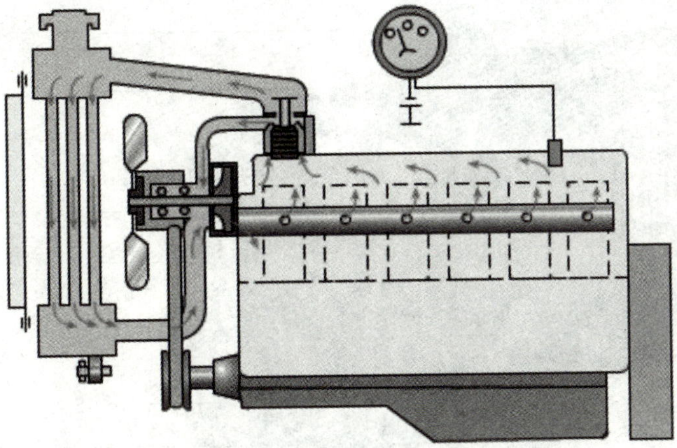

图 4－5　混合循环

任务二　冷却系统主要零件的构造

学习目标

（1）能够正确描述冷却系统主要部件的结构与原理。

（2）能够正确选用冷却液。

相关知识

一、散热器

1. 散热器的作用

将水套中流出的高温冷却液分成多股细流，并利用散热片增加散热面积，使冷却液温度迅速降低，保持发动机的正常温度。

2. 散热器的结构

发动机水冷系统中的散热器由进水室、出水室及散热器芯等三部分构成，如图 4－6 所示。

根据散热器中冷却液流动方向可将散热器分为纵流式和横流式两种，如图 4－7 所示。

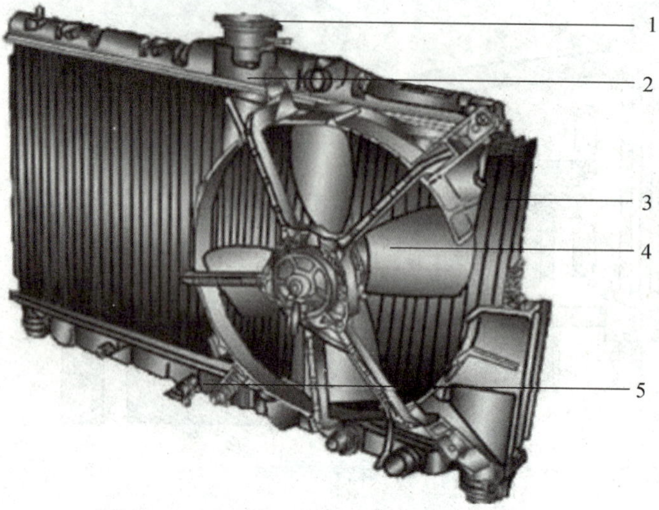

图 4－6　散热器

1—散热器盖；2—上水室；3—散热器芯；4—风扇；5—下水室

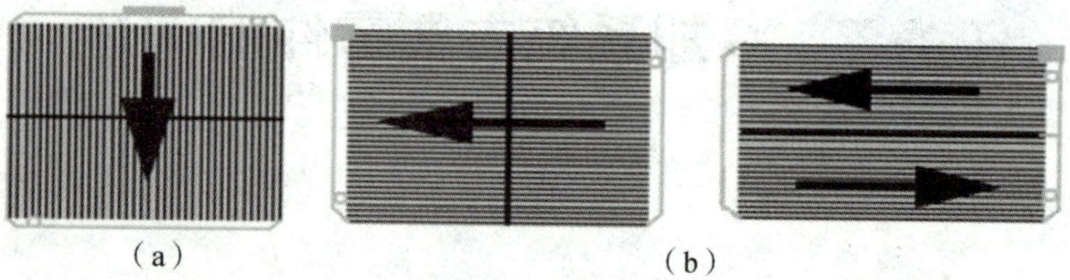

图 4－7　散热器冷却液流动方向

（a）纵流式散热器；（b）横流式散热器

3. 散热器芯的结构形式（见图 4－8）

（1）管片式散热器芯由散热管和散热片组成。空气吹过扁形冷却管和散热片，使管内流动的水得到冷却。管片式散热器因结构刚度较好广为汽车发动机所使用。散热管是焊在进、出水室之间的直管，作为冷却液的通道。在散热管的外表面焊有散热片以增加散热面积，增强散热能力，同时还增大了散热器的刚度和强度。管片式散热器的优点是散热面积大、气流阻力小、结构刚度好及承压能力强等。

（2）管带式散热器芯由散热管及波形散热带组成。水管与散热器相间排列，在散热器带上常开有形似百叶窗的孔，以破坏气流在散热器表面上的附面层，提高散热能力。在波形散热带上加工有鳍片。与管片式散热器芯相比，管带式的散热能力强，制造简单，质量轻，成本低，但结构刚度差。

（3）板式散热器芯的冷却液通道由成对的金属薄板焊合而成。这种散热器芯散热效果好，制造简单，但焊缝多、不坚固，容易沉积水垢且不易维修。

4. 散热器盖

现代的汽车发动机强制循环水冷却系统都用散热器盖严密地盖在散热器加冷却液口上，使水冷却系统成为封闭系统，通常称这种水冷却系统为闭式水冷却系统。其优点有二：一是

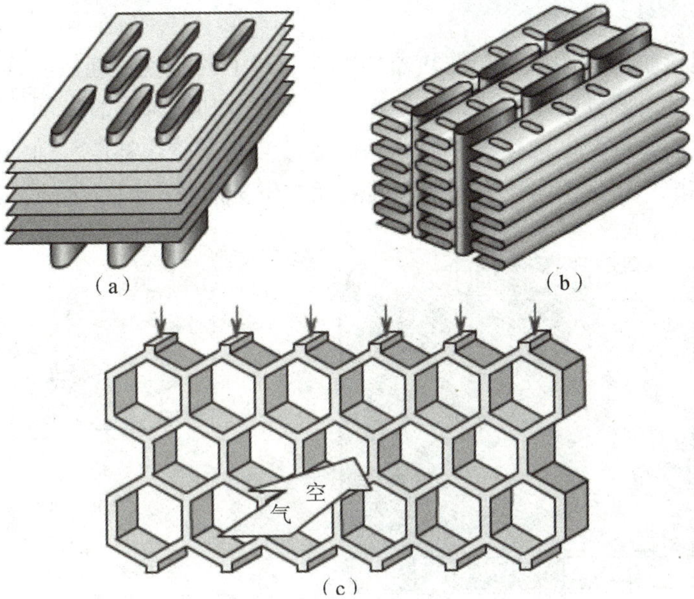

图 4－8 散热器芯结构形式

(a) 管片式；(b) 管带式；(c) 板式

闭式水冷却系统可使系统内的压力提高 98～196kPa，冷却液的沸点相应地提高到 120℃左右，从而扩大了散热器与周围空气的温差，提高了散热器的换热效率。由于散热器散热能力的增强，故可以相应地减小散热器尺寸。二是闭式水冷系统可减少冷却液外溢及蒸发损失。

散热器盖的作用是密封水冷却系统并调节系统的工作压力。当发动机工作时，冷却液的温度逐渐升高。由于冷却液容积膨胀使冷却系统内的压力增高，当压力超过预定值时，压力阀开启，一部分冷却液经溢流管流入补偿水桶，以防止冷却液胀裂散热器。当发动机停机后，冷却液的温度下降，冷却系统内的压力也随之降低。当压力降到大气压力以下出现真空时，真空阀开启，补偿水桶内的冷却液部分地流回散热器，可以避免散热器被大气压力压坏，如图 4－9 所示。

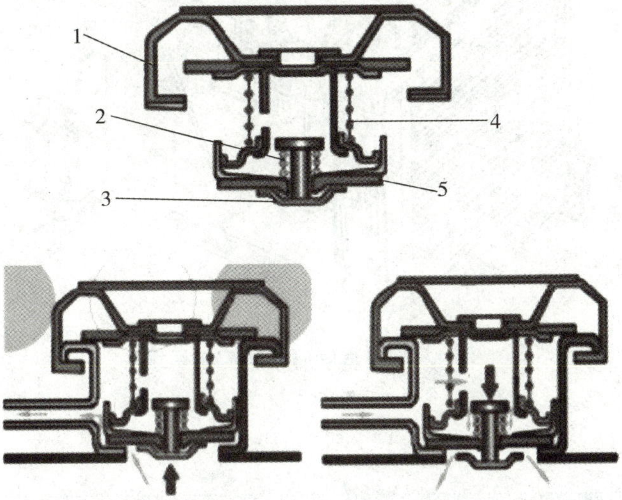

图 4－9 散热器结构及其工作原理

1—盖；2—真空阀弹簧；3—真空阀；4—压力阀；5—压力阀弹簧

5. 补偿水桶

补偿水桶由塑料制造并用软管与散热器加冷却液口上的溢流管连接。其作用如上所述，即当冷却液受热膨胀时，部分冷却液流入补偿水桶；而当冷却液降温时，部分冷却液又被吸回散热器，所以冷却液不会溢失。散热器一般总是被冷却液充满。在补偿水桶的外表面上刻有两条标记线：“低”线和“高”线，补偿水桶内的液面应位于两条标记线之间，如图 4－10 所示。

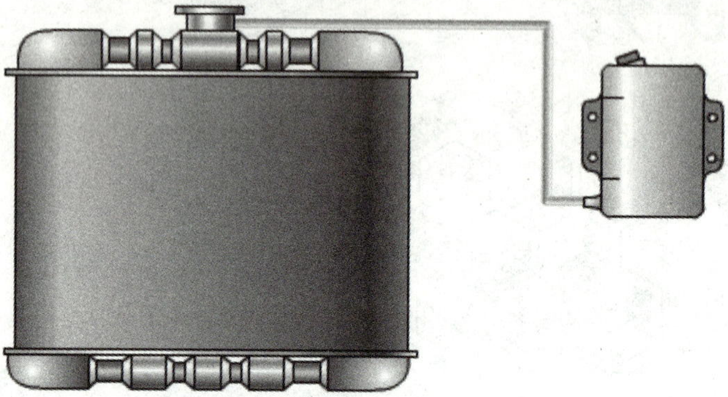

图 4－10　补偿水桶

6. 散热器百叶窗

百叶窗安装在散热器的前面，它是由许多片活动挡板组成的，挡板垂直或者水平安装。其作用是通过改变吹过散热器的空气流量来调节发动机的冷却强度，以保证发动机经常在适当的温度范围内工作。在发动机冷起动或暖车期间，冷却液的温度较低，这时将百叶窗部分或完全关闭，以减少吹过散热器的空气流量，使冷却液的温度迅速升高。当汽车正常工作时，由于要加大散热强度，百叶窗可由驾驶人通过驾驶室内的手柄来操纵其开闭，也可用感温器自动控制，如图 4－11 所示。

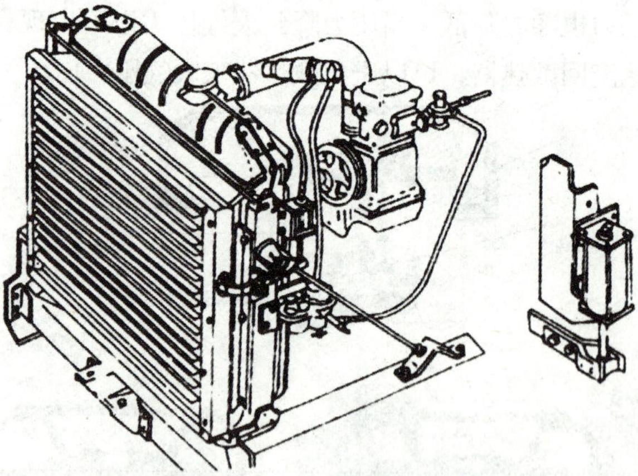

图 4－11　百叶窗自动控制系统

二、冷却风扇

1. 风扇的功用及结构

功用及结构：当风扇旋转时吸进空气，使其通过散热器，以增强散热器的散热能力，加速冷却液的冷却。轴流式风扇：风扇旋转时，空气沿着风扇旋转轴的轴线方向流动（大风量、高效率）。

安装位置：风扇多为轴流式，装在发动机与散热器之间，与水泵同轴。风扇用螺钉安装在水泵轴前端的皮带轮或凸缘盘上。

与风扇扇风量相关的因素有风扇的直径、转速、叶片形状、叶片安装角、叶片数目（4～6片）。叶片材料有钢板、塑料和铝合金等。为了减轻振动噪声，叶片间夹角不等。叶片与叶轮旋转平面之间有一偏扭角，偏扭角可为定值，也可制成变偏扭角。有些风扇叶片的扭转角度是可调节的。

2. 冷却风扇的控制

在行驶过程中，由于环境条件和运行工况的变化，发动机的热状况也在发生变化，因此，要随时调节冷却强度。在天气炎热的时候发动机高速运转，冷却液的温度很高，风扇应该高速运转以加强冷却强度；在寒冷的冬季，冷却液温度比较低，利用汽车高速行驶时高速流动的迎面风吹过散热器就可以达到散热的目的，风扇继续工作就没有意义了，不仅白白消耗发动机的功率，而且还会发出很大的噪声。因此，根据发动机的热状况随时调节冷却强度是十分必要的。冷却风扇的控制方式主要有硅油风扇离合器控制和电动机控制等。

1）硅油风扇离合器

硅油风扇离合器主要由前盖、壳体、主动板、从动板、阀片、主动轴、双金属感温器、阀片轴、轴承和风扇等组成。如图4－12所示。

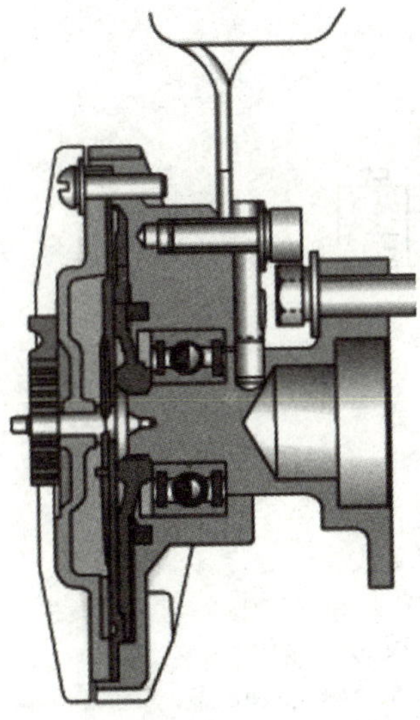

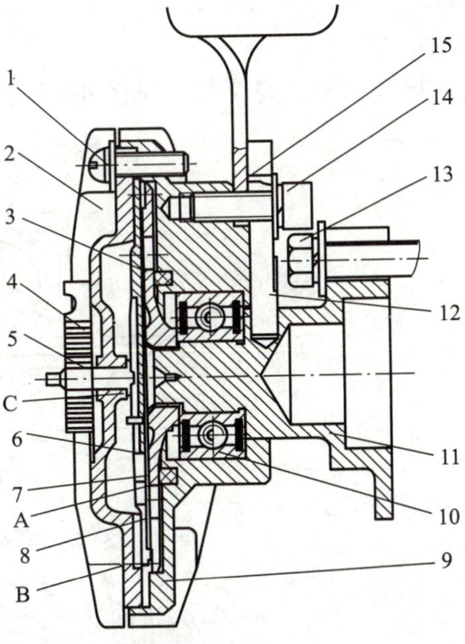

图4－12　硅油风扇离合器的工作原理

1—螺钉；2—前盖；3—密封毛毡圈；4—双金属感温器；5—阀片轴；6—阀片；7—主动板；8—从动板；9—壳体；10—轴承；11—主动轴；12—锁止板；13—螺栓；14—内六角螺钉；15—风扇；A—进油孔；B—回油孔；C—漏油孔

前盖、壳体和从动板用螺钉组成一体，通过轴承装在主动轴上。风扇装在壳体上。从动板与前盖之间的空腔为储油腔，其内装有硅油（油面低于轴中心线），从动板与壳体之间的空腔为工作腔。主动板与主动轴固定连接，主动轴与水泵轴连接。从动板上有进油孔 A，平时由阀片关闭，若偏转阀片，则可打开进油孔。阀片的偏转由螺旋双金属感温器控制，从动板上有凸台限制阀片最大偏转角。双金属感温器的外端固定在前盖上，内端卡在阀片轴的槽内。从动板外缘有回油孔 B，中心有漏油孔 C，以防静态时从阀片轴周围泄漏硅油。

当发动机冷起动或在小负荷下工作时，冷却水及通过散热器的气流温度不高，进油孔被阀片关闭，工作腔内无硅油，离合器处于分离状态。主动轴转动时，由于密封毛毡圈和轴承的摩擦，使风扇随同壳体在主动轴上空转打滑，转速极低。

当发动机负荷增加时，冷却液和通过散热器的气流温度随之升高，感温器受热变形而带动阀片轴及阀片转动。当流经感温器的气流温度超过 338K（65℃）时，进油孔被完全打开，于是硅油从储油腔进入工作腔。硅油十分黏稠，主动板即可利用硅油的黏性带动壳体和风扇转动，此时风扇离合器处于接合状态，风扇转速迅速提高。

为了不使工作腔中的硅油温度过高、黏度下降，应使硅油在壳体内不断循环。由于主动板转速高于从动板，因此受离心力作用，从主动板甩向工作腔外缘的油液压力比储油腔外缘的油压力高，油液从工作腔经回油孔 B 流向储油腔，而储油腔又经进油孔 A 及时向工作腔补充油液。为使硅油从工作腔流回储油腔的速度加快，缩短风扇脱开时间，在从动板 8 的回油孔 B 旁，有一个刮油凸起伸入工作腔缝隙内，使回油孔一侧压力增高、回油加快。

当发动机负荷减小，流经感温器的气体温度低于 308K（35℃）时，感温器恢复原状，阀片将进油孔关闭，工作腔中油液继续从回油孔流回储油腔，直至甩空为止，风扇离合器又回到分离状态。

2）温控热敏电阻开关控制（见图 4－13）

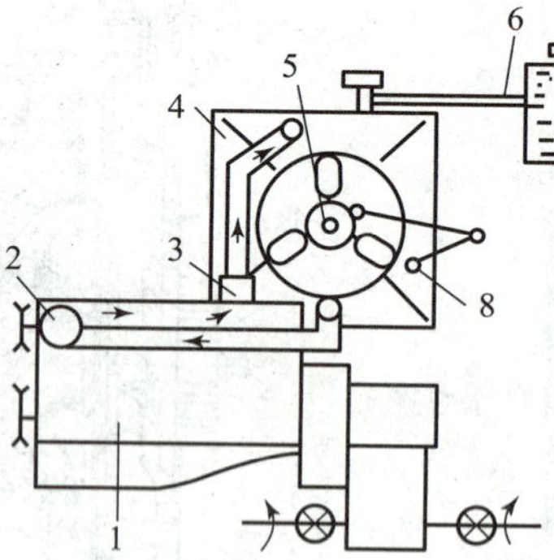

图 4－13 温控热敏电阻开关控制

1—发动机；2—水泵；3—节温器；4—散热器；5—电动机和风扇；6—蒸汽排出和回吸管；7—膨胀水箱；8—温控开关

电动冷却风扇系统一般由电动冷却风扇温度感应器、风扇、电动机、风扇和电动机控制开关组成。其可根据冷却水温度变化，使风扇断续工作，以提高整车的经济性。风扇的外径略小于散热器的宽度和高度，位置布置得尽可能对准散热器的中部，风扇通常安排在散热器后面，并与水泵同轴。这样，当风扇转动时，对空气产生轴向吸力，空气流从前到后通过散热器芯，从而使散热器芯中的冷却水加速冷却。通常冷却风扇采用直流轴流风扇，主动风扇通过一根较细的传动带带动，从动风扇同步工作。风扇的快、慢挡转速是依靠串联电阻来实现的，其变速电阻安装于冷却风扇的电动机内。主动风扇与从动风扇固定在集风罩内，其工作电压为12V，最大功率为200W，起动方式为额定电压直接起动，高速挡功率为150W，低速挡功率为95W。

电动机的温控开关由散热器的冷却水温度控制，开关有高、低速2个挡位，低速挡在低于100℃时使用，高速挡在高于100℃时使用，需要冷却时自动起作用。这样，在一般行驶条件下，电动冷却风扇几乎不转，功率消耗减少，油耗率降低，而在低速、大负荷时又能得到充分的冷却。

三、水泵

1. 水泵的功用

水泵的功用是对冷却液加压，保证其在冷却系统中循环流动。

2. 水泵的基本结构及工作原理

汽车上广泛使用离心式水泵。它具有结构紧凑、泵水量大及因故障而停止工作时不妨碍水在冷却系统内部自然循环等优点。当叶轮旋转时，水泵中的水被叶轮带动一起旋转，在离心力作用下，水被甩向叶轮边缘，然后经外壳上与叶轮成切线方向的出水管压送到发动机水套内。与此同时，叶轮中心处的压力降低，散热器中的水便经进水管被吸进叶轮中心部分，这样不断地循环。叶轮由铸铁或塑料制造，叶轮上通常有6～8个径向直叶片或后弯叶片。水泵壳体由铸铁或铝制造，进、出水管与水泵壳体铸成一体，如图4－14所示。

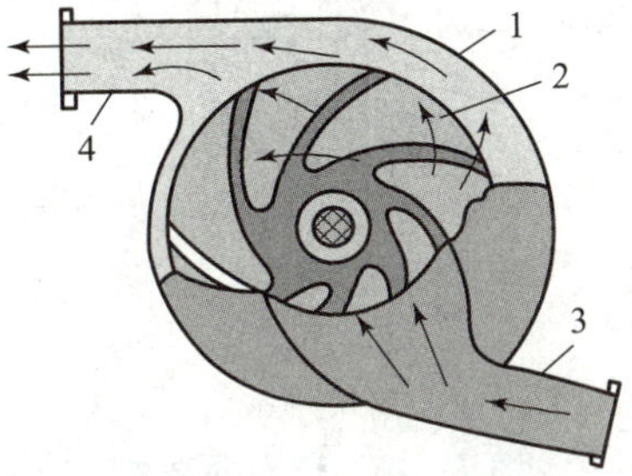

图4－14　离心式水泵

1—水泵壳体；2—叶轮；3—进水管；4—出水管

3. 水泵的驱动

水泵一般由曲轴通过V带驱动。传动带环绕在曲轴带轮和水泵带轮之间，因此水泵转速与发动机转速成比例。有些发动机的水泵由凸轮轴直接驱动。

四、节温器

1. 节温器的功用

节温器（Thermostat）的作用是根据冷却水温度的高低自动调节进入散热器的水量，改变水的循环范围，以调节冷却系统的散热能力，保证发动机在合适的温度范围内工作。节温器必须保持良好的技术状态，否则会严重影响发动机的正常工作。如节温器主阀门开启过迟，就会引起发动机过热；主阀门开启过早，则会使发动机预热时间延长，使发动机温度过低，如图 4－15 所示。

总而言之，节温器的作用是使发动机不至于过冷。例如，在发动机正常工作以后，在冬天低速时，如果没有节温器，发动机的温度可能会太低。此时，发动机需要暂时终止大循环来保证发动机温度不至于过低。

图 4－15　节温器

2. 节温器工作原理

按水温高低自动调节冷却水的循环流量和改变冷却水的循环范围。常见的节温器有弹簧箱式和折叠式两种，目前广泛采用蜡式节温器，装在缸盖水套出水口处。蜡式热敏材料具有温控准确、工作稳定、耐热、耐压、耐冻及使用寿命长等特点。

节温器结构如图 4－16 所示，主要由主阀、副阀、支架、弹簧和感应体组成。感应体是由感应体壳和盖组成的刚性密封空间，在此空间插入下端制成锥体的导杆，导杆上端与主阀相连，下端套有橡胶管，橡胶管与感应体壳所形成的环形空间填满低熔点的白蜡和石蜡或铝粉和石蜡的混合剂。弹簧一端支撑在壳体上，另一端抵压在主阀的弹簧座上，主、副阀都与导杆联动。

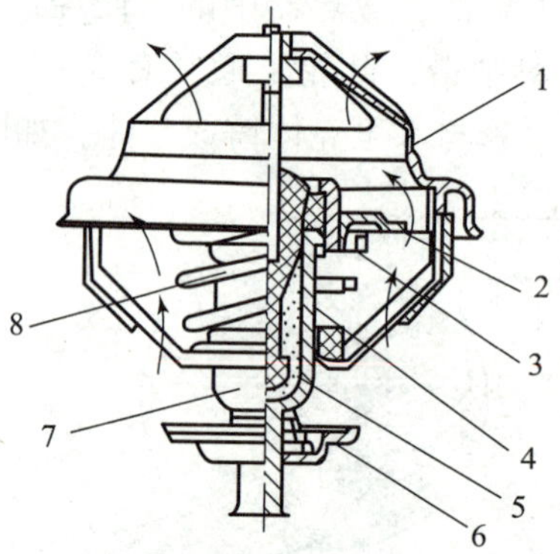

图 4－16　节温器结构

1—支架；2—主阀门；3—导杆；4—石蜡；5—胶管；6—副阀门；7—节温器外壳；8—弹簧

当出水温度低于 80℃时，主阀关闭，副阀全开，冷却水不经散热器，直接回水泵进行小循环。当出水温度高于 84℃时，石蜡混合剂开始熔化，体积膨胀，挤压橡胶管在导杆锥体上产生轴向分力，迫使导杆压缩弹簧上移，主阀开启，副阀关闭。随着水温不断升高，主阀逐渐开大，副阀逐渐关小，此时既有大循环又有小循环。当出水温度达到 95℃时，主、副阀全关，冷却水进行大循环。

3. 节温器的使用

（1）蜡式节温器比折叠式节温器热容量大，因此，当冷却液温度变化时，阀门的启闭反应不如折叠式节温器快，故凡装用蜡式节温器的发动机，冷却液温度达到正常工作温度后才能起步，以免因起步后立即以高速行驶或因发动机超负荷工作而引起冷却液温度突然上升。

（2）蜡式节温器内的蜡如果泄漏，弹簧就顶紧阀门，水道的水流只能经旁通管进行小循环，而不能流向散热器，如果发动机继续工作，将导致发动机过热，甚至造成严重事故。因此，应定期检查节温器，必要时予以更换。

五、冷却液

冷却液是发动机冷却系统中最重要的介质，汽车常用的冷却液由水和加有防冻剂的防冻液组成。

冷却液要求含有适量的防冻、防蚀化合物，以免因膨胀而冻裂有关元件，且能在低于水的冰点温度和高于水的沸点温度时自由流动，并防止在冷却系统中产生沉积和腐蚀。因此，对冷却液主要性能的要求如下：

（1）适当的冰点和沸点，能够把冷却液的冰点降到可能遇到的冬季工作温度的最低点，能够在炎热气候条件和高海拔地区以及强热负荷工况下工作。像乙二醇基的冷却液就具备这种性能。

（2）防水垢能力。

（3）抗腐蚀能力，即使是纯水，对内燃机冷却系统仍然有一定的腐蚀性，因此，通常在闭式冷却系统需要联合使用两种或两种以上的抗蚀剂。

根据冷却液的性质、特点，在使用中必须注意以下几点：

（1）配制冷却液时切忌用硬水调配，以防产生水垢或使冷却液失效。

（2）冷却液应根据当地气候条件配制，一般应以其冰点比当地最低气温低5℃～10℃为宜。

（3）内燃机冷却液如出现悬浮物及颜色变化或发出臭味，说明有不同程度的变质，必须及时清洗、更换。

（4）换用冷却液时，应先检查并紧固冷却系统各支管、接头等易产生渗漏的部位，若有渗漏应及时修复。

（5）乙二醇基冷却液的热膨胀率较大，使用时只需加到冷却系统总容量的95%即可，不能充满。

（6）乙二醇沸点较高不易挥发，使用中蒸发的是水，发现冷却液减少时，只需加软水。注意：由于泄漏造成的冷却液减少者除外。

（7）使用中，应经常测量其相对密度，以检查冰点是否符合要求。

（8）冷却液一般均有毒，切勿用口吸。乙二醇基冷却液吸水性强，存放时容器要密封。

（9）乙二醇基冷却液在使用中切勿混入石油产品，否则会产生大量泡沫。

（10）冷却液黏度较大，流动与散热性较差。内燃机温度稍高是正常的，但若过热，就要检查并适当调整其浓度。

（11）某些发动机对冷却液的选用有特殊的要求（如桑塔纳轿车发动机必须使用GII冷却液），因此，使用者须严格按照发动机的使用说明书要求去做。

六、冷却液温度传感器

冷却液温度传感器的功用是感测发动机冷却液温度的变化，如图4－17所示。在传统汽车中，冷却液温度传感器与装在仪表板上的冷却温度指示表组成冷却温度显示系统，以提醒驾驶员注意发动机的温度变化。在现代汽车中，冷却温度传感器一方面作为一个感应信号传入控制电脑，以便对发动机的喷油、点火等进行最佳控制；另一方面用于显示冷却液温度及用来控制电扇的运转等。热敏电阻冷却温度传感器采用热敏电阻制成，工作温度范围为 -20℃ ~ +120℃，一般安装在发动机缸体、缸盖的水套或节温器壳内并伸入水套中与冷却液直接接触，用来检测发动机的冷却液温度，并向发动机 ECU 传送信息。

图 4-17 冷却液温度传感器

任务三 冷却系统的维护与检修

学习目标

（1）冷却液的更换方法。

（2）冷却系统的检修方法。

相关知识

一、更换周期

对长时间运行的车辆，比如出租车等，一般优质的冷却液每年更换 1 次，而运行时间短的车辆可每 2 年或每 30 000km 更换 1 次。如发现冷却液内出现悬浮物、沉淀物或变质、变色，应及时更换并清洗系统，具体更换步骤如下。

1. 检查

在彻底更换冷却液之前，需要全面检查，看看各个管道有无泄漏的痕迹，是否有裂缝，重点检查五通管。五通管因为有 5 个连接各个部位的接口而得名，冷却液就是在流经五通管后，被分配到汽车不同的部位发挥作用，如果某个部位有泄漏冷却液的现象，就应该根据情况更换水管或重新固定接口。

2. 放旧液

将旧的冷却液放出，之后用清水清洗液体通道。将清水加入冷却液补充罐，随后往罐里注入清水，使清水连续不断地流经发动机冷却系统，随后着车怠速 3～5min，让水循环起来，开始从水罐里流出的水有点淡淡的粉红色，继续注入清水，直至流出来干净的水。注意将暖风水管拆掉，把暖风水箱的水也要放干净。

3. 换新液

放水结束后，将新的冷却液由水箱（散热器）的水管加入，这是让冷却液快速流入水箱的方法，随后将另一桶冷却液加入冷却液储液罐，加到冷却液储液罐快满了为止，打着车 10min 左右，这时冷却系统由于排除了部分空气，故液面有所下降，再把冷却液加进去，直至加注到储液罐的最高标记为止。具体步骤如下：

（1）拧下水箱盖，打开水箱放水阀，放出冷却液。

（2）将一根连接于自来水管的橡胶管插入水箱加水口，打开自来水龙头，使自来水连续不断地流经发动机冷却系统。在冲洗操作时，要使发动机怠速运转，保持上述操作，直至水箱放出清水为止。

（3）关上自来水龙头，待冷却系统的水放尽后，再关上水箱放水阀。

（4）从水箱加水口加入冷却液，使冷却液充满水箱。拧开储液罐盖，加入冷却液，并达到“Max”刻度线，注意不要超过“Max”刻度线。

（5）盖上水箱盖和储液罐盖，并拧紧。

（6）起动发动机，怠速运转 2～3 min，拧开水箱盖。这时冷却系统由于排除了部分空气，冷却液面将降低，应再补充冷却液，直到使冷却液达到“Max”刻度线为止。

注意：打开水箱盖，要在水箱已冷却的状态下观察冷却液中是否有杂质，最终的液面要保持在“Max”与“Min”之间，结束后要将水箱盖拧紧。

注意：找到冷却液的排液口，拧开螺丝，如图 4－18～图 4－21 所示。

图 4－18　排液口安装位置

图 4－19　冷却液的排液口

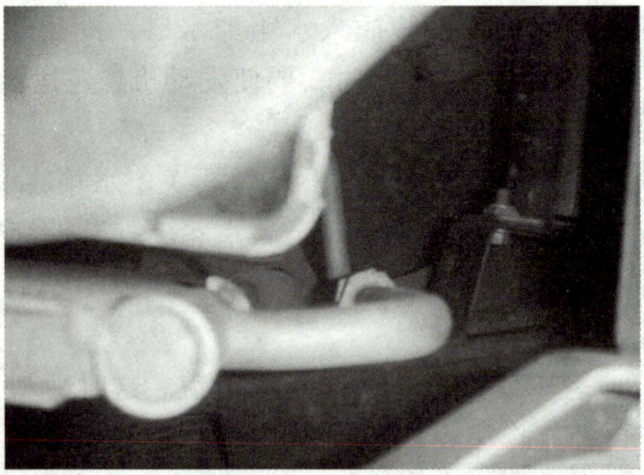

图 4－20　放液口位置

图 4－21　冷却液添液箱

放完冷却液后，直接倒入冷却液就可以使用。

二、冷却系统的检修

常见引起发动机过热的原因：冷却空气流量减少（如散热器阻塞等）；散热风扇不工作；低速上坡，环境温度过高；V形皮带过松，转动效率差；缸体内有水垢，节温器失效，水泵损坏，热敏开关失灵等。

诊断与排除。

根据以上分析的故障原因，由简到繁、由外到内进行诊断。

（1）当柴油机为正常负荷时，冷却液温度正常，当大负荷工作时间过长时，冷却水温度明显过高，则表明发动机过热是因发动机长时间的大负荷工作所引起，应注意适当休息。

（2）如果发动机常在工作粗暴的条件下作业，也会引起发动机过热，应查明发动机工作粗暴的原因，并进行有针对性的排除。

（3）如果发动机工作时无力，响声发闷，冷却液温度高，排气管温度异常高，说明发动机过热多数是因喷油提前角过小所引起的，应按规定对喷油时间进行调整。

（4）观察散热器通风情况。若散热器前的百叶窗未打开，或散热器积垢过多，表明多数是由发动机过热引起，应进行处理。

（5）观察冷却系统冷却液是否充足，如果外部有泄漏现象，表明发动机过热是因泄漏所引起的，应排除；若无泄漏现象，可打开散热器加水盖，观察冷却液的充足程度，若冷却液严重不足，多数是因长时间没有补添冷却液而引起发动机过热，应予以补充。

（6）检查风扇皮带松紧度。在发动机停止工作时，用手拨动风扇叶，若能拨动风扇滑转，说明风扇皮带过松是引起散热不良的原因，应予以调整。通过调整皮带张紧装置，如发电机或专门的张紧轮，使皮带增加预紧力，其检验标准是：在发电机和风扇轮之间用大拇指以29～49N（3～5kgf①）的力按下皮带10～20mm为宜。

（7）检查散热器水垢。从散热器的加水口处观察散热器内的水垢。如果确有水垢，说明水垢是引起散热不良而导致发动机过热的原因所在，应予以清除。清除方法：往冷却液中投放一定量的除垢剂，使发动机累计运转24h后将冷却液放掉再换新冷却液，若冷却效果有好转，则按同样的方法再进行几次即可（但易腐蚀橡胶件）。

（8）检查节温器。在发动机初起动后注意温度上升情况。若冷却液温度上升速度较快，则说明节温器损坏使发动机过热，应更换节温器。

（9）检查积炭情况。如果以上检查均属正常，说明发动机过热是燃烧室内积炭过多所引起，应解体查明，并清除积炭。

（10）检查冷却液温度。如果冬季发动机工作时水温突然升高，多数是由于散热器下水室的冷却液冻结所致，应予以加热解决。

为防止冷却液温度过高，在使用中必须保持散热器和水套清洁、冷却液数量充足、风扇皮带张紧适当，以防发动机在大负荷条件下工作时间过长。必须注意以下几点：

（1）保持冷却系统（尤其散热器）外部和内部清洁是提高散热效能的重要条件。散热器外部沾有泥污或碰撞变形，均会影响风量流通，使冷却液温度过高，必要时应清洗或修复。

---

① 1kgf=9.806 65MPa。

（2）按规定使用防冻冷却液，保持冷却液数量充足。正确的冷却液液面高度：当发动机处于冷态时，冷却液液面在膨胀箱内，位于最高和最低标志之间。膨胀箱内装有自动液位报警传感器，当箱内液面过低时，位于仪表板上的冷却液温度报警灯闪烁，应及时予以添加。

（3）应保持风扇皮带张紧力适当，风扇正常工作。皮带过松会影响水循环，加剧其磨损；过紧则易损坏轴承。

（4）热敏开关连接良好，若有松动会影响风扇换挡变速及正常运转；如果发现冷却系统溢水，应及时检查节温器的技术状况。

（5）防止发动机大负荷、长时间工作，以免水温过高；上坡及时换挡，减轻负荷。汽车长时间坡道行驶、挡位低或是环境温度较高时，应注意散热。

更换冷却液时，将仪表板的暖风开关拨至右端使暖风控制阀全开，拆下冷却液膨胀箱盖，松开水泵口软管夹箍，拉出冷却液软管，放出冷却液后再将软管夹箍拧紧。在膨胀箱中加入冷却液，直到液面高度与最高标志齐平为止，拧紧膨胀箱盖。起动发动机，直到风扇运转，将发动机熄火，检查冷却液高度，必要时补充。膨胀箱内冷却液不能注满，加注 1/2 即可，一般使用 2 年左右更换一次。

任务四　冷却系统的典型故障

学习目标

（1）冷却系统常见故障种类。

（2）冷却系统故障维修实例。

相关知识

一、冷却系统常见故障种类

发动机冷却系统常见故障有水温过高、水温过低、冷却液泄漏、节温器损坏、冷却液消耗异常、发动机过热、发动机工作温度过低等。

1. 水温过高

运行中的汽车，在百叶窗完全打开的情况下，冷却液温度表指针经常指在 100℃ 以上，且散热器伴随有“开锅”现象，燃烧室内出现“炽热点”。

2. 水温过低

百叶窗不能完全关闭，或冬季保温装置不良引起冷却系统水温过低。

3. 冷却液渗漏

冷却系统在工作时应充满冷却液。如果冷却系统缺少5%～7%容积的冷却液，冷却循环将停止，行驶时发动机会很快因过热而受到损坏。通常，蒸发仅仅是冷却液损失的一小部分，所有冷却液损失中至少有一半是渗漏掉，其余一半中的大部分是沸腾和发泡沫通过散热器溢流管流失，即冷却液最多的损失是渗漏（见图4－22）或通过溢流管流失。

图4－22 冷却液渗漏

冷却液渗漏主要有两种形式：外渗和内渗。

1）外渗的主要原因

水箱芯子上下水槽及溢流管上有裂纹；出水口或进水口接头接缝处破裂；上下水槽或芯子在支撑处磨损；水管腐蚀穿孔；放水开关放水塞或气孔松动或损伤；橡胶软管损伤，软管夹箍及接头松脱或损伤；取暖器管子的螺纹接头松脱；水管腐蚀破裂或松脱；泵壳松动或垫片损坏；节温器壳松动或垫片损坏。

外渗冷却液滴落在地上易于发现，便于及时查找排除，不至于造成太大的危害。

2）内渗的主要原因

气缸盖紧固螺栓松动或垫片破损；缸体和缸盖结合面翘曲；水套铸件产生裂纹或缩孔；气缸盖螺栓松动。

内渗不易发现，会引起严重的后果，造成因缺水而发动机过热的危险。冷却液泄入燃烧室：在发动机停止工作时注满燃烧室，当起动发动机时，活塞向上运动可能使气缸盖、活塞或气缸破裂，或造成连杆弯曲。冷却液进入曲轴箱与发动机的运动部件接触，会使所有内部零件的表面形成一层黏结层，增加了摩擦阻力并引起锈蚀，造成恶劣的后果。冷却液进入油底壳会使机油变质，还会与机油混合形成油淤，引起润滑失效，黏结活塞环和气门，引起过度磨损及更大的发动机故障。

3）快速检测泄漏故障的方法

检查时，将空气压缩机的橡胶管接到散热器与补偿储液箱的软管上，将压缩空气充入闭式水冷循环系统中，其压力为294kPa（3kgf/cm^2）。

（1）外部泄漏点的检查。如果散热器上、下储水室及散热器连接软管、放水开关、水泵等处有泄漏，均会喷出针状水柱，可明显地发现泄漏点。

（2）机体内部泄漏点的检查。气缸垫水道损坏，导致冷却液与润滑油串通，使润滑油里含有水分，油质变稀，数量增多，湿式缸套的密封失效，产生松动或缸套、缸体破裂。拆下机油盘后，充入压缩空气检查，就易发现泄漏点。

（3）气缸盖内部漏水的检查。从外表观察发动机工作时排气管冒白烟。拆下火花塞，从电极上察看到沾水现象。若不拆火花塞，只拆排气管接头，将压缩空气充入冷却系统后，转动发动机，排气管下端有水流出。

4. 节温器损坏

节温器不能开启或开启不灵活，会使冷却液无法经过散热器形成大循环，导致温度过高，或时高时正常。因节温器不能开启而引起过热时，散热器上、下两水管的温度和压力会有所不同，如图4－23所示。

图4－23　节温器

5. 冷却液消耗异常

冷却系统是密封的，在正常情况下无须经常添加冷却液，否则说明有冷却液消耗异常故障。冷却液消耗异常的主要原因是冷却液泄漏，需对其进行检修，如图4－24所示。

图4－24　观察冷却液位置

6. 发动机过热

发动机在运行中，若冷却液温度表指针长时间指向高温（90℃以上）范围，并出现冷却液沸腾（俗称“开锅”）现象，即为发动机过热。发动机过热可分为运行中突然过热和经常过热。

突然过热是指发动机工作中突然出现过热现象，一般是风扇传动带断裂或风扇电路故障、水泵轴与叶轮脱转、节温器主阀门脱落或冷却液严重泄漏。

经常过热是指发动机工作中经常出现过热现象，其原因可归纳为以下两方面：

（1）冷却系统冷却强度不足。

（2）发动机传热损失过大。由冷却系统的组成和各部分的功能不难分析得出导致冷却强度下降的原因：缺少冷却液、风扇传动带打滑、风扇叶片角度调整不当、散热器堵塞或散热片倾倒过多、节温器故障或水泵故障致使冷却液循环不良、水套积垢严重等。

发动机过热的原因：

（1）节温器泄漏或装反，冷却液只进行小循环。

（2）风扇转速上不去。

（3）电控风扇作用时间过短。

（4）风扇皮带过松。

（5）缸体水套内水垢过多。

（6）冷却水循环量过小。

（7）冷却液不足。

（8）混合气过稀或过浓。混合气过稀，燃烧速度慢，在做功行程中燃烧放出的热量增加，导致发动机过热。

（9）另外点火时间过迟、过早都会引起发动机过热，燃烧室积炭过多、严重超载等多种原因也会造成发动机过热。

（10）缸盖垫破损或缸盖破裂，大量的高温气体进入冷却器，也会导致发动机过热，如图 4－25 所示。

图 4－25　发动机温度过高

7. 发动机工作温度过低

在汽车行驶过程中，若冷却液温度表长时间指示在发动机正常工作温度以下，即可判定为发动机工作温度过低。对发动机而言，不可能因发生故障而导致冷却强度增大或传热损失减少，从而使发动机工作温度过低。发动机工作温度过低，通常是自然因素或冷却系统的冷却强度调节装置失效所致。

8. 散热器故障

1）泄漏

原因：密封件老化、腐蚀、撞击等。

故障现象：冷却液减少，水温高。

故障排除：更换散热器。

2）堵塞

原因：冷却系统有污物。

故障现象：冷却液减少，水温高。

故障排除：疏通、清洁。

3）水箱盖内部泄漏

原因：限压弹簧弹力衰减。

故障现象：副水箱内水满溢出，水温高。

故障排除：更换水箱盖。

4）发动机升温缓慢或工作温度过低

原因：这类故障在机械方面主要表现为节温器黏结卡滞在开启位置，不能闭合，使冷却液始终进行大循环；在电气方面表现为发动机冷却液温度传感器工作不良、信号不准确，造成无快怠速、散热风扇工作时间长等。

5）副水箱故障泄漏

原因：箱体因老化或外力而开裂。

故障现象：散热器内冷却液减少，发动机过热。

故障排除：更换。

9. 散热风扇故障

1）风扇不转

原因：风扇驱动电动机故障，控制电路断路。

故障现象：发动机过热。

故障排除：更换电动机，检修电路。

2）风扇转速慢

原因：风扇驱动电动机故障，控制电路产生附加电阻。

故障现象：发动机过热。

故障排除：更换电动机，检修电路。

3）风扇运转时机不准

原因：风扇控制电路故障。

故障现象：发动机过热或发动机升温慢。

故障排除：检修风扇控制电路。

10. 冷却水套故障

1）气缸体裂纹

原因：材料腐蚀，修理时不规范操作。

故障现象：发动机过热，冷却水进入润滑系统。

故障排除：更换发动机缸体。

2）气缸垫泄漏

原因：气缸体或气缸盖翘曲，气缸垫老化，气缸垫装配错误。

故障现象：发动机过热，冷却水进入润滑系统。

故障排除：视情况修理或更换发动机缸体及缸盖，更换气缸垫。

11. 水泵故障

1）水泵故障

原因：密封件老化，壳体被腐蚀。

故障现象：冷却液减少，发动机过热。

故障排除：更换水泵。

2）泵水能力下降

原因：水泵叶片被腐蚀，结构性堵塞。

故障现象：发动机过热。

故障排除：更换水泵（见图 4－26）。

图 4－26　汽车水泵

12. 水管故障

1）泄漏

原因：外力损坏或老化、腐蚀。

故障现象：冷却液减少，发动机过热。

故障排除：更换。

说明：如果泄漏是由于老化或腐蚀造成的，应更换全部冷却水管（软管）。

13. 节温器故障

1）节温器阀门卡滞

原因：节温器内部故障。

故障现象：发动机过热（卡滞在关闭位置），发动机升温慢（卡滞在打开位置）。

故障排除：更换节温器。

二、冷却系统故障诊断思路和流程

冷却系统故障诊断须按一定的思路和诊断流程来进行。

1. 外部检测

检测下储水室、散热器、连接软管、放水开关、水泵有无泄漏的现象，一般泄漏处均会喷出针状水柱，可明显地发现泄漏点。检查水泵的好坏、机械密封处有无损伤；节温器是否工作正常；散热器是否损坏。

2. 内部检测

检测气缸垫水道是否损坏、湿式缸套的密封是否失效、气缸盖内部是否漏水。

三、冷却系统故障维修实例

故障一

一辆桑塔纳2000乘用车，怠速一切正常，踩下加速踏板使发动机转速升到2 500r/min左右也未见异常。但在行驶过程中，只要车速升至100km/h，不到半分钟的时间，冷却液温度立即升高，冷却液温度报警灯开始闪烁。如图4－27所示。

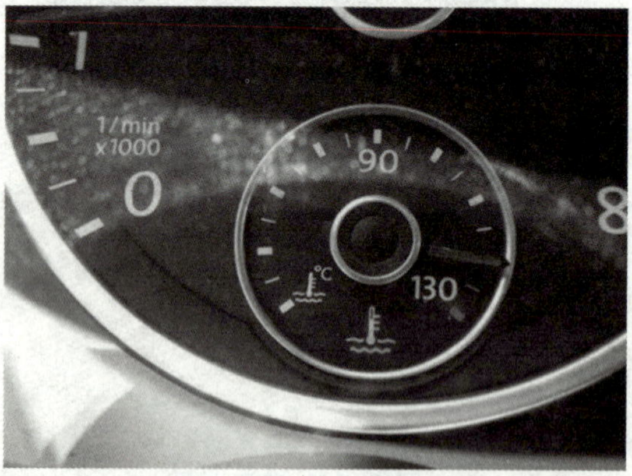

图4－27　水温过高

故障分析与排除：

一般情况下，冷却液温度高的可能原因有以下几方面：水泵工作不良、节温器失效、水箱脏污、水道堵塞、温控开关失灵、电子风扇工作不良以及冷却液不足等。但通过逐项检查均未发现异常。进行路试，当车速提升到100km/h，冷却液温度报警灯亮起时，立即将车靠边熄火，打开发动机盖检查，发现储液罐内冷却液减少了，水管以及各连接处均未见有渗漏痕迹，由此判断，冷却系统可能存在内漏，即水道与气缸燃烧室串通。

用举升器将车轮悬空，在挂挡运转的情况下进行尾气检测，当车速加至110km/h时，尾气分析仪显示HC值明显偏高，并随着油门加大而上升。于是用断油法逐缸检测，当拔下第四缸喷油器接头时，HC值恢复到正常值，显然第四缸工作不良，拆下第四缸火花塞，火花塞呈铁锈色，说明燃烧室内已进水。拆下气缸盖，发现气缸盖上第四缸燃烧室与邻近的水道之间有一宽约1.5mm的不太明显的凹痕，于是对气缸盖表面进行加工处理，更换了气缸垫，装复后试车，故障排除。

小结：在维修时，注意理论的贯通，应从多方面考虑问题。在日常保养时，应仔细检查车辆存在的问题，避免发生危害行车安全的事故。

故障二

冷却液温度的变化异常，使电控发动机怠速不稳的故障。

桑塔纳2000轿车故障：一是在80℃以下怠速抖动，当达到80℃以上时怠速正常了；另一种情况是冷却液在低温下发动机怠速正常，当冷却液温度达到80℃以上后发动机怠速开始抖动。上述两种故障现象均不显示故障码，对于低温下怠速抖动的车，测其尾气排放并不高。我们在维修时先后清洗了节气门体和喷油器，故障现象不见好转；又更换了怠速电动机、节气门体和ECU，仍不见效；最后又对冷却液温度传感器进行检测，当水温在20℃时测得电阻值为1 400Ω，由于冷却液温度传感器的电阻值比标准低很多，ECU则按着较高的冷却液温度减少供油量来修正可燃混合气。发动机怠速会因混合气过稀使动力不足而发生抖动，随着冷却液温度的上升，当达到80℃以上时，ECU对冷却液温度传感器的信号不再修正空燃比了，所以怠速抖动的故障现象就消失了。

与上述故障现象相反，发动机在低温下怠速正常，而进入正常工作温度之后反而抖动起来，尾气排放超标。开始排除故障时，检测燃油压力未见异常，清洗节气门体不见好转。又依据维修中的常见案例检测了冷却液温度传感器的电阻在80℃时为370Ω，在标准范围内。最后又扩大检测范围，当检测氧传感器的技术状况时，发现信号电压在0.2～0.3V，而且变化缓慢，将氧传感器拆下后发现表面已呈现棕色，是铅中毒的象征，正常颜色应为灰白色。由于氧传感器铅中毒后，对废气的渗透性变差、信号电压变低，ECU判定是稀混合气而修正加浓混合气。

小结：从上述两例故障中可以看出，电控发动机怠速不稳的故障随发动机工作温度而变化时应首先注意冷却液在温度传感器和氧传感器中的技术状况。

故障三

车型：桑塔纳

故障现象：换水箱后水温表显示温度很高，风扇不转，水不循环，水箱一半热一半凉，如图4－28所示。

故障分析：

该车冷却系统在没有排气的情况下还存在部分空气，特别是当水箱内部存在空气时，在冷车状态下加注冷却液，该车就很难一次性加满，况且在冷车状态下节温器是处于关闭状态的，加注冷却液时，虽然看到储水壶已经满了，但进入水箱的冷却液却很少，所以在起动车辆数分钟后气缸盖水道内的冷却液温度就很高，水箱进水管一侧是热的，而出水管一侧却是

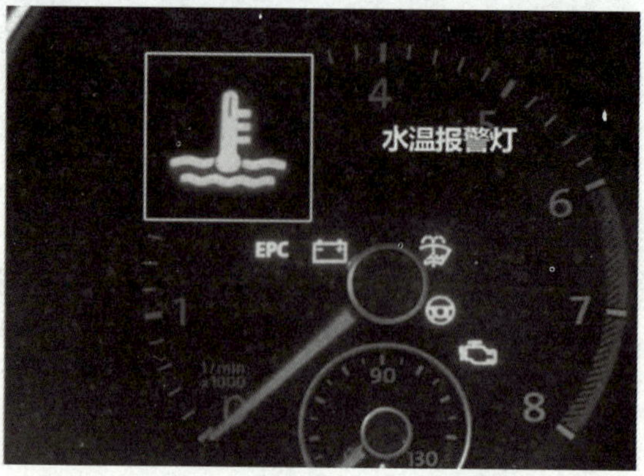

图 4－28　水温温度过高

凉的。

桑塔纳 2000 的冷却系统风扇热敏开关安装在水箱的出水口处，用来调节发动机冷却液的温度。当水箱的出水温度为 92℃～97℃时，热敏开关接通风扇电动机的低速挡开关，风扇开始运转，保证有足够的风量通过水箱；当水箱的出水温度为 99℃～105℃时，热敏开关接通风扇电动机的高速挡开关，风扇以更高的速度运转。当冷却液的温度降到 91℃～98℃时，风扇电动机开始恢复低速挡；而当冷却液的温度降至 84℃～91℃时，风扇电动机停止运转。

因为水箱出水管一侧是凉的，即满足不了冷却系统风扇热敏开关闭合的基本条件，所以“风扇不转”。

<table>
<tr><td colspan="3">冷却液的更换　作业工单</td></tr>
<tr><td colspan="3">小组组长：________　　维修技师甲：________　　维修技师乙：________
质检员：________　　记录员：________</td></tr>
<tr><td>整车型号</td><td colspan="2"></td></tr>
<tr><td>车辆识别代码</td><td colspan="2"></td></tr>
<tr><td>发动机型号</td><td colspan="2"></td></tr>
<tr><td>任务</td><td>作业记录内容</td><td>备注</td></tr>
<tr><td>一、前期准备</td><td>按6S标准进行常用工具、配件和三件套的准备</td><td></td></tr>
<tr><td>二、安全检查</td><td>漏水检查、防护套检查等</td><td></td></tr>
<tr><td>三、操作步骤</td><td>1. 引导车辆进入工位，选择支点，安装护套（记录操作注意事项）。________________
2. 通过旋转工具开启水箱盖，拆装水管，使用________规范回收；利用气枪吹出杂质，并清洁干净；采用刮刀清洁密封胶，整理干净，并涂抹________。
3. 装配结束后加注________，液面应在________之间。观看仪表，注意指针指数，检查密封性和风扇运行情况，水温至90℃，运行正常。关闭发动机，检查________，液面达标，任务结束，否则补加</td><td></td></tr>
<tr><td>四、竣工检验</td><td>设备器材、工具的整理、清洁及检查记录（严格按照6S标准）
____</td><td></td></tr>
<tr><td colspan="3">教师（客户签字）：________________　　维修时间：________________</td></tr>
</table>

<table>
<tr><td colspan="3">节温器的更换　作业工单</td></tr>
<tr><td colspan="3">小组组长：________　维修技师甲：________　维修技师乙：________
质检员：________　记录员：________</td></tr>
<tr><td>整车型号</td><td colspan="2"></td></tr>
<tr><td>车辆识别代码</td><td colspan="2"></td></tr>
<tr><td>发动机型号</td><td colspan="2"></td></tr>
<tr><td>任务</td><td>作业记录内容</td><td>备注</td></tr>
<tr><td>一、前期准备</td><td>按 6S 标准进行工位、配件和工具的准备</td><td></td></tr>
<tr><td>二、安全检查</td><td>漏水检查、防护套检查等</td><td></td></tr>
<tr><td>三、操作步骤</td><td>1. 引导车辆，进入工位，选择支点，安装护套（记录操作注意事项）。
____
2. 打开水箱盖（膨胀水箱盖），分解下水管，利用容器规范回收（记录操作注意事项）。
____
3. 拆装、检查节温器（记录拆装注意事项）。
____
____
____
4. 采用刮刀，清洁________，整理干净，检查新件，选择垫片，涂抹________，规范安装。
5. 装配结束后，加注________，液面应在________之间，观看仪表，注意指针指数，检查密封性和风扇运行情况，水温至 90℃，运行正常。关闭发动机，检查________，液面达标，任务结束，否则补加</td><td></td></tr>
<tr><td>四、竣工检验</td><td>设备器材、工具的整理、清洁及检查记录（严格按照 6S 标准）
________________________________</td><td></td></tr>
<tr><td colspan="3">教师（客户签字）：______________　维修时间：______________</td></tr>
</table>

项目五
润滑系统

情景导入：

汽车发动机在运转时，各运动零件均在很小的间隙内做高速相对运动，比如活塞、活塞环与气缸壁，凸轮轴颈与凸轮轴承，曲轴轴颈与主轴承，正时齿轮副等。尽管这些零件的工作面加工都非常精密，但放大来看这些表面仍然是凹凸不平的，相对运动的零件表面必然会产生摩擦，导致发动机的有效功率下降、零件工作表面的磨损增加，而且因摩擦产生热将使零件工作表面烧损，致使发动机无法运转。因此，为保证发动机正常工作、提高使用寿命，必须对相对运动零件的表面进行润滑。

任务一 润滑系统概述

学习目标

（1）掌握发动机润滑系统的功用及润滑方式。
（2）能够清楚指出润滑系统主要零部件的安装位置，并能规范安装。
（3）润滑剂的分类及功用。
（4）能更换发动机润滑油。

相关知识

一、润滑系统的功用

润滑系统的功用就是在发动机工作时连续不断地将数量足够而温度适当的洁净润滑油输送到运动零件的摩擦表面，并在摩擦表面之间生成油膜，形成液体摩擦，使摩擦阻力减小、功率消耗降低、机件磨损减轻，以提高发动机工作的可靠性和耐久性。

二、润滑系统的润滑方式

根据发动机中各运动副不同的工作条件，可采用以下三种不同的润滑方式。

（1）压力润滑是在机油泵的作用下以一定的压力将润滑油不断输送到摩擦表面的润滑方式。曲轴主轴承、连杆轴承及凸轮轴轴承等承受负荷较大的摩擦表面采用压力润滑。

（2）飞溅润滑是利用发动机工作时运动零件击溅起来的油滴或油雾来润滑摩擦表面的润滑方式。这种润滑方式主要用来润滑负荷较小的气缸壁面和配气机构的凸轮、挺柱、气门杆以及摇臂等零件的工作表面。

（3）润滑脂润滑是通过润滑脂嘴定期加注润滑脂来润滑零件工作表面的润滑方式。其主要用于负荷小、摩擦力不大、露于发动机体外的一些附件的润滑面上，如水泵、发电机、起动机等部件轴承的润滑。

三、润滑系统的组成及油路

1. 润滑系统的组成

发动机润滑系统如图 5－1 所示，主要由机油泵、机油滤清器、机油散热器、油底壳和集滤器等零部件组成。此外润滑系统还装有起限压、安全、回油等作用的各种压力阀，以及润滑油压力表、温度表和润滑油管道等。

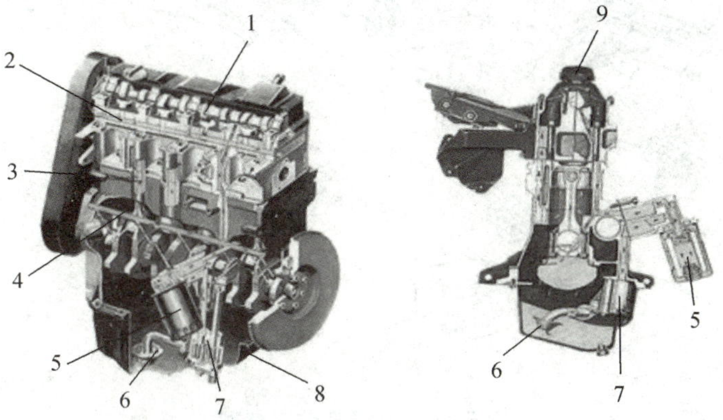

图5－1 润滑油路

（a）润滑油路（纵向）；（b）润滑油路（横向）

1—凸轮轴；2—气缸盖油道；3—回油孔；4—主油道；5—机油滤清器；
6—集滤器；7—机油泵；8—油底壳；9—机油加注口

（1）机油泵提供足够高的压力，保证能进行压力润滑及润滑油在润滑系统内能循环流动。

（2）机油滤清器用来滤除润滑油中的金属磨屑、机械杂质和润滑油氧化物。它包括机油粗滤器和机油细滤器。

（3）机油散热器用来降低润滑油的温度。润滑油在循环流动过程中由于吸热而温度升高。若润滑油温度过高，则其黏度下降，不利于在摩擦表面形成油膜，此外还会加速润滑油的老化变质，缩短润滑油的使用期。

（4）油底壳是存储润滑油的容器。

（5）集滤器用来滤除润滑油中粗大的杂质，防止杂质进入机油泵。

2. 润滑系统油路

现代汽车发动机润滑系统的组成及油路布置方案大致相同，只是由于润滑系统的工作条件和具体结构的不同而稍有差别。图5－2所示为某六缸发动机润滑系统示意图。发动机曲轴的主轴颈、连杆轴颈、凸轮轴轴颈、摇臂轴等采用压力润滑；活塞、活塞环、活塞销、气缸壁、气门、挺柱、推杆等采用飞溅润滑。润滑系统由机油泵、机油滤清器、机油冷却器、集滤器等组成。此外，润滑系统还包括机油压力表、温度表和机油管道等。现代汽车发动机润滑系统的油路大致相同。

发动机工作时，机油泵将油底壳中的润滑油经集滤器过滤后吸入，并形成一定压力后向机油滤清器供油。如果所供机油油压太高或流量过大，则润滑油经机油泵上的溢流阀返回机油泵入口。压力和流量正常的润滑油经滤清器滤清之后进入发动机主油道。机油滤清器盖上设有旁通阀，若机油滤清器堵塞，油压升高，则润滑油不经过滤清器，而由旁通阀直接进入主油道。主油道的润滑油通过七条分油道，分别润滑七个曲轴主轴颈。然后，润滑油经曲轴

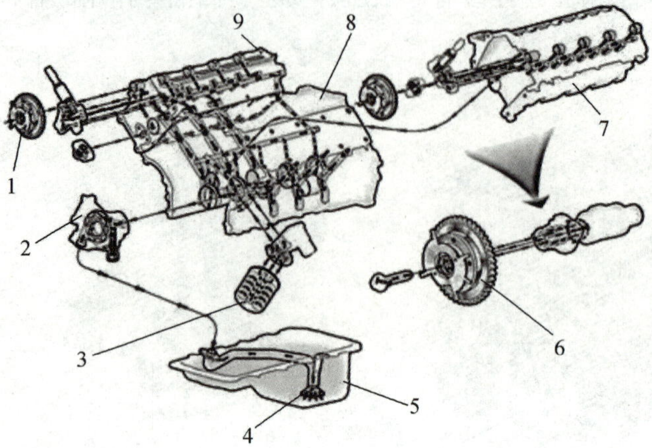

图 5－2　润滑系统示意图

1—凸轮轴齿轮；2—机油泵；3—机油滤清器；4—机油滤网；5—油底壳；
6—凸轮正时链轮；7—气缸；8—气缸体；9—气缸盖

上的斜油道，从主轴颈流向连杆轴颈润滑曲柄销。主油道中的四条分油道直通凸轮轴轴承，润滑四个凸轮轴轴颈。同时润滑油从凸轮轴的第一轴颈处，经上油道通入气门摇臂轴的空腔内，然后从摇臂上的油道流出，滴落在配气机构其他零件的工作表面上。另外，在机油滤清器上还装有润滑油压力开关，润滑油压力若低于规定值，则润滑油压力开关触点闭合，报警灯闪亮，同时蜂鸣器鸣响报警。

四、常用的润滑剂

1. 分类

润滑剂可以分为润滑油和润滑脂。润滑油又可以按照季节分为：冬/夏季润滑油；按照使用机型可以分为：汽/柴油润滑油。

2. 润滑剂的要求

有适当的黏度、优异的氧化安定性、良好的抗腐蚀性、较低的起泡性、强烈的清净分散性和高度的挤压性。

3. 功用

（1）润滑：润滑油在运动零件的所有摩擦表面之间形成连续的油膜，以减小零件之间的摩擦。

（2）冷却：润滑油在循环过程中流过零件工作表面，可以降低零件的温度。

（3）清洗：润滑油可以带走摩擦表面产生的金属碎末，并冲洗掉沉积在气缸活塞、活塞环及其他零件上的积炭。

（4）密封：附着在气缸壁、活塞及活塞环上作油膜用。

（5）防锈：润滑油有防止零件发生锈蚀的作用。

4. 机油的使用性能

（1）黏度是指润滑油抵抗剪切变形的能力，表示油液内部产生相对运动时内摩擦阻力的大小。黏度越大，内摩擦阻力越大，流动性越差。黏度是润滑油最重要的性能指标，也是润滑油选用的主要依据。

（2）油性是指润滑油中极性分子湿润或吸附于摩擦表面形成一层边界油膜的性能，是影响边界润滑性能好坏的重要指标。吸附能力越强，油性越好。

（3）极压性能。普通润滑油的极压性能都不好，需要依靠添加抗磨极压剂（含硫、氯、磷的有机极性化合物）来改善。

（4）闪点和燃点。润滑油在火焰下闪烁时的最低温度点为闪点；闪烁持续 5 s 以上的最低温度称为燃点，这是衡量润滑油易燃性的尺度。在较高温度和易燃环境中，应选用闪点高于工作温度 20℃ ~30℃ 的润滑油。

（5）凝固点是指润滑油在规定条件下不能自由流动时的最高温度，它是润滑油在低温下工作的一个重要指标。低温润滑时应选用凝固点低的油。

（6）其他还包括反映抗腐蚀性能的酸值；反映氧化变质的氧化稳定性；反映与水混合的抗乳化性；反映激烈搅动而不起泡的抗泡性等。其中有许多性能需用添加剂加以改善，如添加抗氧化防腐剂、抗乳化剂、抗泡剂、降凝剂和增黏剂等。

实际生产中，在许多工况下使用添加剂可以使润滑油的性能大大改善，其使用寿命也可成倍延长。

5. 分类

国际上广泛采用美国 SAE 黏度分类法和 API 使用分类法。美国汽车工程师学会（SAE）按照润滑油的黏度等级，把润滑油分为冬季用润滑油和非冬季用润滑油。冬季用润滑油有 6 种牌号：SAE0W、SAE5W、SAE10W、SAE15W、SAE20W 和 SAE25W。非冬季润滑油有 4 种牌号：SAE20、SAE30、SAE40 和 SAE50。号数较大的润滑油黏度较大，适于在较高的环境温度下使用。目前使用的润滑油大多数具有多黏度等级，其牌号有 SAE 5W/20、SAE10W/30、SAE15W/40、SAE20W/40 等；美国石油学会（API）根据润滑油的性能及最适合的使用场合，把润滑油分为 S 系列和 C 系列两类。S 系列为汽油机油，目前有 SA、SB、SC、SD、SE、SF、SG 和 SH 共 8 个级别；C 系列为柴油机油，目前有 CA、CB、CC、CD 和 CE 共 5 个级别。我国的润滑油分类法参照 ISO 分类方法。按润滑油的性能和使用场合分类：

（1）汽油机油：SC、SD、SE、SF、SG、SH 共 6 个级别。

（2）柴油机油：CC、CD、CD -2、CE、CF -4 共 5 个级别。

（3）二行程汽油机油：ERA、ERB、ERC 和 ERD 共 4 个级别。

6. 润滑油的选用

（1）根据汽车发动机的强化程度选用合适的润滑油使用等级。

（2）根据地区的季节气温选用适当黏度等级的润滑油。

7. 合成机油

合成机油是利用化学合成方法制成的润滑剂，其主要特点是有良好的黏度—温度特性，可以满足大温差的使用要求；有优良的热氧化安定性，可长期使用无须更换。使用合成机油，发动机的燃油经济性会稍有改善，并可降低发动机的冷起动转速。目前，合成机油的价格比从石油提炼出来的机油贵。但是，随着生产规模的扩大和制造工艺的改进，合成机油的价格将会越来越便宜。

8. 润滑脂

润滑脂是将稠化剂掺入液体润滑剂中所制成的一种稳定的固体或半固体产品，其中可以加入旨在改善润滑脂某种特性的添加剂。润滑脂在常温下可附着于垂直表面而不流淌，并能在敞开或密封不良的摩擦部位工作，具有其他润滑剂所不能代替的特点。因此，在汽车的许多部位都使用润滑脂润滑。目前，进口汽车和国产新车普遍推荐使用汽车通用锂基润滑脂（GB/T 5671—2014），其具有良好的高、低温适应性，可在 -30℃ ~120℃的温度范围内使用；具有良好的抗水性和防锈性能，可用于潮湿和与水接触的摩擦部位；具有良好的安定性和润滑性，在高速运转的机械部位使用，不变质、不流失，保证润滑；能够满足我国从哈尔滨到海南岛广大地区汽车的使用要求，与使用钙基或复合钙基润滑脂比较，可以延长 2 倍的换油期，使润滑和维护费下降 40% 以上。

任务驱动

1. 发动机润滑系统具有________、________、________、________和防锈五大作用。
2. 发动机的润滑方式有________、________和________润滑三种。
3. 发动机润滑系统一般由________、________和________装置三部分组成。

任务二　润滑系统的组成及油路

学习目标

（1）润滑系统的主要零部件。
（2）机油泵的结构及分类。

一、机油泵

现代汽车发动机润滑系统所使用的机油泵可分为齿轮式和转子式两种。

1. 齿轮式机油泵

齿轮式机油泵的工作原理如图 5 -3 所示。它主要由主动轴、主动齿轮、从动轴、从动齿和轮壳等组成。两齿轮外啮合，装在壳体内，齿轮与壳体的径向和端面间隙都很小。当齿轮按图 5 -3 所示方向旋转时，进油腔 1 处由于啮合着的齿轮逐渐脱开，密封工作腔容积逐渐增大，腔内形成一定的真空，油底壳中的润滑油便被吸入到进油腔中，随后又被轮齿带到出油腔3。出油腔的容积由于轮齿逐渐进入啮合而减小，使润滑油压力升高，润滑油便经出油口被压入发动机机体上的润滑油道。在发动机工作时，机油泵齿轮不停地旋转，润滑油便连续不断地流入润滑油道，经过滤清之后被送到各润滑部位。当轮齿进入啮合时，由于容积减小，封闭在轮齿径向间隙内的润滑油压力急剧升高，使齿轮受到很大的推力，并使机油泵轴衬套的磨损加剧、功率消耗增大。为此在泵盖上加工一道卸压槽4，使轮齿径向间隙内被挤压的润滑油通过卸压槽流入出油腔。

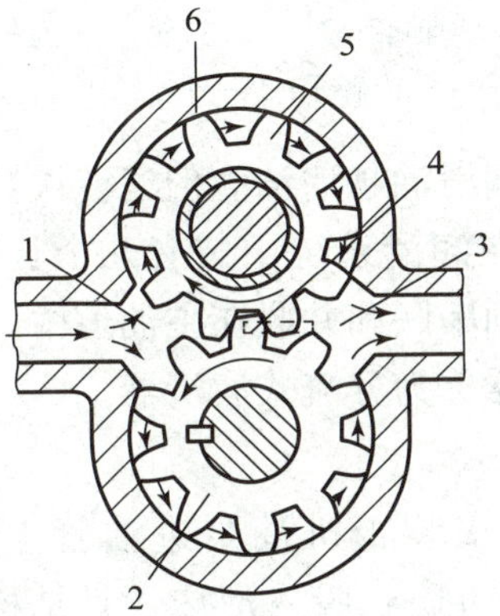

图5－3　齿轮式机油泵的工作原理

1—进油腔；2—机油泵主动齿轮；3—出油腔；4—卸压槽；5—机油泵从动齿轮；6—机油泵体

2. 内接齿轮式机油泵

内啮合齿轮式机油泵也称内接齿轮泵，其工作原理与外啮合齿轮式机油泵或齿轮式机油泵相同。内接齿轮泵的外齿轮是主动齿轮，套在曲轴前端，通过花键由曲轴直接驱动。内接齿轮是从动齿轮，装在机油泵体内，泵体固定在机体前端。因为内接齿轮泵由曲轴直接驱动，无须中间传动机构，所以零件数量少、制造成本低、占用空间小、使用范围广。但是这种机油泵在内、外齿轮之间有一处无用的空间，使机油泵的泵油效率降低。另外，如果曲轴前端轴颈太粗，机油泵外形尺寸会随之增大，发动机驱动机油泵的功率损失也会相应有所增加。

3. 转子式机油泵

如图5－4所示，转子式机油泵主要由内、外转子及机油泵体和机油泵盖等组成。内转子固定在机油泵传动轴上，外转子自由地安装在泵体内，并与内转子啮合转动。内、外转子之间有一定的偏心距。转子式机油泵的优点是结构紧凑、供油量大、供油均匀、噪声小、吸油真空度较高。

二、机油滤清器

机油滤清器的作用是滤清润滑油中的金属屑、机械杂质及机油本身氧化的产物，如各种有机酸、沥青以及碳化物等，防止它们进入零件的摩擦表面而将零件拉毛、刮伤，使磨损加剧，以及防止润滑系统通道堵塞而出现烧坏轴瓦等严重事故。润滑油流到摩擦表面之前，经

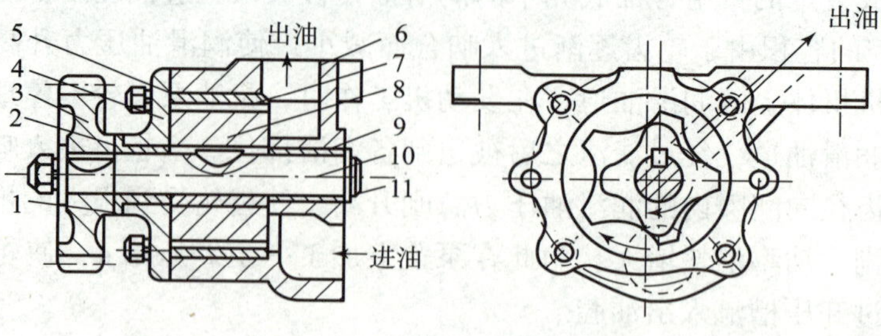

图 5-4 转子式机油泵

1—止推轴承；2—轴套；3—传动齿轮；4—盖板；5，6—调整垫片；
7—外转子；8—内转子；9—外壳；10—主动轴；11—轴套

过滤清器滤清的次数越多，则润滑油越清洁。但滤清次数越多，润滑油流动阻力也越大。为解决滤清与油路通畅的矛盾，在润滑系统中装有几个具有不同滤清能力的滤清器——集滤器、粗滤器、细滤器，它们分别串联和并联在主油道中。与主油道串联的滤清器称为全流式滤清器；与主油道并联的滤清器称为分流式滤清器。

1. 集滤器

集滤器采用滤网式结构，安装于机油泵进油管上。大多数汽车都采用固定式集滤器，位于油面下面吸油，这样可防止吸入泡沫，且结构较简单。集滤器的结构如图 5-5 所示。

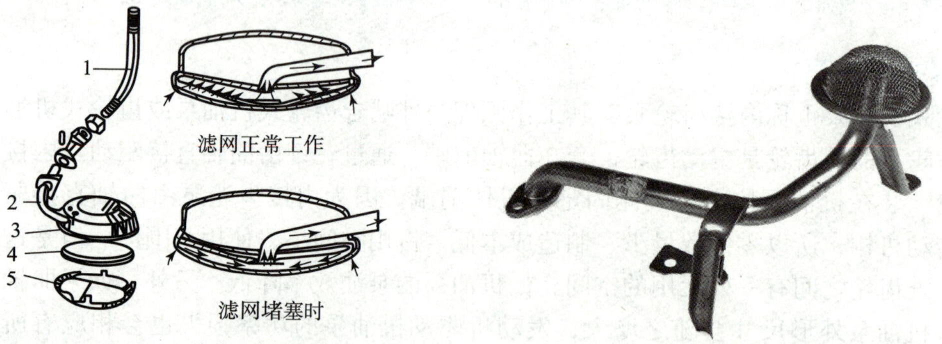

图 5-5 集滤器

(a) 浮动式集滤器；(b) 固定式集滤器
1—固定管；2—吸油管；3—浮子；4—滤网；5—罩

机油集滤器的主要故障是滤网堵塞。如果滤网轻微堵塞，机油不经过过滤直接通过中心孔进入油管，会加速机油泵和滤清器的损坏；滤网如果严重堵塞，会造成供油不足甚至不供油的情况。维修时发现有滤网堵塞的情况应立即进行清洗。中间没有圆孔的滤网，在使用中要保证滤网有足够大的机油流通面积。

2. 粗滤器

机油粗滤器用于滤去润滑油中粒度较大（直径为0.05～0.1mm以上）的杂质，如图 5-6 所示。它对润滑油的流动阻力较小，通常串联在机油泵与主油道之间，属于全流式滤清器。

粗滤器根据滤芯的不同，有各种不同的结构形式。传统的粗滤器多采用金属片缝隙式，由于质量大、结构复杂、制造成本高等缺点，金属片缝隙式粗滤器已基本被淘汰。现代汽车发动机普遍采用纸质式粗滤器，如图 5－7 所示。

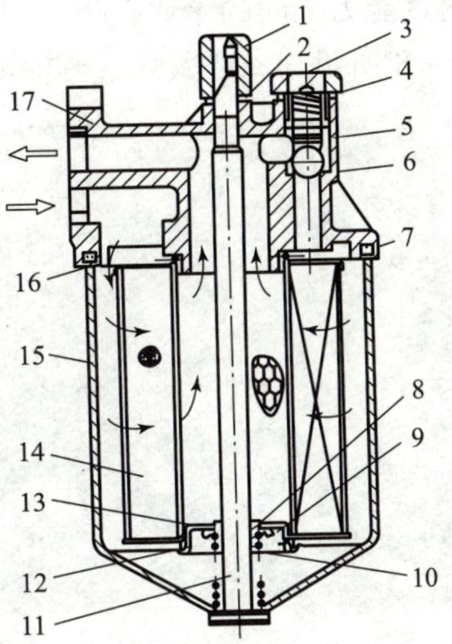

图 5－6　粗滤器

1—螺母；2，4—密封垫圈；3—阀座；5—旁通阀；6—球阀；7—外壳密封圈；8—拉杆密封圈；9—压紧弹簧垫圈；10—滤芯压紧弹簧；11—拉杆；12，16—滤芯密封圈；13—托板；14—纸制滤芯；15—外壳；17—端盖

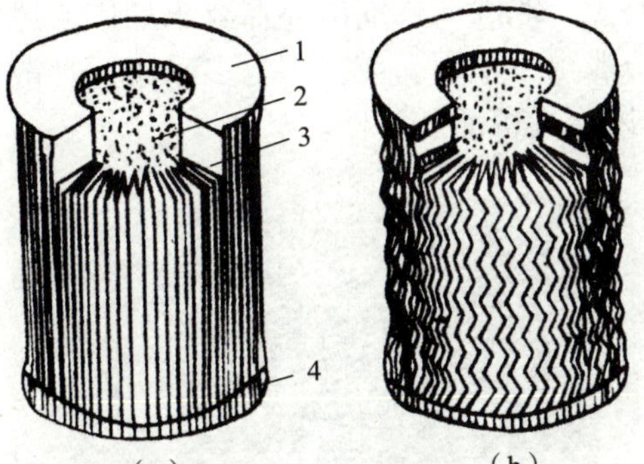

图 5－7　纸质式粗滤器的结构

(a) 折扇形；(b) 波纹形

1—上端盖；2—芯筒；3—微孔滤纸；4—下端盖

粗滤器的维护如下：

(1) 拧掉拉杆上的盖形螺母，取下铝制垫片和外壳，从外壳中取出滤芯和压紧弹簧（取外壳时要注意滤芯和底座间的环形密封圈不要丢失）。

(2) 清洗外壳、底座和滤芯，疏通通道和油孔。

(3) 检查各橡胶密封圈，如出现老化、发硬、开裂等损坏要及时进行更换。

(4) 向外壳内灌入一定数量的机油后，按分解的相反顺序复装机油粗滤器。

3. 机油细滤器

机油细滤器用以滤去润滑油中粒度较小（直径为0.001mm以上）的杂质。由于它对润滑油的流动阻力较大，故多做成分流式，与主油道并联。分流式滤清器有过滤式和离心式两种类型。过滤式存在着滤清与通过能力之间的矛盾，而离心式具有滤清能力高、通过能力大且不受沉淀物影响等优点。图5－8所示为离心式机油细滤器。

图5－8　离心式机油细滤器

4. 机油散热器

机油散热器一般有风冷式和水冷式两种。

风冷式机油散热器的芯子由许多冷却管和冷却板组成，在汽车行驶时，利用汽车的迎面风来冷却热的机油散热器芯子。风冷式机油散热器要求周围通风好，而在普通轿车上很难保证有足够的通风空间，故一般很少采用。在赛车上多采用这种散热器，因为赛车速度高，散热风量大。图5－9所示为风冷式机油散热器。

图5－9　风冷式机油散热器

水冷式机油散热器置于冷却水路中，利用冷却水的温度来控制润滑油的温度。当润滑油温度高时，靠冷却水降温，发动机起动时，则从冷却水吸收热量使润滑油温度迅速提高。机油散热器由铝合金铸成的壳体、前盖、后盖和铜芯管组成。为了加强冷却，管外又套装了散热片。冷却水在管外流动，润滑油在管内流动，两者进行热量交换；也有使润滑油在管外流动，而水在管内流动的结构。图5－10所示为水冷式机油散热器。

图 5－10 水冷式机油散热器

任务驱动

1. 汽车发动机用的机油泵一般有________式和________式两种。
2. 发动机用机油滤清器有________、________和________三种。
3. 发动机用机油散热器可分为________式和________式两种。

任务三 润滑系统常见故障与检修

学习目标

（1）润滑系统常见故障。
（2）润滑系统故障的原因及诊断。
（3）机油泵和滤清器的拆装及检修。

润滑系统常见故障有机油压力过低、机油压力过高、机油消耗异常和机油变质。

一、机油压力过低

发动机润滑系统出现机油量少、机油泵工作不正常、油道堵塞等，均会造成机油压力过低。机油压力过低会加速曲轴、凸轮轴磨损，甚至因为润滑不良而使发动机抱轴，严重的会造成发动机报废。所以，在汽车组合仪表上，都设有压力指示系统，显示发动机润滑系统的压力。发动机润滑系统异常，首先应判断是否为机油压力过低。

1. 机油压力过低的判断方法

机油压力过低是发动机润滑系统最常见的故障之一，判断机油压力过低的常见方法有观察组合仪表机油压力警告灯、利用机油压力表测试机油压力和观察气门室是否有机油。

1）组合仪表机油压力警告灯报警

汽车组合仪表上设有机油压力警告灯或机油压力表。机油压力警告灯（表）报警（点亮），首先必须确定是机油压力警告灯（表）的电路故障还是发动机机油压力过低，只有排除了机油压力警告灯（表）电路故障，才能判断为发动机机油压力过低故障。

机油压力警告灯电路故障的常见检测方法：将机油压力传感器插头断开，直接对发动机搭铁，若断开时机油压力警告灯熄灭，搭铁时机油压力警告灯亮，表示机油压力警告灯系统正常。否则，表明机油压力警告灯存在故障。

2）机油压力表测试

机油警告灯报警，警告发动机机油压力异常，为确定发动机机油压力的具体情况，需要连接机油压力表，检测发动机机油压力值是否正常。机油压力表连接口为机油压力传感器的安装口。常见机型机油压力的标准值见表5－1。

表5－1　常见机型机油压力的标准值　　kPa

车型	怠速	2 000～3 000r/min（水温80℃）
桑塔纳	>180	>200
奥迪 A6	100～250	300～500
丰田凯美瑞	>29	170～300
别克君越	>100	103～200
本田雅阁	>70	>490
奇瑞车系	120～150	>320
神龙富康	>100	>400

3）气门室观察法

机油压力表测量的是缸体的主油压，并不能代表气缸盖上的机油压力。如由于油道堵塞等原因，气缸盖上润滑不充分，会导致气门异响、凸轮轴磨损、抱死等故障，故有必要确定气门室是否上机油。

观察气门室是否上机油，需要起动发动机，运转到发动机正常温度，打开机油加注口盖，观察气门室是否有机油飞溅，并观察凸轮轴组件上是否有机油润滑。

2. 机油压力过低的原因

1）机油量不足

发动机机油量不足，油底壳内机油液面较低，机油泵吸入机油少，就会导致润滑系统机油压力下降，甚至不产生压力。

2）机油黏度降低

机油黏度实际上反映的是机油流动时内摩擦阻力的大小。机油流动的内摩擦阻力小时，其流动性好；反之，机油流动的内摩擦阻力大时，其流动性差。因此黏度是机油品质最重要的衡量指标之一。若机油黏度降低，则机油压力也下降。机油过稀或因发动机温度高造成机油变稀，机油就会从发动机的各摩擦间隙中泄漏，造成机油压力降低。

3）机油泵性能不良

机油泵是润滑系统的动力源，机油泵内部齿轮磨损、间隙过大或卡死，都会导致机油泵油量减小或不泵油而使机油压力过低。

4）机油滤清器堵塞

机油滤清器的作用是进一步过滤很小的机械杂质。当使用过久后，被过滤出的机械杂质积存在滤芯上，随着时间的延长，滤芯外表面积存的机械杂质质量增大，堵塞润滑油流动通道，导致机油压力减小。

5）泄漏量大

油量能够产生压力的原因是机油在油道内流动有阻力，如润滑系统的油道泄漏、限压阀调定压力过低或关闭不严、曲轴或凸轮轴颈等处因磨损配合间隙过大，都会造成润滑系统的泄漏量增大，系统内的机油压力会随着泄漏量的增大而相应降低。

二、机油压力过高

润滑系统内的机油压力过高，主要是机油在系统内流动阻力过大所致，其表现为：发动机在怠速以上运转时，发动机温度正常而机油压力高于规定值；或在低速运转时机油压力指示器的浮标升到最上方。

1. 机油压力过高的原因

1）机油黏度过大

机油黏度的大小与发动机温度有关，发动机温度低时，机油黏度大；反之，发动机温度高时，机油黏度小。机油黏度大时流动性差但密封性好，泄漏量少。如果机油黏度超过规定值，机油在润滑系统内的流动阻力会增大，同时压力升高。因此，当发动机温度低或机油本身黏度大时，机油压力会升高。

2）润滑部位配合间隙过小

润滑部位的凸轮轴轴颈、连杆轴颈、曲轴轴颈和摇臂轴等润滑部位如果配合间隙过小，会使润滑系统油路的流动阻力增大，造成机油压力过高。

3）机油滤清器堵塞

若滤清器的滤芯过脏，则会使机油回路堵塞，造成机油压力过高。

4）限压阀调整不当

若限压阀调整的弹簧弹力过大，则会导致润滑系统内的机油压力过高。

三、机油消耗过多

正常情况下，发动机机油消耗量有限。若机油消耗量超过规定值，则说明机油消耗过多。机油消耗过多的主要原因如下。

1. 烧机油

活塞或气门间隙过大、涡轮增压器泄漏等，均会导致发动机烧机油，将大大损耗机油。

2. 发动机温度过高

发动机温度高，引起机油的温度与压力过高、机油黏度变低，使窜入燃烧室的机油增加，增加了机油的消耗量。

3. 机油过多

发动机油底壳机油添加过多，使曲轴运转时飞溅到缸壁上的机油过多，润滑油被吸入气缸燃烧，引起机油消耗。

4. 发动机工作不正常

汽车严重超载、发动机长时间大负荷工作等，也会造成机油消耗量过大。

四、机油变质

发动机在运行过程中，受各种因素的影响，会造成机油的氧化和变质。机油变质破坏了油膜的特性，使润滑性变差甚至润滑功能丧失，造成尾气冒蓝烟、烧机油、油耗增加、缩短发动机使用寿命等后果，最终导致发动机提前大修。

1. 机油变质的判断

机油是否变质的准确判断要通过专门的仪器来确定，但明显的变质可以通过检查和观察确定。

1）观察机油的颜色

优质的机油呈半透明的黄棕色或浅蓝色，当机油中有水时则呈褐色，发动机运转一段时间后，会呈乳白色，并伴有泡沫。机油呈黑色通常是油泥和铁屑过多，或机油中炭粒过多。抽出机油标尺对着光亮处观察刻度线是否清晰，当透过机油尺上的机油看不清刻线时，则说明机油过脏，需要更换机油。

2）观察油流

将装有机油的量杯慢慢倒向另一空杯，观察其流动情况。质量好的机油的油流应该细长、均匀、连绵不断，变质的机油则会呈油滴状态。

3）嗅觉法

凡是对嗅觉刺激大且有异味的机油均为变质或劣质机油，好的机油应无特别的气味，只略带芳香。

2. 机油变质的原因

1）机油中渗进了水分

由于气缸穿孔漏水、气缸垫损坏或其他原因导致缸体或曲轴箱进水，当含水量超过0.1%时，机油添加的抗氧化剂、清净分散剂等就会失效，从而加速机油的氧化过程。机油中含水较多时，机油润滑性能变差，黏度下降。含水的机油呈雾状，油色浑浊，乳化，呈泡沫状。

2）活塞环漏气

由于活塞环或气缸磨损，一部分可燃混合气和废气经活塞周围间隙窜到曲轴箱内。窜到曲轴箱内的含有水蒸气和二氧化碳：水蒸气凝结后在机油中形成泡沫；二氧化碳溶于水中形成酸，这些酸性物质带进润滑系统内会使机油变质。

3）曲轴箱通风装置失效

曲轴箱通气性差，机油散热不良，同时一些燃烧气体窜入曲轴箱内，曲轴箱内的气压将升高。若压力高于外界大气压力，则会给活塞运行带来一定的阻力，导致机油由油底壳与气缸体结合处向外渗漏。另外，泄漏到曲轴箱内的气体中含有二氧化硫，会促使机油很快变质。

4）空气滤芯过脏

空气滤芯太脏、进气杂质较多、燃烧产生过多积炭和杂质，会造成机油变质。

5）燃油进入润滑系统。

由于泄漏，燃油混入发动机润滑系统油道，特别是汽油混入机油，就会引起机油变质。

五、主要零部件的检修

1. 机油泵的检修

机油泵的主要损伤形式是由零件的磨损所造成的泄漏，使泵油压力降低和泵油量减少。机油泵的端面间隙、齿顶间隙、齿轮啮合间隙、轴与轴承间隙的增大，各处密封性和限压阀的调整将影响到泵油量和泵油压力。由于机油泵工作时润滑条件好，零件磨损速度慢，使用寿命长，故可以根据它的工作性能确定是否需拆检和修理。

（1）用直尺和厚薄规检查齿轮端面到泵盖端面的距离，即检验断面间隙，一般为0.05~0.15mm。

（2）用直尺和厚薄规检查泵盖端面的平面度，平面度误差大于0.05mm应修磨平。

（3）用厚薄规检查齿顶与泵体之间的间隙，间隙值一般为0.05~0.15mm。

（4）用厚薄规测量齿轮的啮合间隙，同时在相邻120°的三点上进行测量，间隙值一般为0.05~0.20mm，三点齿隙相差不应超过0.1mm。

2. 滤清器的维护

汽油发动机机油滤清器应定期更换，以保证润滑油的清洁，减少发动机的磨损。

1）集滤器的维护

用柴油或煤油清洗后用压缩空气吹干。

2）粗滤器的维护

汽车每行驶12 000km左右，应拆洗壳体、更换滤芯。检查各密封圈，若有老化、损坏应予更换。无特殊情况，不必拆卸和调整旁通阀，而装配时应先充满机油。

3）离心式细滤器的检修

当发动机的机油压力高于0.15MPa时，运转10s以上，然后立即熄火。在熄火后的2~3min内，若在发动机旁听不到细滤器转子转动的“翁、翁”声，则说明细滤器不工作。若机油压力正常，且细滤器的进油单向阀也未堵塞，则为细滤器故障，应拆检并清洗细滤器。

任务驱动

1. 发动机润滑系统的故障主要包括________、________和________三个方面。
2. 润滑系统的维护主要包括________、________和________维护。

小结

(1) 发动机润滑系统的功用就是在发动机工作时连续不断地将数量足够而温度适当的洁净润滑油输送到运动零件的摩擦表面，并在摩擦表面之间形成油膜，从而形成液体摩擦，使摩擦阻力减小、功率消耗降低、机件磨损减轻，以提高发动机工作的可靠性和耐久性。

(2) 根据发动机中各运动副工作条件的不同，可采用压力润滑、飞溅润滑和润滑脂润滑三种不同的润滑方式。

(3) 汽车发动机润滑系统主要由机油泵、集滤器、机油粗滤器、机油细滤器、油底壳、机油冷却器等零部件组成。机油泵可分为齿轮式和转子式两种，而以齿轮式机油泵应用最广。

(4) 在发动机工作时，机油泵齿轮不停地旋转，将润滑油经过机油滤清器滤清后送入润滑油道，之后被送到各润滑部位。

(5) 当机油粗滤器滤芯被积污堵塞，其内、外压差达到一定值时，旁通阀即开启，大部分润滑油不经滤芯滤清直接进入主油道，以保证主油道所需的机油量。

(6) 从机油泵泵出的润滑油，若油压低于一定值，则进油限压阀不开启，润滑油全部经机油粗滤器经滤清后进入主油道，保证发动机可靠润滑；当油压超过此值时，进油限压阀被顶开，部分润滑油进入机油细滤器经滤清后直接流回油底壳。

(7) 为保持润滑油在适宜的温度范围内工作，有的发动机安装有机油散热器，用来对润滑油进行强制冷却。

<table>
<tr><td colspan="3">机油、机滤的更换　作业工单</td></tr>
<tr><td colspan="3">小组组长：________　维修技师甲：________　维修技师乙：________
质检员：________　记录员：________</td></tr>
<tr><td>整车型号</td><td colspan="2"></td></tr>
<tr><td>车辆识别代码</td><td colspan="2"></td></tr>
<tr><td>发动机型号</td><td colspan="2"></td></tr>
<tr><td>任务</td><td>作业记录内容</td><td>备注</td></tr>
<tr><td>一、前期准备</td><td>按6S标准进行工位、配件和工具的准备</td><td></td></tr>
<tr><td>二、安全检查</td><td>举升机的安全检查，安全支架摆放及机油回收器的检查</td><td></td></tr>
<tr><td>三、操作步骤</td><td>1. 引导车辆，进入工位，选择支点，安装护套（记录操作注意事项）。
____
2. 选择工具，打开机油加注盖，拆装放油螺栓及机油滤清器，利用容器规范收油（记录操作注意事项及螺栓扭矩）。
____
3. 紧固螺栓，装配机滤，选择机油，规范加注。根据标尺加注机油，达标即可（记录操作注意事项）。
____
4. 起动发动机，怠速运行，观察油底壳螺栓，触摸机滤，密封良好。发动机熄火，稍等片刻，观察标尺，液面达标，任务结束（记录操作注意事项）。
________</td><td></td></tr>
<tr><td>四、竣工检验</td><td>设备器材、工具的整理、清洁及检查记录（严格按照6S标准）。
________</td><td></td></tr>
<tr><td colspan="3">教师（客户签字）：____________　维修时间：____________</td></tr>
</table>

机油压力检测　作业工单		
小组组长：________　维修技师甲：________　维修技师乙：________ 质检员：________　记录员：________		
整车型号		
车辆识别代码		
发动机型号		
任务	作业记录内容	备注
一、前期准备	按6S标准进行工位、配件和工具的准备	
二、安全检查	发动机外部清洁，油、电路检查	
三、操作步骤	1. 引导车辆进入工位，选择支点，安装护套（记录操作注意事项）。 ________ 2. 选择工具拆装机油压力感应塞（记录拆装顺序及螺栓扭矩）。 ________ ________ 3. 选择接头，连接压力表（记录操作注意事项）。 ________ ________ 4. 起动发动机，观察表针（记录数据）。 ________ ________ 5. 分析总结，确定故障。 ________ ________	
四、竣工检验	设备器材、工具的整理、清洁及检查记录（严格按照6S标准）。 ________	
教师（客户签字）：________　维修时间：________		

项目六
汽油机燃料供给系统

情景导入

同学们经过前期的学习，基本掌握了发动机的构造与工作原理了吧，本项目介绍的是汽油机燃料供给系统，需要大家掌握汽油机燃料供给系统的相关内容。燃油的喷射是怎么进行的？空气供给系统有哪些主要部件？如何检测燃油压力？……让我们开启新的学习之旅吧！

任务一 汽油机燃料供给系统概述

学习目标

(1) 能够理解混合气的概念，能够清楚地指出汽油机的不同工况。

(2) 掌握电子燃油喷射控制系统的类别及分类方法。

相关知识

汽油机燃料供给系统为发动机的运转提供条件，是决定发动机性能好坏的重要系统。汽油机燃料供给系统的任务是根据发动机各种不同工况的要求，配制出一定数量和浓度的可燃混合气，供入气缸，使之在临近压缩终了时点火燃烧而膨胀做功。最后，供给系统还应将燃烧产物排入大气中。根据供油方式的不同，可分为传统的化油器式燃油供给系统和现代的电子燃油喷射控制系统。由于化油器式燃油供给系统已逐渐淘汰，故本书介绍现代汽车广泛采用的电子燃油喷射控制系统。

一、汽油机的可燃混合气

1. 混合气浓度的表示方法

汽油在气缸燃烧，必须先喷散成雾状并蒸发，与空气按一定比例混合，这样的混合物叫可燃混合气。可燃混合气中汽油的含量叫可燃混合气浓度，通常用空燃比“R”或过量空气系数“α”表示。

1）空燃比

可燃混合气中空气质量与燃油质量的比值称为空燃比，即 $R=A$（空气质量）$/F$（燃油质量）。根据化学反应原理，1kg 汽油完全燃烧需要 14.7kg 的空气，故将 $R=14.7$ 称为理论空燃比，则 $R=14.7$ 的混合气称为标准混合气；$R<14.7$ 的混合气称为浓混合气；$R>14.7$ 的混合气称为稀混合气。

2）过量空气系数

过量空气系数是指燃烧过程中实际供给的空气质量与完全燃烧时所需要的理论空气质量之比。

$$\alpha=\text{燃烧过程中实际供给的空气质量}/\text{完全燃烧所需要的理论空气质量}$$

当 $\alpha=1$ 时为理想混合气；当 $\alpha>1$ 时为稀混合气；当 $\alpha<1$ 时为浓混合气。

二、汽油机工况

发动机工况是发动机工作情况的简称，它包括发动机的负荷和转速情况。负荷的大小多用节气门开度的百分数表示，全负荷节气门全开为100%，半开为中等负荷，其间有许多个工况。车用汽油机工况变化范围很大，根据汽车运行的特点，一般分为起动、怠速、中等负荷、全负荷和加速等基本工况。

三、电子燃油喷射控制系统的类别

燃油喷射指用喷油器在低压下（250～350kPa）将汽油以雾状直接喷射到进气总管、进气歧管或气缸中，与空气混合形成可燃混合气，其目的是提高雾化质量，改善燃烧状况。

1. 按汽油喷射部位不同分类

1）缸内直喷

该种喷射方式是将汽油直接喷射到气缸内。因喷油器直接安装在发动机缸盖上，其本身必须能够承受燃气所产生的高温、高压，且受到发动机结构制约，但随着技术的进步，这种喷射方式应用的越来越多。

2）进气管喷射

该种喷射方式是目前普遍采用的喷射方式。根据喷油器数量和安装位置的不同又可分为两种：一种是在进气总管的节气门上方装有1～2个喷油器的单点节气门体喷射方式，也称为单点喷射方式（SPI）；另一种是在各缸的进气歧管上分别装有一个喷油器的多点喷射方式（MPI）。对于单点喷射方式，由于采用的喷油器少，易于实现计算机控制，故成本比多点喷射方式低，但存在各缸燃料分配不均匀和供油滞后等缺点。与缸内喷射比较起来，进气歧管喷射喷油器不受缸内高温、高压的直接影响，喷油器的设计和发动机结构的改动相对简单。

2. 按喷射控制装置的形式不同分类

1）机械式

燃油的计量是通过机械传动与液体传动来实现的，即K型系统。

2）电子控制式

燃油的计量是由电控单元及电磁喷油器实现的，即EFI（Electronic Fuel Injection）型系统。

3）机电一体混合控制式

与机械式喷射系统一样，机电一体混合控制式也是通过机械、液体喷射装置实现控制的，同时它还设有一个电控单元、多个传感器和电液混合气调节器来调节混合气的成分，从而提高了控制的灵活性，扩展了控制功能，即KE型系统。

3. 按喷射方式不同分类

1）间歇喷射或脉冲喷射

对每一个气缸的喷射都有已经计算确定的喷射持续期，喷射多数是在进气过程中的某段时间内进行的，喷射持续时间对应所控制的喷油量。所有的缸内直接喷射系统和多数进气管喷射系统都采用间歇喷射的方式。

2）连续喷射或稳定喷射式

燃油喷射的时间占用了全工作循环的时间，连续喷射都是喷在进气管道内，而且大部分燃油是在进气门关闭后喷射的，因此大部分燃油也是在进气道内蒸发的，K 型、KE 型和大部分 SPI 系统均采用这种喷射方式。

4. 按空气流量的测量方式不同分类

按空气流量的测量方式，电子控制汽油喷射系统可分为速度密度控制型、质量流量控制型和节流速度控制型等形式。

1）速度密度控制型（D 型 EFI 系统）

它是通过检测进气歧管（真空度）和发动机的转速，推算发动机吸入的进气量，并计算燃油流量的速度密度控制方式。“D”是德文“压力”一词的第一个字母。D 型系统是最早的、典型的多点压力感应式喷射系统。由于空气在进气管内的压力波动，该方法的测量精度稍差，并且响应性较慢。

2）质量流量控制型（L 型 EFI 系统）

这种方式用空气流量传感器直接测量发动机吸入的空气量，其测量的准确程度高于 D 型，故可更精确地控制空燃比。

3）节流速度控制型

节流速度控制型利用节气门的开度和发动机的转速，推算每一循环吸入发动机的空气量，根据推算出的空气量计算汽油喷射量。由于是直接测量节气门开度的角位移，所以过渡响应性能好。但是，由于吸入的空气量与节气门开度和发动机转速的关系是一个复杂的函数关系，所以不容易准确测定吸入的空气量。

5. 按喷油器之间的喷油顺序不同分类

对于多点间歇喷射系统，可根据喷油器之间的喷油顺序分为同时喷射、分组喷射和间歇喷射。

1）同时喷射

早期生产的间歇燃油喷射发动机多采用同时喷射，其喷油器的控制电路和控制程序都比较简单。同时喷射的控制电路如图 6－1 所示。

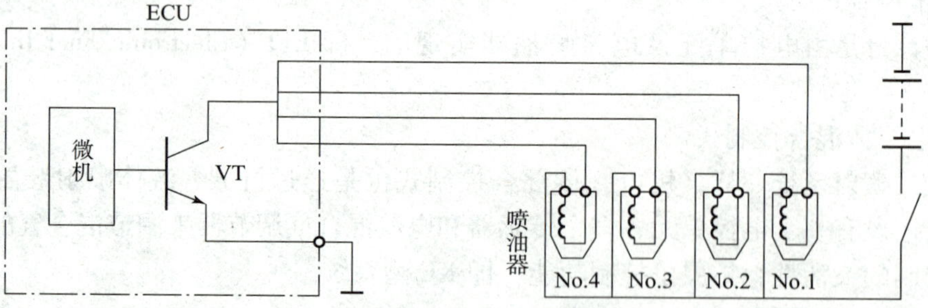

图 6－1　同时喷射的控制电路

所有的喷油器并联连接，微机根据曲轴位置传感器送来的基准信号，发出喷油器控制信号，控制功率三极管的导通和截止，从而控制各喷油器电磁线圈同时接通和切断，使各缸喷油器同时喷油、同时断油。通常曲轴每转一圈，各缸喷油器同时喷射一次。

2）分组喷射

分组喷射一般是把所有气缸的喷油器分成2～4组。四缸发动机一般把喷油器分为两组，由微机分组控制喷油器，两组喷油器轮流交替喷射，如图6－2所示。

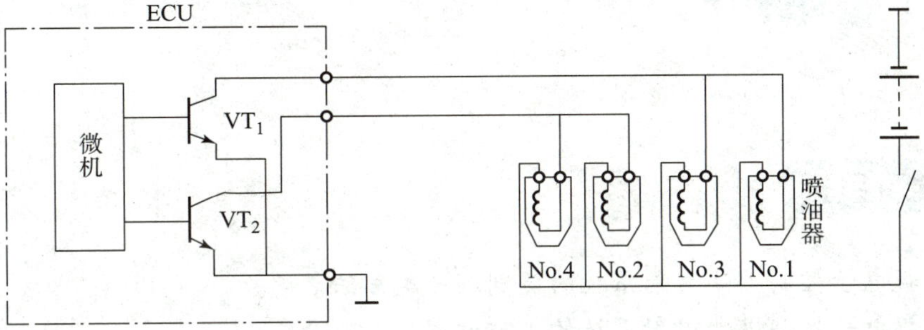

图6－2　分组喷射的控制电路

3）顺序喷射

顺序喷射也称为独立喷射。曲轴每转两圈，各缸喷油器都轮流喷射一次，且像点火系统一样，按照特定的顺序依次进行喷射。北京切诺基汽车发动机就采用顺序喷射方式，顺序喷射的控制电路如图6－3所示。

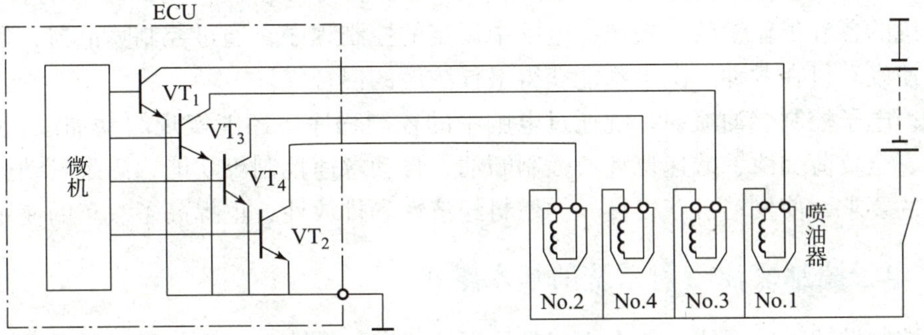

图6－3　顺序喷射的控制电路

任务驱动

1. 当过量空气系数 $\alpha>1$ 时，此混合气称为________混合气；当 $\alpha<0.4$ 时，混合气________，火焰不能传播，发动机熄火，此 α 值称为________。

2. 车用汽油机工况变化范围很大，根据汽车运行的特点，可将其分为________、________、________、________、________五种基本工况。

任务二 汽油机供给系统组成及工作过程

学习目标

（1）掌握电子控制燃油喷射系统的类别及分类方法。

（2）掌握电子控制燃油喷射系统的工作过程。

相关知识

本书主要介绍现代汽车广泛采用的电子控制燃油喷射系统。

电子控制燃油喷射系统（简称 EFI – Electronic Fuel Injection System 或 EGI 系统）以电子控制装置（又称电脑或 ECU）为控制中心，利用安装在发动机不同部位上的各种传感器，测得发动机的各种工作参数，按照在电脑中设定的控制程序，通过控制喷油器，精确地控制喷油量，使发动机在各种工况下都能获得最佳浓度的混合气。

此外，电子控制燃油喷射系统通过电脑中的控制程序，还能实现起动加浓、暖机加浓、加速加浓、全负荷加浓、减速调稀、强制断油、自动怠速控制等功能，满足发动机特殊工况对混合气的要求，使发动机获得良好的燃料经济性和排放性，也提高了汽车的使用性能。

一、电子控制燃油喷射系统的基本组成

电子控制燃油喷射系统一般由空气供给系统、燃油供给系统和电子控制系统三大部分组成，如图 6 – 4 所示。

1. 空气供给系统

测量和控制燃油燃烧所需的空气量，为可燃混合气的形成提供必需的空气。其主要由空气滤清器、空气计量装置、怠速控制阀、节气门体及进气歧管等组成。

2. 控制系统

电控单元根据发动机工况参数确定燃油喷射量及最佳喷射时刻。其主要由 ECU 及各种传感器、执行器组成。

3. 燃油供给系统

向气缸提供组成可燃混合气所需要的燃油。其主要由燃油箱、燃油滤清器、燃油泵、燃油分配管、油压调节器、喷油器、进回油管等组成。

如图 6 – 5 所示，汽油泵将燃油从油箱中泵出，经滤清后到达燃油分配管，再送到各缸喷油器，多余的燃油经油压调节器、回油管送回油箱。

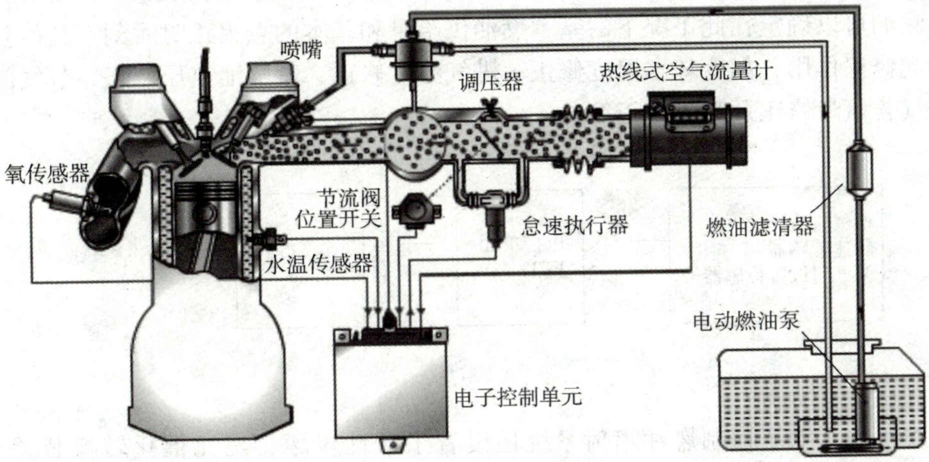

图 6－4　电子控制燃油喷射系统的基本组成

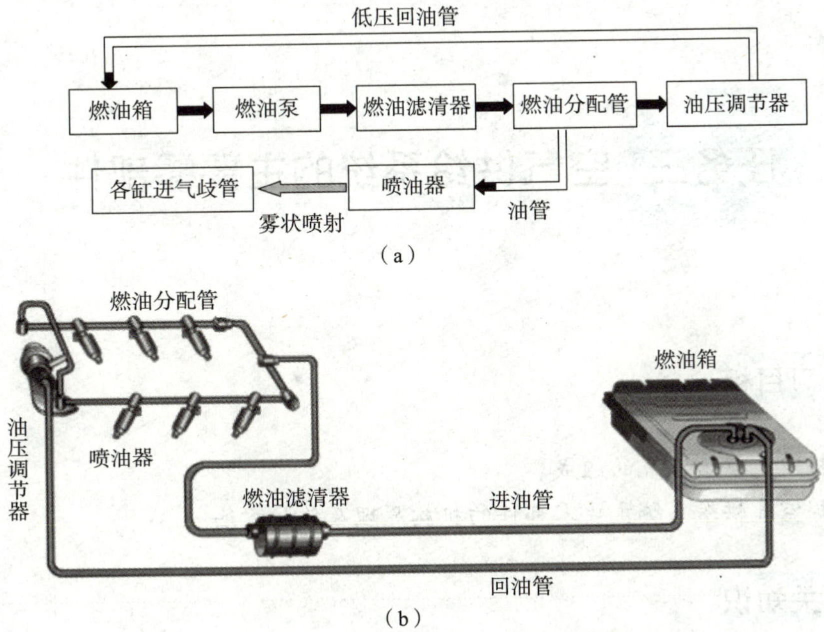

图 6－5　燃油流动路线示意图

二、电子控制燃油喷射系统的工作过程

电子控制燃油喷射系统是根据发动机运行工况对空燃比进行精确控制。如图 6－6 所示，电子控制单元首先读取进气歧管真空度（进气流量）、发动机转速、冷却水温度、进气温度、节气门位置等传感器输入的信息，然后将这些信息与存储在 ROM 存储器中预置好的信息进行比较，进而确定在该状态下发动机所需要的油量和点火提前时间，并在合适的时刻打开喷油器，向进气道喷射适量的燃油，与空气混合后送入气缸。预先存储在存储器内的信息

是由发动机优化数据实验获得的。一般来讲，进气歧管真空度（或进气流量）和发动机转速是主参数，由它们可以确定在此工况下的基本燃油供给量和基本的点火正时时刻。其他几个参数对基本量起修正作用，如冷却水温度修正、进气温度修正、蓄电池电压修正、节气门加减速修正、排气含氧量修正及暖机修正等。

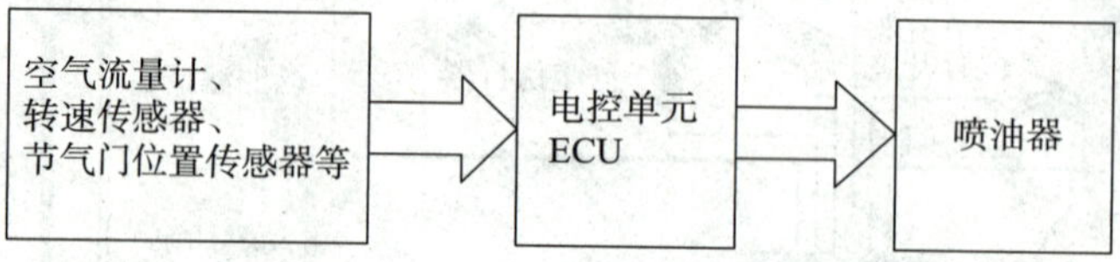

图 6－6　电控燃油喷射系统的原理示意图

为了减少排放污染，电子控制燃油喷射系统还设置了活性炭罐、三元催化转换装置、废气再循环等进行控制。与传统的化油器式燃油系统相比，电子控制燃油喷射系统主要具有低油耗、低排气污染、转矩及功率输出高、低温起动性好、工况过渡圆滑和加速性好等优点。

任务三　空气供给系统的主要零部件

学习目标

（1）掌握空气供给系统的组成。

（2）掌握空气供给系统主要零部件的机构原理及维护方法。

相关知识

空气供给系统的作用是为发动机提供清洁的空气并控制发动机正常工作时的供气量，是燃油喷射系统重要的组成部分。其主要由空气滤清器、进气压力传感器（D 型）或空气流量计（L 型）、节气门和进气歧管等组成，如图 6－7 所示。

一、空气滤清器

1. 空气滤清器的功用

空气滤清器的功用主要是滤除空气中的杂质或灰尘，让洁净的空气进入气缸，以防止损坏活塞和气缸。另外，空气滤清器还具有降低进气噪声的作用。

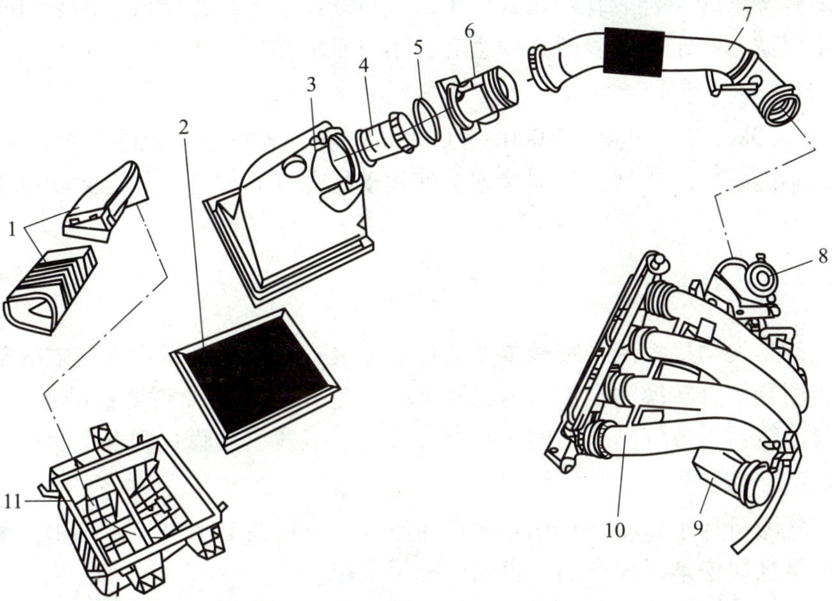

图 6-7 进气系统的一般组成

1—进气口；2—空气滤清器；3—空气滤清器盖；4—接口；5—密封圈；6—空气流量计；7—进气软管；8—节气门体；9—进气管；10—进气歧管；11—空气滤清器壳

2. 空气滤清器的结构

如图 6-8 所示，空气滤清器一般由进气导流管、空气滤清器盖、空气滤清器外壳和滤芯等组成。进气导流管做得很长，这样有利于实现从车外吸气。空气滤清器常使用方形空气滤芯。

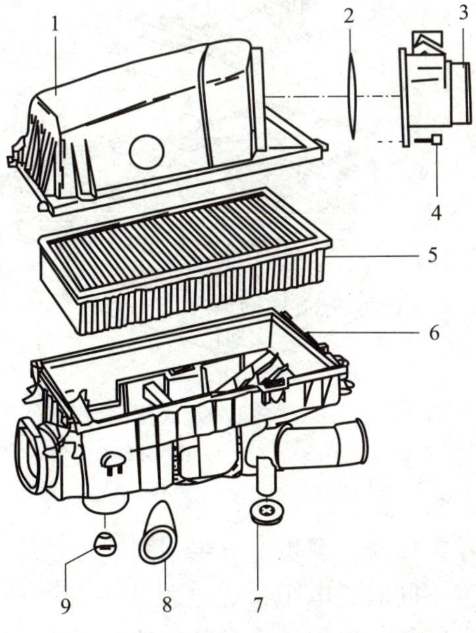

图 6-8 空气滤清器的结构

1—空气滤清器上体；2—O 形环；3—空气流量计；4—螺栓；5—空气滤清器滤芯；6—空气滤清器下体；7—橡胶垫片；8—固定环；9—减振挡块

空气滤芯有干纸式和合成纤维布式。干纸式空气滤芯经压缩空气吹净后可重复使用。合成纤维布式空气滤芯在定期保养时必须丢弃，不可重复使用。

3. 空气滤清器的维护

每行驶 24 000km 左右更换，6 000 ~ 8 000km 保养，若很脏应提前更换，不可用水清洗，安装要可靠，不能漏气。空气滤清器堵塞会使发动机充气效率降低，导致功率下降、加速不良等故障。

二、空气流量计

空气流量计是发动机控制系统最重要的传感器之一，用于测量进入气缸的空气质量或体积流量，并将测量信息转换为电信号输送到 ECU，它是确定燃油喷射量的最关键的传感器。它安装在空气滤清器与节气门体之间，有翼片式、热线式、热膜式和卡门涡流式等。

1. 翼片式空气流量计

翼片式空气流量计于 20 世纪 70 年代较为流行，应用在 L 型电控系统中，测量空气的体积流量。该流量计属于第一代产品，目前已较少采用。

翼片式空气流量计的结构如图 6 – 9 所示。缓冲室与补偿板的作用是在进气量突然变化时防止翼板转动，旁通道上的怠速空气调整螺栓用来改变旁通空气道内的空气量。来自于空气滤清器的空气通过空气流量计时，空气推力克服弹簧弹力使翼板打开一个角度，发动机转速越快，翼板的开度越大。当吸入空气推开翼板的力与弹簧变形后的回位力相平衡时，翼板停止转动。

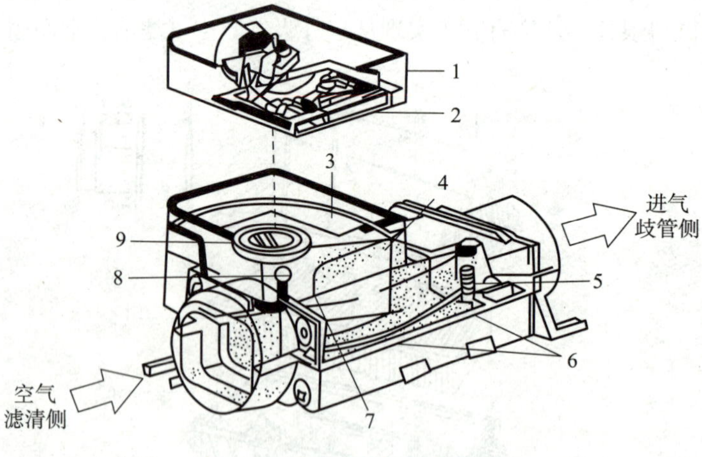

图 6 – 9　翼片式空气流量计

1—电位计；2—线束连接器；3—缓冲室；4—补偿板；5—调整螺栓；6—旁通空气道；7—测量翼板；8—进气温度传感器；9—回位弹簧

翼片式空气流量计在工作时，翼板上有一个同轴转动的可动接点，与电位计的可变电阻接触，当翼板转动的角度不同时，电阻值也会发生变化，使输出电压产生变化，ECU 根据电压信号的大小计算出进气量。电位计内常装有油泵开关，发动机运转而打开翼板时，油泵开关闭合，熄火时翼板关闭，断开油泵开关，油泵停止工作。

翼片式空气流量计占用空间大，进气阻力大，依靠机械动作输出信号，反应性差，长时间使用易结污垢。

2. 热式空气流量计

热式空气流量计于20世纪80年代初开发研制，能直接测量进气质量，目前被广泛使用。其主要测量元件是铂金制的热线，可分为热线式和热膜式两种类型，其结构和工作原理基本相同。

热式空气流量计主要由热线电阻、冷线电阻、电子电路和防护网组成，如图6－10所示。热线式将热线缠绕在陶瓷管上，热线电阻安装在主进气道或旁通气道中。热膜式将测量元件镀在陶瓷片上，称为热膜。热线式空气流量计前后均有防护网，前端用于进气整流，后端防止因发动机回火而烧坏铂丝。温度补偿电阻能消除进气温度对测量的影响。

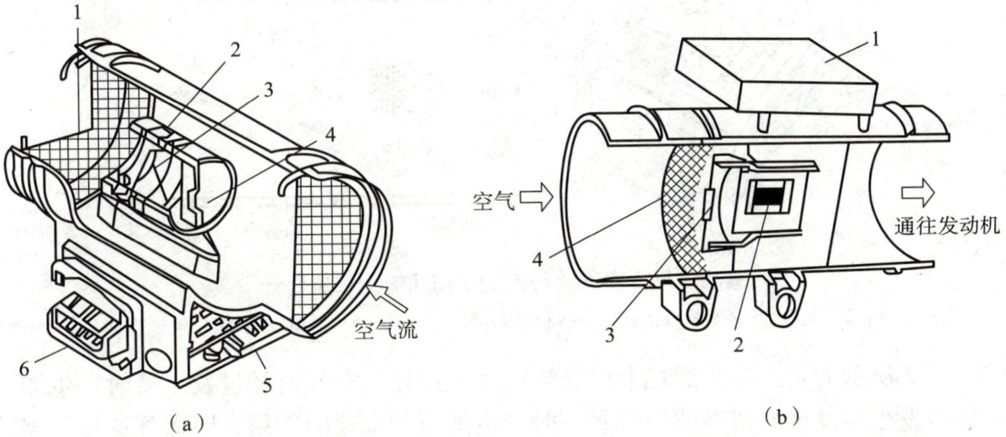

图6－10　热式空气流量计

(a) 热线式空气流量计；

1—防护网；2—取样管；3—热线电路；4—温度补偿电阻；5—控制线路板；6—插接器

(b) 热膜式空气流量计

1—控制电路；2—热膜；3—温度补偿电阻；4—防护网

热线和温度补偿电阻（冷线）均置于空气通道中的取气管内。当空气流经热线时，热线的温度发生变化，电阻减小或增大，使电路失去平衡。此时电子电路控制电流，使热线的温度保持一定。空气的流量多时，带走的热量增加，热线的电流就会增大，电流量的变化相当于空气量的变化。将流经铂丝的电流转换成电压或频率信号送给ECU，即可计算出进气量。

热式空气流量计响应速度快，测量精度高，进气阻力小，但制造成本高。热线式空气流量计易受空气灰尘玷污，回火易造成铂丝损坏，属于第三代产品。热膜式空气流量计结构简单、使用寿命长，但空气流速不均匀会影响测量精度，属于第四代产品，在电控发动机中使用非常广泛。

3. 卡门涡流式空气流量计

卡门涡流式空气流量计利用卡门涡流测量进气量，简化了进气道的结构，进气阻力小，能向ECU发送数字信号，在不同空气流量下均能输出精确的空气信号。

在气流通道中设有涡流发生器，气体通过时在涡流发生器后产生许多涡流即卡门涡流，卡门涡流的频率与空气的流速成正比，因此检测卡门涡流的频率即可知道进气量。

卡门涡流频率的测量方法有超声波检测法和反光镜检测法。

图 6－11 所示为反光镜检测式卡门涡流空气流量计。空气流经过发生器时，压力发生变化，经压力导向孔作用在反光镜上，使反光镜发生振动。此时，发光二极管投射给光电管的光发生变化，使光电管产生的电流也发生变化，ECU 检测出光电管的电流即可计算出进气量。

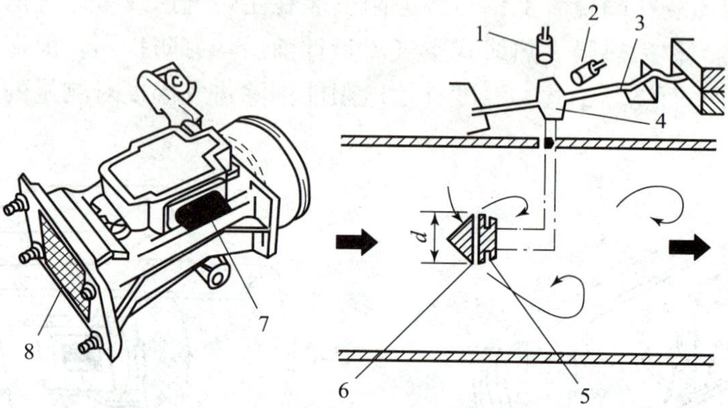

图 6－11　反光镜检测式卡门涡流空气流量计

1—发光二极管；2—光电管；3—钢板弹簧；4—反光镜；5—导压孔；6—涡流发生器；7—线束插头；8—滤网

图 6－12 所示为超声波检测式卡门涡流空气流量计。空气流经过发生器时产生顺、逆向涡流，信号发生器发出的超声波经过涡流时产生加速和减速的作用，因而到达接收器的时间或变早或变晚，测出其相位差，利用放大器使之形成数字矩形波，矩形波的脉冲频率即为卡门涡流的频率。

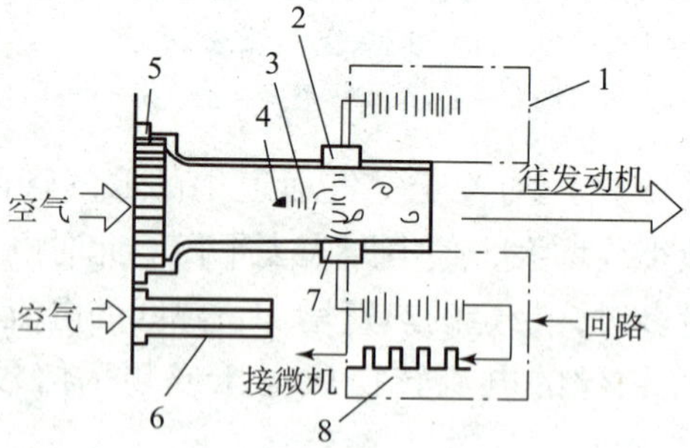

图 6－12　超声波检测式卡门旋涡空气流量计

1—超声波信号发生器；2—超声波发射探头；3—涡流稳定板；4—涡流发生器；
5—整流器；6—旁通空气道；7—超声波接收探头；8—转换电路

三、节气门体

节气门体安装在空气流量计之后的进气管中，用于控制发动机正常工况下的进气量。其主要由节气门和怠速空气道等组成。一般发动机的节气门与驾驶室内的加速踏板连接，以改变进气通道的面积，来控制发动机的运行状态，如图 6－13 所示。

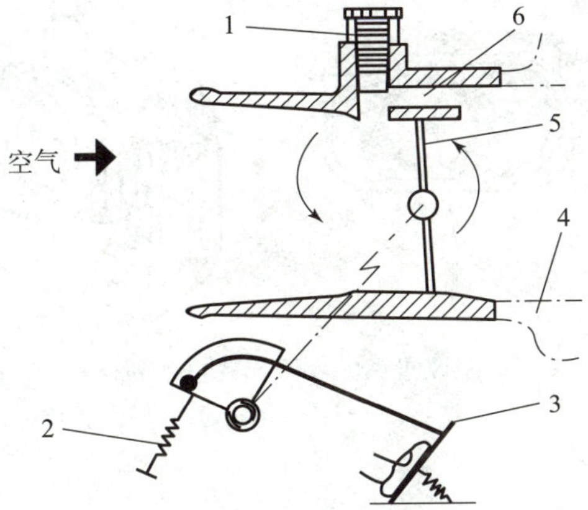

图 6－13　节气门体的基本结构

1—怠速调整螺栓；2—回拉弹簧；3—加速踏板；4—进气总管；5—节气门；6—旁通空气道

拉线式节气门体，节气门开度由加速踏板拉线直接控制。图 6－14 所示为桑塔纳 2000GSI 发动机采用的节气门体，没有旁通空气道，属于节气门只动式，最小节气门开度由怠速电动机进行控制。

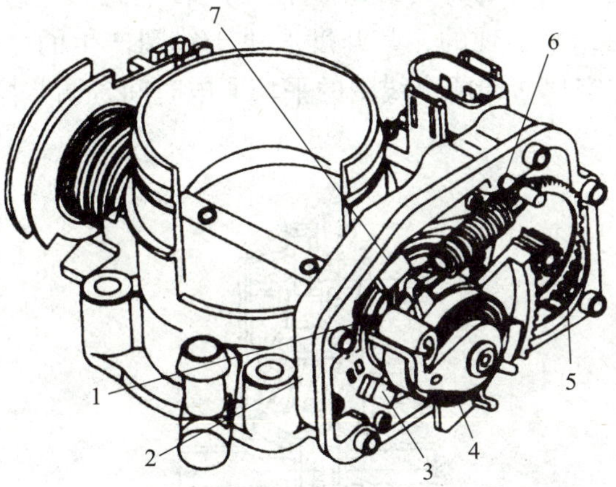

图 6－14　桑塔纳 2000GSI 发动机拉线式节气门体

1—怠速开关；2—外壳；3—节气门电位计；4—双金属螺旋弹簧；5—怠速电动机；
6—应急弹簧；7—节气门定位电位计

新型发动机采用电子节气门，节气门开度不再由加速踏板经加速踏板拉线直接控制；仍保留加速踏板和加速踏板拉线，加速踏板踩下程度经加速踏板拉线使加速踏板位置传感器输出信号发生变化。发动机电控单元（ECU）接到这一输入信号后，驱动节气门电动机，调节节气门开度以适应行驶要求，同时怠速调节阀也被取消，由电子节气门直接进行怠速调节。图 6－15 所示为东风雪铁龙 TU5JP4 发动机采用的 BOSCH ME7.4.4 电子控制燃油喷射系统中的电子节气门。

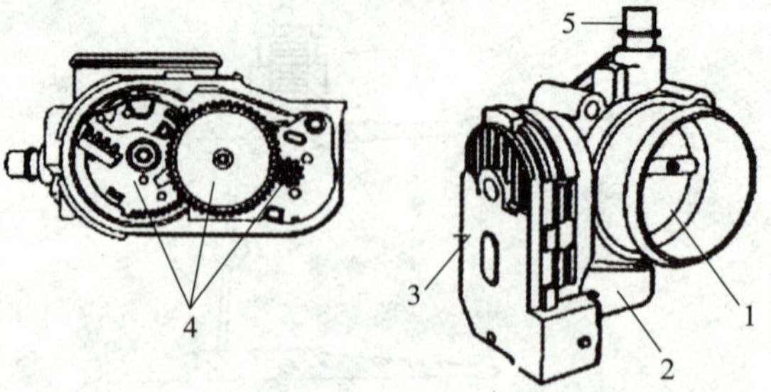

图 6-15　东风雪铁龙 TU5JP4 发动机电子节气门

1—节气门；2—电动机；3—节气门位置传感器；4—齿轮；5—油蒸气吸入口

四、怠速控制阀（ISC 阀）

怠速控制阀由 ECU 控制，作用是通过改变怠速空气量来控制怠速转速的稳定，位于节气门体的旁通空气道或节气门体上。

如图 6-16 所示，旋转滑阀型怠速控制阀主要由旁通空气阀和电动机组成。电动机通过电枢轴带动旁通空气阀在限定的范围内转动，从而改变旁通空气阀开启的面积，使进气量增多或减少。ECU 通过控制两个线圈的通电或断开，改变两个线圈产生的磁场，来改变控制阀的位置，从而调节怠速空气口的开度。ECU 控制旋转电磁阀型怠速控制阀工作时，控制阀的开度是通过控制占空比来实现的，其开度取决于线圈产生的电磁力大小，ECU 通过控制输入线圈脉冲信号的占空比，即两个线圈的平均通电时间，调节控制阀的开度，从而实现怠速空气量的控制。

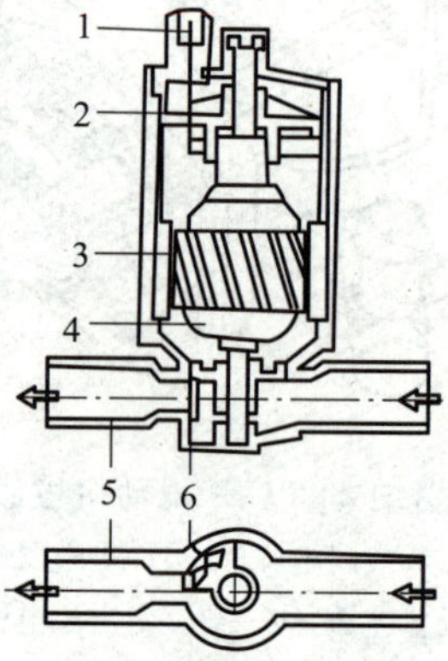

图 6-16　旋转滑阀型怠速控制阀的结构

1—电接头；2—壳体；3—永久磁铁；4—电枢；5—怠速空气道；6—旋转滑阀

五、进气总管与进气歧管

在单点喷射系统中，发动机采用中央集中喷射方法，进气管的形状与化油器式发动机进气管的形状基本一致，如图 6-17（a）所示。

在多点电控燃油喷射式发动机上，为了消除进气波动和保证各缸进气均匀，对进气总管和进气歧管的形状、容积都有严格的要求，每个气缸必须有一个单独的进气歧管。有些发动机的进气总管与进气歧管制成一体，如图 6－17（b）所示。有些则是分开制造再用螺栓连接，如图 6－17（c）所示。

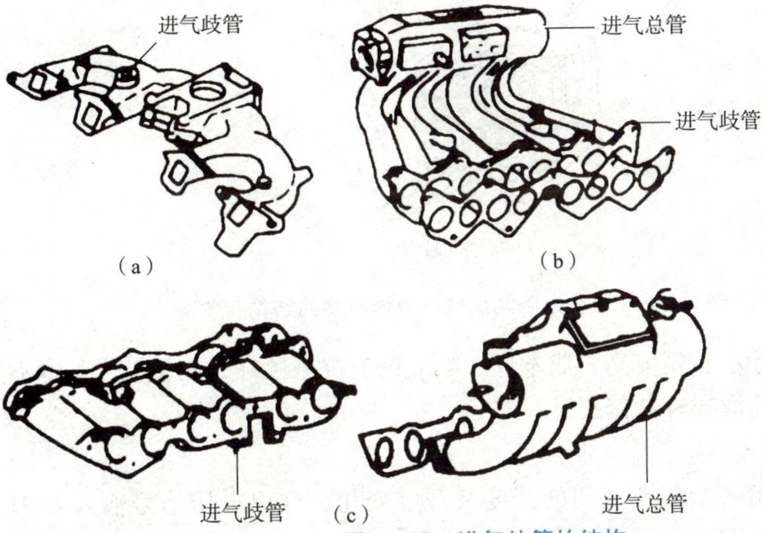

图 6－17　进气歧管的结构

进气总管必须有相当的空间，以缓和进气脉冲。进气歧管的作用是将空气或混合气均等地分配到各个气缸，多以质量轻、导热性好的铝合金制成。

化油器式与燃油喷射式发动机的进气歧管结构不同。燃油喷射式发动机的进气歧管比化油器式发动机的进气歧管长且有很大的弯曲度，各缸进气歧管内气体流道的长度尽可能相等、内壁也较光滑，以保证各缸进气量均匀及减小进气阻力。

可变长度进气歧管通过改变进气歧管的长度来兼顾高低转速时的进气需求，提高发动机的动力性，并且由于提高了发动机在中低转速下的进气速度进而增强了气缸内的气流强度，从而改善了燃烧过程，使发动机中低速燃油经济性有所提高。

粗、短、直的进气歧管对于进气流的阻力较小，响应较快，气流速度也较快，适合于高转速。长、细、弯的进气歧管则有利于进气歧管中油与气的混合，适合于低转速。

六、几个重要传感器

1. 进气歧管绝对压力传感器

进气歧管绝对压力传感器测量进气歧管内的绝对压力，并将压力信号转换成电信号输入 ECU，作为燃油喷射和点火控制的主控制信号。它的真空软管连接在节气门后方的进气歧管上。该传感器发送的压力信号与转速信号一起对空气量进行间接测量，目前应用最广泛的是压敏电阻式和电容式。装有进气歧管绝对压力传感器的空气供给系统为 D 型空气供给系统。

图 6－18 所示为压敏电阻式进气压力传感器的结构。传感器单元内装有一个由半导体材

料制成的硅膜片，当压力发生变化时，其电阻会发生变化。真空室保持在预定真空度。压敏电阻分别与内部真空室及歧管压力相通。当歧管压力发生变化时，硅膜片弯曲，电阻改变，当电流流经硅膜片时，其电压降也随之改变，经放大电路处理后输送给 ECU。

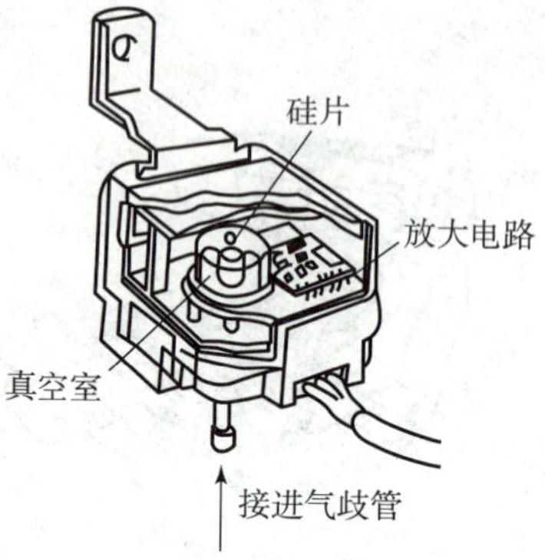

图 6－18　压敏电阻式进气压力传感器的结构

进气压力传感器尺寸小、精度高、成本低、响应快、抗振性好，测量精度基本不受进气温度影响，不需要进行高海拔补偿修正。

2. 节气门位置传感器

节气门位置传感器用来检测节气门的开度及开度变化，并以电压信号输入 ECU，其是控制燃油喷射及其他辅助控制的重要传感器。它安装在节气门体旁，由节气门轴带动，使传感器内的触点开闭或使可动触点在电阻上移动。

图 6－19 所示为线性节气门位置传感器的结构，由印刷式的电阻器及与节气门轴联动的可动触点、怠速触点和各端子组成，能输出节气门从全开到全关的任何位置信号。节气门开度变化时，可动触点在电阻体的滑动使电阻值改变，输出电压随之改变，ECU 根据该电压计算节气门开度，而信号电压随节气门开度的增大而增大。

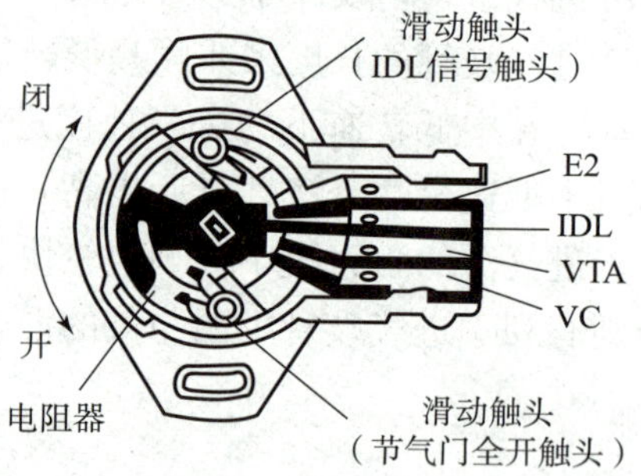

图 6－19　线性节气门位置传感器的结构

3. 进气温度传感器

进气温度传感器给 ECU 提供进气温度信号，作为燃油喷射的修正信号，可安装在空气滤清器内、进气歧管上或空气流量计内。

进气温度传感器内的热敏电阻随着进气温度的增大而减小，使得分压值也随之减小，ECU 根据分压来判断进气温度。进气温度越低，空气密度越大，需要增加喷油量；反之则减小喷油量。

任务驱动

1. 进气系统由________、________、________、________和________组成。

2. 空气滤清器的作用是滤除________和________，以防损坏活塞和气缸，并避免________混入机油后造成________________。

3. 汽油机进气管的作用是较均匀地将________分配到各气缸中，并继续使________和________得到汽化。

任务四　排气系统的主要零部件

学习目标

（1）掌握排气系统的组成。

（2）掌握排气系统主要零部件的机构原理及维护方法。

相关知识

汽车排气系统是收集并且排放废气的系统，排气系统的作用是汇集各气缸的废气，减小排气噪声与消除废气中的火焰和火星，使废气安全地排入大气，并对废气中的有害物质进行排放控制。

一、排气系统的组成及类型

汽车排气系统一般由排气歧管、排气总管、排气管、催化转换器、排气温度传感器、消声器和排气尾管等组成，如图 6－20 所示。气缸中的废气由排气门排出后，经各缸排气歧管汇集至排气总管，由三元催化转换器净化处理及消声器消声后从排气尾管排出车外。现代汽车为了对空燃比进行反馈控制，在废气到达三元催化转换器前还需由氧传感器对废气中氧的含量进行检测。

汽车排气系统分为单排气系统及双排气系统。单排气系统只有一套消声、催化转换装置及一个排气尾管，双排气系统则有两套消声、催化转换装置及排气尾管。

直列发动机采用单排气系统。V 型发动机有两套排气歧管，通过一条叉形管将两套排气

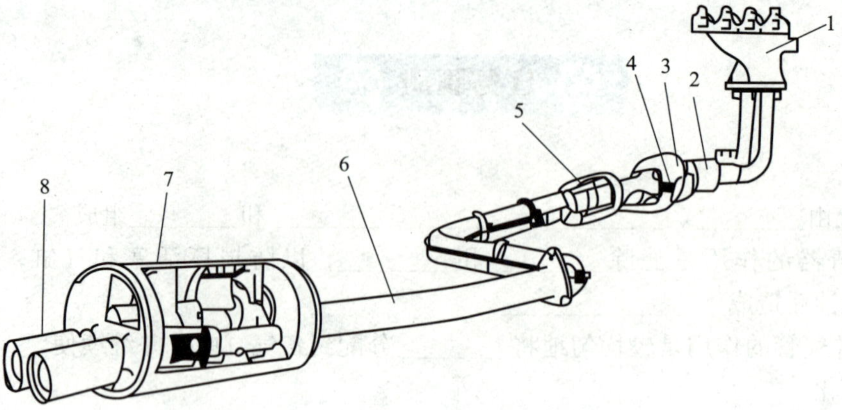

图 6-20　汽车排气系统的组成

1—排气歧管；2—排气总管；3—催化转换器；4—排气温度传感器；
5—副消声器；6—排气管；7—主消声器；8—排气尾管

歧管连接到同一个排气管上，这样的系统仍为单排气系统。有些 V 型发动机采用双排气系统，有两个排气支管，各用一套催化转换装置、消声器和排气尾管，车尾有两个排气口。双排气系统降低了排气系统内的压力，使发动机排气更为顺畅，气缸中残余的废气较少，因而可以充入更多的空气，如图 6-21 所示。

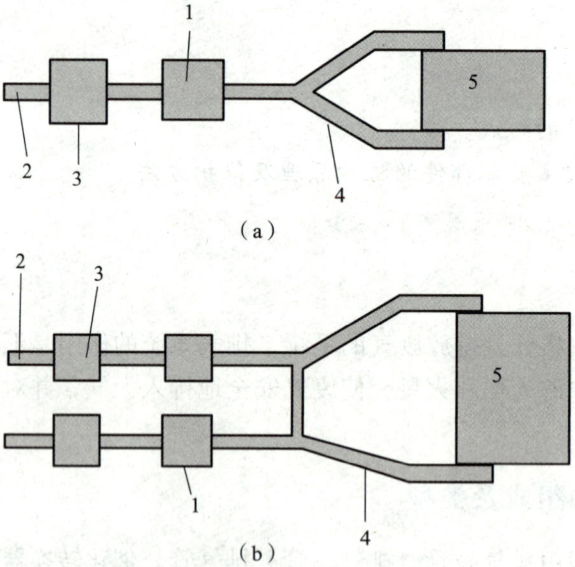

图 6-21　排气系统类型示意图

（a）单排气系统；（b）双排气系统

1—催化器；2—排气尾管；3—消声器；4—叉形管；5—发动机

二、排气系统的组成装置

1. 排气歧管

排气歧管一般采用价格便宜、耐高温的铸铁或球墨铸铁制造，也有的采用不锈钢管制成。不锈钢排气歧管质量轻、耐久性好，同时内壁光滑、排气阻力小。

排气歧管的形状十分重要，如图 6 – 22 所示，为了使各缸排气不会相互干扰及不出现排气倒流现象，并尽可能地利用惯性排气，应将排气歧管做得尽可能长，而且各缸排气岐管应该相互独立、长度相等，每个气缸都有一个排气歧管。好的排气歧管设计会令发动机排气顺畅、功率提高。

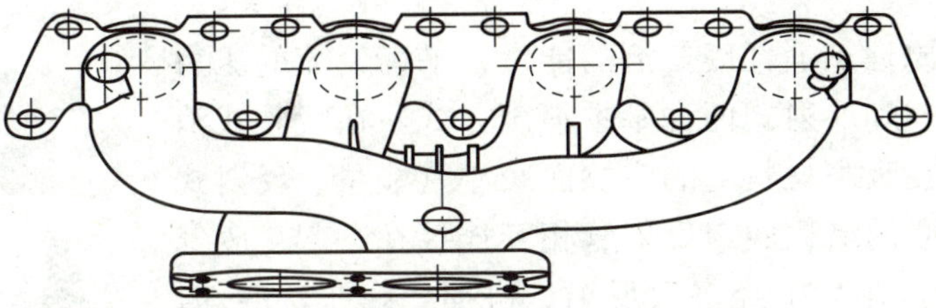

（a）

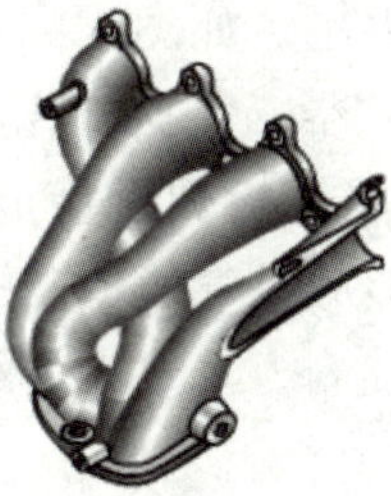

（b）

图 6 – 22　排气歧管

（a）铸铁排气歧管（捷达轿车）；（b）不锈钢排气歧管

2. 排气管

从排气歧管以后的管道均属于排气管，共有三段排气管，中间分别安装催化转换装置与消声器，如图 6 – 23 所示。

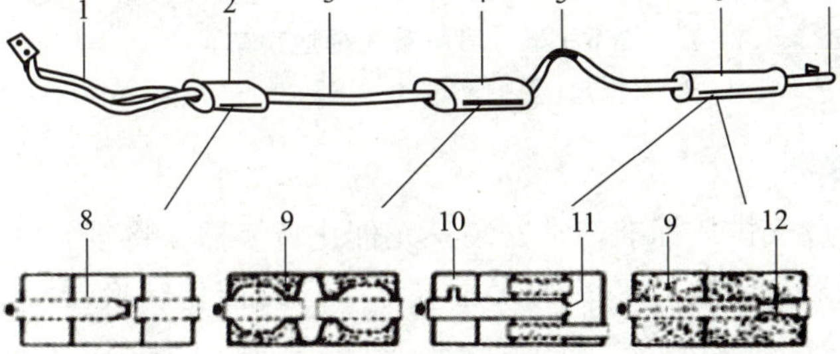

图 6 – 23　排气管及消声器

1—前排气管；2—前消声器；3—前连接管；4—中消声器；5—后连接管；6—后消声器；7—尾管；8—穿孔管；9—吸声材料；10—共振器；11—反射孔；12—喷管

3. 消声器

发动机排出的废气有一定的能量，由于排气的间歇性，在排气管内会引起排气压力的脉动。若将发动机废气直接排放到大气中，将产生强烈的、复杂的噪声。为降低排气的噪声，消除废气中的火焰和火星，在排气管出口处装有消声器，使废气经过消声后进入大气。一般采用2~3个消声器。

汽车消声器用镀铝钢板或不锈钢制造。通常的消声器由共振室、膨胀室和一组不同长度的多孔管构成。有的还在消声器内填充耐热的吸声材料，吸声材料多为玻璃纤维、钢纤维或石棉。

消声器的基本原理是消耗废气流的能量，平衡气流的压力波动，一般有吸收式和反射式两种基本消声方式。在吸收式消声器上，通过废气在吸声材料上的摩擦而减小其能量。反射式消声器则由多个串联的谐振腔与反射管相互连接在一起，废气和声波进入中心管，在其中经多次反射、碰撞、膨胀、冷却，然后传出最后管道，使废气的温度、压力和流速都显著降低，从而消减了排气噪声，也消减了火焰和火星。如图6－24所示。

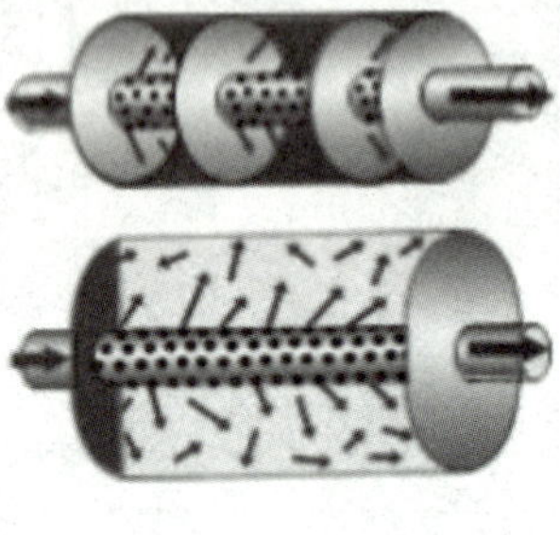

图6－24　消声器原理

图6－25所示为捷达轿车采用的消声器，包括外壳、内壳、内隔板、外隔板及进、出口。外壳由双层钢板焊合而成，其间有夹层，内壳为波纹状并与外壳的内壁形成排气通道。这种结构有利于声压的衰减和声波的漫射，可以增强消声的效果。

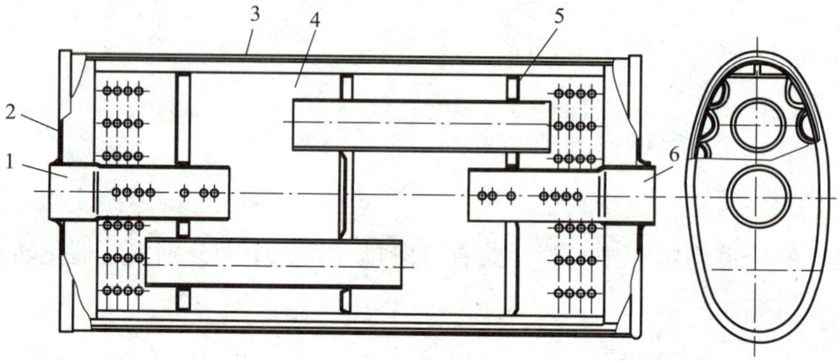

图6－25　消声器（捷达轿车）

1—进口；2—外隔板；3—外壳；4—内壳；5—内隔板；6—出口

4. 三元催化转换器

现代汽车为符合废气排放标准，常安装三元催化转换器，将废气中的污染气体，如一氧化碳、碳氢气体及氮氧化合物等转变为无害气体。三元催化转换器一般安装在排气消声器前面。

如图6－26所示，三元催化转换器均由金属外壳和催化转换芯子组成。三元催化转换器中的催化剂（铂、铑、钯）涂在整体格栅式载体（陶瓷蜂窝或陶瓷微珠）上，装在一个与排气管连接的套件中。载体上面有许多孔，有害物质通过这些孔时被净化。格栅越薄，净化能力越强。催化剂有助于将一氧化碳转化成二氧化碳，将碳氢化合物转化成二氧化碳和水。另外，它还可以将氮氧化合物还原为氮气和氧气。

催化器在空燃比为14.7:1附近时转换效率最高，混合气过浓或汽油进入排气管，会导

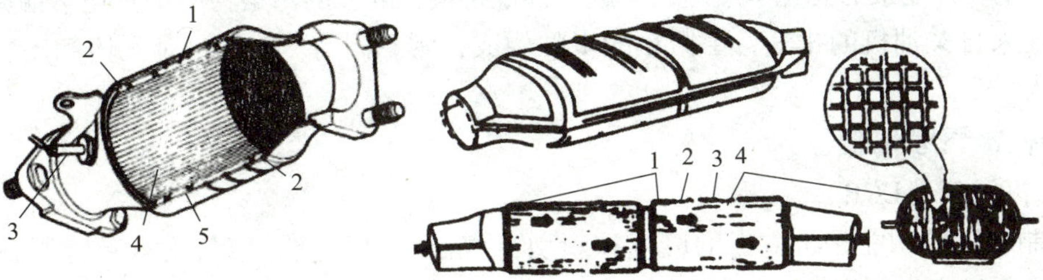

（a）　　（b）

图 6－26　三元催化转换器

（a）立体图；

1—波纹网眼环；2—支承环；3—温度传感器；4—整体式催化反应器载体；5—密封垫

（b）结构图

1—密封圈；3—壳体；2—金属网；4—催化剂

致催化器过热而损坏，因此装有催化器的发动机必须将空燃比控制在理论空燃比附近。另外，装备催化器的车辆需要使用无铅汽油，因为含铅汽油中的铅会黏附于催化剂的表面，使其失效。

催化器过热时，内部的格栅式载体变松，甚至塌陷，造成排气管堵塞。

三、发动机的排气净化装置

随着汽车保有量的不断增加，汽车的排气污染已成为严重的社会公害。由于汽车的排气高度处于人的呼吸带，故排气污染对人体健康危害很大。汽车所造成的环境污染已越来越引起人们的关注，各国的废气排放标准越来越严格。为了达到废气的排放标准，人们一方面开发研究废气排放控制的各种方法，另一方面开始致力于清洁燃料汽车的研究和推广。

1. 汽车的排气污染

汽车排气污染主要来自以下几个方面：

（1）排气管排出的废气，主要成分是一氧化碳（CO）、碳氢化合物（CH）、氮氧化合物（NO_x）、二氧化硫（SO_2）及炭烟等。

（2）曲轴箱窜气，主要成分是碳氢气体。

（3）从油箱、油泵、燃油管道接头等处蒸发出的汽油蒸气，主要成分是碳氢化合物。

一氧化碳是无色、无味、无臭的易燃有毒气体，是由各种碳氢化合物不完全燃烧所产生的。CO 是大城市中数量最多、分布最广的污染物，发达城市中的 CO 约 80% 是由汽车排放的。

氮氧化合物（NO_x）是对 NO、NO_2、N_2O_4 等的总称，其中危害最大的是 NO、NO_2，气缸内温度高且氧充足时易产生。氮氧化合物是一种无色、无味的气体，微溶于水，一般空气中的氮氧化合物对人体无害，但是 NO_2 具有腐蚀性和生理刺激作用，能降低远方物体的亮度和反差，且会刺激人眼黏膜，严重时还会引起肺炎和肺气肿。

碳氢化合物（CH）是燃料不完全燃烧的产物，对人体皮肤及呼吸系统有刺激作用。HC 和 NO_x 在逆温层和低风速、空气接近停滞状态、阳光充足的气象条件下，受强烈太阳光紫外线照射后，会产生一种复杂的光化学反应，生成一种危害极大的新的污染物——光化学烟雾。

炭烟主要来自柴油机的排气，由微小的炭粒构成，常黏附有 SO_2 等，对人体和动物的呼吸道危害极大。

2. 发动机排气净化装置

1）废气再循环（EGR）

EGR 控制装置的功能是将适当的废气重新引入气缸参加燃烧，废气中含有大量的惰性气体，从而降低最高燃烧温度，以抑制 NO_x 的生成。

图 6－27 所示为开环控制的 EGR 装置工作原理，主要由 EGR 阀、废气真空调节阀和 EGR 电磁阀等组成。EGR 阀安装在废气再循环通道中，用以控制废气再循环量。EGR 电磁阀安装在通向 EGR 阀的真空通道中，由 ECU 直接控制。废气真空调节阀控制通往 EGR 阀的真空度，以改变 EGR 阀的开启程度。

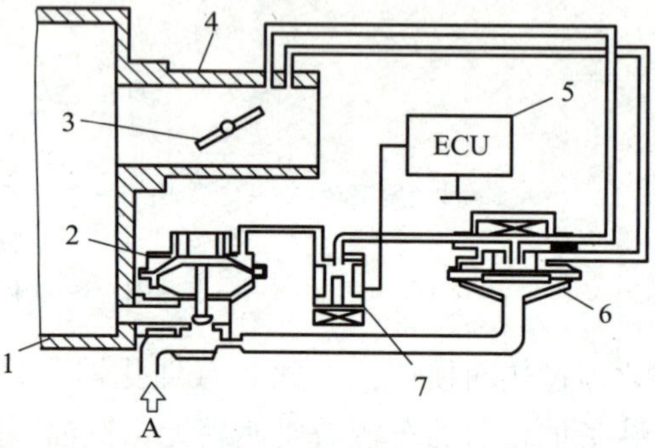

图 6－27　开环控制的 EGR 装置工作原理示意图

1—进气室；2—EGR 阀；3—进气门；4—节气门体；5—ECU；6—废气真空调节阀；7—EGR 电磁阀

当发动机冷却液温度较低时，ECU 使 EGR 电磁阀关闭，空气进入 EGR 阀上方的真空室，因 EGR 阀关闭，故废气再循环停止。ECU 给 EGR 电磁阀通电时，EGR 阀真空室的真空度上升，EGR 阀打开，废气进入气缸再循环。

2）曲轴箱强制通风（PCV）装置

在做功行程末时，部分未燃烧的混合气在高压下会从活塞环与气缸壁的间隙漏出，进入曲轴箱形成窜气。这些气体会稀释机油使机油变质，同时这些气体如果排入空气，既污染环境又浪费燃油。曲轴箱强制通风（PCV）装置能将窜气导入进气系统而重新燃烧，如图 6－28 所示。

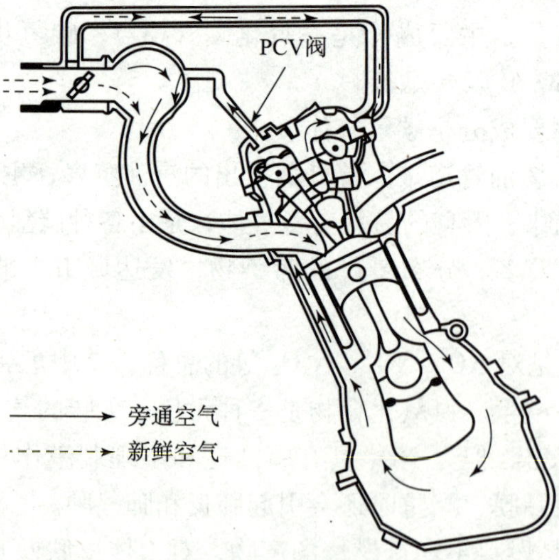

图 6－28　曲轴箱强制通风装置示意图

如图 6－29 所示，曲轴箱强制通风（PCV）装置主要由 PCV 阀和两根软管组成。一根连接 PCV 阀与节气门后的进气管，使窜气进入进气管；一根连接节气门前的进气管与气门室盖，使新鲜空气进入曲轴箱，保持曲轴箱内一定的气压。PCV 阀安装在进气系统与曲轴箱通风系统之间，开度由节气门后的真空度控制。真空度越大，其开度越大，被吸入到气缸中参与燃烧的窜气量越多。

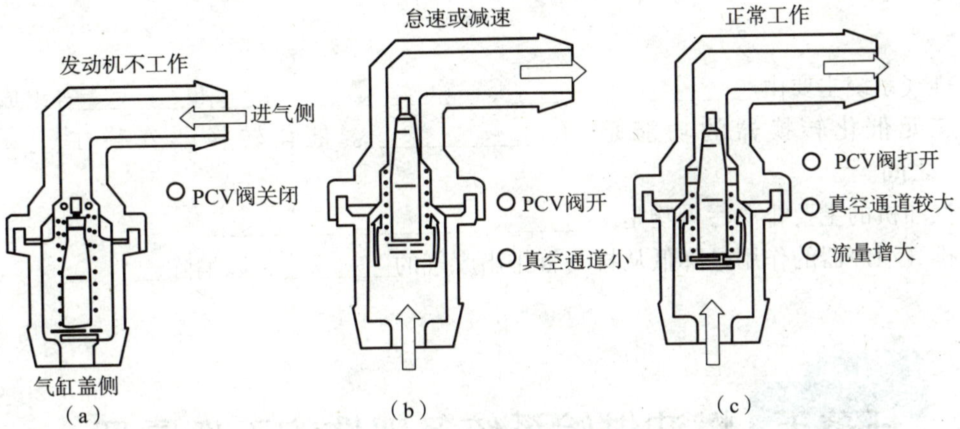

图 6－29　PCV 阀的工作情况

（a）PCV 阀关闭；（b）PCV 阀稍开；（c）PCV 阀开大

当节气门后的真空度高时，PCV 阀打开，曲轴箱内的混合气通过真空管被吸入进气管内，然后到气缸中燃烧。

3. 汽油蒸气排放（EVAP）控制装置

收集汽油箱和化油器浮子室内的汽油蒸气，并将汽油蒸气导入气缸参加燃烧，从而防止汽油蒸气直接排入大气而造成污染。同时，根据发动机工况，控制导入气缸参加燃烧的汽油蒸气量。

如图 6－30 所示，油箱的燃油蒸气通过单向阀进入活性炭罐上部，空气从炭罐下部进入活性炭罐，在炭罐上方有一定量排放小孔及受真空控制的排放控制阀。当 ECU 给电磁阀通

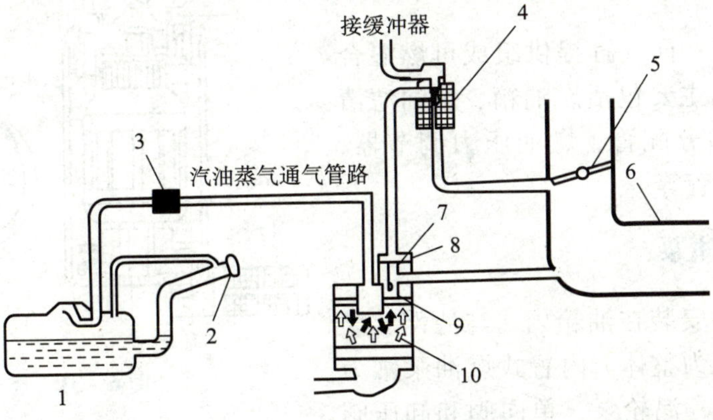

图 6－30　汽油蒸气的控制原理

1—油箱；2—油箱盖（附真空泄放阀）；3—燃料止回阀；4—炭罐控制电磁阀；
5—节气门；6—进气歧管；7—主节气门室；8—排放控制阀；9—定量排放小孔；10—活性炭罐

电时，真空度进入排放控制阀上部使其打开，炭罐内的汽油蒸气通过软管进入节气门后方的进气管道中，从而被送到气缸中燃烧。电磁阀不通电时，汽油蒸气被储存在活性炭罐中。

任务驱动

1. 排气系统主要由________、________、________、________和________等组成。
2. 三元催化转换器的功能是______________。催化转换器安装在________和________之间。
3. 汽油机的主要排放污染物是________、________、________。
4. 排气消声器的作用是降低从排气管排出废气的________，以消除________。

任务五 燃油供给系统各部件的工作原理

学习目标

（1）掌握燃油供给系统的组成。
（2）掌握燃油供给系统主要零部件的结构及原理。

相关知识

燃油供给系统：向气缸提供组成可燃混合气所需要的燃油，主要包括燃油箱、燃油滤清器、燃油泵、燃油分配管、燃油压力调节器、喷油器和进、回油管等。

一、电动燃油泵

电动燃油泵常安装在油箱内，与滤网、燃油表、浮子等结合为整体。内置式燃油泵常为涡轮式，由电动机、涡轮泵、单向阀和卸压阀等组成，如图 6－31 所示。燃油经滤网过滤后由涡轮泵出，顶开单向阀输入油管。

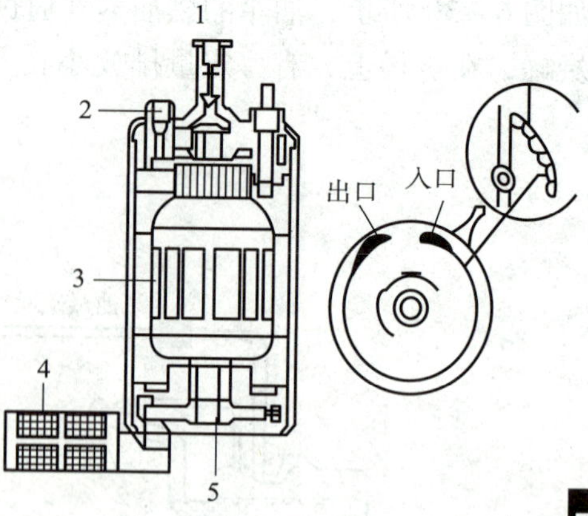

图 6－31 燃油泵

1—单向阀；2—卸压阀；3—电动机；4—滤网；5—涡轮泵

涡轮泵由叶片叶轮外壳和泵盖组成，叶轮由电动机带动，在离心力作用下，叶片紧贴泵壳，将油经窄小缝隙由进油室驱至出油室从而得到加压。

油泵通电时，电动机带动叶轮转动，将油从进油口吸出，经单向阀压出。当油泵停止工作时，单向阀关闭，防止燃油倒流，保持管内残余压力，以便于下次起动。当油泵输出油压达到0.04MPa左右时，泄压阀打开，高压燃油回到进油室，在泵和电动机内部循环，防止管路出现堵塞时油压过高而造成油管破裂或油泵损坏。燃油经电动机输出，可起到冷却电动机的作用。

内装式燃油泵淹没在汽油中，靠不断流过燃油泵内部的燃油冷却，因此禁止燃油泵在无油的情况下运转，否则容易烧坏燃油泵。

二、燃油滤清器

燃油滤清器常安装在车辆地板下或发动机舱，位于电动燃油泵后方的油路中。其作用是滤去燃油中的杂质和水分，防止燃油系统堵塞，减小机械磨损，确保发动机正常工作。此外，它还有消声器的作用。燃油滤清器的结构和滤清方向如图6－32所示。

车辆在长期使用过程中，燃油滤清器滤芯容易堵塞而导致车辆性能下降，故燃油滤清器需要定期更换。燃油滤清器的更换没有明确的时间间隔，只要出现堵塞就应立即更换。更换时应注意安装标记。

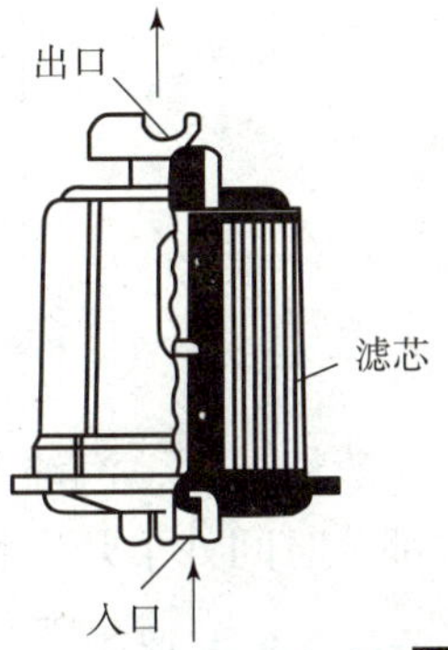

图6－32　燃油滤清器的结构和滤清方向

三、燃油压力调节器

1. 作用

燃油压力调节器的作用是使系统油压（即供油总管内油压）与进气歧管压力之差保持恒定，一般为250～300 kPa。这样，从喷油器喷出的燃油量便唯一取决于燃油的喷射时间，即ECU才能通过控制喷油器的通电时间来控制喷油量，从而对喷油量和空燃比进行精确控制。

2. 结构与原理

燃油压力调节器通常安装在燃油分配管的一端，如图6－33所示，其外壳由金属制成，以膜片分隔成两室，弹簧室通过真空软管与进气歧管相连，汽油室通过进油口、回油口分别接供油总管和油箱。

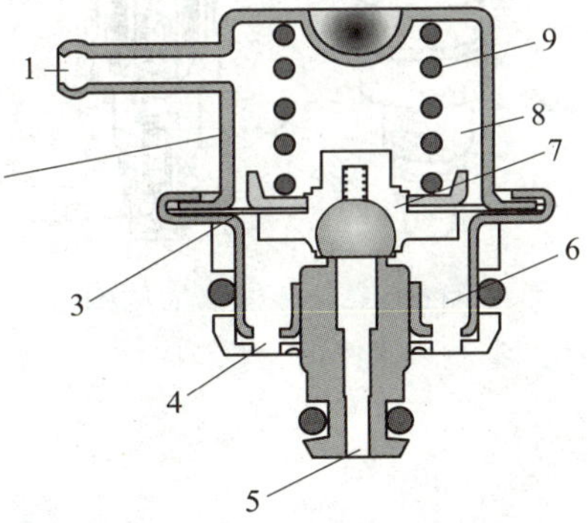

图6－33　燃油压力调节器的结构

1—真空软管接口；2—壳体；3—膜片；4—进油口；5—回油口；6—燃料室；7—阀门；8—弹簧室；9—弹簧

燃油压力、进气歧管真空的吸力及弹簧弹力作用在膜片上，当三力平衡时，膜片保持不动，回油阀关闭。当燃油压力超过预定值时，燃油将膜片上顶，克服弹簧弹力打开回油阀，多余燃油流回油箱，从而使油室油压保持在预定值。当节气门开度变化导致进气歧管内真空变化时，膜片会上下移动以改变燃油压力，使燃油压力与进气歧管压力之差保持在250kPa，如图6－34所示。

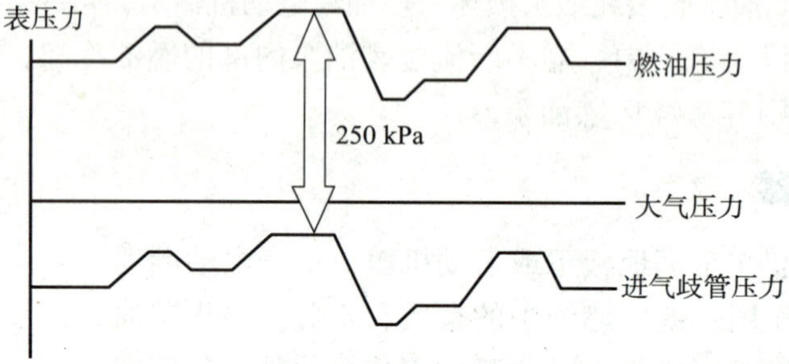

图6－34　压力调节器的功能

一般情况下，汽油泵的泵油量是喷油器总喷油量的6～10倍，因而燃油压力调节器的阀门大部分时间处于开启状态，这样通过燃油的不断循环来冷却喷油器，以防止产生气阻。

四、喷油器

喷油器常安装在进气管末端靠近进气门处，作用是接收来自ECU的控制信号，将雾化良好的燃油喷入进气管。喷油器主要由滤网、线束连接器、电磁线圈、回位弹簧、衔铁和针阀等组成，针阀与衔铁制成一体，如图6－35所示。按喷油口的结构不同，喷油器可分为轴针式和孔式两种。当电磁线圈通电时，产生电磁吸力，将衔铁吸起并带动针阀离开阀座，同时回位弹簧被压缩，燃油经过针阀并由轴针与喷口的环隙或喷孔中喷出。当电磁线圈断电时，电磁吸力消失，回位弹簧迅速使针阀关闭，喷油器停止喷油。喷油器通电时间越长，喷油量越多。

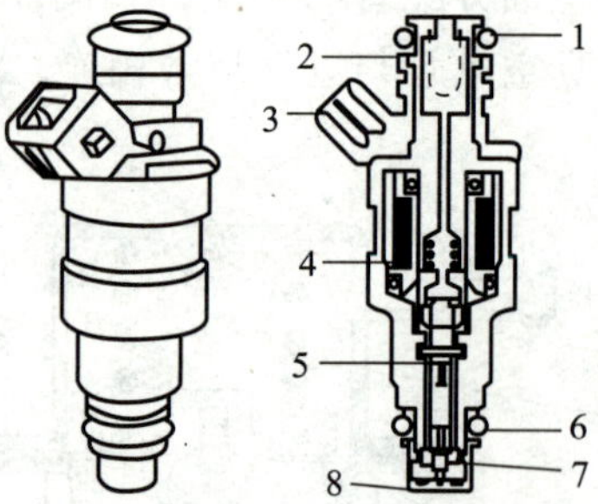

图6－35　喷油器的结构

1，6—O形环；2—滤网；3—插头；4—电磁线圈；5—柱塞；7—针阀；8—喷孔

五、燃油箱及燃油管

燃油箱常位于汽车后部，在后置发动机上则位于汽车前部。油箱必须装在车架旁边并且

还要避免受到撞击。其作用是储存汽油，一般采用钢制，内部经防锈处理。为减轻质量，部分车辆采用合成树脂制成油箱。加油盖内有压力释放阀和真空释放阀，盖上带螺纹的延伸部分在取下油箱盖时能使压力逐渐释放，如图 6-36 所示。

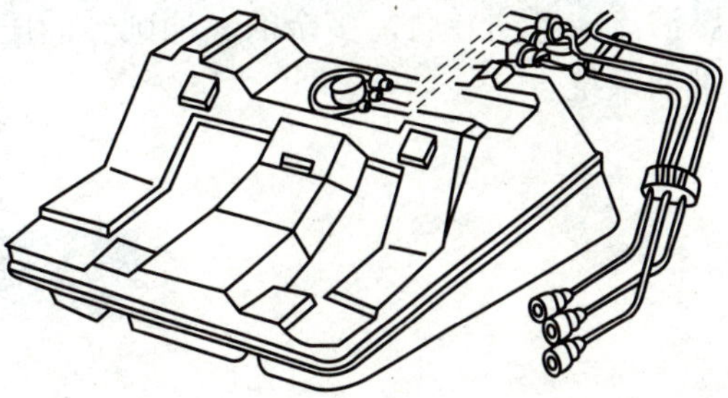

图 6-36　燃油箱

六、燃油分配总管

燃油分配总管一般为钢或铝制成的方形管或圆形管，用于安装喷油器、燃油压力调节器。其容积较大，可起到储油、蓄压和稳压的作用。

七、无回油燃油系统

汽油喷射式发动机大多采用有回油管燃油供给系统，即通过与燃油压力调节器相连的回油管将多余的燃油送回油箱。这种供油方式使得流回燃油箱的汽油有较多时间与空间吸收发动机的热量，其温度较高，流入燃油箱后将导致油箱内油温升高，加速了油箱内燃油的蒸发速度，使得油箱内蒸气压力升高，增加了蒸发排放控制系统的工作负荷。另外热机起动时，由于泵入供油管路的汽油温度较高，部分汽油汽化而使喷油量减少，从而导致发动机的热起动性能较差。

新型轿车采用无回油燃油系统，即没有回油管将多余燃油送回油箱，这样可以降低发动机对燃油的加热效应，从而降低蒸气排放。

无回油燃油系统将燃油泵、燃油滤清器及油压调节器等均内置于燃油箱中，油压调节器工作时的回油在油箱内完成，从燃油箱到燃油分配管只有一根供油管，燃油箱只有泵出的燃油而没有回流的燃油。

如图 6-37 所示，燃油从油箱中泵出，经过滤清器到达一个 T 形接头时，发动机需要的

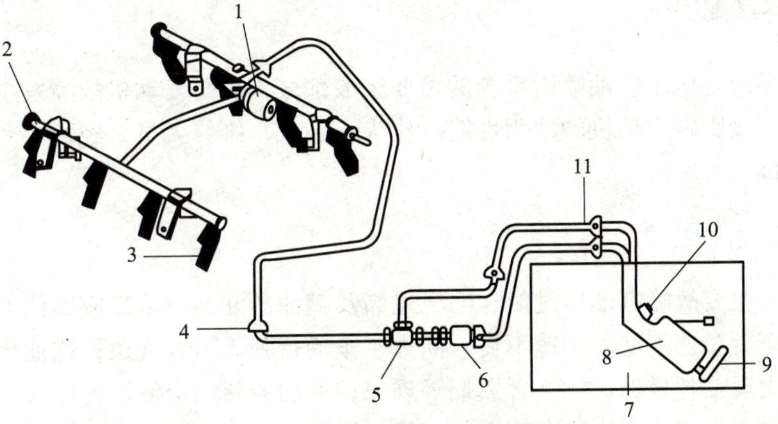

图 6-37　无回油燃油系统

1—脉动衰减器；2—燃油导轨；3—喷油器；4—供油管；5—T 形接头；
6—燃油滤清器；7—燃油箱；8—燃油泵；9—抽泵滤网；10—油压调节器；11—回油管

燃油流向燃油导轨，多余的燃油则经油压调节器返回油箱。因此无回油燃油系统也称为按需供油系统。

任务驱动

1. 燃油滤清器的作用是清除进入________前汽油中的________和________，从而保证________和________的正常工作。

2. 喷油器常安装在________靠近________处，这样的喷射称为进气道喷射。喷油器的喷油量与喷油器的________成正比。

任务六 汽油机燃料供给系维护与典型故障

学习目标

（1）了解汽油发动机燃油供给系统的常见故障。

（2）掌握汽油发动机燃油供给系统的检测和维护方法。

相关知识

燃油供给系统是电子燃油喷射系统的重要组成部分，也是发动机故障发生率较高的系统之一，其故障直接影响发动机的使用性能。作为一名汽车维修人员，经常要对燃油系统进行例行维护与检修。

一、常见故障现象

燃油系统的主要故障有油压过低、油压过高及喷油器漏油、堵塞或雾化不良等。燃油压力过低将导致车辆怠速不稳、加速不良、回火、车辆行驶无力等现象；燃油压力过高将导致混合气过浓，出现油耗增加、排气冒黑烟等现象；喷油器漏油会使油耗加大、雾化不良，易造成混合气无法正常燃烧，影响车辆运行的稳定性。另外，熄火后系统残压不能保持将造成起动困难或难以起动等故障。

当发动机出现怠速不稳、加速无力、高速行驶无力等故障现象，以及进行车辆维护（约 40 000km）时，应对燃油系统进行检测，以确定故障是否在燃油系统。

二、主要检测内容

1. 目视外观检查

燃油系统的外观检查是进行故障诊断的首要环节。维修前应对车辆进行登记，记录车辆VIN码、发动机型号，并向车主询问故障现象，同时查阅该发动机的维修资料。外观检查时，应检查燃油系统各接头处是否泄漏，燃油箱是否损坏或锈蚀，油管是否破损，装配是否稳固，汽油滤清器安装方向是否正确，真空软管是否连接完好，喷油器O形密封圈、插接器、插头及外壳是否正常等。

2. 燃油压力检测

在燃油系统的检修中，燃油压力检测是必不可少的环节。通过燃油压力测试能判断故障产生的原因，找出故障部位后进行维修或更换。

1）燃油系统压力释放

为防止在拆卸时系统内的压力油喷出，造成人身伤害和火灾，在对燃油系统进行拆卸前必须释放残余压力。

卸压方法：起动发动机，维持怠速运转；在发动机运转时，拔下油泵继电器或电动燃油泵电线接线，使发动机熄火；再使发动机起动2～3次，就可完全释放燃油系统压力；关闭点火开关，装上油泵继电器或电动燃油泵电源接线。

2）燃油系统压力测试

为了判断燃油系统工作是否正常，需要用油压表测试燃油压力，将测试的工作油压力及残余压力与正常值相比较，来判断故障所在部位。

检测方法为：首先释放燃油系统压力，拔下蓄电池负极电缆；将油压表接入合适位置——脉动阻尼器位置（对于韩国大宇或通用）或进油管接头处（对于丰田）。接好蓄电池负极电缆，起动发动机使其维持怠速运转，发动机运转至正常工作温度后油压表数值应符合要求。油泵停止工作10min后，读取油压表显示的残余压力，多点喷射系统不低于0.20 MPa，单点喷射系统不低于0.05 MPa，如图6－38所示。

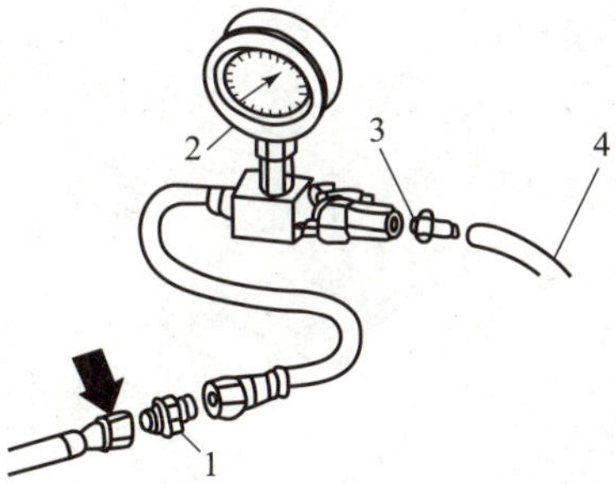

图6－38　油压表

1—供油管接头；2—压力表；3—出油管接头；4—出油管

检查完毕后，释放燃油压力，拆下油压表，装复燃油系统，然后预置燃油压力，起动发动机确定有无泄漏。

不同车系、不同排量的燃油系统油压有差异，维修时应仔细查阅维修车辆的技术资料。一些车型的燃油压力见表6－1。

表6－1　一些车型的燃油压力

车型	排量/L	喷射类型	系统油压（接真空管）/kPa	残压/kPa
桑塔纳2000	1.8	多点喷射	约300	>150（停车10min后）
奥迪A6	1.8	多点喷射	约350	>250（停车10min后）

续表

车型	排量/L	喷射类型	系统油压（接真空管）/kPa	残压/kPa
上海别克	3.0	多点喷射	284～325	>33（停车10min后）
通用	5.0	单点喷射	75	残压很低
丰田	2.5	多点喷射	196～235（怠速） 265～304（静态）	熄火后5min不降低
克莱斯勒	2.5	单点喷射	98	残压很低
本田	2.0	多点喷射	265～305（怠速）	>150（停车10min后）
福特	2.3	多点喷射	206～318（怠速）	熄火后5min不降低

3）燃油系统压力预置

为避免首次起动发动机时，因系统内无压力而导致起动时间过长，装复燃油系统后应给燃油系统预置一定的压力。通过反复打开和关闭点火开关数次来完成，也可以使电动燃油泵工作约10s来实现。

4）检测流程

燃油系统的主要故障是油压过低和油压过高，根据燃油压力表显示的燃油压力进行故障判断，检测流程如图6－39和图6－40所示。

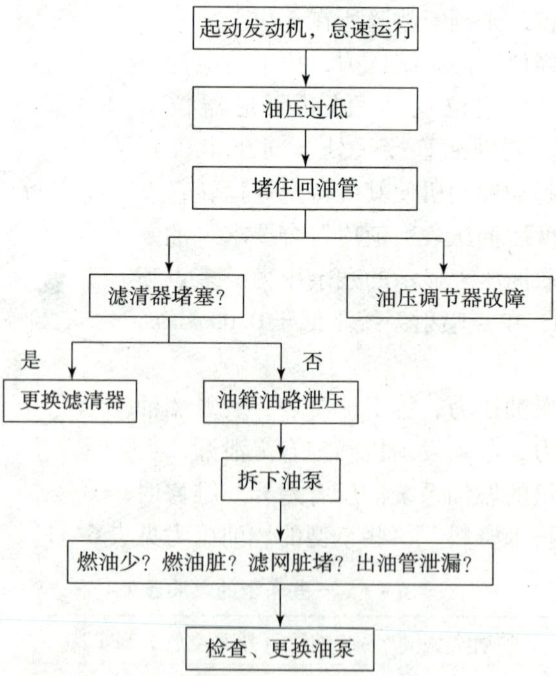

图6－39 油压过低检测流程

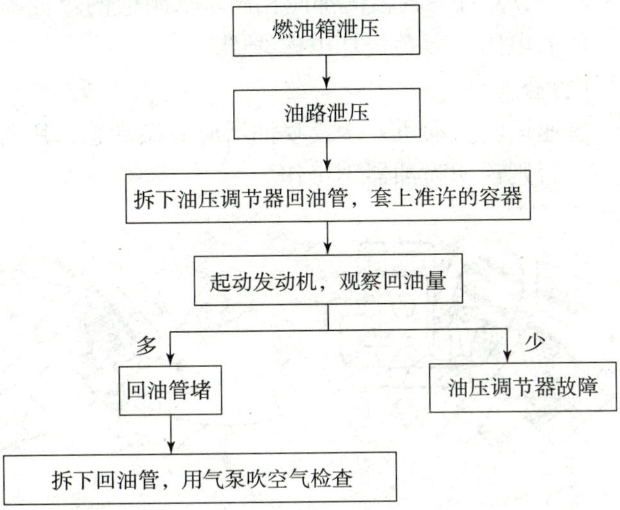

图 6-40　油压过高检测流程

三、燃油系统元件的检查与更换

1. 燃油泵的检查与更换

如图 6-41 所示，燃油泵的检查项目常常包括保持压力和最大压力检测。点火开关置于“ON”，使燃油泵作用 2~3s 后关闭点火开关，5min 后保持压力应符合规定。汽油泵的最大压力为 440~589kPa，若不符合，则应更换燃油泵。

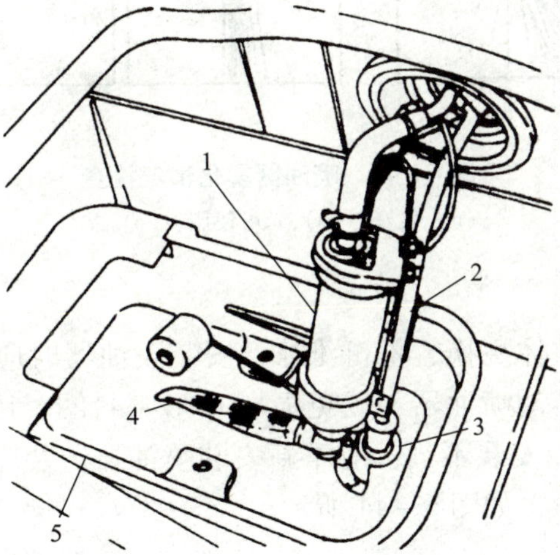

图 6-41　燃油泵在油箱中的布置

1—汽油泵；2—回油管；3—护盖；4—滤网；5—油池

更换燃油泵前应先释放油箱和油管压力，更换时，其 O 形环组和密封橡胶必须更换。

2. 喷油器的检查和更换

1）喷油器线圈电阻检查

断开点火开关，拔下喷油器插头，用万用表测量喷油器线圈电阻，高电阻型阻值为 11~

17Ω，低电阻型阻值为 2 ~ 3Ω，且各缸阻值都应相同。低阻值的喷油器不可直接与蓄电池连接，应串联一个适当阻值的电阻，以免烧坏电磁线圈。

2）喷油器电磁线圈检查

如图 6 – 42 所示，怠速运转发动机，手摸喷油器应有振动感，用听诊器探针接触喷油器应能听到清脆的吸合声，否则说明喷油器不工作。

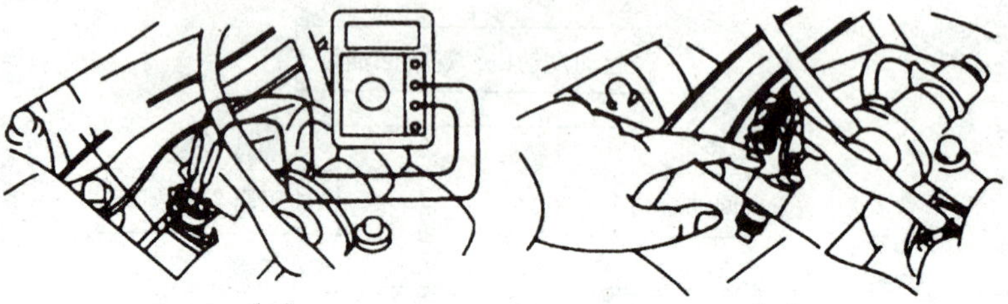

（a）　　（b）

图 6 – 42　喷油器的检查

（a）喷油器的电阻检查；（b）用手指检查喷油器的工作情况

3）喷油器喷油质量检查

将喷油器拆下放置在超声波喷油器清洗机上，观察喷油状况和喷油量。15s 喷油量应是 50 ~ 60mL，喷出的燃油应是一定锥度的均匀雾状，如图 6 – 43 所示。

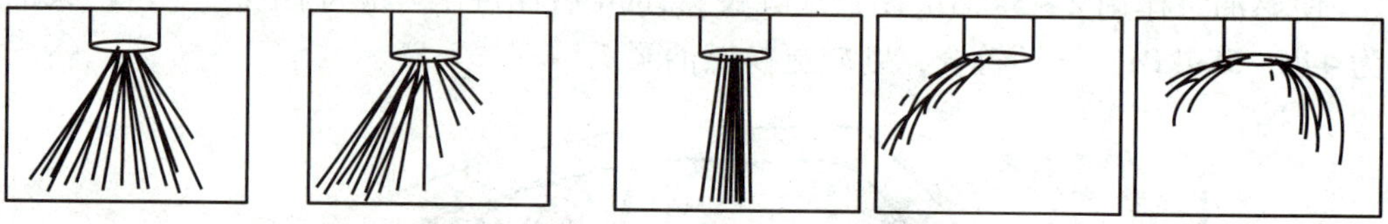

（a）　　（b）　　（c）

图 6 – 43　喷油器雾化情况检查

（a）良好；（b）尚可使用；（c）差

4）喷油器的更换

喷油器出了故障只能整体更换，不可维修。安装喷油器时应更换 O 形密封圈，将喷油器装入燃油总管时应不断转动喷油器，以免损坏 O 形密封圈。用手转动喷油器，如果不能平顺转动，说明 O 形密封圈安装不当，应重新安装喷油器。装完后要用扭力扳手按规定力矩拧紧燃油导轨的连接螺栓，如图 6 – 44 所示。

3. 燃油滤清器的更换

（1）释放油压（有些发动机如 Toyota Corona4A – FE 发动机未要求做油压释放）。

（2）将油盆置于接头下，并将拆开的接头用橡皮塞塞住，再拆开上端的出油管接头，即可拆下燃油滤清器。

（3）按照安装方向装上新的滤清器，更换所有的垫片，装回进、出油管接头。

（4）起动发动机，检查油管接头是否漏油。

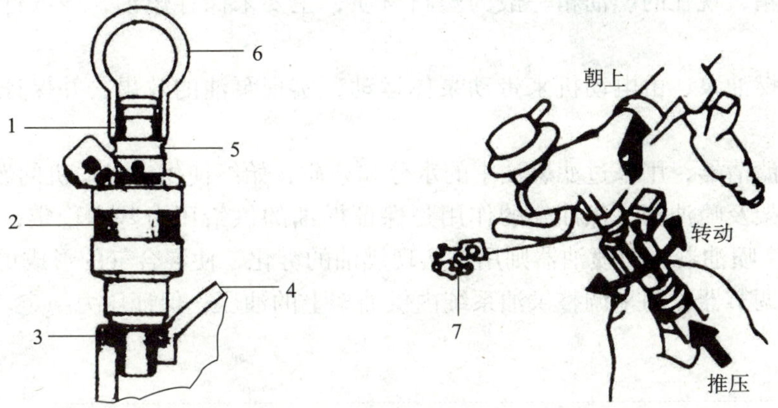

图 6-44 喷油器的安装

1—O 密封形圈；2—喷油器；3—隔热垫圈；4—进气歧管；5—扣夹；6—燃油共轨；7—卡子

4. 油压调节器的检查

油压调节器常见的故障是阀门关闭不严、真空膜片破裂、真空软管破损或连接不可靠。阀门关闭不严会造成燃油管路中的保持压力过低，影响发动机的起动性能。真空膜片破裂会使燃油经真空软管漏至进气管，造成油耗过高、排气冒烟、发动机起动困难等故障。

1）油压调节器的就车检查

检查时用油压表测量发动机怠速运转时的燃油压力，然后拆下调节器上的真空软管。这时燃油压力应升高 50kPa，否则应予以更换。

2）油压调节器的拆卸检查

拆下油压调节器的进油管和真空软管，这时两者之间应不通；否则，表明有泄漏，应予以更换。

任务驱动

1. 简要分析燃油系统压力过低的原因。
2. 怎样释放燃油系统的油压？什么情况下应释放油压？

小　结

汽油机燃油供给系统可以起到储存、输送、雾化、清洁及定时且定量地将燃油供给发动机的作用，保证发动机正常运转。

系统组成及各个部件特点：

（1）燃油箱，现在的燃油箱一般为塑料材质，主要来储存燃油，该部件一般不是标准的形状。

（2）电动燃油泵，由电动机来带动泵体运动，实现泵油的效果，并保证一定压力的燃油向外输送。

（3）燃油滤清器，用来过滤燃油中的水分和杂质，始终使供向发动机的燃油保持清洁。

（4）供油架及喷油器，供油架的作用是保证燃油的供给压力基本稳定，然后分配给安装在上面的各个喷油器，而喷油器则用来实现燃油的雾化，使混合气的形成更均匀。

（5）油压调节器，用来调整供油系统内供油架上的油压，保证压力稳定。

燃油供给压力测量　作业工单		
小组组长：________　　维修技师甲：________　　维修技师乙：________ 质检员：________　　记录员：________		
整车型号		
车辆识别代码		
发动机型号		
任务	作业记录内容	备注
一、前期准备	按 6S 标准进行工位、配件和工具的准备	
二、安全检查	车辆安全检查，安全操作培训，灭火器的检查	
三、操作步骤	1. 电动燃油泵有三种结构形式，分别是________、________和________。 2. 电动燃油泵转速控制方式有两种，分别是________和________。 3. 燃油箱上一般有三根油管，分别是______、______和______。 4. 油压调节器的作用是________。 5. 在拆卸燃油系统内任何元件时，都必须先________，其方法是：________。 6. 在检测燃油系统压力时，油压表一般安装在________	
四、竣工检验	设备器材、工具的整理、清洁及检查记录（严格按照 6S 标准） ________	
教师（客户签字）：________　　维修时间：________		

项目七 柴油机燃料供给系统

情景导入

现在公路上行驶的绝大多数卡车、大中型客车、部分小轿车和几乎全部的工程机械，使用的都是柴油发动机。柴油发动机的燃油供给系统与汽油机有很大的不同，燃料在发动机中的燃烧方式也不同，柴油发动机的热效率要高于汽油机。柴油机的发展趋势是电控喷射。

任务一　柴油机燃料供给系统概述

学习目标

（1）能够掌握柴油机燃油供给系统的组成与作用。

（2）掌握不同形状燃烧室的特点。

相关知识

一、柴油机燃油系统的组成与作用

柴油机使用的燃料是柴油，由于柴油比汽油黏度大、蒸发性差，所以在柴油机工作时，必须采用高压喷射的方法，在压缩行程接近上止点时，将柴油以雾状喷入燃烧室，直接在气缸内部形成可燃混合气，并借助气缸内空气的高温自行发火燃烧。

柴油机燃料供给系统一般由柴油箱、柴油粗滤器、输油泵、喷油泵、调速器、喷油器及油管等部件组成，其中喷油泵是柴油机燃料供给系统中的关键部件。目前，柱塞式喷油泵和分配式喷油泵是柴油机燃料供给系统中广泛应用的两种喷油泵。

图7-1所示为装有柱塞式喷油泵的柴油机燃料供给系统示意图。发动机工作时，在输油泵5的作用下，柴油从柴油箱8中被吸出，经过油水分离器7分离掉柴油中的水分，再由柴油滤清器2滤除柴油中的杂质，然后送往柱塞式喷油泵3。在喷油泵内柴油经过增压和计量之后，经高压油管9供入喷油器1，最后通过喷油器将柴油喷入燃烧室。输油泵供给的多余柴油及喷油器顶部的回油均经回油管11返回柴油箱。直列柱塞式喷油泵一般由柴油机曲轴的定时齿轮驱动，固定在喷油泵壳体上的活塞式输油泵由喷油泵凸轮轴上的偏心轮驱动。喷油泵前端装有供油提前器4，后端与调速器6组成一体。

图7-2所示为装有轴向分配式喷油泵（也称VE泵）的柴油机燃料供给系统示意图。一级输油泵3将柴油从柴油箱内吸出后产生一定的压力，经油水分离器2及柴油滤清器5滤掉水分和杂质后输送到二级输油泵4，再由二级输油泵将压力提高后输送到分配式喷油泵体9内，由分配式喷油泵12增压计量后，按发动机工作顺序将高压油送到各个气缸的喷油泵10喷入燃烧室，多余的柴油流回柴油箱。

一级输油泵为膜片式泵，由配气机构的凸轮轴驱动。二级输油泵为滑片式泵，装在分配式喷油泵体内，并由分配式喷油泵的传动轴驱动。滑片式输油泵出口油压随转速的升高而

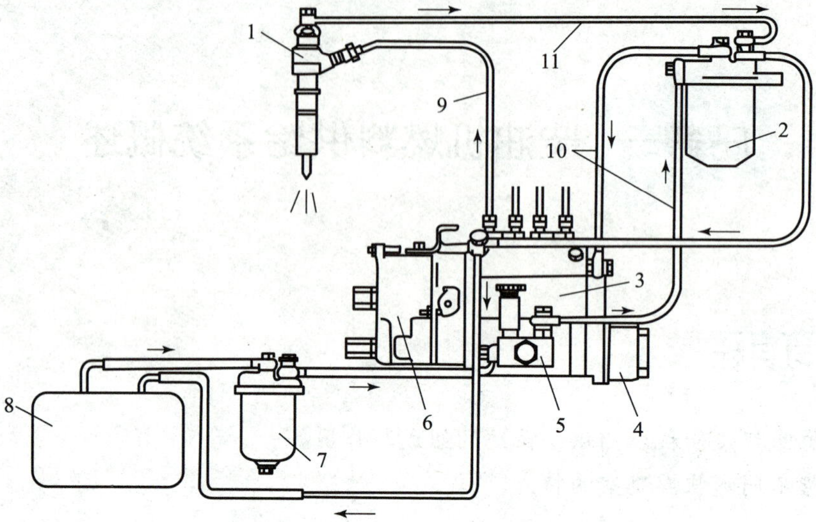

图 7－1　装有柱塞式喷油泵的柴油机燃料供给系统示意图

1—喷油器；2—柴油滤清器；3—柱塞式喷油泵；4—供油提前器；5—输油泵；6—调速器；7—油水分离器；8—柴油箱；9—高压油管；10—低压油管；11—回油管

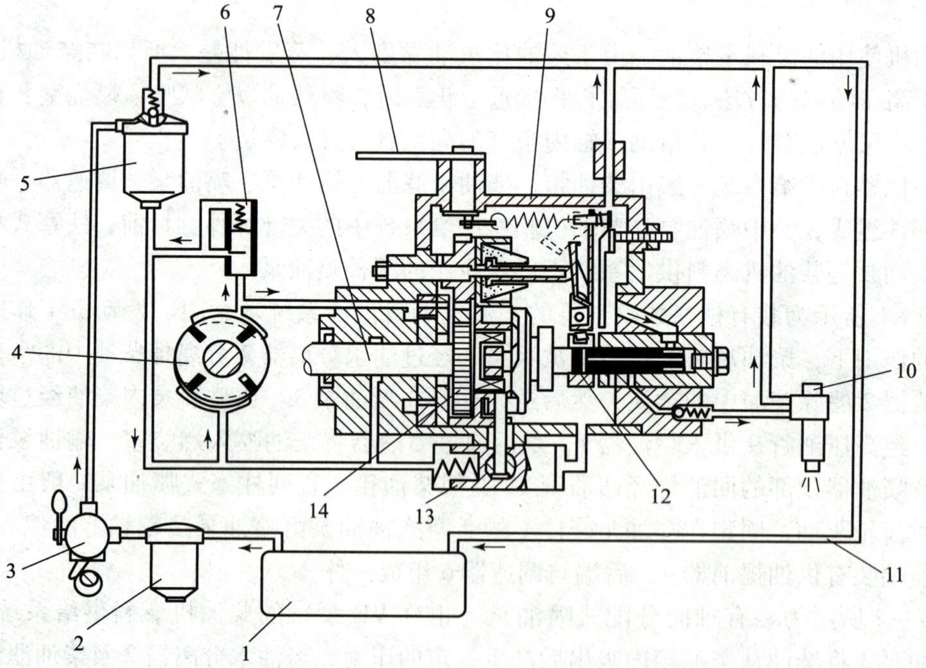

图 7－2　装有轴向分配式喷油泵的柴油机燃料供给系统示意图

1—柴油箱；2—油水分离器；3—一级输油泵；4—二级输油泵；5—柴油滤清器；6—调压阀；7—分配式喷油泵传动轴；8—调速手柄；9—分配式喷油泵体；10—喷油泵；11—回油管；12—分配式喷油泵；13—喷油提前器；14—调速器传动齿轮

增加。为使喷油泵体内腔油压保持稳定，在二级输油泵出口处设有调压阀6。当喷油泵体内腔油压超过规定值时，将有部分柴油经调压阀返回输油泵入口。喷油泵体内腔油压一般为0.3~0.7MPa。

除上述燃油供给装置外，柴油机燃料供给系统还包括空气供给装置、混合气形成装置及废气排出装置。空气供给装置由空气滤清器、进气管和进气道组成，有的还装有空气增压器及中冷器；混合气形成装置为燃烧室；废气排出装置由排气道、排气管和排气消声器组成。

二、柴油机燃油供给系统的工作原理

柴油机在工作过程中，输油泵将柴油不断地从油箱中吸出，经过柴油滤清器去除杂质后，输入喷油泵的低压油腔；通过柱塞和出油阀将燃油压力提高，经高压油管输送到喷油器，燃油呈现雾状喷入燃烧室，在燃烧室内形成混合气。输油泵的供油量大于喷油泵所需供油量，过量的柴油将经过油管回到滤清器或者油箱。

从油箱至喷油泵入口处这段油路中的油压是输油泵建立的，一般为0.15~0.3MPa，由于这段油压较低，故这段油路称为低压油路。从喷油泵到喷油器这段油路中的压力是由喷油泵的柱塞和出油阀建立的，一般在10 MPa以上，故称此段油路为高压油路。

在柴油机柴油供给装置维修和装配后，必须将柴油机整个油路中的空气排除，使柴油充满喷油泵。为此，在输油泵上装有手动泵，在柴油机开车前，使用手动泵油的方式排除油路中的空气。喷油泵凸轮轴的前端与供油提前器连接，后端与调速器一体，它们分别起喷油定时和自动调节喷油量的作用。

三、柴油机可燃混合气的形成与燃烧室

1. 可燃混合气的形成

与汽油机相比，柴油机可燃混合气的形成与燃烧条件要差得多。在柴油机工作过程中，进气行程进入气缸的是纯空气，只是在压缩行程接近终了时才将高压柴油喷入燃烧室。喷油持续阶段为15°~35°曲轴转角段，所形成的可燃混合气很不均匀，在燃烧室的不同区域以及不同时期，可燃混合气的浓度相差都很大。

目前柴油机可燃混合气的形成方法基本上有两种：空间雾化混合和油膜蒸发混合。

空间雾化混合是将高压柴油喷向燃烧室空间，形成雾状，与空气进行混合。为了使混合均匀，要求喷出的燃油与燃烧室形状相配合，并充分利用燃烧室中空气的运动。

油膜蒸发混合是将大部分柴油喷射到燃烧室壁面上，形成一层油膜，受热蒸发，在燃烧室中强烈旋转气流的作用下，燃料蒸气与空气形成均匀的可燃混合气。

在柴油实际喷射中，很难保证燃料完全喷到燃烧室空间或燃烧室壁面，所以两种混合方式都兼而有之，只是多少、主次有所不同。

为了促进柴油与空气更好混合，一般都要组织适当的空气涡流，常见的有以下3种：

（1）进气涡流。进气涡流是指在进气行程中，使进入气缸的空气形成绕气缸中心高速旋转的气流。它一直持续到燃烧膨胀过程。

产生进气涡流的方法一般是将进气道设计成螺旋气道或切向气道，如图7－3所示。切向气道是在气门座前强烈收缩，引导气流以单边切线方向进入气缸，造成进气涡流。螺旋气

道是在气门座上方的气门腔里制成螺旋形，使气流在螺旋气道内就形成一定强度的旋转，造成较强的进气涡流，涡流速度可以达到曲轴转速的 6 ~ 10 倍。

图 7 – 3　柴油机进气道

(2) 挤压涡流。挤压涡流（挤流）是在压缩过程中形成的空气运动。当活塞接近压缩上止点时，活塞顶上部环形空间中的气体被挤入活塞顶部的凹坑内，如图 7 – 4（a）所示，形成了气体的运动。当活塞下行时，活塞顶部凹坑内的气体向外流到环形空间，如图 7 – 4（b）所示，称为逆挤流。挤压涡流的产生与活塞顶凹坑（燃烧室）设计有很大关系，柴油机活塞顶凹坑形形色色，目的就是促进燃油与空气的混合和燃烧。

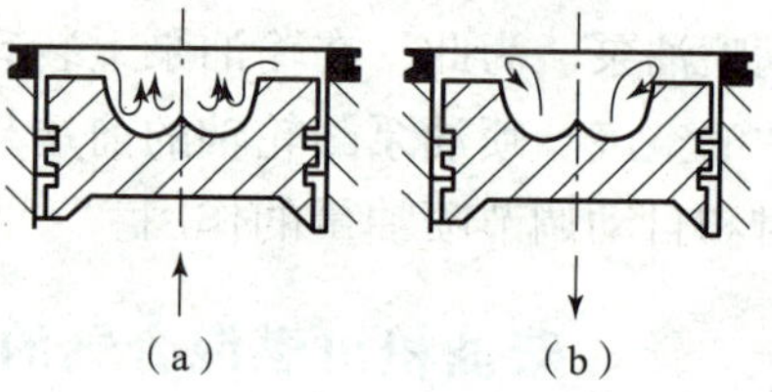

图 7 – 4　挤压涡流

(a) 挤流；(b) 逆挤流

(3) 燃烧涡紊流。燃烧涡紊流是指利用柴油燃烧的能量，冲击未燃的混合气，造成混合气涡流或紊流。其目的也是进一步促进燃油与空气的混合和燃烧。燃烧涡紊流的程度与柴油机燃烧室的形状密切相关。

根据气缸中压力和温度的变化特点，可将混合气的形成与燃烧过程按曲轴转角划分为四个阶段，如图 7 – 5 所示。

备燃期Ⅰ：从喷油器喷油始点 A 到燃烧始点 B 之间的曲轴转角。这一期间进行着燃烧前的物理和化学准备过程。

速燃期Ⅱ：从燃烧始点 B 到气缸内压力达最高的 C 点之间的曲轴转角。火焰自火源迅速向四周推进，上一时期积存的柴油以及在此期间陆续喷入的柴油，在已燃气体的高温作用下迅速蒸发、混合和燃烧，使气缸内的压力和温度急剧上升，最高压力可达 6 ~ 9MPa，一般出现在上止点后 6° ~ 15°曲轴转角处。这一时期的放热量为每循环放热量的 30% 左右。

缓燃期Ⅲ：从最高压力点 C 到最高温度点 D 之间的曲轴转角。在此期间，燃烧以很快的速度继续进行，后期由于氧气缺少、废气增加，燃烧速度越来越慢。在此期间的压力逐渐下降，但燃气温度还在继续升高，最高温度可达 1 973 ~ 2 273K，一般出现在上止点后 20° ~ 35°曲轴转角处。喷油是在 D 点以前结束的，缓燃期内的放热量为每循环放热量的 70% 左右。

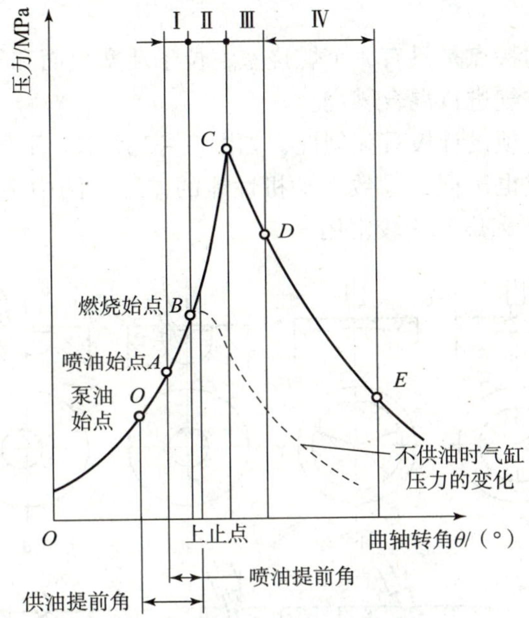

图7－5　气缸压力与曲轴转角的关系

Ⅰ—备燃期；Ⅱ—速燃期；Ⅲ—缓燃期；Ⅳ—后燃期

后燃期Ⅳ：从最高温度点 D 到柴油已基本上完全燃烧的 E 点之间的曲轴转角。燃烧是在逐渐恶化的条件下缓慢进行直到停止的。在此期间，压力和温度均下降。为防止柴油机过热，应尽量缩短后燃期。加强燃烧室内气体的运动及改善混合气的形成条件是缩短后燃期的有效措施。

综上所述，柴油机的工作特点是工作粗暴、排气冒烟、噪声大。从喷油开始到燃烧结束，仅占50°～60°的曲轴转角，可燃混合气形成的时间极短、空间极小。因此，在这段时间里，提高燃料的雾化程度、加强气流的运动强度、改善燃烧后期的燃烧条件是提高柴油机动力性和经济性的有效途径。

2. 燃烧室

由于柴油机可燃混合气的形成和燃烧主要是在燃烧室内进行的，所以燃烧室的形状对可燃混合气的形成和燃烧有着直接的影响。

柴油机燃烧室按结构形式分为两大类：统一式燃烧室和分隔式燃烧室，如图7－6所示。

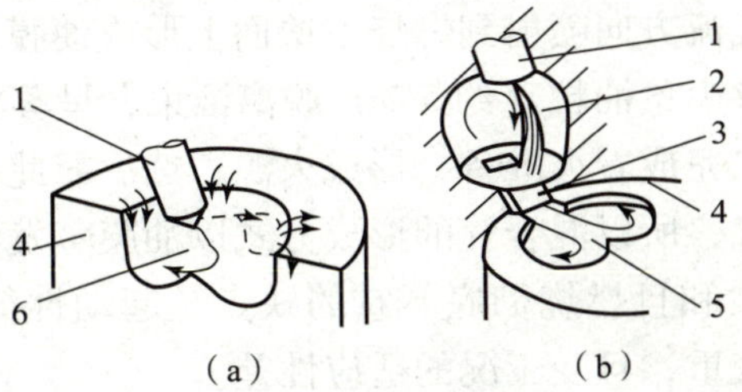

图7－6　柴油机燃烧室

（a）统一式燃烧室；（b）分隔式燃烧室

1—喷油器；2—副燃烧室；3—连接通道；4—活塞；5—双涡流凹坑；6—ω形凹坑

1）统一式燃烧室

统一式燃烧室的结构特点是只有一个燃烧室，位于活塞顶面和气缸盖底平面之间，燃料直接喷入该燃烧室中与空气进行混合燃烧。

统一式燃烧室的活塞顶设计极具独创性，如图 7－7 所示。不同的涡流凹坑，产生不同的气体运动，混合气形成也不同，导致发动机性能的差异。图中 7－7（b）和图 7－7（c）所示的 ω 形燃烧室和球形燃烧室比较常用。

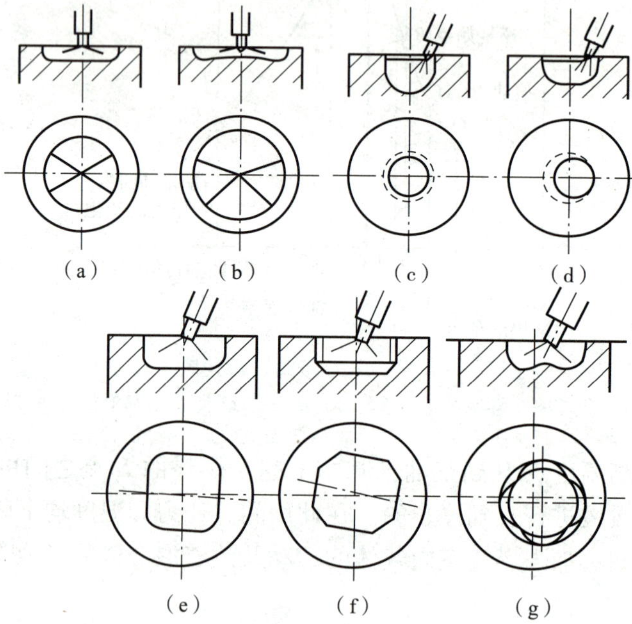

图 7－7　统一式燃烧室

（a）浅盆形燃烧室；（b）ω 形燃烧室；（c）球形燃烧室；（d）U 形燃烧室；（e）四角形燃烧室；（f）八角形燃烧室；（g）花瓣形燃烧室

ω 形燃烧室活塞顶部凹坑的纵剖面为 ω 形，喷入的柴油绝大多数分布在燃烧室的空间，极少部分喷到燃烧室壁面上形成油膜。所以混合气的形成以空间雾化混合为主。这种燃烧室结构简单、紧凑，由于空间小，传热损失少，发动机的动力性、经济性及起动性都较好。但对喷油系统要求高，需要较高的喷油压力，要配以多孔式喷油器，工作起来也比较粗暴。

球形燃烧室位于活塞顶部中央，形状大于半个球。与喷油器相对应的位置开有缺口，与球面相切，柴油从这里顺气流方向喷射到燃烧室壁面上形成油膜。在柴油喷射贯穿空气或碰到燃烧室壁反射时，必然有少量油粒（约 5%）脱离油束，呈雾状散布在燃烧室空间。这部分柴油在炽热的空气中首先完成着火准备，形成火源，然后靠此火源点燃从燃烧室壁上已蒸发的燃油形成的可燃混合气，所以混合气的形成方式以油膜蒸发混合为主。这种混合气形成方式使发动机工作平稳、柔和且燃烧彻底。它的缺点是起动性能较差；低速、低负荷工作时，混合气质量差，排烟较重，且变工况的适应性差。

2）分隔式燃烧室

分隔式燃烧室由两部分组成，即主燃烧室和副燃烧室。主燃烧室位于活塞顶与气缸盖底面之间，副燃烧室位于气缸盖内。主、副燃烧室之间用一个或几个直径较小的通道相连。燃油则是喷入到副燃烧室内的。分隔式燃烧室常见的结构型式有涡流室式和预燃室式两种，如图7-8所示。

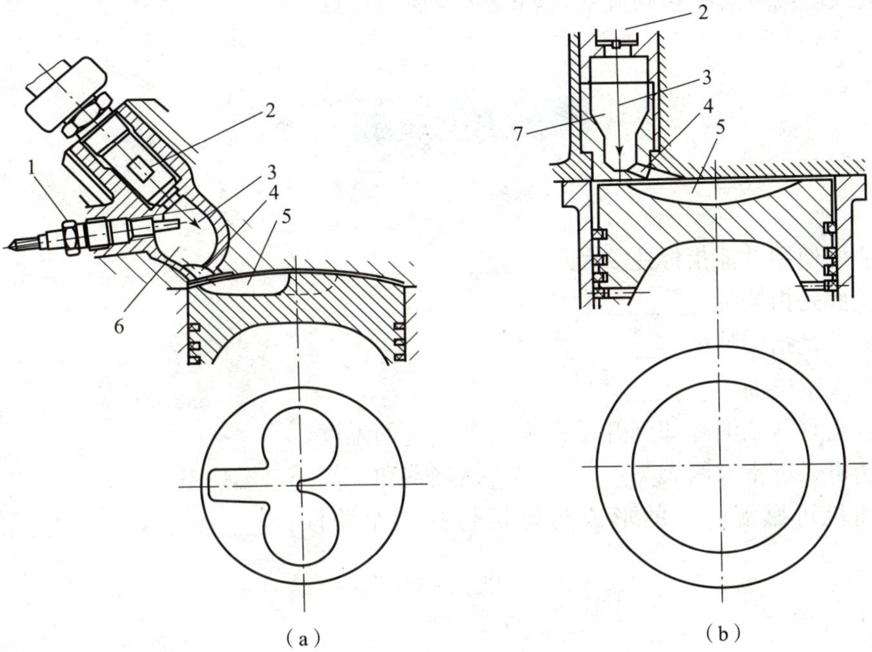

图7-8　分隔式燃烧室

(a) 涡流室式；(b) 预燃室式

1—电热塞；2—喷油器；3—燃油喷注；4—通道；5—主燃烧室；6—涡流室；7—预燃室

涡流室式燃烧室的副燃烧室多为球形，也有圆柱形。涡流室与主燃烧室用一个或数个通道连通，通道方向与活塞顶成一定角度并与涡流室相切。这样，在压缩行程中，空气从气缸内被挤入涡流室时，形成强烈的、有规则的涡流运动，喷入涡流室内的燃油在强烈的空气涡流作用下迅速与空气混合形成可燃混合气，混合气的形成属于空间混合。着火后大部分柴油在涡流室内燃烧，未来得及燃烧的部分燃油在做功行程初期与高压燃气一起通过切向通道喷入主燃烧室，形成二次涡流，使之进一步与空气混合燃烧。

由于在涡流室及气缸内均能形成强烈的涡流运动，可以降低对柴油喷雾质量的要求，因此可以采用喷油压力较低的轴针式喷油器，可在较小的过量空气系数（$a=1.2\sim1.3$）下工作，平均有效压力较高；由于大部分柴油是在涡流室内燃烧的，再加上通道面积较小，对气体流动产生一定的节流作用，使主燃烧室内气体压力升高较平缓，发动机运转平稳，燃烧噪声小，排气污染少。但由于燃烧室的散热面积大和通道的节流作用，使散热损失和流动损失增加，所以经济性较差。此外，由于喷油压力低，油雾颗粒较大、蒸发慢，所以起动性能也较差。为了保证冷机起动，一般设置电热塞等起动辅助装置。

预燃室式燃烧室的副燃烧室多是长体结构，一般用耐热钢单独制造，再镶入气缸盖内。在压缩行程中，气缸内的空气被挤入预燃室内形成强烈的、无规则的紊流运动，喷入到预燃室内的柴油受空气紊流的扰动，与空气初步混合，形成可燃混合气，混合气的形成属于空间混合。少部分的柴油在预燃室内着火燃烧后，预燃室内温度，压力急剧升高，未燃烧的大部分柴油及燃气高速喷入主燃烧室。由于窄小孔道的节流作用再次产生紊流，促使柴油进一步蒸发与空气混合而完全燃烧。

预燃室式燃烧室具有和涡流室式燃烧室类似的特点。

任务驱动

1. 柴油的使用性能指标主要是________、________、________和________。
2. 蒸发性是指柴油________的特性。
3. 发火性是指柴油的________能力。
4. 黏度决定柴油的________。
5. 凝点是表示柴油冷却到开始失去________的温度。
6. 柴油机燃烧室分两大类：________燃烧室和________燃烧室。
7. 柴油机可燃混合气的形成与燃烧包括四个阶段：________、________、________和________。

任务二 柴油机燃油供给系统主要零件与结构

学习目标

（1）柴油机燃油供给系统的主要部件。

（2）输油泵、柴油滤清器、喷油泵、喷油器和调速器的工作原理。

一、输油泵

1. 输油泵的结构原理

输油泵的功用是保证低压油路中柴油的正常流动，克服柴油滤清器和管路中的阻力，并以一定的压力向喷油泵输送足够量的柴油，输油量应为全负荷最大耗油量的3~4倍。

输油泵的结构型式很多，常见的有活塞式、转子式、滑片式和齿轮式等几种。活塞式输油泵工作可靠，目前应用广泛。

活塞式输油泵的结构如图7-9所示，主要由机械泵总成和手油泵总成组成。

活塞式输油泵安装在柱塞式喷油泵的侧面，并由喷油泵凸轮轴上的偏心轮驱动。机械泵总成由挺柱总成4、推杆16、活塞17和弹簧18等组成，其基本结构原理示意图如

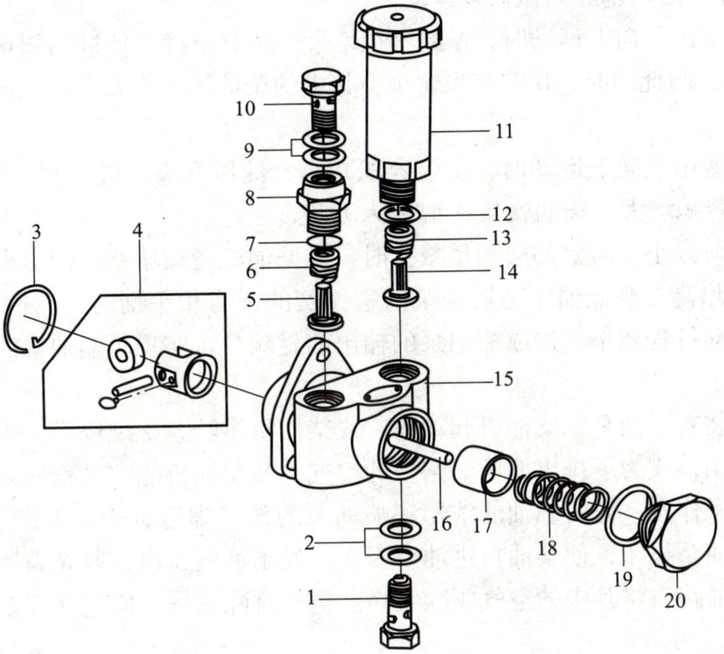

图 7－9　活塞式输油泵结构

1—进油空心螺栓；2，9，19—垫圈；3—弹簧挡圈；4—挺柱总成；5—出油阀；6，13，18—弹簧；7，12—O 形密封圈；8—管接头；10—出油空心螺栓；11—手油泵；14—进油阀；15—输油泵体；16—推杆；17—活塞；20—螺塞

图 7－10 所示。

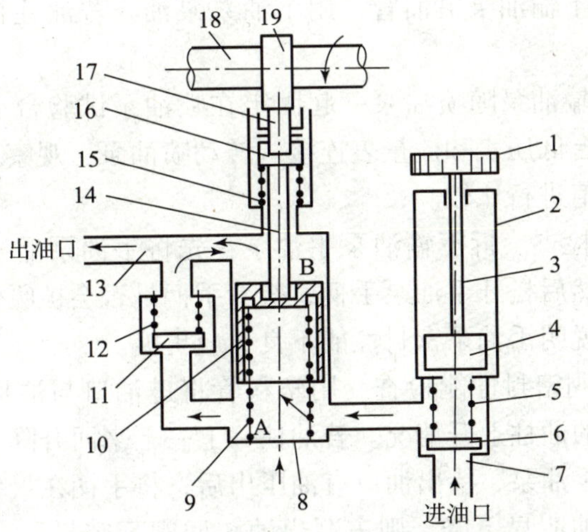

图 7－10　机械泵总成结构原理示意图

1—手油泵拉钮；2—手油泵体；3—手油泵杆；4—手油泵活塞；5—进油阀弹簧；6—进油阀；7—进油接头；8—输油泵体；9—输油泵活塞弹簧；10—输油泵活塞；11—出油阀；12—出油阀弹簧；13—出油接头；14—推杆；15—推杆弹簧；16—挺柱；17—滚轮；18—喷油泵凸轮轴；19—偏心轮

当喷油泵凸轮轴 18 旋转时，在偏心轮 19 和输油泵活塞弹簧 9 的共同作用下，输油泵活

塞 10 在输油泵体 8 的活塞腔内做往复运动。

当输油泵活塞由下向上运动时，A 腔容积增大产生真空度，使进油阀 6 开启，柴油经进油口被吸入 A 腔；与此同时，B 腔容积缩小，其中的柴油压力升高，出油阀关闭，燃油被送往滤清器。

当输油泵活塞由上向下运动时，A 腔容积减小，油压升高，进油阀关闭，出油阀开启；与此同时，B 腔容积增大，柴油就从 A 腔流入 B 腔。

当柴油机负荷减小，需要的柴油量减少时，或柴油滤清器堵塞，油道阻力增加时，会使输油泵 B 腔油压增高。当此油压与输油泵活塞弹簧的弹力相平衡时，活塞往 B 腔的运动便停止，活塞的移动行程减小，造成输油泵的输出油量减少，实现了输油量的自动调节，而输油压力则基本稳定。

输油泵外侧装有手油泵，柴油机起动前，或柴油机供给系统维修后，为了使低压油路充满柴油，便于起动，或为了排出低压油路中的空气，使柴油机能够平稳地运转，可使用手油泵泵油或排气。操作时，先将燃油滤清器和喷油泵的放气螺钉旋松，再将手油泵拉钮旋开，上下反复拉动手油泵拉钮，使柴油自进油口吸入，经出油阀压出，并充满燃油滤清器和喷油泵前的所有低压油路，将其中的空气驱除干净。空气排除完毕，应重新拧紧放气螺钉，旋进手油泵拉钮。

2. 输油泵的检修

1）吸油能力的检查

用油管将输油泵进油口直接连接至 1m 以下的一专用柴油桶，拆掉输油泵出油管，用手油泵吸油，若在 30 次内不能将柴油从油桶中吸上来并压出，说明输油泵的吸油能力不良。

2）泵油能力的检查

（1）随车检查。拆下输油泵出油管，用手油泵泵油，若油柱粗、无气泡、出油急且能窜至 500mm 以上为良好。

（2）试验台检查。输油泵随喷油泵一起固定在喷油泵试验台上，将进油管与试验台油箱连接，出油口与试验台低压表和流量表连接。转动喷油泵，观察怠速和额定转速时的出油压力及流量，并与标准值进行比较。

（3）手油泵性能的检查。拆下输油泵手油泵，先将手油泵活塞按到底保持不动，再用食指将手油泵口堵住，然后松开手油泵手柄，查看手柄是否会被吸住。若手柄及活塞在其回位弹簧的作用下复位，说明手油泵密封性能不良，应更换。

（4）进、出油止回阀密封性能检查。用塑料管将进油口与油桶连接，以较慢的速度压手油泵，查看塑料管内的油柱上升情况。若油柱一上一下来回升降，则表明出油止回阀不密封。继续以较慢速度压手油泵，待出油口有油压出后，将手柄在最低位置锁住，查看出油口的油平面是否下降。若油明显下降，则表明出油止回阀不密封。进、出油止回阀不密封应更换。

（5）输油泵与喷油泵配合能力的检查。上述检查完成后，应将输油泵固定在喷油泵上，其出油口直接与喷油泵进油口连接，用喷油泵凸轮驱动输油泵进行泵油试验。如果输油泵输出油压能将喷油泵溢油阀顶开，并且在怠速和大负荷状况均有充裕的回油压出即为合格。

二、柱塞式喷油泵

喷油泵又称为高压油泵，它是柴油机燃料供给系统中最重要的一个总成，其功用是根据发动机的不同工况，定时、定量地向喷油器输送高压柴油。

发动机工作时，每个气缸都需要有一套泵油机构，几个相同的泵油机构装置在同一泵体上就构成了多缸发动机的柱塞泵。柱塞泵一般固定在柴油机机体一侧的支架上，由柴油机曲轴通过齿轮驱动，齿轮轴和喷油泵的凸轮轴用联轴节连接，调速器安装在喷油泵的后端（参见图5.1）。柱塞式喷油泵种类繁多，国产汽车用喷油泵一般以柱塞行程等参数不同分为A、B、P、Z等系列。其中A型泵应用较多，如图7－11所示。

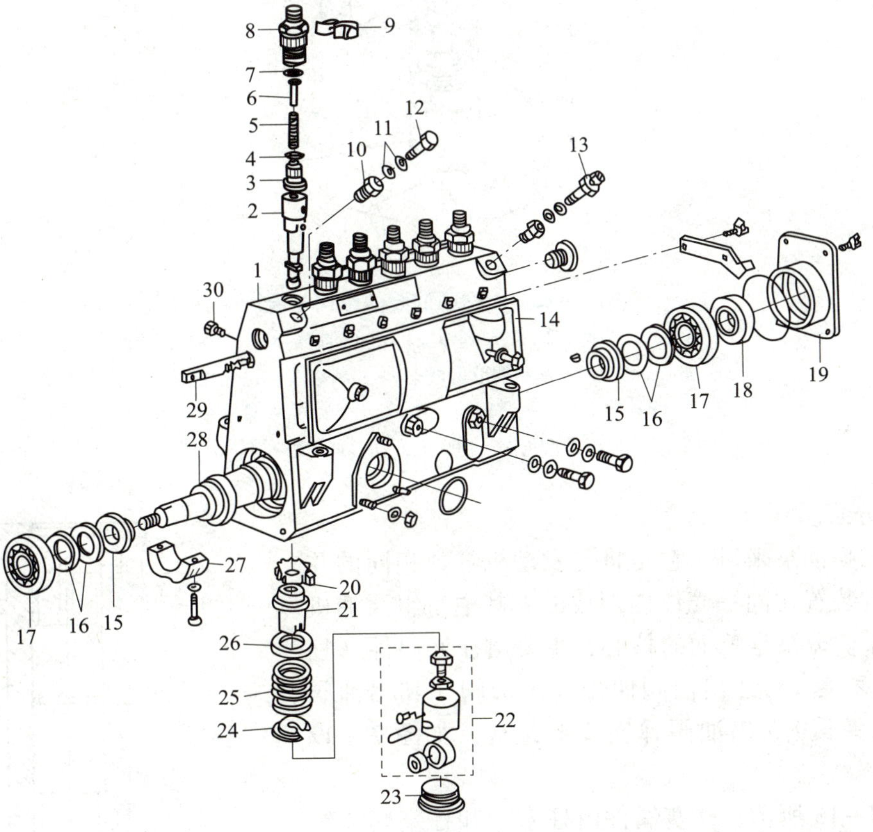

图7－11　A型喷油泵分解图

1—泵体；2—柱塞偶件；3—出油阀偶件；4—出油阀垫圈；5—出油阀弹簧；6—减容器；7—O形密封圈；8—出油阀压紧座；9—锁夹总成；10—管接头；11—垫圈；12—螺栓；13—回油阀；14—侧盖板；15—凸轮轴挡环；16—调整垫；17—轴承；18—油环；19—轴承盖；20—齿圈；21—控制套筒；22—滚轮传动部件；23—柱塞；24，26—弹簧座；25—柱塞弹簧；27—轴承座；28—凸轮轴；29—控制齿条；30—齿条止动螺钉

1. A型喷油泵

1）A型喷油泵的结构原理

A型喷油泵的结构与工作原理如图7－12所示，其是由分泵、油量调节机构、传动机构

和泵体及供油提前角调节装置等部分组成的。

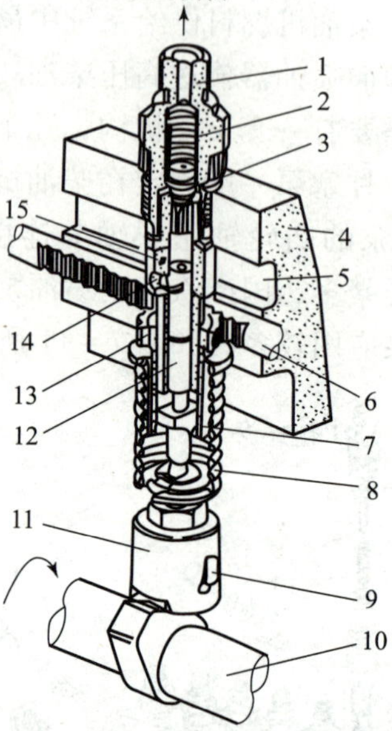

图 7-12　A 型喷油泵的结构与原理

1—出油阀压紧座；2—出油阀弹簧；3—出油阀；4—喷油泵壳体；5—低压油腔；6—油量调节齿杆；7—控制套筒；8—柱塞弹簧；9—导块；10—凸轮轴；11—滚轮架；12—柱塞；13—可调齿圈；14—进油孔；15—柱塞套

（1）分泵。

对多缸喷油泵来讲，它是将与发动机缸数相同的几组泵油机构装置在同一壳体内形成的。其中每组泵油机构称为分泵。分泵是喷油的核心，主要由柱塞偶件（柱塞 12 和柱塞套 15）、出油阀偶件（出油阀 3 和出油阀座）、柱塞弹簧 8、出油阀弹簧 2 等组成，如图 7-12 所示。

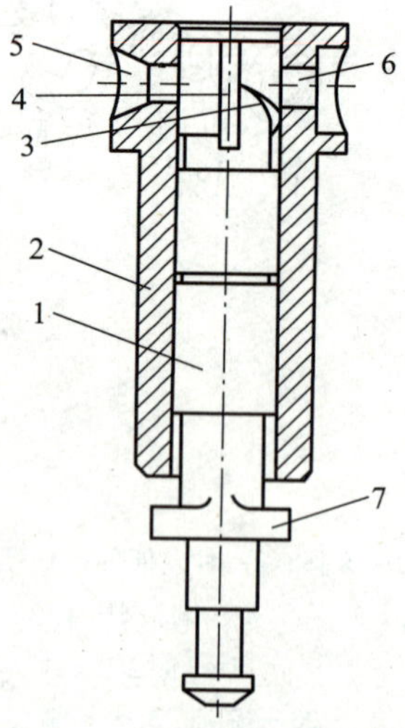

图 7-13　柱塞偶件

1—柱塞；2—柱塞套；3—螺旋槽；4—直槽；5，6—油孔；7—榫舌

如图 7-13 所示，柱塞偶件由柱塞 1 和柱塞套 2 组成。柱塞可在柱塞套内做往复运动，两者配合间隙极小，为 0.001 5 ~ 0.002 5mm，需经精密磨削加工或选配研磨而成，称为柱塞偶件。

柱塞头部加工有螺旋槽和直槽，柱塞下部加工有榫舌。如图 7-12 所示，柱塞套安装在喷油泵壳体 4 的座孔中，柱塞套上的油孔与喷油泵内的低压油腔 5 相通。柱塞的中部圆柱面是密封部位，环形油槽可储存少量柴油，用于润滑柱塞。为了防止柱塞套转动，常用定位销固定。

出油阀偶件包括出油阀 2 和出油阀座 1，如图 7-14 所示。它实际上是一个单向阀，控制油流的单向流动。出油阀下部为导向部，阀芯断面呈“十”字形，既能导向，又能让柴油通过；出油阀上部有密封锥面3，与阀座的圆锥面贴合，形成一个密封环带。密封环带下方有一个小圆柱面4称为减压环带，它可使喷油器断油干脆。

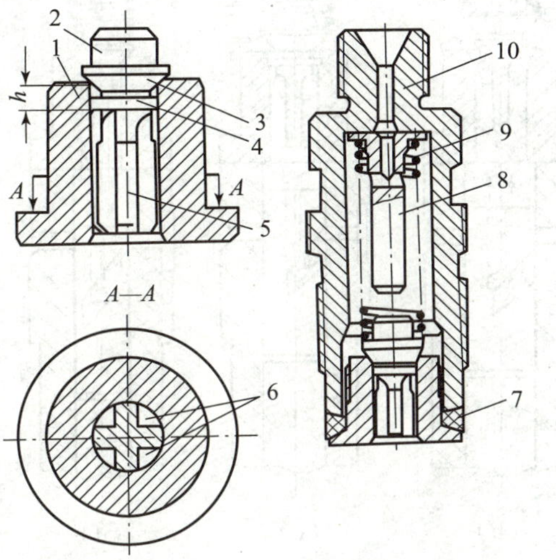

图7-14　出油阀偶件

1—出油阀座；2—出油阀；3—密封锥面；4—减压环带；5—导向面；6—切槽；7—密封衬垫；8—减容体；9—出油阀弹簧；10—出油阀压紧座

出油阀偶件也是一对精密偶件，出油阀导向面和减压环带与出油阀座内表面径向间隙为0.006~0.016mm，使用中不允许互换。

出油阀偶件置于柱塞套上端，由出油阀弹簧9和出油阀压紧座10压紧在喷油泵体上。为了防止高压柴油泄漏，一般在出油阀压紧座与出油阀座之间装有尼龙或铜制密封衬垫7。有些出油阀压紧座中设有减容体8，以减少高压容积，削弱燃油波动，改善柴油喷射。

柱塞式喷油泵的泵油原理如图7-15所示。当柱塞1向下移动时（见图7-15（a）），燃油自低压油腔经柱塞套2上的油孔4和8被吸入并充满泵腔。在柱塞自下止点上移的过程中，开始有一部分燃油被从泵腔挤回低压油腔，直到柱塞上部的圆柱面将两个油孔完全封闭为止。此后柱塞继续上升（见图7-15（b）），泵腔内的燃油压力迅速增高，当此压力增高到足以克服出油阀弹簧7的作用力时，出油阀6即开始上移。当出油阀的圆柱形环带离开出油阀座5时，高压燃油便自泵腔通过高压油管流向喷油器。当柱塞继续上移至图7-15（c）所示位置时，斜槽3同油孔4和8开始接通，于是泵腔内的油压迅速下降，出油阀在出油阀弹簧的作用下迅速回位，喷油泵停止供油。

由上述泵油过程可知，在柱塞上移的整个行程中并非全部供油。柱塞由下止点到上止点所经历的行程为柱塞行程h（图7-15（e）），它的大小取决于驱动凸轮的轮廓。而喷油泵只是在柱塞完全封闭油孔4和8之后到柱塞斜槽3与油孔4和8开始接通之前的这一部分柱塞行程h_g内才泵油。h_g为柱塞的有效行程。显然，喷油泵每次的泵油量取决于柱塞有效行程h_g的大小。因此，欲使喷油泵能随发动机工况不同而改变供油量，只需改变柱塞有效行程即可，一般通过改变柱塞斜槽和柱塞套油孔的相对角位置来实现。如将柱塞按图7-15（e）中箭头所示的方向转动一个角度，柱塞有效行程就会增加，供油量也会增加；反之供油量则减少。当柱塞转到图 7－15（d）所示位置时，柱塞根本不可能封闭油孔 4 和 8，因而有效行程为零，即喷油泵处于不泵油状态。

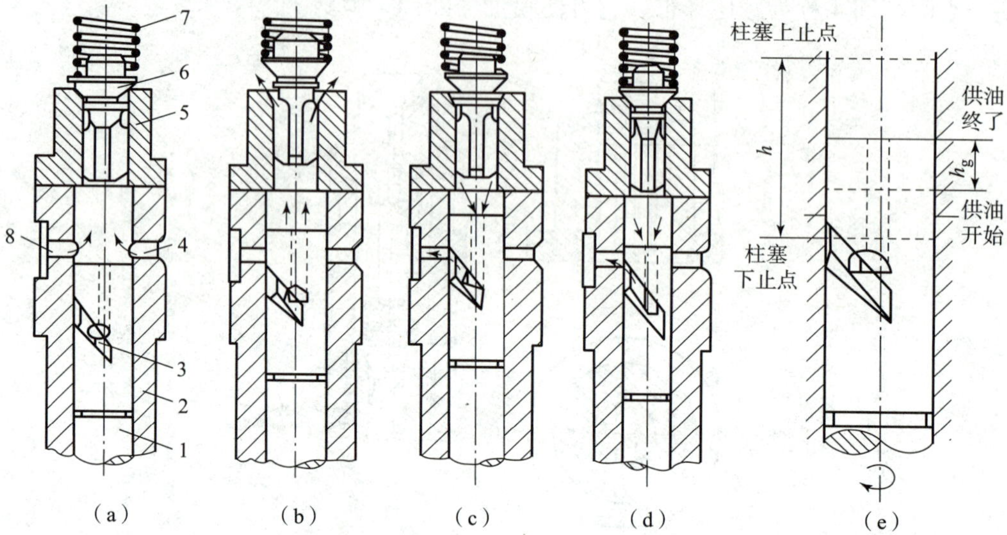

图 7－15　柱塞式喷油泵的泵油原理

1—柱塞；2—柱塞套；3—斜槽；4，8—油孔；5—出油阀座；6—出油阀；7—出油阀弹簧

当柱塞上升到封闭柱塞套进油孔时，泵腔内油压升高，克服出油阀弹簧预紧力后，出油阀开始上升，出油阀的密封锥面离开出油阀座，但此时还不能立即供油，直到减压环带完全离开出油阀座的导向孔时，才有燃油进入高压管路，使管路油压升高；当柱塞下落时，出油阀在出油阀弹簧的作用下开始回位，当减压环带一经进入导向孔，泵腔与出油孔便被切断，于是燃油停止进入高压油管；出油阀再继续下降直到密封锥面贴合时，由于出油阀体本身所让出的容积，使高压油管内的压力迅速降低，喷油就可以立即停止，故可避免喷油器发生滴漏现象。

（2）油量调节机构。

油量调节机构的作用是根据柴油机负荷和转速的变化相应地改变喷油泵的供油量并保证各缸的供油量一致。由喷油泵的工作原理可知，喷油泵的供油量可通过转动柱塞以改变柱塞有效行程的方法来改变。

A 型喷油泵采用齿杆式油量调节机构，如图 7－16 所示。柱塞 4 下端的榫舌嵌入控制套筒 3 相应的切槽中，控制套筒松套在柱塞套 5 上，在控制套筒上部套装一个调节齿圈 2 并用螺钉锁紧，调节齿圈和油量调节齿杆 1 相啮合，油量调节齿杆的轴向位置由驾驶员或调速器控制。

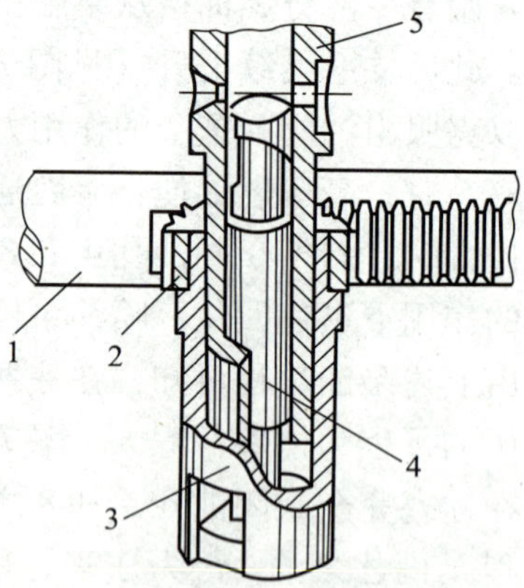

图 7－16　齿杆式油量调节机构

1—调节齿杆；2—调节齿圈；3—控制套筒；4—柱塞；5—柱塞套

如图 7－17 所示，当供油量调节机构的调节齿杆通过调节齿圈拉动柱塞转动时，柱塞上的螺旋槽与柱塞套油孔之间的相对位置发生变化，从而改变了柱塞

的有效行程。当柱塞上的直槽对正柱塞套油孔时，柱塞有效行程为零，这时喷油泵不供油，如图7－17（a）所示。按照图中箭头所示的方向拉动调节齿杆6，则调节齿圈11按箭头方向转动，柱塞有效行程增加，喷油泵循环供油量增多，如图7－17（b）和图7－17（c）所示。如果朝相反方向拉动调节齿杆，则柱塞有效行程减小、循环供油量减少。

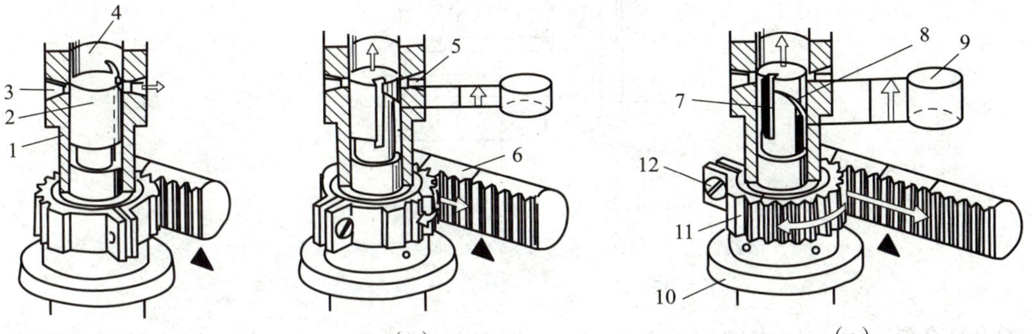

图7－17　循环供油量的调节

1—柱塞套；2—柱塞；3，5—柱塞套油孔；4—高压油腔；6—调节齿杆；7—直槽；8—螺旋槽；9—循环供油量容积；10—控制套筒；11—调节齿圈；12—调节齿圈紧固螺钉

各缸供油均匀性可通过改变调节齿圈与控制套筒的相对角位置来调整，即松开调节齿圈，按调整的需要使控制套筒与柱塞一起相对于调节齿圈转过一定角度，再将调节齿圈锁紧在控制套筒上。

齿杆式供油量调节机构工作可靠、传动平稳，但制造成本较高，且柱塞偶件之间的中心距较大。

（3）传动机构。

传动机构由喷油泵凸轮轴和滚轮传动部件组成。喷油泵凸轮轴的两端通过圆锥滚子轴承支承在喷油泵壳体上，前端装有联轴节和供油提前调节器，后部与调速器相连。喷油泵的凸轮轴是由柴油机的曲轴通过齿轮机构驱动的。

滚轮传动部件的功用是将凸轮的旋转运动转变为自身的往复直线运动，推动柱塞上行供油。此外，滚轮传动部件还可以用来调整各分泵的供油提前角。为了保证供油提前角的正确性，滚轮传动部件的高度一般都是可调的。

国产A型喷油泵滚轮传动部件如图7－18所示。滚轮1带有滚轮衬套2并松套在滚轮轴3上，滚轮轴支承于滚轮架6的座孔中。当滚轮传动部件在喷油泵壳体导孔中上下往复运动时，要求不能转动，否则就会和凸轮相互卡死而造成损坏。因此，对滚轮传动部件要有导向定位措施。其定位方法有两种：一是在滚轮架外圆柱面上开轴向长槽，将定位螺钉的端头插入此槽中；二是将固定在滚轮架上的导向块插入壳体导向孔一侧的滑槽中。

为保证在发动机的一个工作循环内各缸都能喷油一次，四行程柴油机凸轮轴的转速应为曲轴转速的一半。此外，凸轮轴上各个凸轮的相对角位置还必须符合所要求的发动机的发火次序。

喷油泵泵油的迟早决定喷油器喷油的迟早，它对柴油机的工作性能影响很大。为保证形

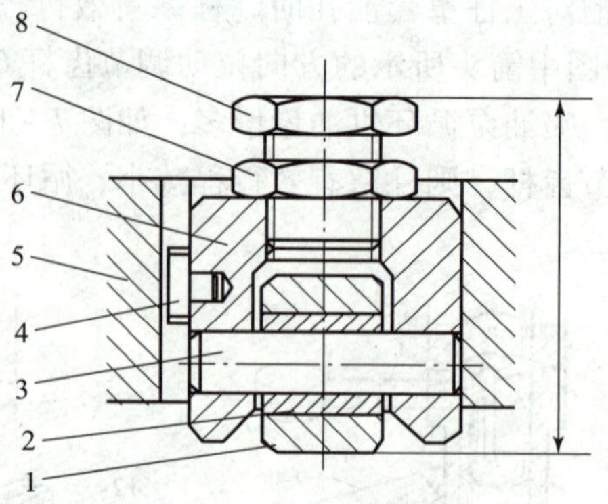

图 7－18　滚轮传动部件

1—滚轮；2—滚轮衬套；3—滚轮轴；4—导向块；5—泵体；
6—滚轮架；7—锁紧螺母；8—调整螺钉

成良好的混合气和改善燃烧过程，必须有一定的喷油提前角，对于多缸柴油机，还应保证各缸喷油提前角一致。最佳喷油提前角是在柴油机额定转速及全负荷下由试验确定的，它的数值因柴油性能和发动机工况而异。同时由于凸轮和滚轮等传动部件的磨损，喷油提前角也有所改变。为此，喷油提前角必须可以调整。实际上，喷油提前角的调整是通过对喷油泵的供油提前角的调整而实现的。

喷油泵供油提前角的调整方法有两种：一是通过调整联轴节或供油提前调节器来改变喷油泵凸轮轴与柴油机曲轴的相对角位置，使各分泵的供油提前角做相同数量的调整；二是通过改变滚轮传动部件的高度，实现单个分泵供油提前角的调整，以此保证多缸发动机的供油提前角一致。此法是通过转动调整螺钉 8 来实现的。当松开锁紧螺母 7 拧出调整螺钉 8 时，滚轮传动部件高度 h 增大，于是柱塞封闭柱塞套上进油孔的时刻提前，即供油提前角增大；反之，供油提前角减小。这种结构调整方便，调整时不必拆开壳体，但必须注意螺钉不能拧出太多，因为柱塞上止点距出油阀座只有 0.4～1.0mm 的空隙，以防碰撞损坏。另外，调整合适后应及时锁紧。

（4）泵体。

A 型喷油泵采用整体式泵体，由铝合金铸成。分泵、油量调节机构及传动机构都装在泵体内。泵体上有纵向油道，即低压油腔 5（见图 7－12）。输油泵输出的燃油经滤清后，由进油空心螺栓进入此油道，再由柱塞套上的油孔进入各分泵的油腔。输油泵供给的燃油量通常远大于喷油泵的需要量。当低压油腔的油压大于 0.05MPa 时，油道另一端的限压阀开启，多余的燃油经回油管流回输油泵进油口。限压阀还兼起放气作用。在喷油泵拆装后或发动机长期停放后，喷油泵油腔内会渗入空气，影响柴油机的正常工作。当需要放气时，在发动机起动前可将限压阀上端的螺钉旋出少许，再抽按手动输油泵，通过泵入喷油泵的燃油即可驱净渗入喷油泵内的空气。

在泵体下部及调速器壳体的内腔中装有润滑油，此润滑油可单独加注，也可与发动机润滑系统相通，依靠润滑油的飞溅实现喷油泵传动机构和调速器内各零件的润滑。

整体式泵体可增加壳体的刚度，在较大的喷油压力下工作不致变形。分泵和传动机构等零件必须从壳体下部装入，因此在壳体底部设有大螺塞，也有的壳体底部用盖板封住。喷油泵壳体侧面有窗口盖板，以方便各分泵喷油量及供油时刻的调整。

(5) 供油提前角调节装置。

喷油提前角是指喷油器开始喷油至活塞到达上止点之间的曲轴转角。它的大小对柴油机工作过程有很大影响。若喷油提前角过大，喷油时气缸内空气温度较低，混合气形成条件差，备燃期长，导致发动机工作粗暴；若喷油提前角过小，大部分柴油是在上止点以后，活塞处于下行状态时燃烧的，使最高工作压力降低，热效率也显著下降，导致发动机功率降低，排气冒白烟。因此为保证发动机具有良好的使用性能，必须选择最佳的喷油提前角。

喷油提前角实际上是由喷油泵的供油提前角来保证的，而整个喷油泵的供油提前角可以通过改变发动机曲轴和喷油泵凸轮轴之间的相位角来调整。

多数柴油发动机都根据常用工况确定一个喷油提前角，在这个常用工况范围内是最佳的，即能获得最大的功率和最小的燃油消耗率。这个常用工况下的喷油提前角是通过联轴节的结构来保证的。但是，当发动机转速发生变化时，最佳喷油提前角也随之改变，所以，还需要装有供油提前调节器，它能够保证在转速变化时，喷油提前角自动地发生相应的改变。

①联轴节。

联轴节又称连接器，它是用来连接喷油泵凸轮轴与其驱动轴的。解放 CA6110 - 2 型柴油机联轴节的结构如图 7 - 19 所示。

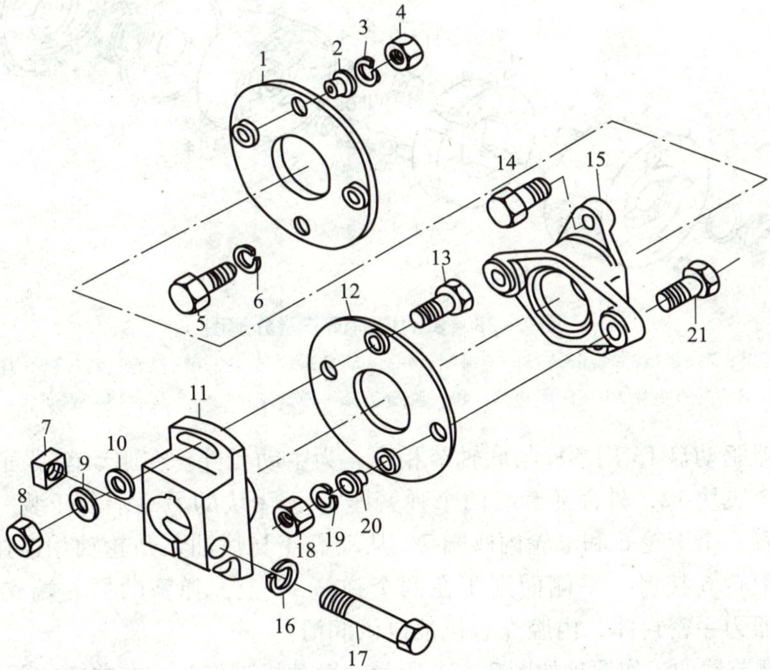

图 7 - 19 解放 CA6110 - 2 型柴油机联轴节的结构

1—从动传动圆盘；2，20—衬套；3，6，9，10，16，19—垫圈；4，7，8，18—螺母；5，13，14，17，21—螺栓；11—主动凸缘盘；12—主动传动圆盘；15—十字接盘

主动凸缘盘 11 用长螺栓 17 固定在驱动轴上，主动传动圆盘 12 借螺栓 13 与主动凸缘盘相连，主动凸缘盘上的螺孔为弧形孔。主动传动圆盘又通过螺栓 21 与十字接盘 15 连接，十

字接盘用螺栓 14 与从动传动圆盘 1 相连，螺栓 5 将从动传动圆盘与供油提前调节器（后接喷油泵凸轮轴）连接在一起。这样，驱动轴上的动力通过上述各零件即可传递到供油提前调节器上。旋松螺栓 13 可使主动传动圆盘 12 相对于主动凸缘盘 11 沿弧形孔转过一个角度，这样就改变了喷油泵凸轮轴与发动机曲轴之间的相位关系，即改变了各缸的喷油时刻（即初始供油提前角）。

CA6110－2 型发动机喷油泵的初始供油提前角为 14°。安装时，将喷油泵固定在发动机气缸体的托架上，使飞轮上的上止点 1~6 标记的刻线对准飞轮壳上的正时指针，并确认第一缸活塞在压缩行程上止点位置。然后逆转飞轮，使飞轮上 14°刻线对准飞轮壳上的正时指针。此时喷油泵供油提前调节器上的供油刻线应对准固定在泵体上的正时指针，然后将联轴节上的紧固螺栓拧紧。

②供油提前调节器。

供油提前调节器的功用是在柴油机整个工作转速范围内使喷油泵供油提前角随柴油机转速升高而自动相应提前，使柴油机始终在最佳或接近最佳喷油定时下工作。供油提前调节器位于联轴节和喷油泵之间，其结构如图 7－20 所示。

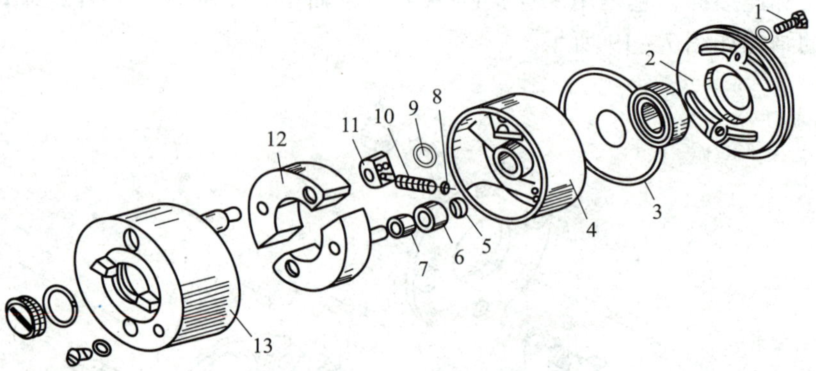

图 7－20　供油提前调节器分解图

1—螺钉；2—盖板油封部件；3—密封圈；4—从动盘；5—垫块；6—滚轮；7—滚轮内座圈；8—调整垫片；9—碗形垫片；10—弹簧；11—弹簧座；12—飞块；13—驱动盘

提前调节器驱动盘 13 用螺栓与联轴节相连，为主动元件。在驱动盘端面上有两个销钉，上面套装有两个飞块 12，外面还套装两个弹簧座 11，飞块的另一端各压装一个销钉，每个销钉上各松套着一个滚轮 6 和滚轮内座圈 7。从动盘 4 与喷油泵凸轮轴相连接。从动盘两臂的弧形侧面与滚轮 6 接触，平侧面则压在两个弹簧 10 上，弹簧的另一端支撑于弹簧座 11 上。整个调节器为一密封体，内腔充有机油以供润滑。

供油提前调节器的工作原理如图 7－21 所示。发动机工作时，在曲轴的驱动下，驱动盘 5 及飞块 3 沿图中箭头方向旋转，受离心力的作用，两个飞块的活动端向外甩开，滚轮 2 对从动盘 4 的两个弧形侧面产生推力，迫使从动盘 4 沿箭头所示方向相对于调节器壳体超前转过一个角度 $\Delta\phi$，直到弹簧 6 作用在另一侧面上的压缩弹力与飞块离心力相平衡为止，于是从动盘 4 与驱动盘 5 同步旋转，如图 7－21（b）所示。当转速升高时，飞块离心力增大，其活动端进一步向外甩出，滚轮 2 迫使从动盘 4 沿箭头所示方向相对于驱动盘 5 再超前转过一个角度，直到弹簧6的压缩弹力与飞块离心力达到一个新的平衡状态为止。这样，供油提前角便相应地增大。反之，当发动机转速降低时，供油提前角相应减小。解放CA6110－2型柴油机供油提前调节器的调节量为0～6°30′（500～1 650r/min）。

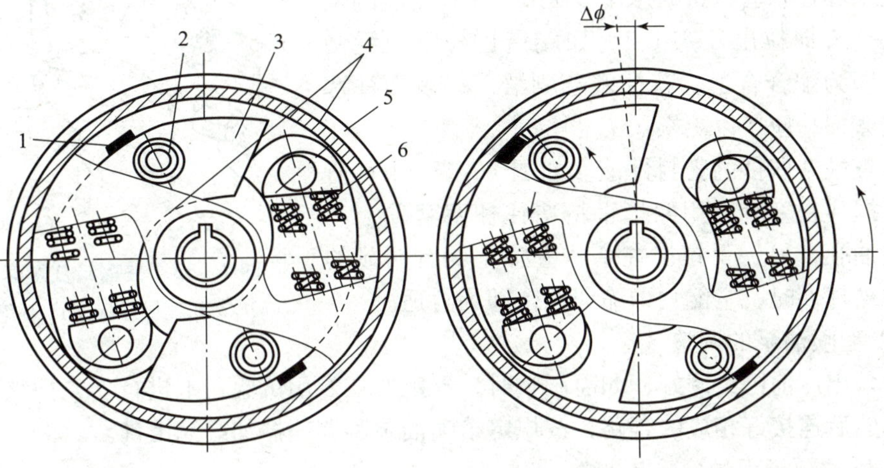

（a）　　（b）

图7－21　供油提前调节器工作原理

（a）静止状态；（b）提前状态

1—限位销；2—滚轮；3—飞块；4—从动盘；5—驱动盘；6—弹簧

2）A型喷油泵的检修

喷油泵是柴油机最精密的部件，由于柱塞与柱塞套、出油阀及阀座、凸轮、挺柱等机件的磨损，使供油量、供油均匀度和供油时间都会发生变化，这些变化将使发动机的功率下降、燃料消耗量增大、工作可靠性降低。因此，喷油泵拆卸后零件的检查和修理、装复后的试验与调试，是柴油机大修中不可缺少的内容。

（1）喷油泵凸轮轴及轴承的检修。

凸轮轴轴承支承座孔磨损致使轴承松旷，可对座孔进行镶套修复；供油齿杆与其衬套的配合间隙应不大于0.10m，否则应更换衬套；泵体不得有裂纹存在，否则应予焊补修复或更换新件；凸轮轴出现裂纹应予更换；凸轮轴的直线度误差超过0.05mm，应进行冷压校正；支承轴颈磨损与轴承配合松旷、油封轴颈圆度误差大于0.10mm，应进行电镀、堆焊修复或更换新件；凸轮表面应无剥落现象。

（2）柱塞偶件的检修。

①柱塞偶件的外观检验。

柱塞偶件外观检验，发现有以下情况应更换。

a. 柱塞表面有明显的磨损痕迹。

b. 柱塞弯曲或头部变形。

c. 柱塞或柱塞套有裂纹。

d. 柱塞头部直槽、斜槽（螺旋槽）及环槽边缘有剥落或锈蚀等现象。

e. 柱塞套的内圆表面有锈蚀或明显的刻痕。

f. 柱塞下端榫舌与控制套筒切口的配合间隙超过0.15mm（标准值为0.02~0.10mm）。

②检查柱塞偶件的滑动性能。如图7－22（a）所示，将柱塞和柱塞套保持与水平线成60°左右角度的位置，在几个方向拉出柱塞1/3，如能借自身重力缓慢地滑下，即为配合合适。若柱塞急剧滑下，表面柱塞偶件严重磨损，应予以更换。

③检查柱塞偶件的密封性能。如图7－22（b）所示，一手握住柱塞套，用两个手指堵住柱塞套顶上和侧面的进油孔，另一手拉出柱塞，应感觉到有明显的吸力，放松柱塞时，它能立即缩回原位即为合适。

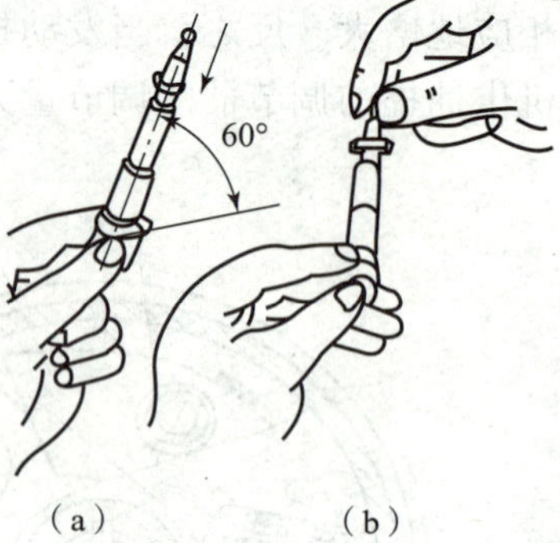

图7－22　柱塞与柱塞套的检查

（a）检查滑动性能；（b）检查密封性能

3）A型喷油泵的调整

喷油泵出厂前已经调好，如需调整时，一定要在专用试验台上进行。先把喷油泵装在试验台上，然后连接好相应的管路，按规定给喷油泵和调速器加好润滑油。

（1）供油预行程的检验与调整。

将负荷操纵杆置于额定工况位置，拆下六缸的高压油管及出油阀座、弹簧和出油阀，装上专用测量百分表。转动凸轮轴到下止点使百分表指针位于零位置，调节喷油泵低压油腔油压为156kPa，按照规定方向转动凸轮轴，直到试验油不再从溢流管流出时，百分表指针所指的数值即为第一缸供油预行程（标准值为3.3mm，允许误差一般为±0.05mm）。若不符合要求，可按如图7－23所示用两扳手调整调整螺钉。若预行程过大，可逆时针转动调整螺钉；反之，则顺时针转动调整螺钉，调好后将锁紧螺母拧紧。

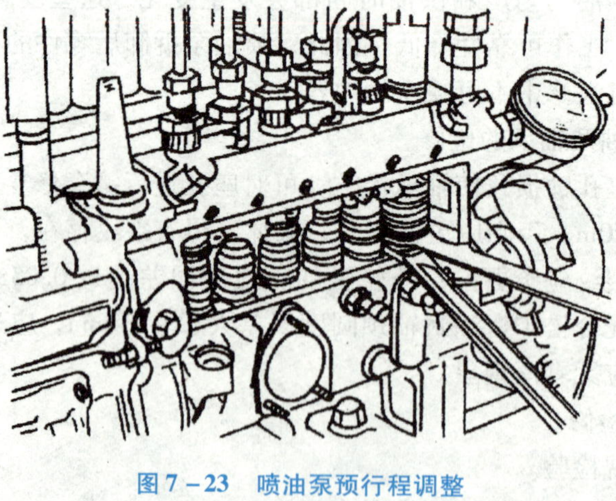

图7－23　喷油泵预行程调整

（2）供油定时的检验与调整。

常用溢油校验法调试喷油泵供油定时，首先将油路转换阀控制杆移到接通高压油的位置，旋松喷油泵上的放气螺钉，打开电动机，使柴油自喷油器回油管连续流出。然后将供油齿杆推到全负荷位置，并沿凸轮轴的工作旋转方向慢慢转动刻度盘，至第一缸开始供油的时刻，随即检查联轴器上的刻线与喷油泵前轴承盖上的刻线是否对正，如超过轴承盖上的刻线，说明供油过晚，应向外拧出挺柱调整螺钉；反之，则应将螺钉向里旋。第一缸喷油定时调好后，再以第一缸为基准，按照喷油泵的供油顺序和供油间隔角，使各缸供油间隔角误差不大于±0.5°。

（3）供油提前角的检验与调整。

柴油机供油提前角的大小与喷油方法、燃烧室形状、压缩比、曲轴转速、燃油质量等有关。因此，对于不同型号的柴油机，其供油提前角亦往往不同。这个提前角应按照该机型说明书的要求进行检验和调整。

任何柴油机通常都有两种提前角，喷油提前角和供油提前角，两者不同。一般喷油提前角与供油提前角之间间隔相差8°左右。在修理中，大多是检验供油提前角以察知供油时间是否正确。

检验供油提前角的程序：一般是先转动曲轴，使第一缸的活塞到达压缩行程的上止点前某一规定供油提前角处停止，再使喷油泵的第一缸单泵处于供油始点位置，将喷油泵驱动轴与喷油泵凸轮轴的联轴器接好，如图7－24所示。此时，喷油泵轴承盖板上标记线应与定时刻线相重合。转动曲轴，再重复检验一次。如供油提前角与规定要求稍有出入，可旋松联轴器上的两个调整螺钉，变动驱动盘与联轴器的相互位置，进行适当调整。调整时，注意驱动盘上的每一调节分度线并不等于喷油泵凸轮轴的1°，通常相当于喷油泵凸轮轴的3°。

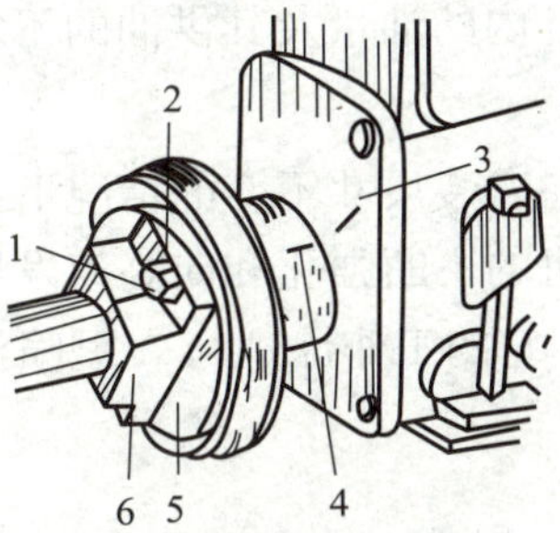

图7－24　喷油正时标记

1—调整螺钉；2—调节分度线；3—轴承盖上的标记线；4—定时刻线；5—驱动盘；6—联轴器

（4）供油量及供油不均匀度的检查与调整。

检验喷油泵的供油量，主要是检验各单泵向气缸内供油量的不均匀度是否在容许的范围内。

①供油量的检验。

在一定转速下，检验在不同油量控制杆行程位置时各柱塞每喷100次或200次的供油量。一般检验转速在200r/min和600r/min、检验油量控制杆在最大行程和50%行程及怠速三种情况下的油量。

在油量控制杆的最大行程下，检验各不同转速时柱塞每供油100次或200次的油量，也有规定为400次油量的，一般检查时额定的转速常采用200r/min、600r/min和1 000r/mm。

将喷油泵低压腔的压力调整到160kPa，将控制齿杆调整到额定供油量位置，并使喷油泵以规定转速运转，然后测量各缸供油量及其均匀度。如不符合要求，可松开齿圈调整螺钉，按需要的方向转动控制套筒即可调整供油量，如图7－25所示。

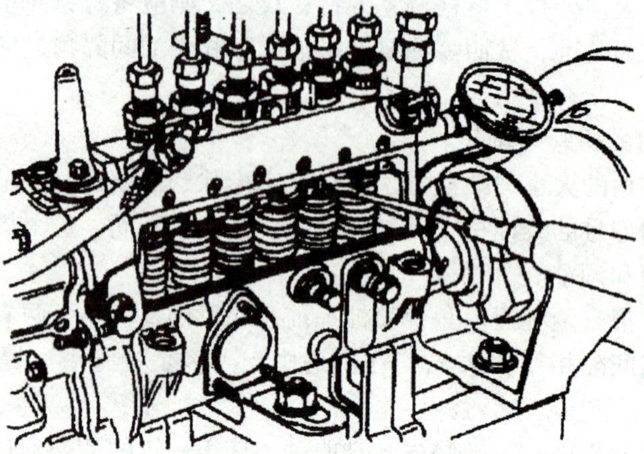

图 7－25　喷油泵供油量均匀性调整

②在发动机上直接检验供油量。

检验时，先把各个喷油器都从发动机上拆下，把喷口转向发动机外，再紧固好高压油管，将油量控制杆放在供油量最大位置，然后转动曲轴。当各个喷油器喷出的油雾都不夹杂气泡时，再在每个喷油器喷口下面放一个有刻度的玻璃容器，以 150～200r/min 的速度转动曲轴，到一定转速后，查看各量杯内的油量及其供油的不均匀度。

2. P 型喷油泵结构特点

与一般柱塞式喷油泵相比，在安装尺寸不变的情况下，P 型喷油泵可获得较高的供油压力和较大的供油量。因而对柴油机的不断强化和向高速发展有良好的适应性。

P 型喷油泵如图 7－26 所示。它的工作原理与 A 型喷油泵基本相同，结构上有以下一些特点：

1）悬挂式柱塞套

柱塞 5 和出油阀偶件 3 都装在带连接凸缘的柱塞套 4 内，当拧紧柱塞套顶部的出油阀压紧座 1 后，形成一个总成部件。然后用柱塞套紧固螺栓 14 将柱塞套凸缘紧固在泵体的上端面上，形成悬挂式结构。这种结构改善了柱塞套和喷油泵体的受力状态。供油时刻可通过增减柱塞套凸缘下面的调节垫片 15 来调整。悬挂式柱塞套结构简单、工作可靠。

2）钢球式油量调节机构

在每个柱塞的控制套筒 8 上都装有一个小钢球，在调节拉杆 7 上有相应的凹槽。工作时，钢球与凹槽相啮合。移动调节齿杆，钢球便带动各柱塞控制套筒使柱塞转动，从而实现供油量的调节。P 型喷油泵各缸供油均匀性的调整与一般柱塞式喷油泵不同，它是通过转动柱塞套来改变柱塞的有效行程的。柱塞套凸缘上的螺栓孔是长圆孔，拧松柱塞套紧固螺栓 14，柱塞套可绕其轴线转动 10°左右。当转动柱塞套时，改变了柱塞套油孔与柱塞的相对位置，从而改变了柱塞的有效行程，即改变了循环供油量。

3）压力式润滑

凸轮轴、挺柱、调速器等均采用发动机润滑系统主油道中具有一定压力的机油进行润滑。这种润滑方式简单、可靠。

4）全封闭式泵体

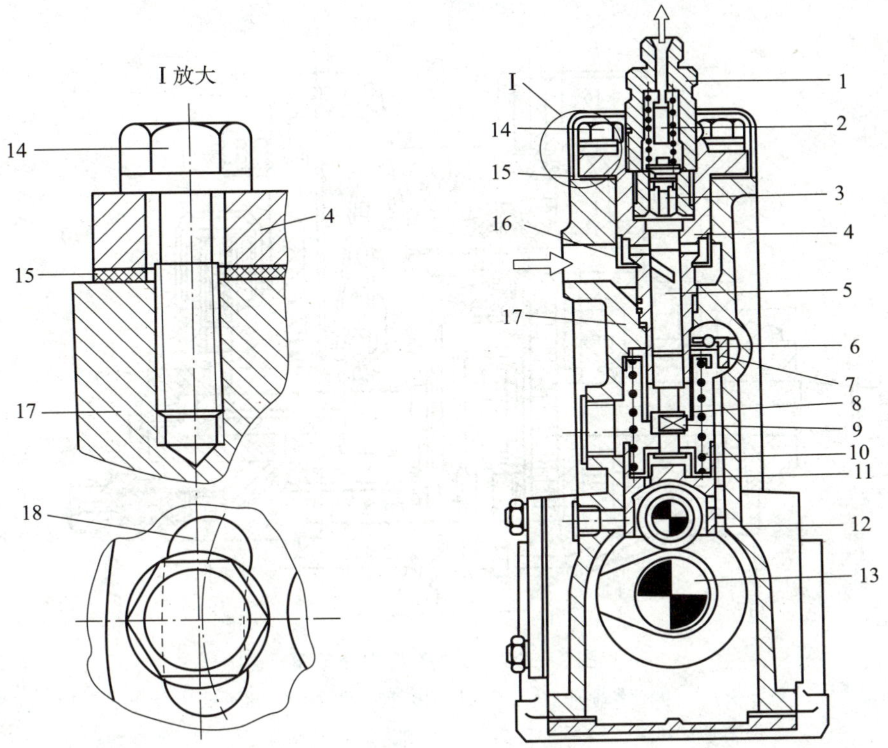

图 7－26　P 型喷油泵

1—出油阀压紧座；2—减容器；3—出油阀偶件；4—柱塞套；5—柱塞；6—钢球；7—调节拉杆；8—控制套筒；9—柱塞榫舌；10—柱塞弹簧；11—弹簧座；12—挺柱；13—凸轮轴；14—柱塞套紧固螺栓；15—调节垫片；16—导流罩；17—喷油泵体；18—柱塞套凸缘上的螺栓孔

P 型喷油泵采用了箱形全封闭式泵体，大大提高了喷油泵体的刚度，可以承受较高的喷油压力而不发生变形，以适应柴油机不断向大功率、高转速强化的需要。

三、分配式喷油泵

分配式喷油泵简称分配泵，有轴向压缩式和径向压缩式。目前应用较为广泛的是轴向压缩式分配泵。

1. 轴向压缩式分配泵的结构与工作原理

轴向压缩式分配泵也称 VE 泵，其结构如图 7－27 所示。该泵主要由联轴器、二级滑片式输油泵、高压泵头、供油提前调节器和调速器等组成。

分配泵的驱动机构如图 7－28 所示，驱动轴 3 由柴油机曲轴定时齿轮驱动。驱动轴带动二级滑片式输油泵 1（见图 7－27）工作，并通过调速器驱动齿轮 2（见图 7－27）带动调速器轴旋转。在驱动轴的右端通过联轴器 2 与端面凸轮盘 1 连接，利用端面凸轮盘上的传动销带动分配柱塞 7（见图 7－27）旋转。柱塞回位弹簧 6（见图 7－27）将分配柱塞压紧在端面凸轮盘上，并使端面凸轮盘压紧滚轮。滚轮轴嵌入静止不动的滚轮架上。当驱动轴旋转时，端面凸轮盘与分配柱塞同步旋转，并且在滚轮、端面凸轮盘和柱塞回位弹簧的共同作用

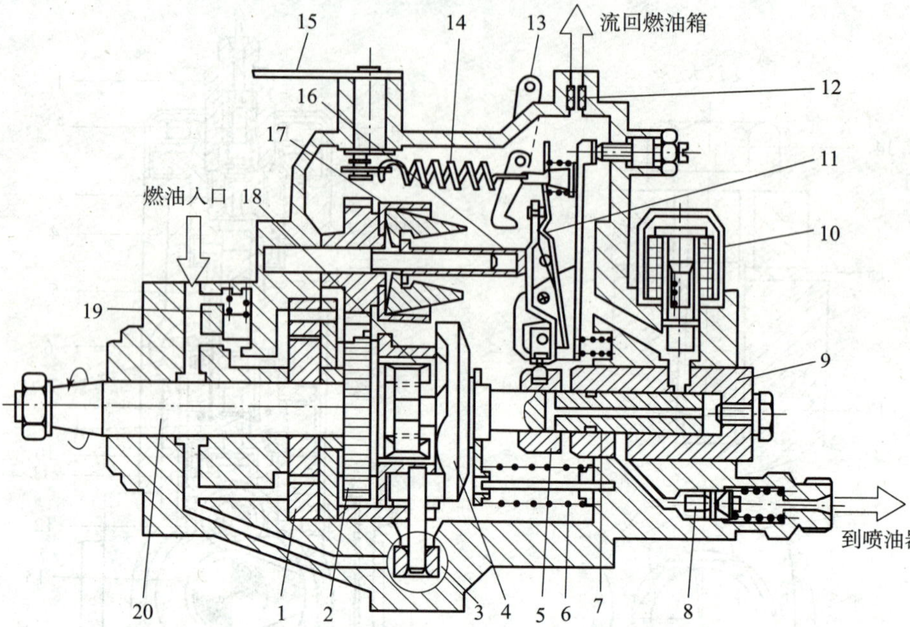

图 7-27　轴向压缩式分配泵

1—二级滑片式输油泵；2—调速器驱动齿轮；3—供油提前调节器；4—端面凸轮盘；5—油量控制滑套；6—柱塞回位弹簧；7—分配柱塞；8—出油阀；9—分配套筒；10—断油阀；11—调速器张紧杠杆；12—溢流节流孔；13—停机手柄；14—调速弹簧；15—控制杆；16—调速滑套；17—飞块；18—联轴器；19—调压阀；20—驱动轴

下，凸轮盘还带动分配柱塞在分配套筒 9（见图 7-27）内做往复运动。分配柱塞一圈内往复运动的次数等于端面凸轮盘的凸轮数，即发动机的缸数。往复运动使柴油增压，旋转运动进行柴油分配。

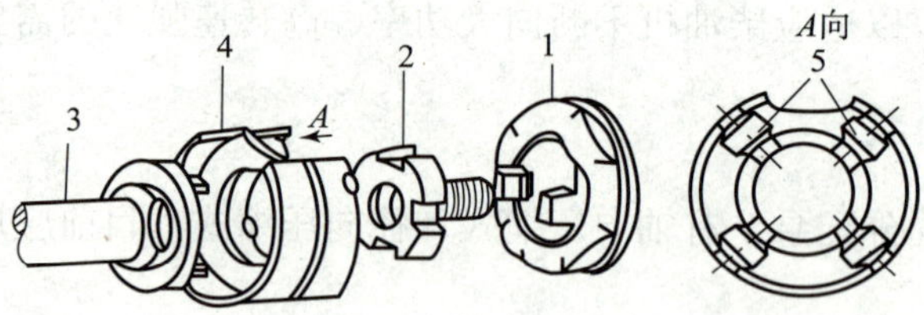

图 7-28　分配泵驱动机构

1—端面凸轮盘；2—联轴器；3—驱动轴；4—滚轮架；5—滚轮

供油提前调节器安装在泵体下部，其作用是根据发动机转速变化，自动调节分配泵的供油时刻。

VE 泵的工作原理如图 7-29 所示，分配柱塞 1 的右端均布四个（四缸机）轴向槽 11，在与出油阀通道 5 相对应的分配柱塞断面上设有分配孔 4。当柱塞轴向槽与泵体进油道 16 相通时，柱塞分配孔则与出油阀通道 5 相隔绝。油量控制滑套 2 在调速器起动杠杆 17 的作用下，可在分配柱塞上滑动。

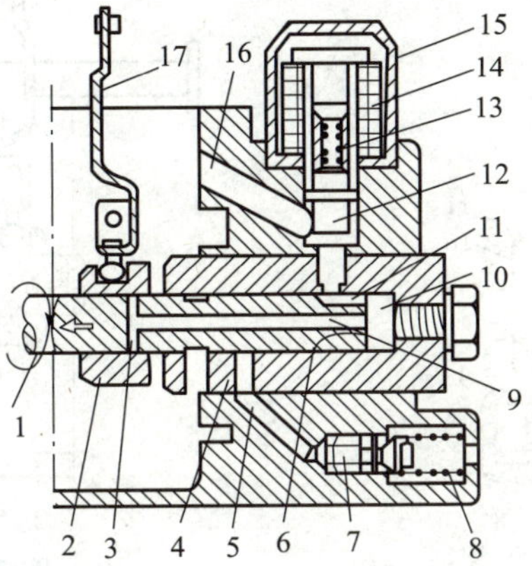

图 7-29 供油过程

1—分配柱塞；2—油量控制滑套；3—柱塞泄油孔；4—柱塞分配孔；5—出油阀通道；6—分配套筒；7—出油阀；8—出油阀弹簧；9—柱塞纵向油道；10—压缩室；11—柱塞轴向槽；12—进油阀；13—进油阀弹簧；14—电磁线圈；15—电磁阀；16—泵体进油道；17—起动杠杆

1）供油过程

分配柱塞 1 左移，此时柱塞分配孔 4 与出油阀通道（4 个）相隔绝，柱塞泄油孔 3 被油量控制滑套 2 封死，压缩室 10 容积增大，产生真空度，燃油在滑片式输油泵作用下被输送到泵腔内，经泵体进油道、进油阀、柱塞轴向槽进入压缩室并充满柱塞纵向油道。

2）泵油过程

如图 7-30 所示，分配柱塞右移，开始时，柱塞轴向槽与泵体进油道隔绝，柱塞泄油孔 3 仍被封死，柱塞分配孔与泵体出油道 5 相通。随着分配柱塞的进一步右移，压缩室的容积不断减小，柴油压力不断升高。当油压升高至足以克服出油阀弹簧力而使出油阀 7 右移开启时，柴油便经出油阀通道、出油阀及油管被送往喷油器。

3）停油过程

轴向压缩式分配泵的每循环最大泵油量取决于分配柱塞的直径和最大有效行程。使用中供油量的大小受到分配柱塞有效行程的影响，有效行程受到油量控制滑套 2（见图 7-31）的位置的限制。驾驶员可通过加速踏板控制调速器，使油量控制滑套轴向移动实现供油量的调节。在泵油过程中，当分配柱塞向右移动至柱塞泄油孔露出油量控制滑套的右端面时，被压缩的柴油迅速流向低压泵腔，致使压缩室、柱塞纵向油道和出油阀通道中的油压骤然下降。出油阀在出油阀弹簧 8 的作用下迅速左移关闭，停止向喷油器泵油。停油过程持续到分配柱塞到达其向右行程的终点。

4）发动机停车

当需要发动机停机时，可转动控制电磁阀 15（见图 7-32）的旋钮，使电路触点断开，电磁线圈 14 断电，进油阀 12 在弹簧 13 的作用下下移关闭，停止供油，发动机熄火。起动发动机时，先将电磁阀 15 的触点接通，进油阀在电磁线圈 14 的吸力作用下克服弹簧力上移，泵体进油道打开，供油开始。

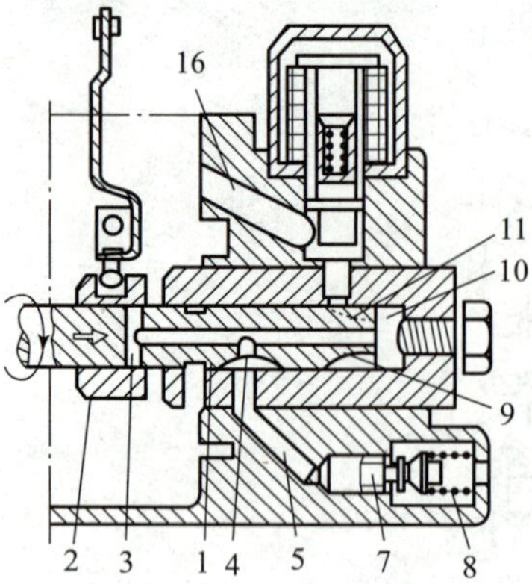

图 7－30　泵油过程①

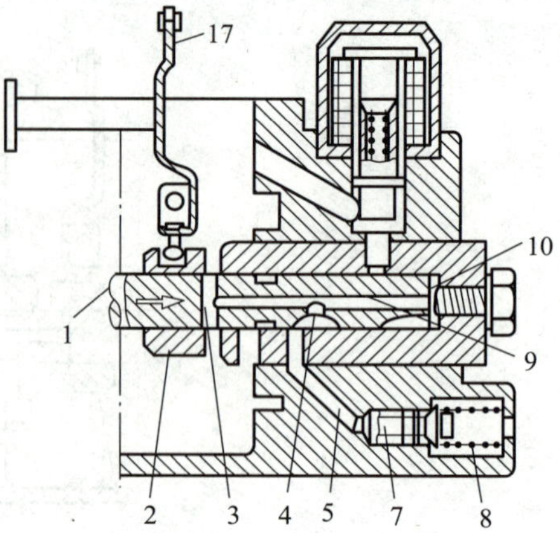

图 7－31　停止泵油过程①

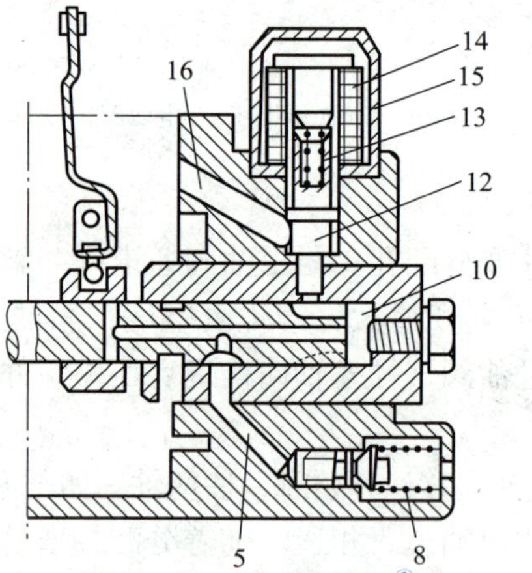

图 7－32　发动机停机①

2. 供油提前调节器

供油提前调节器安装在泵体下部，其剖面图如图 7－33 所示。在滚轮架 6 上装有滚轮 5，其数目与气缸数目相同。滚轮架通过传力销 3、连接销 2 与油缸活塞 1 连接。调节器右腔经孔道与泵腔相通，左腔经孔道与燃油滤清器 5 相通（见图 7－2）。当活塞移动时，就会拨动滚轮架绕其轴线转动（滚轮架不受驱动轴转动影响）。发动机在常用转速下工作时，滑片式输油泵输送到泵腔内的低压柴油，经孔道进入供油提前调节器右腔。油缸活塞右侧受到低压柴油的推力，左侧受到弹簧力和来自精滤器的柴油压力的合力。此时，两侧作用力相平衡。当发动机转速升高时，滑片式输油泵转速随之增加，使泵腔内及油缸右侧柴油压力升高，油缸活塞受力失衡，活塞左移，经连接销、传力销推动滚轮架绕其轴线顺时针转动某一角度（与端面凸轮盘转向相反），使凸轮盘端面凸轮提前某一角度与滚轮相抵靠，从而使分配柱塞向右移动时刻提前，完成了供油提前作用。反之，活塞右移，使滚轮架 6 逆时针转动某一角度，则供油迟后，即供油提前角减小。

① 图 7－30～图 7－32 中图注同图 7－29。

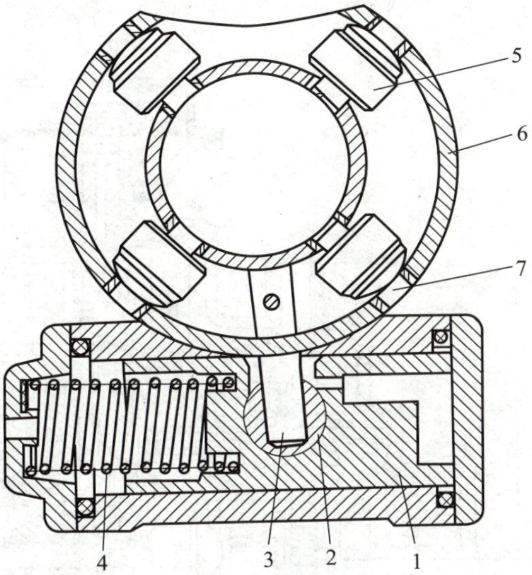

图 7-33　供油提前调节器

1—活塞；2—连接销；3—传力销；4—弹簧；5—滚轮；6—滚轮架；7—滚轮轴

3. 增压补偿器

对于增压柴油机，为了避免发动机在低速运转时，因增压压力低、空气量不足而造成的燃烧不充分、燃料经济性下降及产生有害排放物的弊端，同时使发动机在高速运转时可获得较大功率并提高燃料经济性，在增压柴油机上装有增压补偿器，其作用是根据增压压力的大小，自动加大或减小各缸的供油量。

增压补偿器的结构如图 7-34 所示。在补偿器下体 6 和补偿器盖 4 之间装有橡胶膜片 5，膜片把补偿器分成上、下两腔。上腔由管路与进气管相通，进气管中由废气涡轮增压器所形成的空气压力作用在膜片上表面；下腔经通气孔 8 与大气相通，弹簧 9 向上的弹力作用在膜片下支承板 7 上。膜片与补偿器阀芯 10 相固连，阀芯 10 下部有一上小下大的锥形体。补偿杠杆 2 上端的悬臂体与锥形体相靠，补偿杠杆下端抵靠在张紧杠杆 11 上。补偿杠杆可绕销轴 1 转动。

当进气管中增压压力升高时，补偿器上腔压力大于弹簧 9 的弹力，使膜片 5 连同阀芯 10 向下运动。补偿器下腔的空气经通气孔 8 逸入大气中，与阀芯锥形体相接触的补偿杠杆 2 绕销轴 1 顺时针转动，张紧杠杆在调速弹簧 13 的作用下绕其转轴逆时针方向摆动，从而拨动油量控制滑套 12 右移，使供油量适当增加，发动机功率加大。反之，发动机功率相应减小。

轴向压缩式分配泵具有零件数目少、结构紧凑、通用性高和防污性好等优点，同时由于其分配柱塞兼有泵油和配油作用，使这种泵结构简单、故障率少。另外，由于端面凸轮盘易于加工、精度易得到保证，同时泵体上装有增压补偿器，故使其动力性和经济性都比较优异。

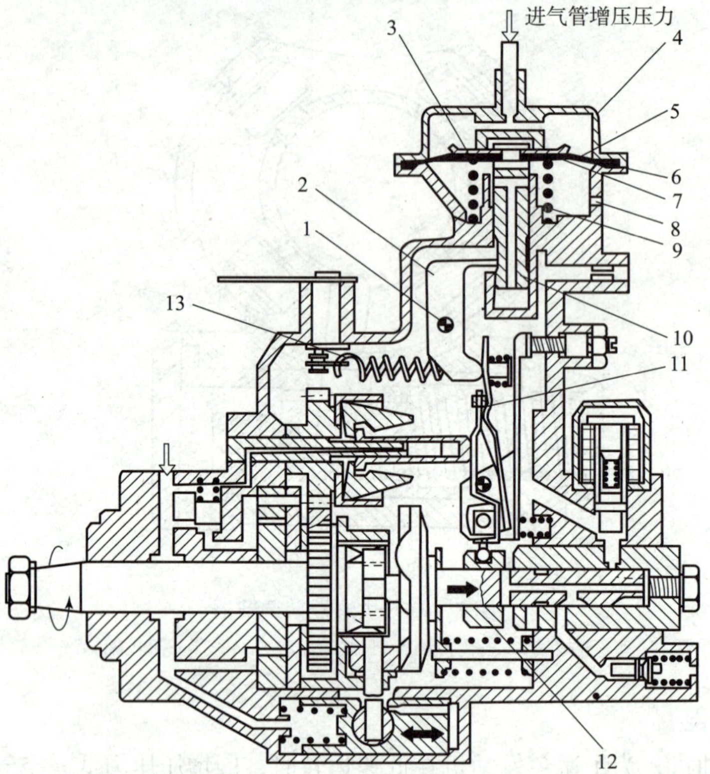

图 7－34　增压补偿器

1—销轴；2—补偿杠杆；3—膜片上支承板；4—补偿器盖；5—膜片；6—补偿器下体；7—膜片下支承板；8—通气孔；9—弹簧；10—补偿器阀芯；11—张紧杠杆；12—油量控制滑套；13—调速弹簧

四、调速器

调速器的作用是根据柴油机负荷的变化，自动地调节喷油泵的供油量，以保证柴油机在各种工况下稳定运转。

目前，在车用柴油机上应用最广泛的是机械离心式调速器。按其调节作用的范围不同，可分为两速调速器和全速调速器。

两速调速器不仅能保持柴油机在怠速时不低于某一转速，从而防止发动机自动熄火，而且能限制柴油机不超过某一最高转速，从而防止发动机超速。至于中间转速，调速器不起作用，柴油机的工作转速由驾驶员通过操纵油量调节机构来调整。

全速调速器不仅能保持柴油机的最低稳定转速和限制最高转速，而且能根据负荷的大小保持和调节柴油机在任一选定的转速下稳定工作。

1. 两速调速器

图 7－35 所示为解放 CA1091K3 型载货汽车的 YC6102BD 型柴油机所用的 RAD 型两速调速器，其结构示意图如图 7－36 所示。

调速器用螺钉与喷油泵连接。喷油泵凸轮轴 3 的端部装有两个飞块 17，飞块以飞块座内的销轴为支点可以旋转，飞块的内臂上装有滚轮 2。当飞块旋转张开时，滚轮便推动滑套 16 轴向

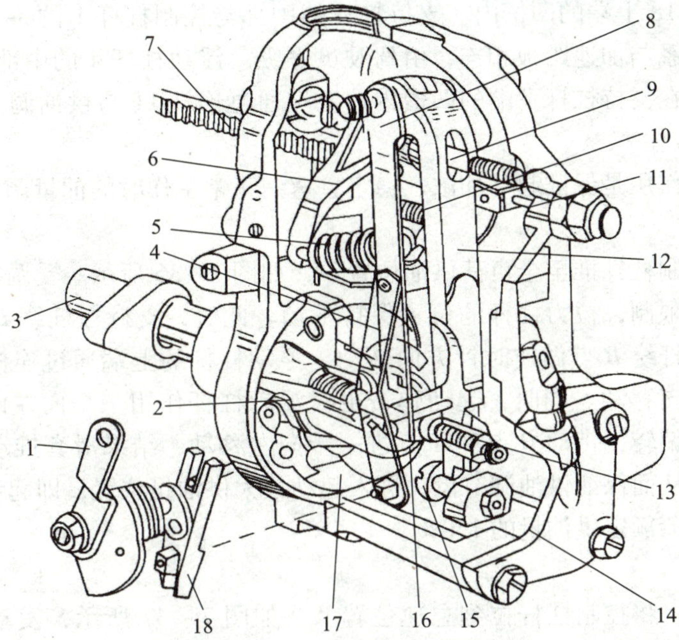

图 7－35　RAD 型两速调速器

1—控制杠杆；2—滚轮；3—凸轮轴；4—浮动杠杆；5—调速弹簧；6—速度调定杠杆；7—供油调节齿杆；8—导动杠杆；9—速度调整螺栓；10—起动弹簧；11—连杆；12—拉力杠杆；13—怠速弹簧；14—调速器壳体；15—齿杆行程调整螺栓；16—滑套；17—飞块；18—支持杠杆

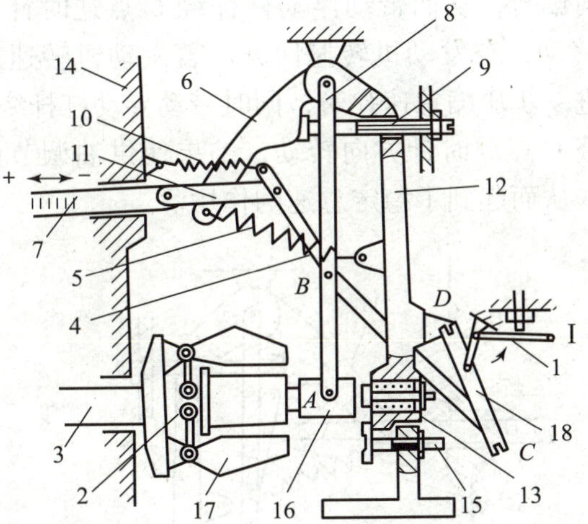

图 7－36　RAD 型两速调速器结构示意图

1—控制杠杆；2—滚轮；3—凸轮轴；4—浮动杠杆；5—调速弹簧；6—速度调定杠杆；7—供油调节齿杆；8—导动杠杆；9—速度调整螺栓；10—起动弹簧；11—连杆；12—拉力杠杆；13—怠速弹簧；14—调速器壳体；15—齿杆行程调整螺栓；16—滑套；17—飞块；18—支持杠杆

移动。滑套侧面的销轴嵌入导动杠杆 8 的下端孔内。速度调定杠杆 6、导动杠杆 8 和拉力杠杆 12 的上端均铰接于调速器壳体 14 上。速度调整螺栓 9 将速度调定杠杆限位，拉力杠杆被很强的调速弹簧 5 拉住，在转速低于最大工作转速的条件下，拉力杠杆始终被拉靠在齿杆行程调整螺栓 15 的端头上。拉力杠杆的下端装有怠速弹簧 13，用于控制怠速，其中下端有一轴销插在支持杠杆 18 上端的凹槽内。支持杠杆的中部与控制杠杆 1 的一个臂相连，控制杠杆的另一臂通过杆系与加速踏板相连，由驾驶员操纵。浮动杠杆 4 的中部与导动杠杆铰接，下端有一销轴，插在支持杠杆下端的凹槽内，上端通过连杆 11 与供油调节齿杆 7 相连，顶部被起动弹簧 10 拉住。

两速调速器的作用是保证起动加浓、稳定怠速、正常工作时的油量调节和限制超速。

1）起动加浓

起动前，将控制杠杆推至全负荷供油位置Ⅰ，如图 7－36 所示。受调速弹簧的拉动及齿杆行程调整螺栓的限制，拉力杠杆的位置保持不动。此时，支持杠杆绕 *D* 点向逆时针方向转动，带动浮动杠杆绕 *B* 点做逆时针方向转动，浮动杠杆的上端通过连杆推动供油调节齿杆向供油增加的方向移动。同时，起动弹簧也对浮动杠杆作用一个向左的拉力，使其绕 *C* 点做逆时针方向的偏转，带动 *B* 点和 *A* 点进一步向左移动，结果滑套推动飞块直至处于向心极限位置为止，从而保证供油调节齿杆进入起动最大供油量位置，即起动加浓位置。此时的供油量约为全负荷额定供油量的 150%。

2）稳定怠速

发动机起动后，将控制杠杆拉到怠速位置Ⅱ，如图 7－37 所示，发动机便进入怠速工况。此时，在滑套上作用有三个力：飞块的离心力、怠速弹簧的作用力及起动弹簧的作用力。当飞块离心力与怠速弹簧和起动弹簧的合力相平衡时，滑套便处于某一位置不动，亦即供油调节齿杆处于某一供油位置不动，发动机就在某一相应的转速下稳定运转。若发动机转速降低，飞块离心力减小，在怠速弹簧及起动弹簧的作用下，滑套将向左移动，使导动杠杆绕上端支承点顺时针方向偏转，从而带动浮动杠杆绕 *C* 点逆时针方向转动，使供油调节齿杆向供油量增加的方向移动，令发动机转速回升。若发动机转速升高，飞块离心力随之增大，使滑套向右移动，进一步压缩怠速弹簧，同时带动导动杠杆绕其上端支承点逆时针方向偏转，从而使浮动杠杆绕 *C* 点顺时针方向转动，结果使供油调节齿杆向供油减少的方向移动，使发动机转速降低，从而起到了稳定怠速的作用。

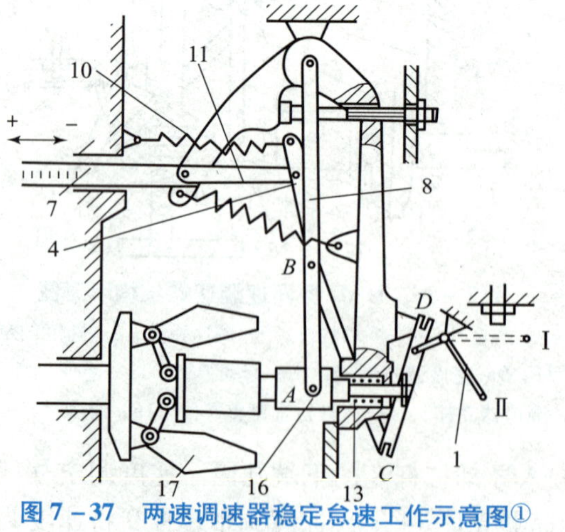

图 7－37　两速调速器稳定怠速工作示意图①

① 图 7－37 中图注同图 7－36。

改变怠速弹簧的预紧力可调节怠速转速。

3）正常工作时的油量调节

正常工作是指发动机转速在怠速和额定转速之间。此时调速器不起作用，供油量的调节由驾驶员人为控制。

当发动机转速超过怠速转速时，怠速弹簧被完全压入到拉力杠杆内，滑套直接与拉力杠杆的端面接触，如图 7－38 所示，此时怠速弹簧不再起作用。由于拉力杠杆被很强的调速弹簧拉住，在发动机转速低于额定转速时，作用在滑套上的飞块离心力不能推动拉力杠杆，因而导动杠杆的位置保持不动，即 *B* 点位置不会移动。若控制杠杆位置一定，则浮动杠杆的位置也固定不动，因而供油调节齿杆的位置保持不动，即供油量不会改变。若此时需要改变供油量，则驾驶员需改变控制杠杆的位置才能实现。由此可见，在全部中间转速范围内，调速器不起作用，供油量的调节由驾驶员控制。

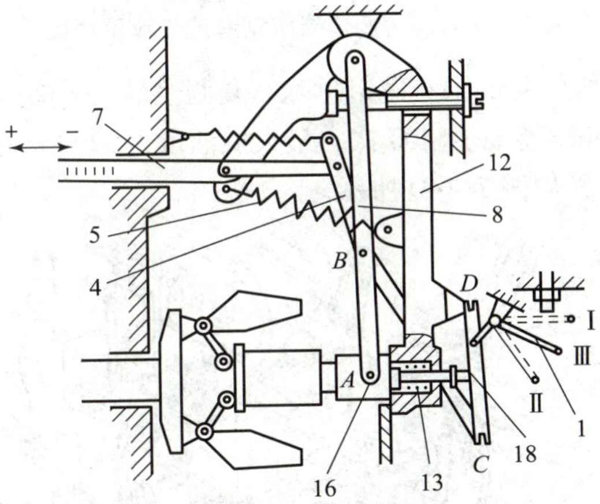

图 7－38　两速调速器在正常工作转速范围内的工作示意图①

4）限制超速

当发动机转速超过额定转速时，飞块离心力就能克服调速弹簧的拉力，滑套推动拉力杠杆并带动导动杠杆绕其上支点向右偏转，如图 7－39 所示。使 *B* 点移到 *B′*点、*D* 点移到 *D′*点，在拉力杠杆的带动下，支持杠杆绕其中间支点顺时针方向偏转，使 *C* 点移到 *C′*点。*B′*、*C′*点决定了浮动杠杆也发生顺时针方向的偏转，带动供油调节齿杆向供油减少的方向移动，从而限制发动机转速不超过额定的工作转速。

利用速度调整螺钉改变调速弹簧的预紧力即可调节发动机的额定转速。

5）调速器的调整

机械离心式两速调速器在调速器壳外具有调整发动机最高转速的调节螺钉和调整最低稳定转速的调整螺钉。在壳体内有一个限止螺钉，以限制操纵臂向左转动的最大位置，即起到限制最大供油量及转速的作用。如解放 CA1091K3 型载货汽车的 YC6102BD 型柴油机所用的 RAD 型两速调速器，出厂时将供油限制在 1 500r/min 时发出 97kW 功率的位置。新车在行

① 图 7－38 中图注同图 7－36。

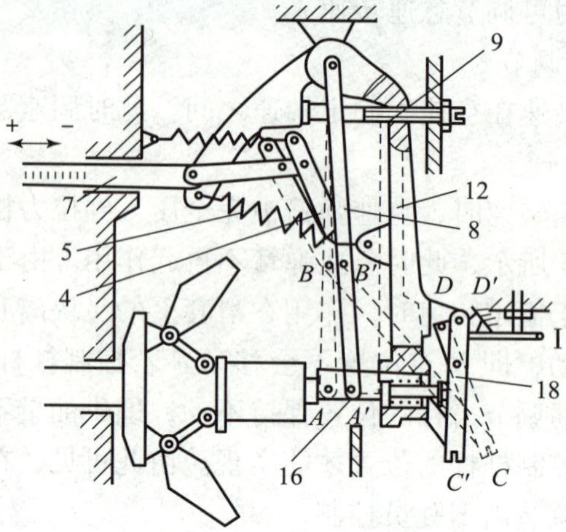

图 7－39　两速调速器限制超速工作示意图①

驶 1 500km 后，应将第一级铅封的限止螺钉拆除，并调整最大供油量的限止螺钉，即将喷油泵凸轮轴转速固定在 750r/min，泵油达 400 次，最大供油量为 52mL，以保证发动机在 1 800r/min 时发出 117～7kW 的功率，如图 7－40 所示。

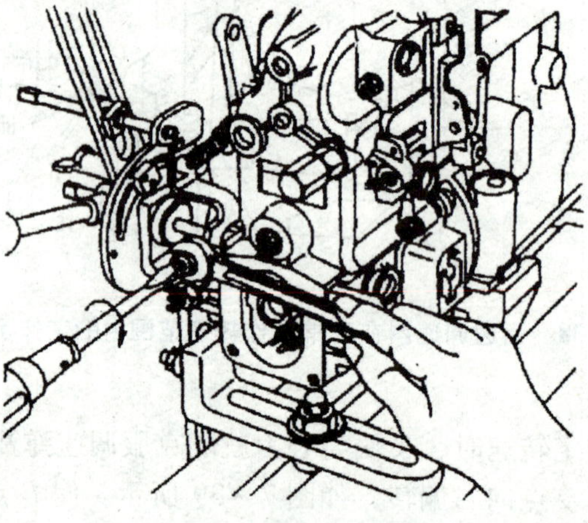

图 7－40　调整高速限位螺钉

最低稳定转速的调整是先将柴油机空车转速调整为 450～500r/min，然后调节调速器的怠速调整螺钉，如图 7－41 所示。

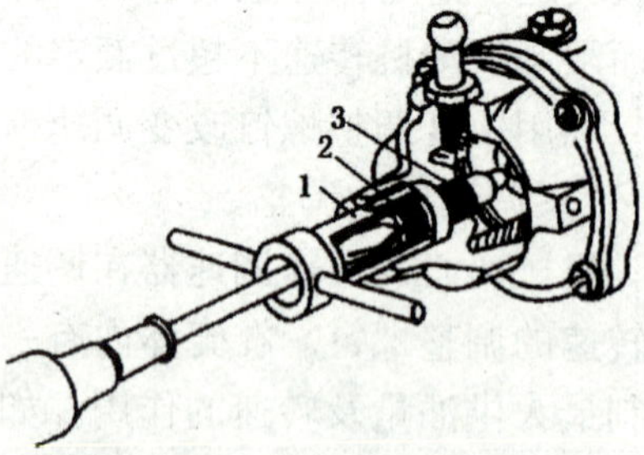

图 7－41　调速器怠速调整螺钉

1—套管；2—怠速调整螺钉；3—圆螺钉

2. 全速调速器

全速调速器不仅能保持柴油机的最低稳定转速及限制最高转速，而且能根据负荷的大小保持和调节柴油机在任一选定的转速下稳定工作。全速调速器的结构形式很多，有与柱塞式喷油泵配用的，也有与分配式喷油泵

① 图 7－39 中图注同图 7－36。

配用的。下面以轴向压缩式分配泵使用的调速器为例，说明全速调速器的结构及工作原理。

如图 7－42 所示，全速调速器主要由起动杠杆 2、张紧杠杆 10、预调杠杆 13、调速弹簧 9、起动簧片 3 以及离心飞块 5 和油量控制滑套 1 等组成。预调杠杆以销轴 M_1 支承在壳体上，并可绕销轴 M_1 转动。起动杠杆支承轴销 M_2 安装在预调杠杆上，起动杠杆和张紧杠杆均可绕销轴 M_2 转动。在起动杠杆的下端固装着一个球形销，球形销嵌入油量控制滑套的凹槽内。当起动杠杆摆动或张紧杠杆推动起动杠杆摆动时，球形销便拨动油量控制滑套在分配柱塞上做轴向移动，从而改变柱塞的有效行程，即改变泵油量的大小。

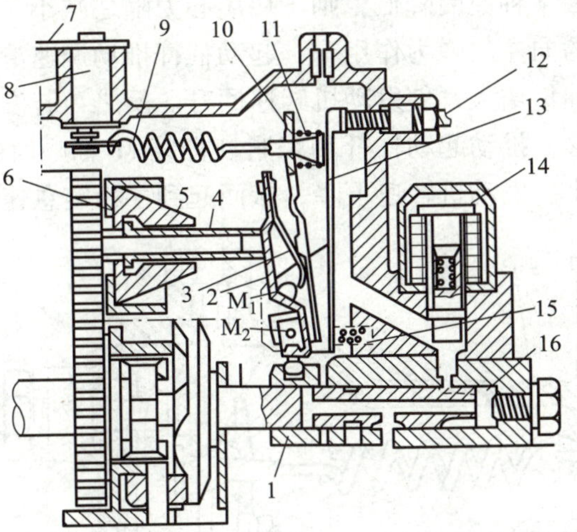

图 7－42　全速调速器结构示意图

1—油量控制滑套；2—起动杠杆；3—起动簧片；4—调速滑套；5—离心飞块；6—离心飞块罩；7—控制杆；8—操纵轴；9—调速弹簧；10—张紧杠杆；11—怠速弹簧；12—最大供油量调节螺钉；13—预调杠杆；14—电磁阀；15—回位弹簧；16—压缩室

操纵轴 8 与控制杆 7 固装在一起，在其下端偏心安装着一个销轴。调速弹簧的左端挂在偏心销轴的连接板上，右端通过怠速弹簧与张紧杠杆相连接。在调速弹簧的拉力作用下，张紧杠杆绕 M_2 轴逆时针转动，通过起动簧片和起动杠杆，从而推动油量控制滑套向右移动，使柱塞有效行程增加，即泵油量增大。反之，在离心飞块和调速滑套的作用下，可使起动杠杆绕 M_2 轴顺时针摆动，使油量控制滑套向左移动，柱塞有效行程减小，即供油量减少。

最大供油量的调节是由最大供油量调节螺钉、预调杠杆和回位弹簧来实现的。调节时，旋进调节螺钉，预调杠杆绕 M_1 轴逆时针方向转动，通过起动簧片和起动杠杆，推动油量控制滑套右移，使柱塞有效行程加大、供油量增加，直到满足最大供油量为止。反之，旋出调节螺钉，供油量减少。回位弹簧的作用是使预调杠杆的上端始终与最大供油量调节螺钉相接触，确保最大供油量位置的稳定。

全速调速器工作原理如下：

(1) 起动加浓。起动前，将控制杆推至全负荷供油量位置，如图 7－42 所示。在调速弹簧的作用下，张紧杠杆绕 M_2 轴逆时针转动，通过起动簧片和起动杠杆使油量控制滑套向右移动至极限位置，即起动加浓位置。同时，由于发动机处于静止状态，起动簧片推动起动杠杆进而推动调速滑套向左移动至极限位置，使离心飞块处于向心极限位置。

（2）稳定怠速。发动机起动后，将控制杆扳到怠速位置，即操纵轴下端的偏心销位于右侧，发动机便进入怠速工况，如图 7－43 所示。此时，发动机已有一定的转速，离心飞块向外张开一定角度并推动调速滑套右移，使起动杠杆绕 M_2 轴顺时针转动。起动簧片被压缩后，起动杠杆便抵靠在张紧杠杆上，调速滑套继续右移，使张紧杠杆也绕 M_2 轴顺时针转动。这样，怠速弹簧被压缩，直至调速滑套向右的推力与起动簧片、怠速弹簧所形成的向左的弹力相平衡时，油量控制滑套便稳定在某一位置，发动机就在相应的某一怠速转速下稳定运转。若此时发动机转速因某种原因降低，则飞块离心力随之减小，平衡状态被破坏，在起动簧片、怠速弹簧所形成的向左的弹力作用下，起动杠杆推动调速滑套向左移动，其下端带动油量控制滑套右移，供油量增大，使发动机转速回升。反之，若发动机转速升高，则飞块离心力加大，调速滑套右移，推动起动杠杆和张紧杠杆绕 M_2 轴顺时针转动，并推动油量控制滑套左移，使供油量减小、发动机转速下降，从而起到了稳定怠速的作用。

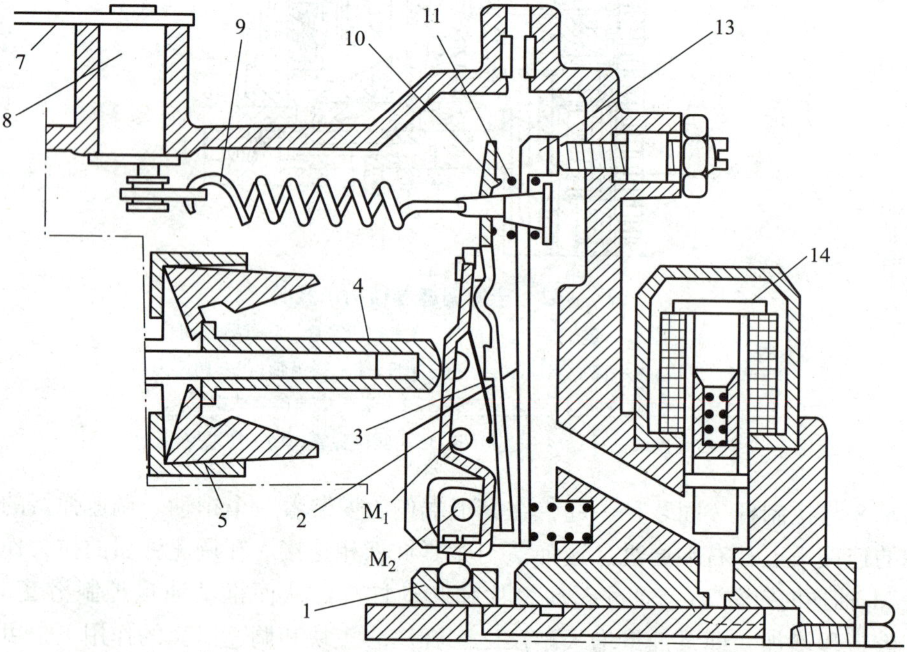

图 7－43　稳定怠速工况[①]

（3）中间转速和最高转速的调节。当把控制杆由怠速位置向最大供油量方向推至某一位置时，操纵轴下端的偏心销由右向左摆动至某一相应位置，如图 7－44 所示。此时，发动机转速已超过怠速转速，怠速弹簧完全被压缩。在调速弹簧的拉动下，张紧杠杆和起动杠杆绕 M_2 轴逆时针方向转动，推动油量控制滑套向右移动，使供油量增大，此时，发动机便从怠速进入中间转速状态。由于转速升高，故离心飞块的张开角度变大（图 7－44 中虚线所示），并通过调速滑套及起动杠杆推动油量控制滑套右移。当调速弹簧向左的拉力与调速滑套向右的推力相平衡时，油量控制滑套便稳定在某一位置上，使供油量保持一定，发动机的

① 图 7－43 中图注同图 7－42。

转速便稳定在某一转速上。

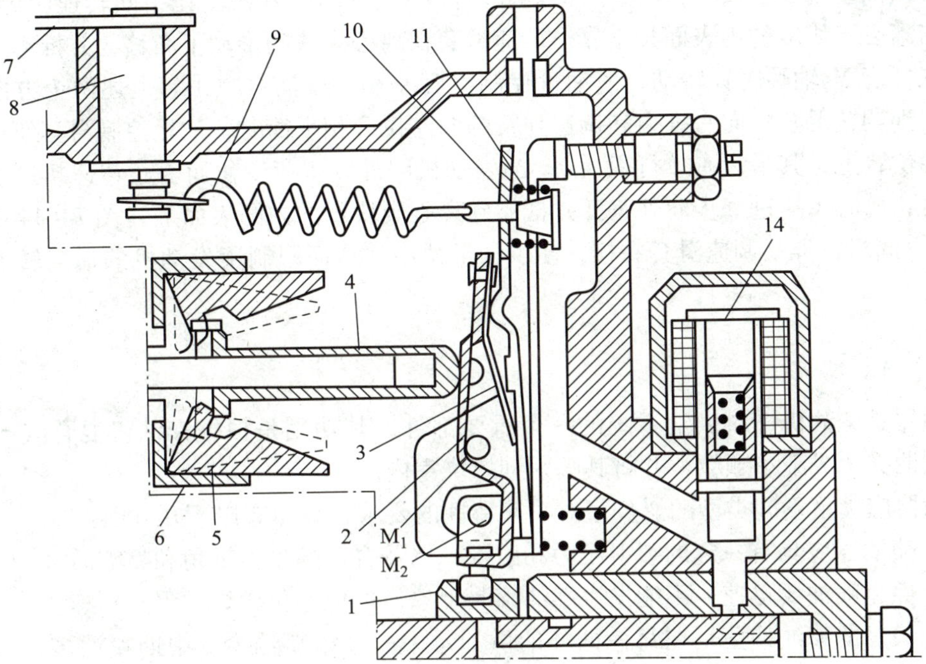

图 7－44　中间转速的调节①

当把控制杆推至最大供油量位置时，调速弹簧左端的最大位移量为 b，如图 7－45 所示。

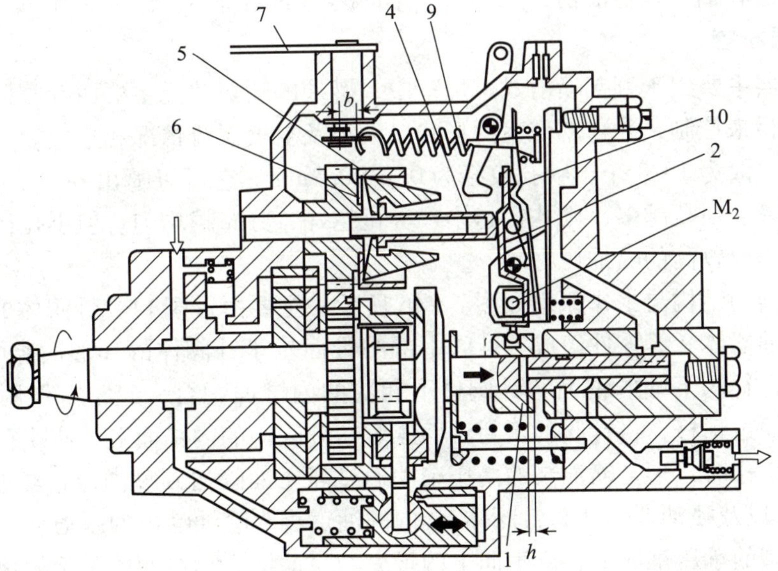

图 7－45　限制最高转速②

① 图 7－44 中图注同图 7－42。
② 图 7－45 中图注同图 7－42。

张紧杠杆和起动杠杆在调速弹簧拉力的作用下，绕 M_2 轴逆时针转动，并推动油量控制滑套右移，使供油量增加、发动机转速升高。此时离心飞块的张开角度比中间转速时继续加大，但尚未与离心飞块罩的内表面相抵靠。调速滑套在离心飞块的推动下右移，并推动起动杠杆和张紧杠杆绕 M_2 轴顺时针转动，使油量控制滑套左移，供油量减小。上述两个方向的作用一直持续到调速滑套的向右推力和调速弹簧的向左拉力相平衡时，油量控制滑套便稳定在全负荷供油位置上，其最大有效行程为 h。当发动机因外界负荷变化而引起转速超过规定的最大转速时，离心飞块进一步向外张开并抵靠到离心飞块罩的内圆表面上（图 7－44 中实线所示位置）。同时，推动调速滑套右移，使供油量减小，从而限制了发动机的最高转速不超过规定数值。

五、喷油器

喷油器是柴油机燃料供给系统的一个重要部件，其功用是根据柴油机混合气形成的特点，将燃油雾化成细小颗粒，并将其喷射到燃烧室内。

喷油器应满足不同类型的燃烧室对喷雾特性的要求，具体有以下几方面：

（1）喷油器应具有一定的喷射压力和射程，以及合适的喷雾锥角和喷雾质量。

（2）停止喷油要迅速，不能发生燃油滴漏现象，以免恶化燃烧过程。

（3）最好的喷油特性是在每一循环的供油量中，开始喷油少，中期喷油多，后期喷油少，以减少备燃期的积油量和改善燃烧后期的不利情况。

喷油器按结构型式可分为开式和闭式两大类。目前，汽车柴油机广泛采用闭式喷油器。这种喷油器在不喷油时，其针阀封闭喷孔，使喷油器的油腔与燃烧室隔开。常见的型式有两种：孔式喷油器和轴针式喷油器，分别用于不同类型的燃烧室。

1. 孔式喷油器

孔式喷油器主要用于直接喷射式燃烧室中，燃油的喷射状况主要由针阀体下部喷孔的大小、方向和数目来控制，并与燃烧室的形状、大小及空气涡流情况相适应。

喷孔数目一般为 1～8 个，喷孔直径为 0.2～0.8mm，它可以喷出一个或几个锥角不大、射程较远的油束。喷孔越多，则孔径越小、雾化越好、分布越均匀。但小孔径在使用中易积炭堵塞，同时需要较高的喷油压力。

孔式喷油器的结构与工作原理如图 7－46 所示，主要由针阀 11、针阀体 12、顶杆 8、调压弹簧 7 及喷油器体 9 等零件组成。针阀中部的锥面位于针阀体的环形油腔内以承受油压，称为承压锥面；针阀下端的锥面与针阀体上相应的内锥面配合，起密封作用，称为密封锥面。调压弹簧通过顶杆，将针阀的密封锥面压紧在针阀体的内锥面上，使喷孔关闭。

当柴油机工作时，来自喷油泵的高压柴油通过高压油管送到喷油器，经进油管接头 16、喷油器滤芯 17 以及喷油器体 9 和针阀体 12 内的油道进入喷油嘴内的压力室（见图 7－47），油压作用在针阀的承压锥面上，产生向上的推力。当此推力超过调压弹簧的预紧力时，针阀升起并将喷孔打开，高压柴油经喷孔喷入燃烧室，如图 7－47（a）所示。当喷油泵停止供油时，喷油嘴压力室内的油压迅速下降，针阀在调压弹簧的作用下瞬间落座，将喷孔关闭，终止喷油，如图 7－47（b）所示。喷油器的喷油压力与调压弹簧的预紧力有关，预紧力越大，

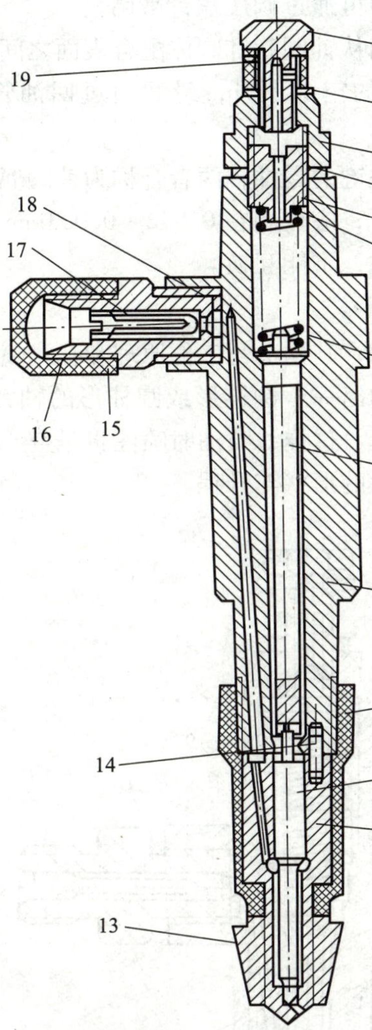

图7－46　孔式喷油器

1—回油管接头；2—衬垫；3—调压螺钉保护螺母；4，6—垫圈；5—调压螺钉；7—调压弹簧；8—顶杆；9—喷油器体；10—喷油嘴拧紧螺母；11—针阀；12—针阀体；13—垫块；14—定位销；15—进油管接头护帽；16—进油管接头；17—喷油器滤芯；18—进油管接头衬垫；19—保护套

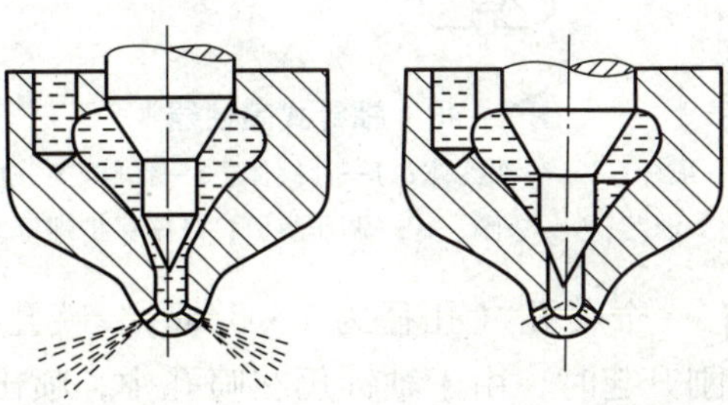

（a）　　（b）

图7－47　孔式喷油器工作原理

（a）喷油；（b）关闭

喷油压力越高。调压弹簧的预紧力可通过调压螺钉来调整。

喷油器工作时，会有少量柴油从针阀和针阀体配合表面之间的间隙漏出，这部分柴油对针阀起密封作用，并沿顶杆周围的空隙上升，最后通过回油管螺栓进入回油管，流回柴油箱。

针阀和针阀体是喷油器中最关键的零件，两者合称为针阀偶件。为保证喷油压力且能自由滑动，两者的配合间隙要求很严，应控制在0.002～0.003mm。针阀偶件是经过研磨配对的，拆装和维修过程中应特别注意，不能互换。

2. 轴针式喷油器

轴针式喷油器如图7－48所示，其构造与工作原理和孔式喷油器基本相同。其不同点是针阀5下端的密封锥面以下还延伸出一个倒锥形或圆柱形的轴针（见图7－49），轴针伸出喷孔外，使喷孔成为圆环状的狭缝。这样，喷油时喷注将呈空心的锥状或柱状。喷孔的通过截面与喷注锥角的大小取决于轴针的形状与升程。

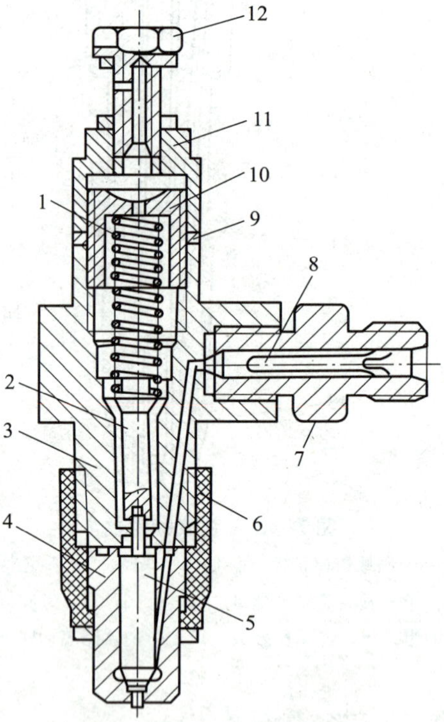

图7－48　轴针式喷油器

1—调压弹簧；2—顶杆；3—喷油器体；4—针阀体；5—针阀；6—喷油嘴拧紧螺母；7—进油管接头；8—滤芯；9—垫圈；10—调压螺钉；11—保护螺母；12—回油管接头

轴针式喷油器一般只有一个喷孔（孔径为1～3mm），喷孔与轴针之间有微小的间隙（0.02～0.06mm）。当轴针刚升起时，由于轴针仍在喷孔中，喷出油量较少，直到轴针完全离开喷孔时，喷油量才达到最大；当喷油快结束时，情况正好相反。这样在备燃期内喷入燃烧室的油量较少，从而使发动机工作比较平稳。截锥形轴针的喷油器在开始喷油时的喷油量比圆柱形轴针的喷油量更少，同时，不同角度的轴针还可以改变喷雾锥角的大小，以满足与燃烧

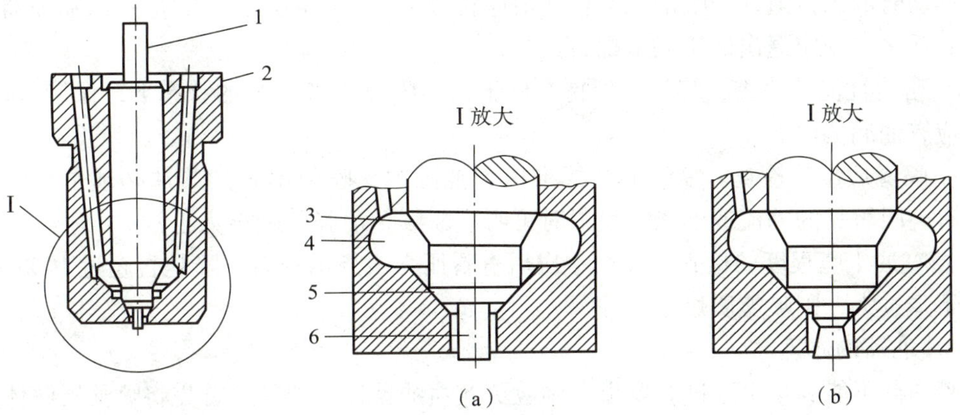

图 7－49　轴针式喷油嘴的结构形式

（a）圆柱形轴针；（b）截锥形轴针

1—针阀；2—针阀体；3—承压锥面；4—压力室；5—密封锥面；6—轴针

室相配合的要求。因此，它适用于对喷雾质量要求不高的涡流室式燃烧室和预燃室式燃烧室。

轴针式喷油器由于喷孔直径较大，孔内又有轴针上下移动，故喷孔不易积炭，且可以自行清除积炭。

3. 喷油器的检修

1）清除积炭

积炭不但容易阻塞喷孔，而且使喷油器过热，因此在维修时必须清除积炭。清除时不得使用砂布和钢制刮刀，可用木制、竹制刮刀。为了除去进油孔道及孔内污垢和积炭，可将喷油器放入煤油中浸泡数小时，然后用细铜丝清除针阀或喷油孔体上的积炭。清除了积炭的零件，需用汽油或煤油再次清洗。

2）喷油器性能的检验

喷油器性能的检验主要包括喷油器喷油压力的检验与调整、密封性能的检验、喷雾质量的检验及喷油干脆程度的检验等。喷油器的检验应在专用的试验器上进行，如图 7－50 所示。试验器由手油泵、油箱和压力表等组成。油箱的柴油经过滤后流入手油泵的油腔中，压动手油泵泵油时，高压油经油阀流入压力表和喷油器，使喷油器喷油。喷油压力及其变化情况可从压力表上读出。

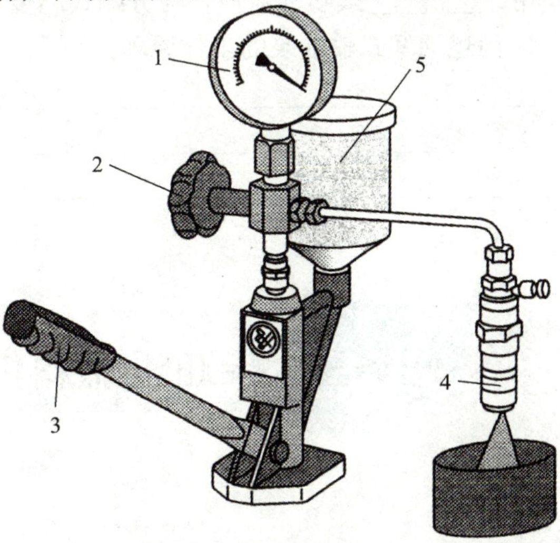

图 7－50　喷油器试验器

1—压力表；2—锁止阀；

3—手柄；4—喷油器；5—油壶

（1）喷油压力的检查与调整。将喷油器安装在试验器上，压动手柄排净系统内的空气，再快速压动手柄几次，清除喷油器内的积炭。然后慢慢压动手柄同时观察压力表，当喷油器喷射时，压力表指针会摆动，指针刚摆动时的压力值即为喷油压力，此值应符合标准。若油压太低，应拧入喷油器油压调节螺钉；反之，则应退出油压调节螺钉。

（2）密封性能的检查。将油压保持在低于喷油压力 1～2MPa 的状态下，保持 10s，喷油嘴处不应有油滴流出。

（3）喷雾质量的检查。喷油器在标准压力范围内，喷射出来的柴油必须是均匀的雾状物，没有肉眼可见的油流或油滴。喷射时可听到断续、清脆的响声为正常。

（4）喷油干脆程度的检查。喷油一次后查看压力表指示压力下降是否超过 10%～15%，若压力下降过大，则喷雾质量差。

3）喷油器的修理

若喷油器不能满足上述试验要求，则应更换喷油器针阀偶件。首先将喷油器解体并在清洁的柴油中清洗干净，然后拔除喷油器体上的两个定位销，将喷油器壳体与针阀偶件的接触表面在 0 级研磨平板上研磨，清除油渍，再将新的针阀偶件在柴油中清洗，去除油蜡后重新安装，并以规定转矩拧紧紧固螺套。

任务驱动

1. 柱塞式喷油泵由________、________、________、________和________组成。

2. 按其调节作用的范围不同，调速器可分为________和________。

3. 喷油器有________式和________式之分，________式喷油器通常与统一式燃烧室配合使用，________式喷油器通常与分隔式燃烧室配合使用。

4. 简述活塞式输油泵的工作原理。

____

____

____

任务三　柴油机燃料供给系统维护与检修

学习目标

（1）柴油机的常见故障。

（2）柴油机常见故障的原因、诊断及排除。

相关知识

主要零件的拆装及检查。

柴油机的故障，产生的原因很多，但大多集中在燃油供给系统。下面介绍柴油机燃料供给系统的故障诊断与排除方法。

一、发动机起动困难

发动机起动困难，有以下几种情况。

1. 起动时排气管不冒烟

1）故障现象

起动时听不到爆发声音，排气管没有烟排出，不能起动。

2）故障原因

这种现象的实质是柴油没有进入气缸，应从燃料的输送方面查找故障的原因。

（1）油箱无油，油箱开关未打开，油箱滤网脏、堵。

（2）熄火拉钮没有退回。

（3）柴油滤清器滤芯严重脏污。

（4）输油泵故障：进油口滤网堵塞、活塞弹簧折断、活塞磨损严重或活塞、推杆发卡。

（5）油路中有空气、油管破裂或管接头漏油、堵塞。

（6）油路中有水，冬季结冰使油路堵塞。

（7）喷油泵损坏：泵内有空气、喷油泵供油拉杆被卡死在不供油的位置、油门操纵拉杆脱落、喷油泵驱动联轴器损坏、发动机不能驱动喷油泵、柱塞磨损严重。

（8）喷油器不喷油：针阀被卡死在关闭位置、喷孔被积炭堵塞、喷油压力调整过高。

（9）柴油牌号不对，冬季使用夏季用油，冷凝后析出石蜡堵塞油路。

3）故障诊断与排除

此故障主要是由于柴油机供给系统不工作，不能向燃烧室喷油所致。在诊断故障时，应首先判断故障是出在柴油供给系统的低压油路还是高压油路。为此，可先将喷油泵上的放气螺塞旋松，用手油泵泵油。若放气螺孔不流油或流出泡沫柴油，则表明低压油路故障；若放气螺孔处流油正常且无气泡出现，但各缸喷油器无油喷出，则说明故障在高压油路。

（1）低压供油部分。

①检查油箱开关是否打开、柴油机熄火拉钮是否退回、油箱内的油面是否过低、油箱盖空气孔是否堵塞，视情况予以补充或修理。

②旋松喷油泵上的放气螺塞，用手油泵泵油。若从放气螺塞孔流出的燃油中夹有气泡，则说明油路中有空气窜入，应查明原因（是否由于油箱内油量不足、油管接头松动、柴油滤清器衬垫密封不严或油管破裂而引起）。此外，还应注意油箱内上油管的焊接处是否有裂缝或漏孔。

③通过手油泵泵油，若觉得来油不畅，则说明低压油路中有堵塞或破损，应检查柴油滤

清器和管路是否堵塞。

④检查输油泵的工作情况。检查时，用手油泵泵油，若无正常的泵油阻力，并泵油多次也泵不出油，则说明手油泵活塞磨损过甚、输油泵出油阀黏滞或不密封或弹簧折断，应予以拆检修理。

⑤拉出于油泵手柄，若感到有明显吸力，放开手柄又会自动回位，则说明输油泵至油箱的油路堵塞，应卸下柴油滤清器及输油泵进油管进行清洗，使其畅通。若在拉手柄时感到无吸力，但在压手柄时感到阻力很大，则说明输油泵至喷油泵之间的油路堵塞。手油泵盖密封不严，也会引起输油泵泵油不良。

⑥在低温地区和低温季节，柴油牌号选用不当或油中有水，容易因结蜡和结冰而堵塞油管，这样必须选用规定牌号的柴油，并对发动机进行必要的季节维护。

（2）高压供油部分。

①检查油门拉杆是否脱落。检查时，接通起动机，观察喷油泵输入轴是否转动。若喷油泵输入轴不转动或转动太慢，则应检查联轴节有无断裂、固定螺栓是否松动、半圆键是否损坏。若不正常，则会引起供油时间失准，应予修理或更换新件。

②检查各高压油管有无因破裂或接头松动而漏油。

③拆下喷油泵侧盖，检查供油调节拉杆是否移动灵活、柱塞弹簧是否折断而卡住或柱塞卡在上行位置、拨叉式油量调节机构的调节叉或齿条式调节机构的扇形小齿轮固定螺栓是否松动、调节臂有无脱出。

④拆下喷油泵的高压油管，用手油泵泵油。在泵油时，若出油阀处有油溢出，则说明出油阀磨损或密封不良、出油阀弹簧折断或密封面有污物，应予清洗、修理或更换磨损件。

⑤若出油阀无油溢出，则应检查高压油路中有无空气。可将调节拉杆放在最大供油量位置上，用起子撬动喷油泵柱塞弹簧座，做泵油动作，使柴油从出油阀中喷出，直到不夹有气泡时为止。旋紧高压油管，再撬动喷油泵柱塞弹簧座几次，使喷油器喷出柴油，直到听到有清脆的泵油声音为止，故障即可排除。

⑥经过以上检查如均正常，但仍不能起动，可将喷油器从缸盖上拆下，喷油器在缸外接到高压油管上，用起子撬动喷油泵柱塞弹簧座，做泵油动作。若喷油质量不良，则应拆检喷油器，查看弹簧弹力是否正常、喷孔有无堵塞、针阀有无卡滞等。若有，视情况调整、修理或更换零件。

2. 起动时排气管排出大量白烟

1）故障现象

接通起动机后，发动机不宜起动或起动后排气管排出大量白色烟雾，且慢慢熄火。

2）故障原因

这种现象是因为排气中混有水蒸气所致。

（1）柴油中有水分。

（2）气缸垫冲坏或气缸盖螺栓松动使水进入燃烧室。

（3）气缸体或气缸盖冷却水套有破裂。

3）故障诊断与排除

柴油发动机在低温（特别是冬季）起动时，排气管排出白烟，而在温度升高后排烟正常，这是正常现象。

检查时，先拔出机油尺，观察机油油面是否升高、机油中是否有水（可通过机油颜色判断，机油颜色发白说明机油被水乳化），同时在起动发动机时观察散热器上部有无气泡冒出。如果有上述现象存在，应检查气缸垫是否烧毁、气缸盖螺栓有无松动、气缸盖和气缸体有无破裂漏水等。否则应检查柴油中是否有水，如果有，可将油箱及柴油滤清器放污塞打开，放出水分和沉淀物。

3. 起动时排气管排出灰白烟

1）故障现象

接通起动机后，发动机不易起动，起动时排出灰白色烟雾。

2）故障原因

这种现象的实质是柴油已经进入气缸，但由于气缸内压力和温度低、供油时间过迟、燃油雾化不良等未能正常组织燃烧。

（1）供油时间过迟：调整不当、联轴器上的调整螺栓松动。

（2）外界温度低，预热装置失效。

（3）气缸压力不足：气门间隙不当、气缸不密封。

（4）喷雾质量差：喷油器的调整压力过低、针阀磨损严重。

（5）供油量太小：低压油路溢流阀损坏使供油压力不足，引起喷油泵供油量减少；喷油泵出油阀密封不良、柱塞偶件磨损严重。

（6）空气滤清器脏堵，造成供气不足。

3）故障诊断与排除

检查低温起动预热装置是否完好，如果完好仍不能起动，应检查供油正时是否过迟及供应量是否过少，再检查喷油器雾化质量和喷油器针阀有无卡滞现象，另外还要检查气缸压力是否过低。

二、怠速不稳

1. 故障现象

发动机怠速时，转速不稳定，发动机抖动，易熄火或怠速过高。

2. 故障原因

（1）各缸供油量不均匀：喷油泵柱塞磨损、出油阀不密封；喷油器针阀磨损，关闭不严、卡滞，喷孔堵塞；输油泵工作失常；燃油中有水、气。

（2）各缸供油间隔角不准确。

（3）各缸喷油压力不均匀，喷油雾化不良。

（4）调速器失灵，怠速调整不当。

3. 故障诊断与排除

（1）采用单缸断油法，检查有无故障缸。若有，则检查故障缸的喷油器、喷油泵和气缸压力。

（2）如果没有故障缸，则进行怠速调整，检查并调整调速器。

（3）检查柴油中是否有水、气。

三、柴油机动力不足

柴油机动力不足可分为以下几种情况。

1. 发动机动力不足，排烟少，运转均匀

1）故障现象

发动机运转均匀，排烟较少，但无力。急加速时有少量黑烟排出，柴油机达不到最高转速。

2）故障原因

这种现象说明气缸内混合气燃烧较完全，但最大供油量达不到要求，导致柴油机难以输出额定功率。具体原因如下：

（1）加速踏板拉杆行程不能保证供给最大供油量。

（2）调速器因调整不当或高速弹簧过软，引起额定转速下降。

（3）喷油泵供油量调整不当，全负荷供油量不足。

（4）喷油泵故障：柱塞偶件磨损，造成泄漏过多；出油阀密封不良，卡、弹簧折断；柱塞弹簧失效；滚轮、凸轮磨损。

（5）低压油路供油阻力过大，造成供油压力过低。

（6）喷油器喷孔积炭或调压弹簧的弹力调整不当。

（7）输油泵滤网、油管、柴油滤清器堵塞或低压油路溢流阀失效，引起低压油路供油压力过低。

（8）柴油牌号不对。

3）故障诊断与排除

（1）起动发动机，中速运转，拆下一只喷油器观察喷油情况。如喷油无力且雾化不良，再拆下喷油泵进油管检查出油情况。若出油量充足，则故障在高压油路；若出油量少，则故障在低压油路。

（2）将加速踏板踩到底，若喷油泵操纵臂不能使油量调节拉杆移动到最大供油量位置，则应检修加速踏板拉杆或加速踏板轴。

（3）踩下离合器踏板，并将加速踏板踩到底，观察车上发动机转速表，如果低于发动机最高转速，则应检查调速器高速限制螺栓和最大供油量限制螺栓。

（4）拆下喷油器，检查喷油器针阀的密封性和喷油压力。

（5）在低温季节，还应检查柴油牌号是否合乎要求。

2. 柴油机动力不足，排黑烟

1）故障现象

发动机运转无力且排黑烟，加大油门时出现敲击声。

2）故障原因

这种现象主要是由于燃料不完全燃烧造成的，具体原因如下：

（1）空气滤清器严重堵塞，造成进气量不足。

（2）喷油泵供油过多或各缸供油不均匀度过大。

（3）气门间隙过大或气缸磨损严重，造成气缸压力过低。

(4) 喷油器故障：针阀关闭不严或卡在开启位置；调压弹簧过软、折断或喷油压力调整螺栓松动。

(5) 供油正时过早或过迟。

(6) 柴油质量低劣。

3) 故障诊断与排除

(1) 拆下空气滤清器，观察排气颜色，若排黑烟情况有所好转，则故障为空气滤清器堵塞严重所造成。

(2) 在发动机运转时，可逐缸断油试验。当某缸断油时，若发动机转速明显降低、黑烟减少、敲击声减弱或消失，则说明该缸供油量过多；若发动机转速变化小而黑烟消失，则说明该缸喷油器喷雾质量差。找出故障缸后，再进一步查明故障原因，如该缸喷油泵柱塞副的磨损情况、扇形齿轮固定螺栓有无松动、柱塞弹簧有无折断等。若均正常，则可换装新喷油器进行对比试验。若用新喷油器时故障消失，则说明原喷油器有故障。拆下喷油器，检查其喷油压力和喷雾质量，必要时进行清洗和调试。

(3) 拆下喷油泵边盖，比较故障缸与其他各缸的挺杆上升到最高位置时，柱塞顶部的余隙（可用起子撬动检查）。若余隙的差值较大，则可能是该缸挺杆调整螺栓调整不当或松动，引起个别缸供油时间过迟。旋松锁紧螺母，则可通过转动调整螺栓予以调整，直到黑烟和敲击声均减轻或消失为止。必要时应拆下喷油泵，在试验台上进行试验。

(4) 若上述检查均正常，但该缸仍燃烧不良，则故障是因气缸压力低引起的，应检查气缸、活塞和活塞环是否磨损漏气或气门密封不良。

四、发动机运转不稳并伴有敲击声

1) 故障现象

发动机运转不稳，伴随着排气管排烟而产生敲击声，加速时敲击声加剧，转速升高后敲击声减弱或消失，怠速时又出现敲击声。

2) 故障原因

(1) 供油时间过早。

(2) 各缸供油量不均匀。

(3) 喷油器不密封，出现滴漏，喷油雾化不良。

(4) 气缸压力不足。

(5) 选用的柴油牌号不当。

(6) 进气不足。

3) 故障诊断与排除

(1) 如果敲击声比较均匀，则说明各缸的工作情况一致。

①首先检查空气滤清器滤芯是否脏、堵。

②检查供油正时是否正确。如供油过早，则响声尖锐、清脆，排气管排黑烟，怠速不良；如供油过迟，则响声沉闷，柴油机过热、无力，排气管排黑烟。调整供油提前角，故障现象无明显变化，应检查柴油牌号选择是否适当。

③检查调速器弹簧是否过软，若调速器怠速弹簧过软，则也会使柴油机运转不稳，其检

查方法是：用手的压力使弹簧压缩到极限位置，若放开后不能自动回位，则说明弹簧过软或折断。

（2）如果敲击声不均匀，则说明故障是由于各缸工作情况不一致引起的。

可用单缸断油法、感温法、观色法找出故障缸，检查故障缸的气缸压力、喷油器、喷油泵和供油正时。

五、柴油发动机“游车”

1. 故障现象

（1）发动机在运转时，加速踏板停留在一定位置不动，而发动机的转速在较大的范围内周期性忽快忽慢地变化。

（2）加、减油时发动机转速变化不及时，发动机无力。

2. 故障原因

（1）喷油泵油量调节拉杆卡滞、移动不灵活。

（2）齿圈与齿条或调节叉与调节臂之间运动不灵活。

（3）喷油泵凸轮轴轴向间隙过大。

（4）油量调节机构机件配合松旷。

（5）柱塞套安装不良，使调节齿杆（或拨叉）不能游动自如。

（6）柱塞调节臂或扇形小齿轮变形或松动，使齿杆不能游动自如。

（7）调速器内润滑油太脏、过稠或过少。

（8）调速弹簧变形或折断。

（9）飞块组合件与保持架之间运动不灵活。

（10）调速器飞块收张距离不一致。

3. 故障诊断

（1）检查调速器机油是否太脏、过稠或过少。机油太脏或过稠都将增大阻力，降低调速器的灵敏度。其中对飞块式的调速器的影响最为明显。

（2）拆下喷油泵检视窗盖板，用手握住油量调节拉杆（或齿圈），使齿杆轻轻移动。若油量调节拉杆移动阻力较大，则说明故障是由机件移动阻力大引起的，应拆下调速器盖，使油量调节拉杆与调节器脱开。若此时油量调节拉杆能在倾斜45°自行滑动，则说明阻力在调速器内部，可能是调速器各连接点过紧，如离心飞块收张不灵活、滑套阻力过大等。如果油量调节拉杆与调速器脱开后仍只能在小范围内推动，则说明阻力在调速器以外，即可能是某缸喷油泵柱塞套在泵体内安装不垂直，使调节叉（或齿杆）拉动不灵活；柱塞调节臂（或扇形齿轮）弯曲变形或松动，使油量调节拉杆不能灵活拉动；柱塞套的定位螺栓拧紧力过大，造成柱塞套与泵体不垂直，柱塞往复运动时不灵活。

（3）如果油量调节拉杆运动自如，“游车”原因多是调速器各部位连接点松旷，如飞块销孔和座架磨损过大、供油齿杆齿隙过大、齿条（或调节叉）拉杆销子松动、凸轮轴轴向间隙过大、调速器外壳磨损松旷等，必要时检修调速器，以恢复各活动部位的正常配合间隙。

（4）检查喷油泵凸轮轴轴向间隙，如果超过规定范围，应进行调整。

（5）检查调速器飞块行程和调速弹簧的预紧度，使两飞块的行程和两组调速弹簧的预紧度基本相同。

六、发动机“飞车”

1. 故障现象

柴油机转速失控、急剧上升并超过最高允许转速，同时伴有巨大异常响声的现象，即为“飞车”。柴油机“飞车”是非常危险的，如果不及时采取措施予以消除，短时间内就会造成柴油机事故性损坏，甚至发生人员伤亡。

2. 故障原因

（1）喷油器和调速器故障。

①供油拉杆被卡死在某一供油位置。

②某缸的柱塞与柱塞套卡死在供油位置，不能相对转动。

③供油拉杆与调速杠杆之间的连接中断。

④飞块式调速器的飞块组合件锈死。

⑤调速弹簧折断。

⑥调速器总成从凸轮轴上脱落，调速器失效。

⑦柱塞的油量调整齿圈固定螺栓松动，使柱塞失去控制。

⑧调速器内的机油数量太多、太稠或过脏，飞块难以甩开。

（2）额外的柴油或机油进入气缸燃烧。

①低温起动装置的电磁阀漏油，使低压油路的柴油经电磁阀进入进气歧管，再进入气缸燃烧。

②空气滤清器的滤芯清洗后，滤芯上的柴油或机油没有吹干、滴尽而被吸入气缸。

③润滑油窜入气缸燃烧。

3. 故障诊断与排除

（1）若抬起加速踏板后，柴油机转速随之降低或熄火，则说明故障是因机油过稠或调速器总成从凸轮轴上脱落引起的。

（2）抬起加速踏板后，柴油机转速继续升高，故障可能是油量调节拉杆卡住、柱塞与柱塞套卡死、调速器内部机件卡死或供油拉杆与调速器连接的某一部位卡住等原因造成的。

如果拉出熄火拉钮后，柴油机转速仍继续升高，说明故障是由油量调节拉杆被卡在供油位置引起的。拆下喷油泵检视窗盖板，用手扳动齿圈或油量调节拉杆。若扳不动，则可证实油量调节拉杆与泵体座孔或柱塞卡死。

（3）若拉出熄火拉钮后，柴油机能熄火，则说明油量调节拉杆和柱塞均未被卡死，应检查调速器与油量调节拉杆的连接是否可靠、调速器飞块销是否脱出、调速器总成与凸轮轴之间是否松脱（飞块或调速器）。

（4）分解检查调速器内部零件。

（5）若燃油供给系良好，应检查气缸有无额外进入的燃油或机油。例如，增压器机油是否漏入气缸，气缸密封性如何、是否上窜机油，低温起动预热电磁阀是否关闭可靠等。

4. 发生“飞车”应采取的措施

紧急熄火的方法有以下几种：

（1）抬起加速踏板，有熄火拉钮的发动机应拉出熄火拉钮，有减压杆的发动机应提起减压杆，有排气制动阀的发动机则踩下（或按下）排气制动阀开关，迫使发动机熄火。

（2）挂高速挡，踩下制动踏板，慢抬离合器，或同时将车驶向路旁砂石堆等障碍物，强制柴油机熄火。

（3）堵塞进气口，切断进气。

（4）松开全部高压油路，切断供油。

以上几种紧急熄火法应根据具体条件灵活运用，以使发动机尽快熄火为原则。如果在车上发生飞车，应采用前两种办法熄火。如果发动机还没有装车时发生飞车，则应采用后两种方法熄火。

任务驱动

1. 柴油机油路故障分为________油路故障和________油路故障。若松开喷油泵放气螺钉，柴油挤出压力正常，且无气泡，则________油路正常。

2. 柴油机低压油路和高压油路的故障如何判断？

____

____

3. 发动机不能起动的故障原因有哪些？如何进行诊断？

____

____

____

小结

（1）柴油是从石油中提炼出来的。柴油的使用性能指标主要是发火性、蒸发性、黏度和凝点。

（2）柴油以高压喷射的方法在压缩行程接近终了时喷入气缸，与气缸内被压缩的高温高压空气混合形成可燃混合气，混合气靠自行着火燃烧。

（3）柴油机燃烧室分两大类：统一式燃烧室和分隔式燃烧室。统一式燃烧室通常采用孔式喷油器；分隔式燃烧室通常采用轴针式喷油器。

（4）柴油机可燃混合气的形成方式基本上有两种：空间雾化混合和油膜蒸发混合。

（5）为了促进柴油与空气更好混合，一般都要组织适当的空气涡流，常见的有以下3

种：进气涡流、挤压涡流和燃烧涡紊流。

(6) 根据气缸中压力和温度的变化特点，可将混合气的形成与燃烧过程按曲轴转角划分为四个阶段：备燃期、速燃期、缓燃期和后燃期。

(7) 输油泵的功用是保证低压油路中柴油的正常流动，克服柴油滤清器和管路中的阻力，并以一定的压力向喷油泵输送足够量的柴油。输油泵性能的检查主要是检查输油泵的吸油能力与泵油能力。

(8) 喷油泵的功用是根据发动机的不同工况，定时、定量地向喷油器输送高压柴油。目前应用较广的有柱塞式喷油泵和轴向压缩式分配泵。

(9) 柱塞式喷油泵由分泵、传动机构、油量调节机构、泵体及供油提前角调节装置组成；轴向压缩式分配泵由联轴器、二级滑片式输油泵、高压泵头、供油提前调节器和调速器等组成。

(10) 柱塞泵供油量的不均匀度可通过转动控制套筒，以改变柱塞与柱塞套的相对角位置来调节。

(11) 柱塞泵的供油提前角可通过两种方式来调节：改变喷油泵凸轮轴与发动机曲轴的相对角位置和改变滚轮传动部件的高度。前者是各缸做统一调整，后者只适用于单缸调整。

(12) 调速器的作用是根据柴油机负荷的变化，自动地调节喷油泵的供油量，以保证柴油机在各种工况下稳定运转。一般分为两速调速器和全速调速器。

(13) 喷油器的作用是使燃油得到良好的雾化，促进混合气的形成与燃烧。喷油器的检验包括喷油压力检验、针阀密封性检验及喷雾质量检验。

(14) 柴油机的常见故障有：起动困难、怠速不稳、动力不足、工作粗暴、发动机“飞车”及发动机“游车”等。

(15) 柴油机油路故障分为低压油路故障和高压油路故障。判断方法是：若松开喷油泵放气螺钉，柴油挤出压力正常，且无气泡，则低压油路正常；否则为低压油路故障。

项目八 发动机修理工艺

情景导入：

随着汽车工业的飞速发展，汽车的制造工艺不断加强，现代汽车的发动机无论在材质还是在结构上都有了很大的改进。对于发动机机械部分的维修，在我国的许多汽车维修企业仍然沿用20世纪70年代手工作坊的维修工艺，故而在不同程度上影响着发动机的性能。

任务一　发动机修理工艺概述

学习目标

（1）知道汽车修理原则和修理制度。

（2）掌握发动机的日常维护，包括一级维护相关知识和二级维护项目内容。

相关知识

汽车行驶到一定的里程，有些零件和总成就会出现损坏。当你坐在汽车中准备启程时，却发现发动机无法起动，这是令人十分懊恼的事。可是有的时候，发动机不能起动，只是由于一些小毛病造成的，如果了解这些原因，了解这些汽车修理基础知识，就能尽快地解决基本问题，使作为维修技师的你如虎添翼。

1. 汽车修理的经济效益

（1）汽车修理是保证汽车使用效益和社会效益的主要手段。

（2）汽车修理可节约人力和物质资源，创造社会财富。

（3）适度地进行汽车修理是降低汽车寿命周期费用的有效手段。

2. 汽车合理更新的决策方法

（1）汽车修理可保证使用效益和社会效益，汽车的使用效益取决于汽车设计、制造、使用和维修的各个环节。为保证良好的使用效益，汽车设计和制造时应充分考虑提高汽车使用经济性，汽车使用时应根据不同使用条件正确地使用与维护，充分发挥车辆的效能，得到较好的经济效益和社会效益，而修理是恢复汽车使用性能、延长汽车使用寿命、保持社会运输力的主要措施。在任何一个国家，汽车的更新都是按经济使用寿命进行的，汽车使用到极限状态时，不可能不加分析就予以报废更新，汽车修理的方式因不同国家的生产水平、消费结构和体制的不同而有所差异。但汽车修理却是必不可少的，它是满足社会和运输力要求，提高汽车运输效益的重要措施。

（2）汽车修理可节约人力和物质资源，汽车在使用过程中，其潜在的工作能力会随着行驶里程的增加而逐渐劣化，如图 8－1 所示。为了延缓这种劣化，必须定期对汽车进行维护和修理。大量统计资料表明，汽车进入极限状态时，有 65%～75% 的零部件可继续使用，而且需修理的零部件中也只有约 25% 的工作表面处于不良状态，70% 以上的工作表面可重复利用。

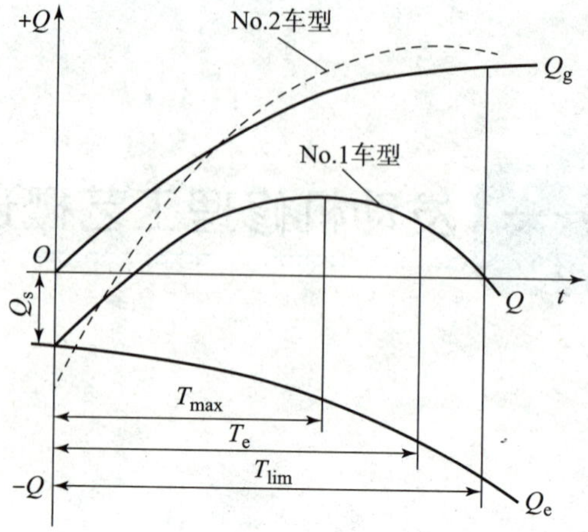

图 8－1　汽车运输综合经济效益随时间变化的曲线

3. 汽车修理工艺过程

1）汽车修理方法

（1）就车修理法，如图 8－2 所示。

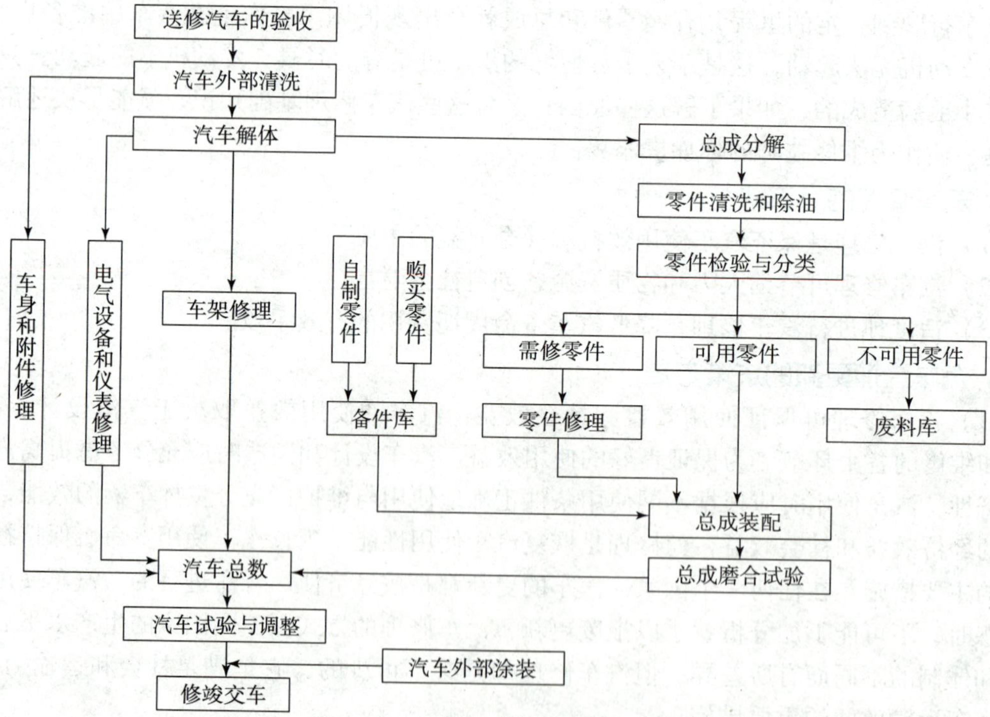

图 8－2　采用就车修理时汽车大修的工艺过程

特点是：所有的总成都是由原车拆下的总成和零件装成的，由于各总成的修理周期不同，采用就车修理法时，必须等修理周期最长的总成修竣后方能装配汽车，因此大修周期较长。

2）总成互换修理法

采用总成互换修理法修理汽车时，其工艺过程如图 8－3 所示。汽车大修时将验收并经外部清洗的汽车拆成总成修理汽车车架（或轿车车身），然后用备用总成库的周转总成、组合件和零件来装配汽车。而拆下的总成经拆散检验分类和修复后，交备用总成库，以备其他车辆修理时使用。

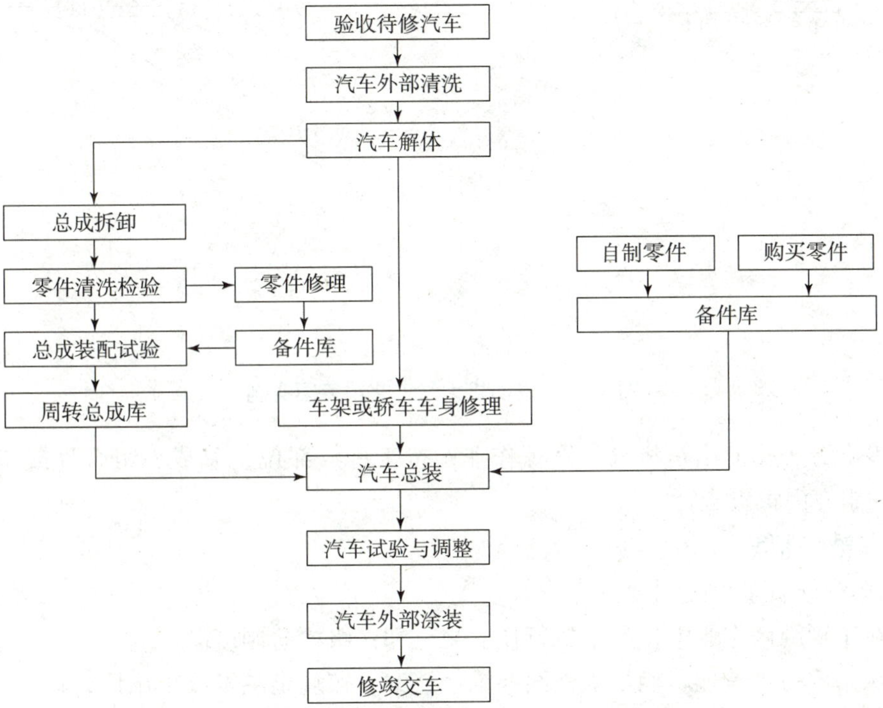

图 8－3　采用总成互换修理法时汽车大修的工艺过程

4. 汽车修理工艺过程的统筹与优化

汽车修理工艺过程的统筹方法。统筹法又称网络分析技术，它是利用统筹图来进行网络分析。分析前应先将大修工艺过程分成若干个工序，分析和确定各工序间工艺性与组织性的相互联系和制约关系，确定工序间的先后顺序，并按先后顺序的联系汇编成表，按表绘制统筹图。如图 8－4 所示。

5. 汽车修理的作业组织

汽车修理生产中采用三种作业组织方式：固定工位作业法、流水作业法和专业分工作业法。

（1）固定工位作业法是在一个工作位置完成全部修理工作。它要求工人技术全面，但难以使用专用设备.

（2）流水作业法要求修理工人利用类似流水线作业的模式来进行维修，对工人的技术全面性要求不高，但要求工人对所操作岗位的作业非常熟练，这样能大大提高生产效率。流水作业法的全部修理作业是在由几个连续的工作位置所组成的流水线上进行的，根据移动方式不同，流水作业法又可分为连续流水作业和间断流水作业两种。

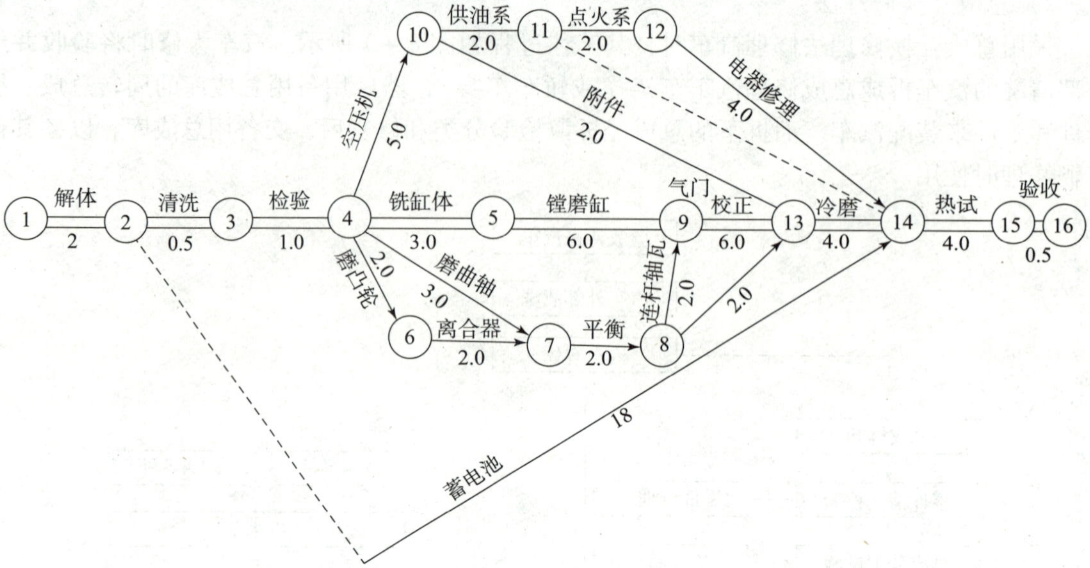

图 8-4　发动机大修工艺统筹图实例

（3）专业分工作业法是将汽车修理作业，按工种、部位、总成、组合件或工序由一个或几个专业组专门负责进行。

6. 汽车维修制度

1）汽车维修质量承诺制度

（1）在车辆维修作业中，严格执行作业规范和三级检验制度。

（2）认真填写、整理车辆技术档案和维修档案，按规定签发竣工出厂合格证。

（3）维修中坚决杜绝使用假冒伪劣配件。

（4）对维修车辆实行质量保证期制度，自竣工出厂之日起：一级维护、小修及零件修理质量保证期为汽车行驶 2 000 公里或者 10 日；二级维护质量保证期为汽车行驶 5 000 公里或者 30 日；整车修理或者总成修理质量保证期为汽车行驶 2 0000 公里或 100 日。

2）汽车进厂检验制度

（1）车辆送修时，应具有保修内容及相关技术档案资料。

（2）业务接待人员和检验人员负责对送修车辆进行预检，按规范填写《车辆维修检验单》。

（3）车辆预检时，根据驾驶员的反映及该技术档案和维修档案，通过检测或测试、检查确定基本作业内容，并告知托修方。

（4）得到托修方确认后，与托修方签订维修合同，办理交接手续。随车使用的工具和备用品，不属于汽车附件范围的，应由托修方自行保管。

（5）调度人员将维修作业单下派车间，车辆进入作业车间。

3）汽车维修过程检验制度

（1）过程检验实行自检、互检和专职检验相结合的“三检”制度。

（2）检验内容为汽车或总成解体、清洗过程中的检验，主要零部件的检验，以及各总成组装、调试检验。

(3) 各检验人员根据分工，严格依据检验标准、检验方法认真检验，做好检验记录。

(4) 经检验不合格的作业项目，需重新作业，不得进入下一道工序。

(5) 对于影响安全行车的零部件，一定要严格控制使用标准，对不符要求的零部件应予以维修或更换，及时通知前台，并协助前台向车主做好解释工作。

(6) 对于新购总成件，必须依据标准检验，杜绝假冒伪劣配件装入总成或车辆。

4) 汽车维修竣工检验制度

(1) 汽车维修竣工检验由专职检验人员负责实施。

(2) 汽车维修竣工检验内容为整车检查、检测、路试、检测路试后的再检测及车辆验收。

(3) 修竣车辆竣工检验严格依据《营运车辆综合性能要求和检验方法》(GB/T 18565—2001) 要求进行。首先进行整车外观和底盘检查，检查合格后进行路试，对于路试中所发生的不正常现象，要认真复查。路试合格后重新进行底盘检查，确保各项技术性能合格后由总检开具出厂合格证。

(4) 对于进行二级维护及以上维修作业的车辆，除上述检验内容外，还必须经计量认证的汽车综合性能检测站检测合格。

(5) 严禁为检验不合格的车辆开具竣工出厂合格证。

(6) 竣工检验合格的车辆实行规定的质量保证期制度。

5) 汽车维修竣工出厂合格证管理制度

(1) 合格证由专人负责，视生产情况定期到管理部门领取，由专人负责开具。

(2) 开具合格证必须根据本厂质量总检验员对车辆的检验和汽车综合性能检测站的维修质量检验结果进行。

(3) 开具合格证后要认真做好维护检测车辆的台账记录，下次领用合格证带台账供管理部门核查。

(4) 严禁虚开合格证和转借、倒卖合格证现象。

6) 车辆维修档案管理制度

(1) 档案存放要有序，查找方便，并应做好六防工作，即防盗、放火、防潮、防鼠、防尘、防晒，保持档案存放处清洁卫生。

(2) 不准损毁、涂改、伪造、出卖档案，档案资料如有损坏应及时修补。

(3) 根据档案的内容、性质和时间等特征，对档案进行分类整理、存放、归档，并按内容和性质确定其保存期限，电子档案要及时备份。

(4) 各班组负责人要对本部门使用的档案资料的完整性、有效性负责，在现场不得存有或使用失效的文件和资料。

(5) 各班组每年对档案进行一次核对清理，并将所保存的档案整理后交办公室统一归档。已经到保管期限的文件资料，由办公室按规定处理。

(6) 维修车辆实行一车一档制，二级维护及以上作业的车辆档案内容包括维修合同、检验记录、维修人员和质量检验人员名单、竣工出厂合格证副页、结算凭证。

(7) 档案的借阅必须办理规定手续，借阅者对档案的完整、清洁负责，未经许可不得擅自转借、复印。

7）汽车维修服务流程图（见图8－5）

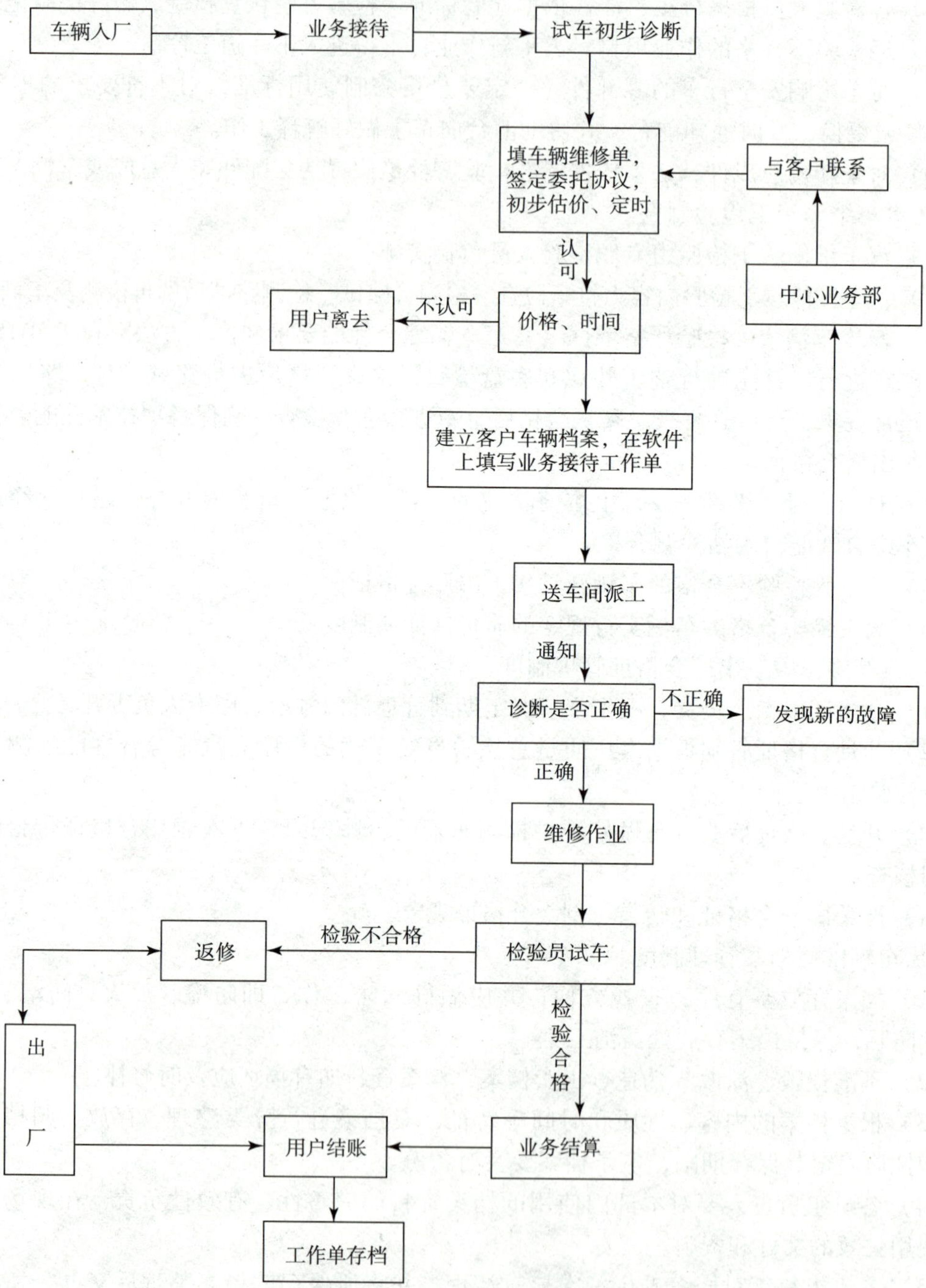

图8－5　汽车维修服务流程

7. 常见汽车修理方法

汽车故障诊断的方法基本上可以归纳为12种：望问法、经验法、观察法、听觉法、试验法、触摸法、嗅觉法、替换法、仪表法、度量法、分段检查法和局部拆装法等。应用这些方法，要有理论做指导；充分了解汽车的使用和维修情况，充分了解故障的发生情况。对于汽车上出现的比较简单的故障，只凭经验与感官即可找到原因和所发部位；对于疑难故障，只能凭仪器或应用专门的故障诊断设备才能找到，有了仪器和设备，也要会用，使用中还要结合维修经验，灵活地运用这些故障诊断方法，对故障做出综合评价。在诊断中不断实践，不断总结和积累经验，就会应用自如。

1）用望问法诊断故障

医生看病需要“望闻问切”，汽车故障诊断也是一样，其中望和问是快速诊断汽车故障的有效方法。汽车发生故障需要诊断，修理人员第一眼看到汽车时，就应做出汽车形式和使用年限的初步判断，从外观上即可了解汽车的形式，这是非常重要的；从外观或翻转驾驶室暴露发动机，即可做出使用年限的判断，有经验的维修人员甚至一下子就能做出汽车故障的判断。一辆汽车需要修理，维修人员一定要向使用者和车主询问，其中包括汽车型号、使用年限、修理情况、使用情况、发生故障的部位和现象，以及发生故障后做了哪些检查和修理，尽可能深入地了解故障，这是一个捷径。通过了解形式，可以反映出汽车的基本构造和性能，如果对汽车形式和结构了解，维修经验丰富，诊断就较容易；如果了解不够，查一查书和资料，也能掌握。通过深入的询问，基本上可以了解到故障所发生的部位。例如，可以询问到故障发生在发动机还是变速器；如果是发动机还能进一步了解到是电气故障还是机械故障；如果是机械故障还能了解到是曲柄连杆机构还是配气机构等，再进一步做出诊断就容易多了。

故障确定后，排除与维修就容易了。如果用户讲要对汽车进行大修，还应问清修发动机动力总成、修汽车底盘、修汽车驾驶室和车身、修汽车电气和汽车空调等，哪些部分和总成是维修重点等，以便定出维修方案。

2）用经验法诊断故障

顾名思义，经验法诊断故障是凭驾驶员与维修人员的基本素质和丰富经验，快速准确地对汽车故障做出诊断。所谓基本素质，无论是驾驶员还是汽车维修人员，都必须参考相关资料，并在实践中提高，从而获得基本的汽车知识和维修经验，这是非常重要的。汽车技术是国民经济发展的综合体现，汽车技术的发展越来越快，新的技术越来越多，因此，不努力学习新知识，不努力向实践学习是不行的。例如对汽车上的柴油发动机的单体泵供油和调速技术以及国外新型柴油机新技术，都需要在原有知识的基础上，向书本学习，向资料学习，然后才能进行维修的实践工作。只有在理论指导下的实践，才是正确的实践，才能在实践中总结和积累经验。所谓维修经验也是十分重要的，有了汽车维修的经验，再遇到相同的故障和类似的故障一下子就可以解决。经验有个人经历的、经过总结和积累的经验，还有从书本上和其他途径学习来的经验。只有将二者结合起来，才能不断积累经验，比较顺利地对汽车故障做出判断。例如柴油机出了故障，要将驾驶室翻转，一时翻转机构卡住了，驾驶室就翻转不起来，有经验者只要一推、一撬、一别，驾驶室立即翻转；例如遇到柴油机飞车故障，眼看柴油机转速急骤升高，响声越来越大，没有经验怎么动也不能使柴油机熄火，有经验者只要轻轻将燃油箱上的燃油转换阀门转动 45°，柴油机立即熄火，避免一次恶性事故的发生。不难看出，这都是经验积累的结果。因此要不断总结经验，把经验变成汽车维修的有力武器，不断用新知识和新经验武装自己，用经验解决汽车上各种各样甚至是十分复杂的疑难故障。

3）用观察法诊断故障

所谓观察法就是汽车修理工按照汽车使用者指出的故障发生的部位仔细观察故障现象，然后对故障做出判断，这是一种应用最多、最基本也是最有效的故障诊断法。例如对发机排气管冒蓝色烟雾的故障，可以通过冒蓝烟的现象来判断，如在使用过程中长期冒蓝烟，发动机使用里程又很长，一般可以判断为气缸或活塞环磨损，致使配合间隙过大，即由机油盘中的机油是通过活塞环与缸壁之间的间隙窜入燃烧室引起的；如果只是在发动机刚一发动时冒出一股蓝烟，以后冒蓝烟又逐渐变得比较轻微，一般可以判断为发动机气门杆上的挡油罩老化或内孔磨损使挡油功能失效，而有少量机油沿着气门杆漏入气缸引起的。有经验者可以准确判断，经验不足者还应进一步观察。在观察的过程中，还要用经验和理论，做出周密的思考和推证，不能简单草率，不能为表面现象所迷惑。有些现象对于有经验者也不是一下子就能看清楚的，那么就要多看几次，仔细观察，才能由表及里把故障现象看透。

4）用听觉法诊断故障

用听觉诊断汽车和发动机故障是常用、简便的方法。当汽车运行时，发动机以不同的工况运转，汽车和发动机这个整体发出一种嘈杂但又有规律的声音。当某一个部位发生故障时就会出现异常响声，有经验者可以根据发出的异常响声，立即判断汽车故障。例如发动机曲轴和连杆机构响、主传动器响、传动轴响，都可以轻易地判断出来。对于一个好的驾驶员应在行车中锻炼听觉，听清汽车各部位发出的声音，并从中判断出异响和故障。汽车和发动机出现故障送修时，汽车维修人员往往在停车状态下起动发动机，让发动机以不同的转速运转，以听觉检查和诊断发动机的故障；对于底盘和传动器的故障，往往以路试的方法，让汽车以不同工况行驶，检查和听诊汽车故障；对于发动机的疑难故障，还可以借助听诊器和简单的器具进行听诊，例如可用一个长杆听诊棒听诊曲轴和连杆机构的响声，可以听到配气机构的响声；可用一个胶管插进量油尺孔中，下端在机油盘油面之上可听清曲轴响声，可以听到活塞环对口处的窜气的响声。在停车状态检查制动器，可在发动机熄火时踏一脚制动踏板，明显可以听到制动器抱死的声音；抬起制动踏板可以听到制动蹄恢复原位的声音。因此训练有素的驾驶员在行车中用了脚制动，除了根据汽车减速的反应外，还可以听到制动器工作的声音，这样就能综合地评价制动器工作是否正常。因此，汽车和发动机只要运转就有响声，首先应有好的听觉，在汽车运行过程中随时监听汽车和发动机各部发出的声音，随着车速的变化，各处噪声各有不同，能够听清正常的声音，并在正常声音中判断出异响，在异响中判断出故障，这当然要有理论和经验做指导了。

5）用试验法诊断故障

用试验法诊断汽车和发动机故障是常用方法之一，可用试验法在汽车不解体或少解体的情况下检查汽车和发动机的功能，以达到诊断故障的目的。

所谓试验，就是以试来验证。判断不清就来试一试。例如车主报告说汽车制动系统不灵，可在汽车停放位置踏下一脚制动踏板，制动系统立即发出一套制动动作，试验者可以根据各制动器发出的响声判断制动系统的故障；如果一时还判断不清的话，还可以路试一下，在一定速度下踏下一脚制动踏板，制动系统工作，试验者可以根据汽车制动后的反应和各制动器发出的响声等情况综合判断制动系统的故障。

同样，对于转向系统的故障，试验者可在原地转一转转向盘，由转向盘到车轮转动的一套转向动作可以判断转向系统的故障。如果判断不清，可把汽车开走路试一下，有意识地在弯道上转动转向盘，转向系统工作，试验者可以根据转向的反应和某处发生的异响来判断转向系统的故障。

对于发动机的故障，就要检查发动机的运转情况，试验者以不同的转速或加减速运转发动机，凭经验来观察发动机的运转情况，凭经验来听诊发动机的响声，一般可以找到故障。

当某个灯不亮，怀疑电路无电时，可用一根导线对地端短路试划火检查，有火时可以判断为电路有电，无火再查。但是线路上多装有保险丝和继电器，故试火要慎重。汽车和发动机正常运转有一定规律，其就是发生了故障。不正常是可以试验出来的，对于正常与不正常的判断，要有理论和经验做指导。

6）用触摸法诊断故障

人体和人的手脚都是灵敏的感觉器官，可凭感觉来诊断汽车和发动机故障，就像中医切脉一样，以汽车传到人体上的感觉来判断。人们乘坐汽车，可凭行车中汽车的振动情况判断悬挂系统和减震器的损坏情况，一般驾驶员最敏感，常开一辆车，减震器失效后驾驶员都能感觉到。汽车要上公路或高速行驶，通常驾驶员都要检查四个车轮，用脚踹车轮轮胎，可凭轮胎的弹力判断出轮胎的气压，可凭轮胎的偏斜和摆振情况判断轮毂轴承的紧固情况，即典型的用脚触摸法。汽车在高速公路上行驶后，驾驶员可用手摸一摸轮胎的温度，如是夏季轮胎磨得很热，就要当心了。可用手摸制动鼓，试一试制动鼓的温度；或以水淋在制动鼓上，看一看水的蒸发情况，就可以判断制动鼓是否拖滞。当发现发动机过热而冷却系统中有冷却液时，可用手摸一摸散热器的上部和下部，以判断是节温器损坏还是散热器进水口堵塞；摸一摸水泵出水口胶管可以感到水流压力波动，说明水泵工作正常。用手指的压力检查皮带的松紧度，用手指感觉燃油泵的工作，以及用手摸检查高压油管的供油情况等，都是经常遇到的。在维修中，用手摸检查摩擦面的磨损情况；用手感觉摩擦副配合的松紧度等，都是无处不在、无处不用的。总之，手是人体的重要器官，活是用手干的，在干活中就有感觉，而这个感觉就是故障诊断的最佳器具。

7）用嗅觉法诊断故障

嗅觉是人的灵敏的感觉器官，有人说较少乘坐汽车的人的嗅觉要比驾驶员的嗅觉更灵敏，其实驾驶员的嗅觉往往被汽车的异味淡化了，正所谓“久居腐市不闻其臭”，虽然在仪表板前台上摆放香水，以抵消汽车中的臭气，但驾驶员只要稍加注意，汽车上的各种异味都是能够嗅到的。柴油味是汽车常见异味之一，加柴油时都有泄漏，人们都能嗅到，这是不奇怪的。奇怪的是汽车行进中的柴油味，就是有柴油管漏油，或者发动机燃烧不完全，要认真对待。发动机排气的异味，表示发动机烧机油和发动机燃烧不完全。如果异味较大，且在汽车制动时更明显的话，就应调整或修理发动机。非金属材料烧煳的特殊气味，表示离合器摩擦片烧损或电线烧毁，要认真检查某处有无冒烟现象，或抚摸某处是否发热，以确定故障部位。发动机漏机油，漏到运转的发动机上，发动机温度高，会发生异味；机油滴落在排气管上会发生更强烈的异味；发动机的异味容易从空调中进入车室中，可以明显闻到。汽车用蓄电池泄漏电池水（电解液）会发出难闻的臭味；如果电池水消耗过多，汽车运行时发电机强行向蓄电池充电，会使蓄电池充电过热，蓄电池冒白烟，臭味更大，甚至可以把人熏晕，任何人都能判断。

汽车上的其他工作介质泄漏，如动力转向机油、变速器油泄漏等都会发出异味，但要较仔细才能嗅到；车载物品或易燃易爆物品泄漏也要引起注意。总之，汽车运行中一旦发生异味，或者异味较大时应停车进一步检查，以查清故障根源，采取相应的措施，使之消除异味。如是汽车故障，则应排除或将汽车送修。

8）用替换法诊断故障

所谓替换法就是汽车修理工按照汽车使用者指出的可能发生故障的部位用合格的总成和零部件试替换可能损坏的总成和零部件，这是一种故障诊断过程简化的和有效的方法。值得指出的是，替换用的备品件应是试验过的、可靠的，或者新件也必须是合格品，如果不慎将坏件替换了坏件，不但找不到故障，反而会使故障发生部位虚假化，增加诊断的难度。

如发动机的机油压力指示系统发生故障，当怀疑压力感应塞损坏时，可用备用的好的压力感应塞替换原车上的压力感应塞，再试车，如果换件前不好，换后立即解决了问题，则就是这个部位发生了故障，而且修好了。修好后可以把备品件拆下来，再换上去一个新的。如果换上去的好件在试车时仍然不好，那么故障可能不在这里，再想别的方法查找。

对于疑难故障，可以替换的部位很多。例如对于发动机动力性不足的故障，可以替换一个新的空气滤清器，再重新试车；对于供油系统的故障，如果怀疑泵油压力不足时，可以替换一个新的燃油泵等。对于制动系统的故障，在较难查清的情况下，可以试着换一个制动主缸（总泵），对系统重新调好以后，制动系统故障就排除了。对于动力转向系统的故障，如果是转向沉重的话，可以试着换一个动力转向助力器，对系统重新调试以后，动力转向系统故障就排除了。

那么，通过以上的例证，可以说明故障就发生在替换件处。对于换上的替换件总成，也可以不用拆下来了，这样连维修的手续都省去了，也是一举两得的事。有的汽车修理工手中有一些常用的备品替换件，例如大灯、小灯、继电器、保险丝等，遇到一些故障，一换就灵，不失为一种简单、有效和可靠的故障判断方法。在使用替换法时一定要慎重，故障判断应当八九不离十，避免盲目乱换，以增加工作量。

9）用仪表法诊断故障

仪器仪表是诊断汽车故障不可缺少的工具，有条件时应尽量使用。车装仪器仪表和指示器可以有效地指示出汽车发生的故障。例如燃油量表指示燃油量的油量，当汽车开不动且燃油表指示为零时，表明汽车没有油了，而不是发生了故障。制动警告灯发亮，说明制动系统有故障，应进一步查找。汽车用电压表，指示汽车电气系统的电压值，在行车中也可以准确判断发电机的发电和蓄电池的充电情况；每当使用一个电气设备开关时，电压表都有反应，即可以判断用电设备工作是否正常。汽车用非接触式转速表可以比较准确地测取发动机的即时转速，行车中指示发动机转速，换挡时指示发动机转速的变化情况，有了发动机转速表，发动机的一些故障也能由转速表反映出来。维修用气缸压力表可以测得气缸压力和各缸的压力差别，以及各缸的漏气情况等；万用表可以容易地判断汽车电气系统的故障等；前轮定位仪也可测定汽车前轮定位参数；声级计可以测得汽车和发动机的噪声等。烟度计、第五轮仪、制动试验台、汽车转鼓试验台等都是汽车维修当中所要用到的仪表和测试设备，必要时要使用这些专用设备。掌握仪器仪表和电子诊断设备知识是比较困难的，要有基础知识，还要努力钻研，才能掌握和诊断汽车上的疑难故障。

10）用度量法诊断故障

应用量器和仪器仪表按照国家标准对汽车上各有效部位和各种参数的测量是故障诊断和调试的不可缺少的方法。长度的测量要用到米尺，与长度有关的测量包括直径、间隙、位移等要用到千分尺、测微计、塞规、塞尺、卷尺等；力和重力的测量要用到测力计和测重器等；压力和真空度的测量要用到压力表和真空度表等。汽车用的各种测量仪表也都有测量单位，例如对于声压的测量要用声压级的分贝值；对于电压的测量要用到伏值等。

对于转向系统的故障，要用前束仪和前轮定位仪测量转向轮的前束值等；要用轮胎气压表测量轮胎的气压；必要时还可用角度尺度量转向盘的转角等，才能确切判断故障原因。

对于发动机的故障，要在发动机解体后测量气缸筒的直径及活塞环的直径、厚度和开口间隙等，找出发生故障的确切原因，才能修复发动机。在修复中也要重新测量气缸筒直径，并按照分组的要求，选配活塞和活塞环，才能修好发动机。

诊断电控系统的故障时，更是离不开度量，例如发动机工作不稳或功率低下时，怀疑供油压力不足，就要用压力表测量系统压力；怀疑电控系统电控有问题时，就要用到数字万用表测量电压和电阻值；用频率计与示波器测量频率和波形幅值等。

因此，各种量仪和量表是维修人员眼睛和手的延伸，只有正确度量才能准确判断，而凭感觉只是表面的，度量法与仪表法结合起来，使用的度量器具越多，诊断就越准确。

11）用分段检查法诊断故障

所谓分段检查法，就是汽车修理工按照汽车上的线路、管路和带有系统性质的工作路线检查故障，检查可以按照系统从动力源开始沿着系统到执行机构的路线查找，也可以从后到前的次序查找，也可以从中间查找，这要看检查者的经验了。如能从执行机构一下子就找到当然好，否则还得返回来从前向后查找。

例如对于照明和指示系统故障，原理上应按照电源—开关—保险丝—继电器—电线—电灯泡的线路，开始从前到后查找，有经验者可先查保险丝，有的人可能先查灯泡，有的人可能先查继电器，当由前向后或由后向前查不到时，可能问题发生在中间，可能是组合开关坏了，还有可能是某处电线坏了。

对于制动系统的故障，原理上应按制动踏板—真空助力器—制动主缸—制动管路—感载比例阀—制动管路—车轮制动器的顺序进行检查。对于有经验者也可以从车轮制动器或制动主缸开始检查，然后再检查其他部分；但是对于制动系统的疑难故障，则应从前到后使用测量仪表进行检查和度量，才能找到故障原因。

对于转向传动系统的故障，原理上应按照转向盘—转向器—转向传动装置—转向车轮的次序进行检查。为了方便，也可以从转向传动装置的某处拆开，较易判断故障在转向器部分还是传动机构的后部。利用已有的理论知识，用分段检查法有条不紊地进行检查，最终可找到故障根源。

12）用局部拆装法诊断故障

所谓局部拆装法，就是汽车修理工已经判明故障发生在某个总成上以后，一时还不能准确判断具体是哪一部分发生故障时，可以按照总成的工作原理，局部地拆掉某一部分功能进行检查，然后再装上去的方法。如果方法运用得当，立即可以判断故障发生的部位，因此，局部拆装法不失为一种简便易行的快速诊断汽车故障的方法。局部拆装法与试验法有许多相近之处，所不同的是局部拆卸法以拆卸为主，即拆卸后再试的一种诊断故障的方法。

例如怀疑发动机的某一缸不工作时，可用单缸断油拆卸法来检查，局部拆卸是拆下这个缸的高压油管接头，发动机运转中的转速和响声均发生变化就表示这个缸工作正常；而无反应就是工作不正常。发动机动力性不足，怀疑空气滤清器堵塞时，可以拆下空气滤清器芯再试发动机，如动力性在无空气滤清器情况下恢复，故障就在这里。局部拆装法实际上是使正常工作的发动机或电路系统失去了原来的功能，而在非正常工况下动作，因此拆装一定要慎重，当涉及安全项目时要采取相应的安全措施。

所有的故障诊断方法都是相辅相成的，目的就是找到汽车发生的故障。灵活运用这些故障诊断方法，就能找到汽车故障，有针对性地对汽车和发动机等进行维修，恢复正常使用功能。

任务驱动

1. 请填写常见的汽车修理方法包括________、________、________、________、________、________、________、________、________、________、________、________。

2. 过程检验实行________、________、________相结合的“三检”制度。

任务二 发动机总成及零件的分解与清洗

学习目标

（1）发动机分解的基本要求及步骤。

（2）发动机零件的清洗。

相关知识

一、汽车及总成的解体

1. 合理组织拆卸作业及安排工艺顺序

（1）合理组织拆卸作业。

总成拆卸作业可分为固定作业法和流水作业法。采用固定作业法时，拆卸工作始终在同一工作地点进行，这种作业方法适用于生产能力较小的修理厂。在较大的修理厂，拆卸工作采用流水作业法较为合理。

（2）合理安排拆卸步骤。一般是将汽车分成若干拆卸单元，按部位分工，以平行作业方式进行。其目的在于做到交叉配合，密切衔接，缩短拆卸时间。一般是按由表及里、先简单后复杂的步骤安排。

（3）正确使用拆装工具。拆卸螺栓、螺母应根据其头部尺寸，选用合适的套筒或扳手。尽量不用活扳手、钳子，以免损坏螺栓、螺母棱角。在拆卸衬套、齿轮、V 带轮和轴承等配合机件时，应使用拉器或压力机。

（4）有特殊要求的配合件应做好标记，以便装复时不致破坏原有的配合关系。如飞轮、曲轴、离合器压板、离合器盖等，拆卸时应注意原有标记。没有标记的应补做标记，以防止装配时装错。

（5）拆卸下来的零件应分类存放，以防错乱或损坏。

（6）锈蚀螺栓的拆卸方法。

①先将螺母旋进约 1/4 圈，然后旋出，反复紧松，逐步退出。

②用铁锤轻轻敲击螺母四周。

③在螺母与螺杆之间加注煤油，渗透后再行旋出。

④用喷灯加热螺母后再旋出。

（7）断头螺栓的拆卸。如果螺栓折断在螺纹孔内，可用淬火的四棱锥形钢棒，将其尖端敲入螺栓上预先钻的孔眼内，使钢棒四棱能挤紧螺栓孔，然后将螺栓旋出。或在螺栓上钻一小孔，在孔内攻反螺纹，然后旋进反螺纹螺栓，再旋出折断的螺栓。

2. 正确使用拆装工具和设备

修理时必须遵循拆卸原则，采取正确的拆卸方法。

1）充分准备

拆卸前必须根据设备使用说明书的要求，熟悉该设备的结构和工作原理，了解各零部件的作用和相互关系，分析各零部件的结构、位置和装拆方法，避免盲目拆卸。

2）确定具体拆卸部位

从实际出发决定需要拆卸的零部件，避免不必要的拆卸。但对不需要拆卸部分也要进行周密分析与检查，避免留下隐患，造成不良后果。

3）采取正确的拆卸方法

拆卸工作应按一定的顺序进行，拆卸顺序与装配顺序相反，先拆外部附件，然后按部件、组件进行拆卸。在拆卸部件或组件时，应按照先外后内、先上后下的顺序，依次进行。拆卸时应合理地选用工具和设备，严禁乱敲乱打。所用工具一定要与被拆卸的零件相适应。

4）拆卸注意事项

拆卸时应充分考虑修理和装配的便利，设备拆卸后应采取相应措施：

（1）对一些制造精度很高的零部件，在原来制造时采取分组选配、误差补偿或单件配磨、配研等措施，拆卸前应在零部件相应位置上作出标记。

（2）拆下的零件应及时清洗或除油，并有次序、有规则地分别放置，装有较多零件的轴类组件拆卸后，按原装配顺序用铁丝穿起。

（3）拆下经精加工的精密零件，清洗涂油后单独保管。细长精密零件清洗涂油后，要用绳索垂直吊起，以防变形或碰伤。

（4）拆下的液压、气动元件及导管等，清洗后封口，以防灰尘或杂物入内。拆卸液压管路，应分别对相应配对管端编号。

3. 零件位置关系

注意零件间的相互位置关系，防止拆卸错乱。

4. 发动机拆除过程

1）发动机的吊取

发动机从汽车上吊出时要用吊机，吊机有液压式活动吊机，也有用铰链吊架的。其吊出过程如下：

（1）用绳索或钢丝绳稳妥捆牢发动机机体，或在气缸盖上安装吊环，将其抬下或吊下。发动机吊机如图 8－6 所示。

图 8－6　发动机吊机

（2）发动机吊出时应使用保护罩，不要使车身受到损伤。小客车可以从前侧吊出。吊起发动机时应使发动机的前侧朝上，调整好绳索或钢丝绳的长度后再吊起、吊出。

（3）旅行车、面包车的拆卸，须将整车顶起，拆卸传动轴，松开变速器固定螺栓，卸下变速器。拆去发动机外表上的连接管道、电气电路和散热器等附件，再拆卸发动机的固定螺栓，拆下发动机下部车架上的横梁，将发动机从车身内部缓缓地放下。

（4）发动机自汽车上拆下后，应放置在发动机台架上进行解体作业。发动机修理时，应将发动机从汽车上拆卸下来，分别分解后，再进行各项修理作业。发动机吊装首先应注意安全；其次注意在吊装过程中保护好发动机，不要发生碰撞，以免损坏发动机以及其他附件。吊装发动机需特别谨慎，需要一个团队的配合，因为发动机身上很多零件需要拆卸和分离。首先要将电池的负极拆了，再去拔电插头和线束，这样可以避免电控装置损坏。

拆冷却系统时，首先将水箱里的水放出，放出的水要用器皿装起来，不要让水滴到地面上，再拆各个水管，拔出水管时应在拔出水管口处放一个盆，以免水滴到地上，养成一个好的工作习惯，直到所有的水管都与发动机分离，再将散热风扇拆下。拿出风扇的时候，注意别让风扇叶刮伤散热片。拆润滑系统，首先将机油盖拧下，再拧松放油螺丝，拧放油螺丝时用手顶着螺丝拧，感觉螺丝都拧出的时候迅速将螺丝拿掉，这样可以不让机油弄脏手。放出的机油要用油盆接着，用专用工具将机油滤清器拧下，检查机油滤清器的清洁情况，如有必要则更换。拆传感线束，一定要在断电的情况下进行，拆完后再仔细检查一遍，看有没有漏拆的地方，如果有就将没拆的拆下，并做好记号，以免接线复原的时候接错线。拆离合器和排气管段，使发动机完全独立出来，最后拆卸发动机支承脚胶与横梁连接的固定螺丝，再用铁链接发动机吊钩，用吊臂吊出发动机，吊发动机要特别小心，注意安全，直到把发动机平稳放到工作台上并固定才算结束。

装发动机与吊发动机的步骤完全相反，需注意的地方就是连接水管接口的地方一定要打一层密封胶，谨防漏水、漏油，装好后需向发动机里加机油，并及时检查机油油量；往水箱里加水，并检查密封处有无漏水。一切装复完毕，再自检一遍，确定万无一失后再接上电源，点火着车。图 8－7 所示为拆除发动机示意图。

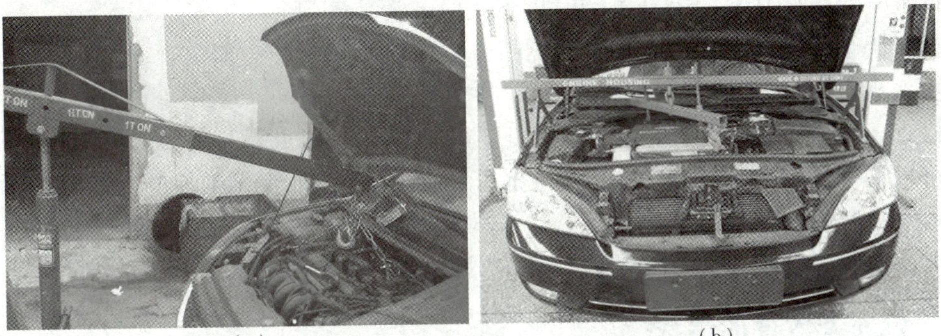

图 8－7　拆除发动机示意图

提示：

（1）检查与发动机相连接的零件是否拆除。

（2）检查吊耳、吊绳、吊钩是否可靠牢固。

（3）注意安全、细心吊取。

二、发动机的分解

（1）发动机从车架上拆下时，必须在完全冷却状况下进行，否则会造成某些零件的变形。拆卸原则：由副件外部到内部。

（2）发动机从车架上拆下的步骤。

①放掉水箱内的水、机油，关闭油箱的开关，拆下油泵的油管接头。

②拆下电源线，取下发动机上的线，拆下水箱的进水管及各处的螺母、连接栓及销等，拿下水箱及架框。

③拆下发动机罩、翼子板；拆下发动机上附件的总成：空气滤清器、机油滤清器、汽油泵、发电机、起动机、空气压缩机及机油压力传感器等。

④拆卸变速器与飞轮壳及变速器后手制动、凸缘与传动轴连接的螺母等。

⑤拆下离合器拉杆及分离叉、传动轴，拆下发动机支撑杆及前后支撑螺栓。

（3）发动机的解体。

①拆下进、排气管及缸盖出水管。

②拆下气门室盖，拆下摇臂轴支座紧固螺母，把摇臂连轴一块拿出来，取下所有推杆，并做好顺序记号，以方便安装。

③拆下缸盖、气缸垫，拆时应从两端向中间均匀拆卸。

④把发动机侧放，有气门的一边向上，检查离合器与飞轮上有无记号，如无记号，加上记号然后对称地拆下离合器固定螺栓，取下离合器总成。

⑤拆下油底壳、衬垫，同时拆下机油泵的一些附件。

⑥检查活塞顶、连杆大头记号，如无记号，应在活塞顶、连杆大头上按顺序做上记号。拆下连杆轴承座及衬垫，并按顺序放好。用铁锤或橡胶锤的木柄端均匀敲击活塞顶面，从缸体上取下活塞连杆总成。应将连杆盖与连杆、衬垫按原样装固。

⑦拆下气门组，在气门完全关闭时拆下气门卡簧及气门。

⑧拆下起动爪，取下锁片，用拉拔器拆下皮带轮及扭转减震器。

⑨拆下正时齿轮盖及衬垫。

⑩检查正时齿轮上有无标记。若无标记，应在两轮工作处做记号。

⑪将发动机倒置在工作台上，拆下主轴承，并依次把轴承放在各自的盖内，拿下曲轴，再把轴承及垫装回原样，并固定一下。

⑫分解活塞连杆组。

三、汽车及零件的清洗

1. 汽车外部清洗

2. 汽车零件清洗

按污垢的特性可将清洗方法分为油污清洗、积炭清洗、水垢清洗、老漆清洗及锈蚀物清洗。

1）油污清洗

清洗油污的方法可分为碱水清洗、合成洗涤剂清洗和有机溶剂清洗三类。其除油过程如图 8－8 所示，超声波情景如图 8－9 所示，图 8－10 所示为清洁节气门。

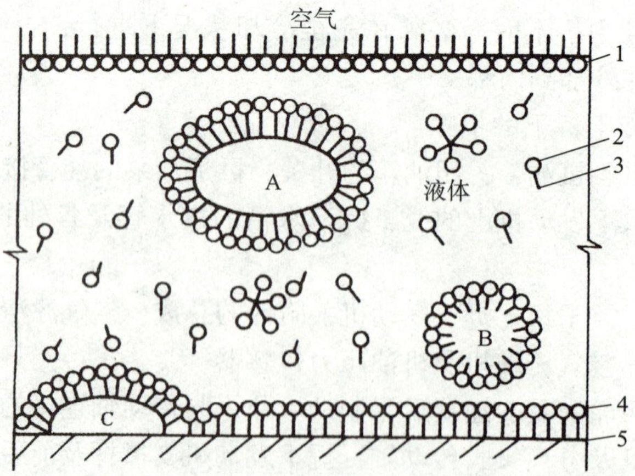

图 8－8　除油过程

1—在空气－液体界面上的表面活性物质的分子所产生的吸附作用；2—表面活性物质分子的亲水部分；3—表面活性物质的疏水部分（原子团）；4—在液体和固体界面上的表面活性物质的分子的吸附作用；5—被清洗表面；A—从表面上夺走的固态污垢；B—液态污垢；C—表面上的固态污粒

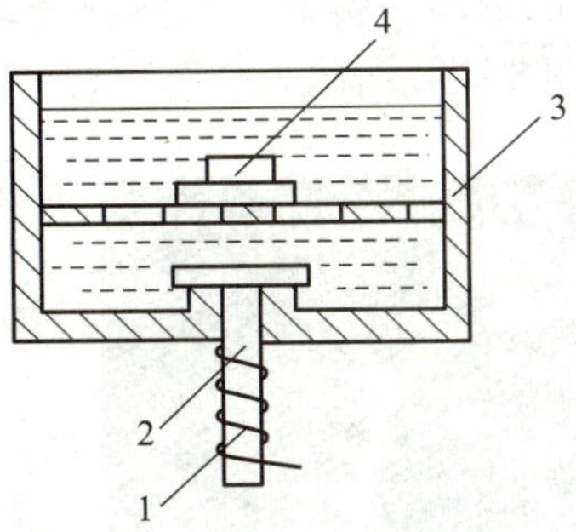

图 8－9　超声波清洗装置示意图

1—高频电流线圈；2—镍棒；3—洗槽；4—被清洗零件

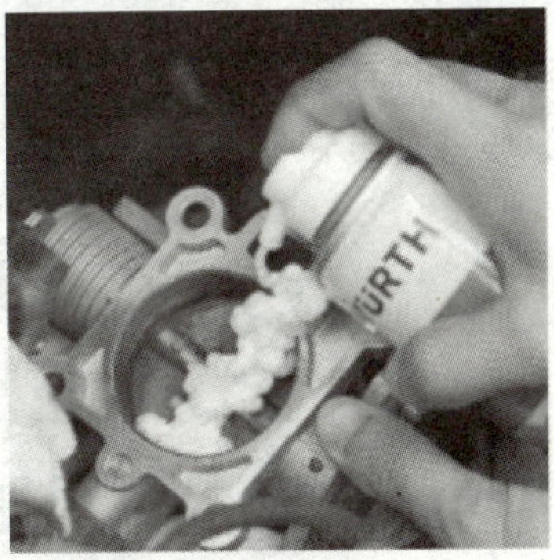

图 8－10　清洁节气门

2）积炭的清除

积炭是燃料、润滑油在高温作用下的氧化产物。在燃烧室中由于燃烧不完全，未燃烧的燃料和窜入燃烧室的润滑油以及燃烧的残留物混合在一起，在氧和高温作用下形成一种稠的胶状液体——羟基酸。

3）水垢的清洗

发动机冷却系统水垢的成分取决于所用冷却水的成分，可以是碳酸钙的沉积物、硫酸钙的沉积物、硅酸盐的沉积物或是它们的混合物。常用的清除方法为化学清除法。

4）钢铁零件的清洗

其清洗对象主要是矿物油类的油污，属于非水溶性的。清洗设备可以采用沸水浸泡和喷洗机。图 8－11 所示为发动机油污清洗。

图 8－11　发动机油污清洗

发动机分解后，零件的清洗、清洁关系到发动机质量的好坏，清洗工作必须认真负责，在有条件的维修企业，对于发动机零件都采用清洗剂清洗或外协清洗加工。

5）缸体清洗

清洗缸体应着重清洗油道、水道，必要时应将油道堵头拆卸，用塑料条或高压水枪清洗。缸体通往缸盖的油道孔很细，应注意清洁，如图 8－12 所示。

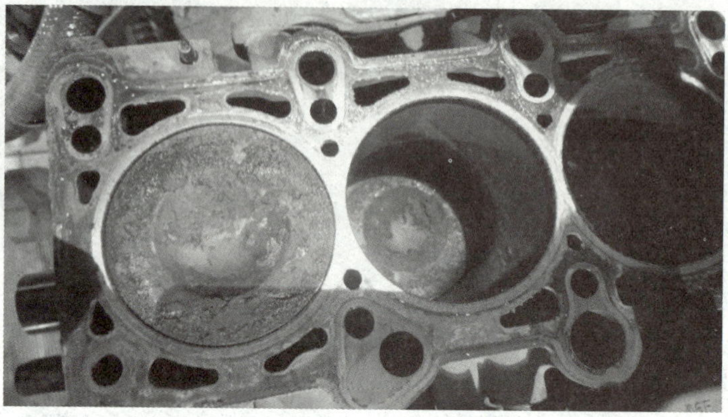

图 8－12　发动机缸体清洗

6）曲轴清洗

应用塑料条将油道疏通清洁干净，并用压缩空气吹尽油道污垢，连杆有喷溅孔的应用钢丝将该孔疏通。其他零件应清洗干净，安装部件按安装顺序分别放置，不得堆压、碰撞，以免损伤零件。图 8－13 所示为发动机曲轴清洗。

图 8－13　发动机曲轴清洗

汽车修理企业大多采用酸洗法或碱洗法清除水垢，因为酸或碱溶液对水垢有溶解作用。

提示：

（1）用汽油清洗零件时，禁止吸烟，应在通风良好处进行作业。

（2）远离电焊、氩焊、氧气瓶和电子设备等火源。

任务驱动

1. 在拆卸部件或组件时，应按照________、________的顺序，依次进行。

2. 在燃烧室中由于燃烧不完全，未燃烧的燃料和窜入燃烧室的润滑油以及燃烧的残留物混合在一起，在氧和高温作用下形成一种稠的胶状液体－羟基酸，我们把它称为________。

任务三 发动机检修与装配

学习目标

掌握发动机大修内容。

相关知识

一、汽车零件检验方法的分类

1. 汽车零件的检验方法

汽车零件的检验可根据检验技术要求的不同，分为外观检验、几何尺寸测量、零件位置公差测量及零件内部组织缺陷的检验等。

2. 汽车零件形位误差的检验

（1）平面度误差的检测，如图 8－14 和图 8－15 所示。

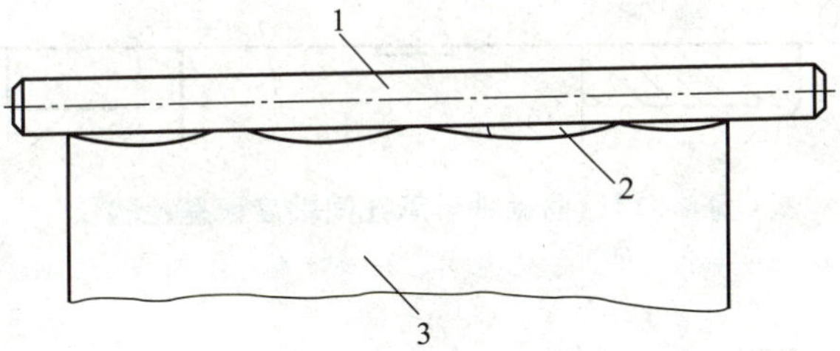

图 8－14 平面度误差测量

1—光轴；2—塞尺；3—缸体

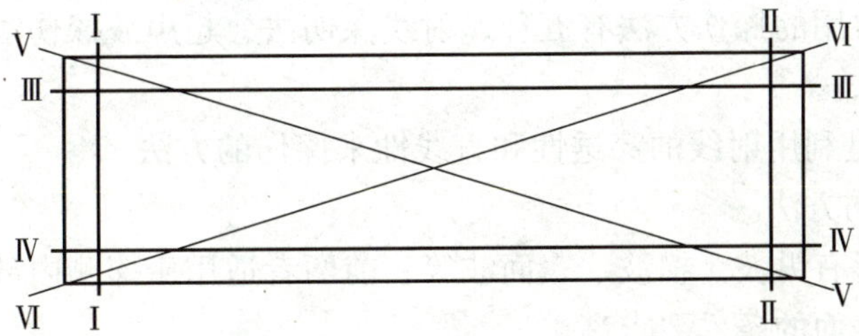

图 8－15 平面度误差测量位置

（2）圆度误差的检测。

（3）圆柱度误差的检测。

（4）圆跳动的检测，如图 8－16 所示。

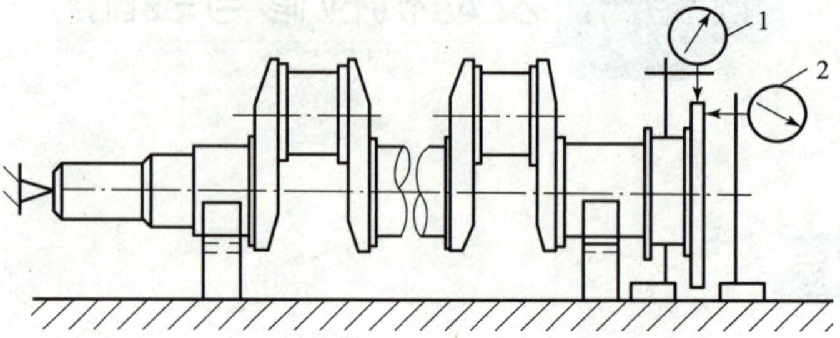

图 8－16　曲轴飞轮凸缘的径向和端面圆跳动检测

1—径向跳动检测；2—端面跳动检测

（5）平行度误差和垂直度误差的检测。

（6）同轴度误差的检测，如图 8－17 所示。

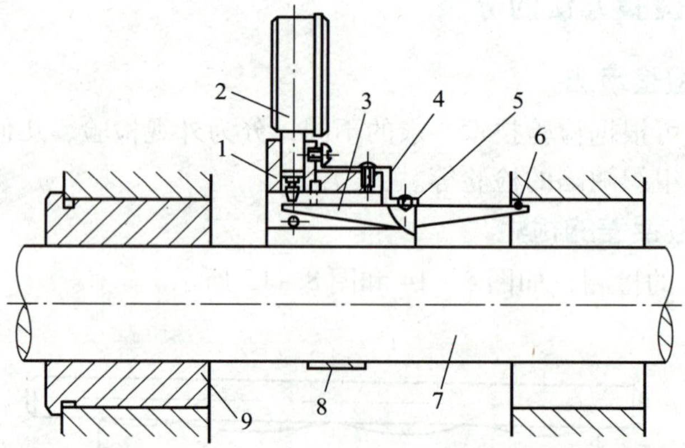

图 8－17　曲轴轴承承孔同轴度误差检验仪

1—本体；2—百分表；3—等臂杠杆；4—压簧片；5—轴；6—钢球；7—心轴；8—卡簧；9—定心套

（7）直线度误差的检测。

3. 汽车零件隐蔽缺陷的检验

1）探伤方法的简介

目前国内外最常用的探伤方法有五种，射线探伤法、超声波探伤法、磁粉探伤法、涡流探伤法和渗透探伤法。

（1）射线探伤是利用射线的穿透性和直线性来探伤的方法。

（2）超声波探伤方法。

常用的探伤波形有纵波、横波、表面波等，前两者适用于探测内部缺陷，后者适宜于探测表面缺陷，但对表面的条件要求高。

（3）磁粉探伤方法是建立在漏磁原理基础上的一种磁力探伤方法。

（4）涡流探伤方法是由交流电流产生的交变磁场作用于待探伤的导电材料，感应出电涡流。

(5) 渗透探伤方法是利用毛细现象来进行探伤的方法。

2) 汽车维修中探伤方法的选取

(1) 磁力探伤。

磁力探伤是检查铁磁性零件表面及近表面缺陷的一种无损探伤检测方法，如图 8－18 所示，一般包括周面磁化法和纵向磁化法两种。

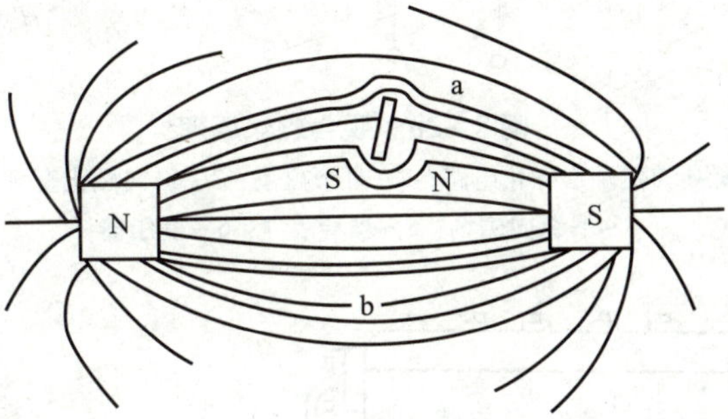

图 8－18　磁场在缺陷边缘的分布和磁极的形成

(a) 横切磁力线的缺陷；(b) 平行于磁力线的缺陷

周向磁化法，也称横向磁化，是利用电流通过导线时产生的环形磁场来进行磁化，如图 8－19 所示。

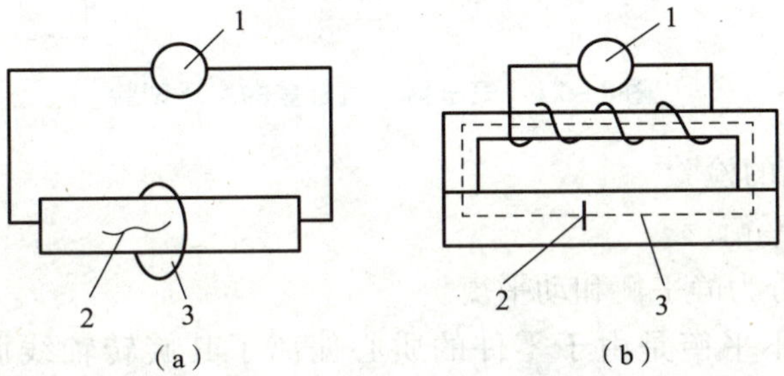

图 8－19　纵向磁化和周向磁化原理

(a) 纵向磁化；(b) 周向磁化

1—电流表；2—缺陷；3—磁场

纵向磁化法是指利用电磁轭或使电流通过环绕零件的线圈，使零件获得与其轴线平行的纵向磁场的磁化方法，如图 8－18 和图 8－19 所示。

将周向磁化和纵向磁化同时作用在工件上，使工件得到由两个互相垂直的磁力线的作用而产生的合成磁场，其指向构成扇形磁化场，称为联合磁化原理，可以探测与被检零件轴线平行和垂直方向的缺陷，如图 8－20 所示。

(2) 磁力探伤工艺。

磁力探伤的工艺包括预处理、磁化、施加磁粉（或磁悬液）、检查、退磁和后处理等。

(3) 水压试验。

水压试验专门用于水冷式发动机气缸体、气缸盖裂纹的检查，如图 8－21 所示。

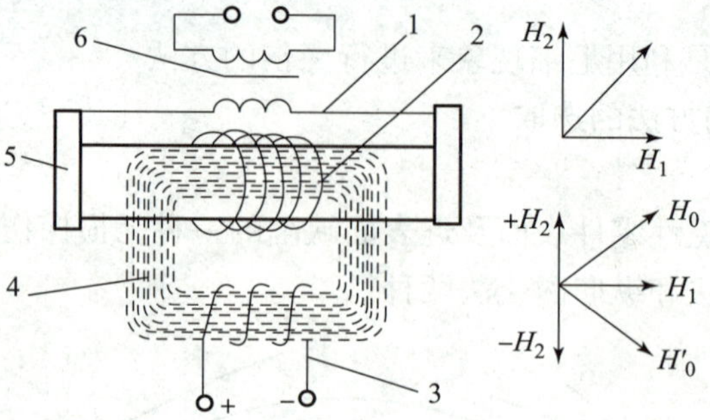

图 8-20　联合磁化原理

1—低压交流环形磁化电路；2—环形磁场；3—纵向磁化直流电路；
4—纵向磁场；5—被检零件；6—变压器

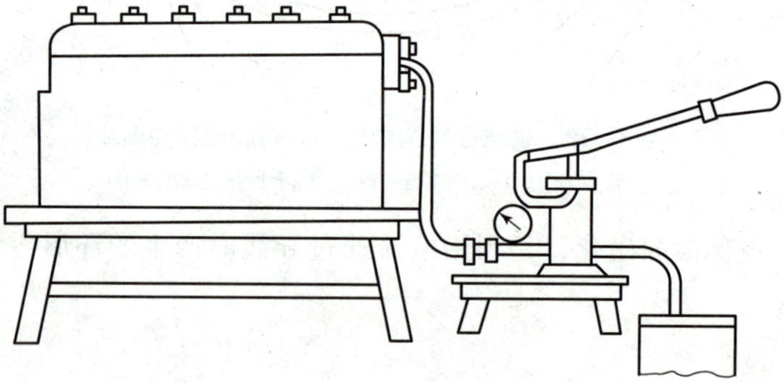

图 8-21　气缸体、气缸盖的水压试验

3）汽车零件平衡的检验

（1）汽车零件的平衡。

汽车零件的平衡分为静平衡和动平衡。

①静不平衡。静不平衡是由于零件的质心偏离了其旋转轴线而引起的，如图 8-22 所示。

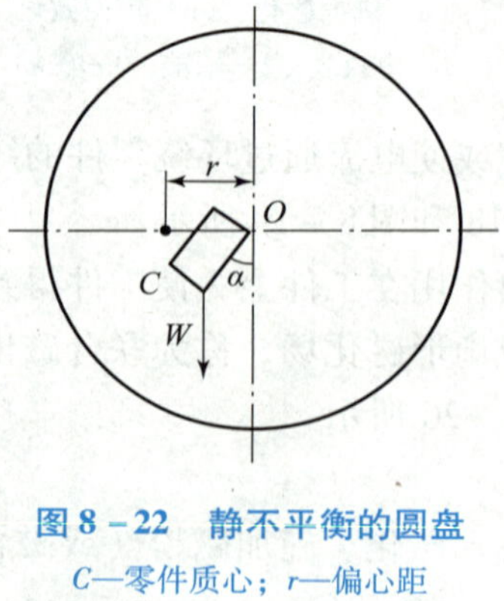

图 8-22　静不平衡的圆盘

C—零件质心；r—偏心距

②动不平衡。动不平衡是由于零件的质心偏离了其旋转轴线或零件的惯性主轴与其旋轴

线不重合而引起的。如图 8－23 所示。

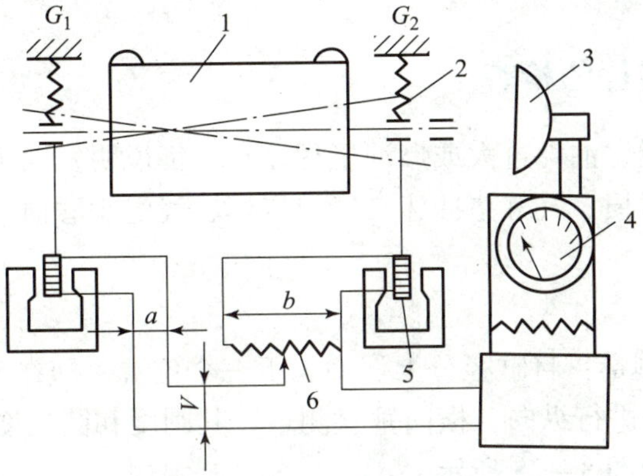

图 8－23　动平衡机的工作原理

1—被测传动轴；2—弹性支架；3—闪光灯；4—不平衡量指示仪；5—线圈；6—开关

二、发动机装配前准备工作

（1）发动机装配应在专用、清洁的场地进行，有条件的修理厂可以专门设置一个总成修理车间，如图 8－24 所示。

图 8－24　某 4S 店维修车间

（2）在装配前把所有零件都清洗干净，缸体润滑油道在清洗后要用气泵吹干。

（3）备齐全部垫片、螺丝、开口销和各种辅助材料。专用螺丝应分类摆放，工具准备齐全。

（4）像活塞、连杆等不能互换的零件在装配前应做好标记，按号装配，有方向要求的配件要按方向装配。

（5）对重要螺丝、螺母的紧固都应分 2～3 次按顺序拧紧到规定值，在发动机装配中像连杆螺丝、气缸盖螺丝、曲轴轴承盖螺丝都要按这种方法来拧紧。

（6）有相对运动的零件，装配时要在表面涂上清洁的润滑油，以保证零件在工作时就能得到润滑。

三、发动机内部零件的检查

发动机功率明显降低、油耗过大或燃油里程缩短，都说明发动机有故障，原因可能是活塞环磨损、缸径划伤或磨损、气缸垫冲坏、气门烧坏、气门座磨损等。检查气缸的压力有助于确定故障的位置。

1. 气缸的检测

（1）发动机缸径的测量：将缸径分上、中、下三个位置，即在离缸体上平面 10mm、中间部位、下平面 10mm 处进行纵向、横向垂直测量，其圆度和圆柱度误差均不大于 0. 04mm，否则应进行镗磨修复，如图 8 – 25 所示。

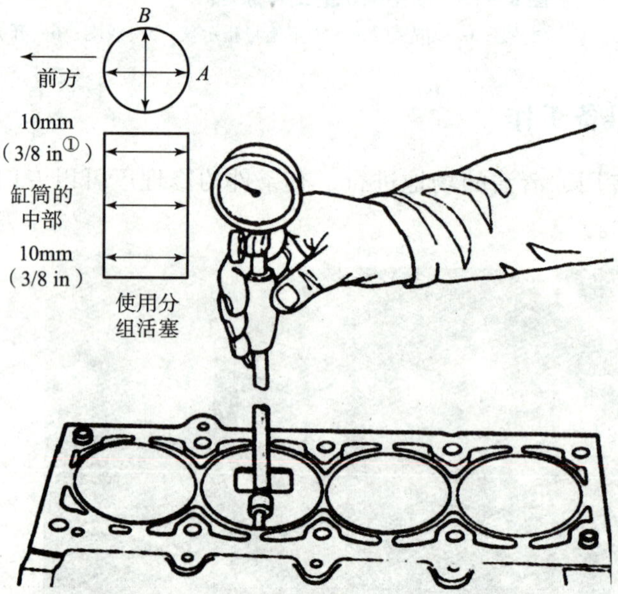

图 8 – 25　气缸测量

（2）检测缸 壁与活塞间隙：倒装活塞，将其放入气缸并使活塞销孔与曲轴轴线平行，用 0. 03mm 厚、12 ~ 15mm 宽的厚薄规插入气缸，测量位置与活塞销孔成 90°，用 9. 8 ~ 24. 5N 的力拉出为合适；缸壁与活塞的配合间隙应为 0. 025 ~ 0. 045mm，使用极限为 0. 08mm；加大修理尺寸分为三级，即 +0. 25mm、 +0. 50mm、 +100mm。

（3）缸体、缸量的检查：缸体上、下平面的平面度误差不得大于 0. 10mm，否则应予磨削或更换。缸盖厚度的使用极限为 132. 6mm；缸盖下平面和进、排气歧管接合面的平面度误差不得大于 0. 10mm，否则应予磨削或更换。

（4）在检测气缸压力时，发动机机油温度至少为 30℃，节气门应全开（开度达 100%），拆下分电器与点火线圈之间的高压线，用气缸压力表（或专用记录仪）逐个测量

① 1in = 2. 54cm。

气缸压力，其压力标准为 1 000 ~ 1 300kPa，各缸之间最大压力允许差为 300kPa，磨损极限压力为 750kPa。

2. 配气机构检修与装配

1）气门杆与导管配合的检查

气门杆与导管的间隙，通常在发动机分解或气缸盖分解清洗后进行检查。将气门提起至离气缸盖平面 15mm 左右，把百分表固定架固定于气缸盖上，百分表杆接触气门顶部边缘，来回推动气门。百分表指针差值即为气门与导管的配合间隙，可根据不同车型的配合间隙值来确定是否对其进行修理；也可通过测量气门导管的内径将测得的内径减去气门杆的实际直径，所得差值即为气门与导管的配合间隙。

经验法：将气门提起至离气缸盖平面 10mm 处，沿发动机轴向或垂直发动机轴方向摇摆气门。

根据经验来判断气门与气门导管的间隙，如图 8 - 26 所示。

图 8 - 26　检测气门杆与气门导管的间隙

2）凸轮轴检修与装配

通常摆差不大于 0.05mm，可不修理。如超过规定应予校正，或更换凸轮轴。

先用外径千分尺分别测量各道轴颈的圆度和圆柱度，如图 8 - 27 所示，若其偏差超过 0.015mm，应进行修复。修复方法可经涂镀后磨削或更换新件。

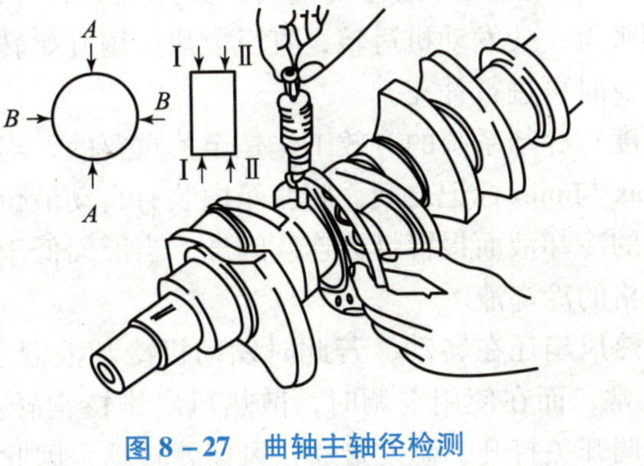

图 8 - 27　曲轴主轴径检测

3. 润滑系统的检查

在该车润滑系统中，机油滤清器位于发动机体一侧，安装在支架上；机油泵为齿轮泵，泵盖上有限压阀。在润滑系统中有两个机油压力开关：一个压力为30kPa，位于缸盖上；另一个压力为180kPa，位于机油滤清器支架上。打开点火开关时，位于仪表板上的机油压力警告灯即闪烁；起动发动机，当机油压力大于30kPa时，该警告灯即自动熄灭；当发动机低速运转且机油压力低于30kPa时，该开关触点闭合，机油压力警告灯闪烁；当发动机转速超过2 150r/min而机油压力达不到180kPa时，另一机油压力开关触点闭合，机油警告灯闪烁，蜂鸣器也同时报警。

检修时检查机油泵齿侧间隙，新装配时要求为0.05mm；齿轮啮合磨损后，极限为0.20mm，超过此值应更换齿轮。检查机油泵轴向间隙：规定磨损极限值为0.15mm。端面磨损大或端面平面有沟槽，会使吸油腔与泵油腔相通，降低出油压力及出油流量，破坏机油泵性能。

使用中若发现机油压力过低故障，如果机油压力报警线路无故障、机油也不缺，则应按以下顺序进行检查：机油集滤器是否滤网堵塞、浮子变形；机油泵齿轮磨损间隙过大、密封性下降；发动机过热，使机油稀释引起机油压力降低；曲轴与凸轮轴轴瓦间隙是否过大等，必要时分别予以修复。

该车发动机的机油高、低压传感器外观相同，不易辨认，因此容易装错位置，可从传感器绝缘体的颜色来区别，高压传感器绝缘体的颜色为白色，低压传感器则为棕色；传感器，上面打有钢印数字，也可通过数字加以区别。

4. 冷却系统的检查

发动机冷却系统采用封闭式泵循环冷却系统，冷却液由专用添加剂G11加水组成；可变速的电动冷却风扇，而且是两个用三角皮带联动的风扇在散热器与发动机之间横排着；冷却系统中有膨胀箱；电动风扇变速是由热敏开关根据冷却液湿度自动控制的；冷却液面报警灯可预警冷却液的最低液面高度。

冷却系统在使用中的检修要点如下：

由G11和水混合而成的冷却液有防冻、防蚀、防水垢形成、提高水沸点的功能，因此不可随意更换和补充不符合要求的冷却液。排放冷却液时，仪表板的暖气开关拨至右端将其控制阀全开，拧下冷却液膨胀盖（注意热水烫伤），松开管通的夹箍，拉出冷却液软管，放出冷却液。冷却液若需全部更换，切记将暖气阀开关至最大，冷却液加至膨胀箱最高记号处。加满后注意拧紧膨胀盖，让发动机运转，直至散热风扇开始转动，然后停转发动机，再检查一次冷却液面，必要时再进行补充。

正确的冷却液面高度对冷却系统的有效工作是至关重要的，当发动机处于冷态时，冷却液在膨胀箱内应位于max与min标记之间。膨胀箱内装有自动液位报警传感器，当箱中液面过低时，位于仪表板上的冷却液面报警灯会连续闪烁。当液面低于min线时，应及时添加冷却液，不允许使用不合格的冷却液。

发动机熄火后，散热风扇还在转动，若此时发动机冷却液温度高于84℃~91℃是正常的，若低于85℃就不正常，而在使用空调时，散热风扇维持常转。该车散热风扇是由电力驱动的，只要有电、空调开关打开、温度接通，风扇就转动，因此发动机熄火后也可继续转动。当散热风扇因故障停止转动时，应立即停止使用空调，否则制冷系统产生高压会损坏电磁离合器。

散热器为铝质管片式，带膨胀水箱。散热器盖上的排液阀开启压力为130kPa，检查时，应以压力为130kPa的水压式气压进行密封性试验，时间不超过1min，不允许存在漏水或漏气现象，否则应焊补或更换。调温器放入水中加热，主阀开启温度为87℃ ±2℃，全开温度为102℃ ±3℃，阀门升程不小于7mm，若达不到上述要求应更换。水泵为离心式，使用中如果出现轴承松旷或有漏水现象，则应予更换。

由于使用了防冻剂，故能防冻、防锈、防结垢，但散热器是个薄弱环节，易损伤而发生泄漏，应及时检查修复。同时还应检查散热器软管有无龟裂、损伤等，一旦发现应及时更换，如图8－28所示。

图8－28　添加冷却液

5. 发动机装配注意事项

（1）不可互换的零件、组合件应按原位安装，避免错乱；对有安装位置要求的零部件，则必须根据记号按正确方向、部位对准，不得错位。

（2）发动机上的重要螺栓、螺母，必须按规定的拧紧力矩分次拧紧，如气缸盖螺栓及主轴承螺栓、螺母的拧紧需从中央起，按交叉顺序，逐渐向外分次进行。

（3）重要部位的间隙必须符合装配标准规定。

（4）在装配过程中，应尽量使用专用工具，以防零件受损。

（5）装配有相对运动的零件，在装配时应涂上清洁的润滑油，减少在装配过程中因转动和冷磨初期造成的磨损。

6. 发动机装配的基本要求

1）对发动机装配场所的要求

应在专用车间或清洁场地进行。装配过程中应防尘、防振动并保持较为稳定的室内温度。装配过程中，做到工件不落地、工量具不落地和油渍不落地，并保持工作台、工件及盘、量具的清洁。

2）对待装配部件的要求

准备装配的零部件和总成都要经过检验及试验，必须保证质量合格，易损零件、橡胶件、紧固锁止件应全部换新，严格保持零件润滑油道清洁。零件清洗洁净后应用压缩空气吹干，并在光洁面上涂一层机油，以防生锈。气缸体上安装缸盖螺栓的盲螺孔中不得积存油液和污物，以免旋入缸盖螺栓时挤压孔中的积液而形成极高的液压，致使螺孔周围的缸体平面向上凸起或开裂。不许互换的零件，应做好装配标记，以防误装。

3）装配中的注意事项

装配中所用的工量具应齐全、合格，并尽量使用专用器具装配。装配过程中不得直接用手锤击打零件，必须使用时应垫上铜棒等。确保各密封部位的密封，防止漏水、漏油、漏气、漏电，重要密封部位应涂密封胶。安装橡胶自紧油封时，应在唇口和外圆涂抹机油后，再用压具压入油封承孔中。装配时，应防止油封歪斜、唇口损坏和弹簧出槽。各部分的紧固螺栓、螺母应按规定紧固力矩、拧紧顺序和方法拧紧。若螺栓有裂纹或变形，应立即更换。对于主轴承盖螺栓、连杆螺栓、气缸盖螺栓、飞轮固定螺栓等发动机上重要的螺栓（或螺母），必须使用扭力扳手，按规定顺序分次均匀地将螺栓拧到规定力矩。严格按照装配工艺进行装配，各部位的配合性质均应符合技术要求。

7. 发动机装配顺序

以气缸体为装配的基础，与拆卸步骤相反，由内到外逐段装配，如图 8－29 所示。

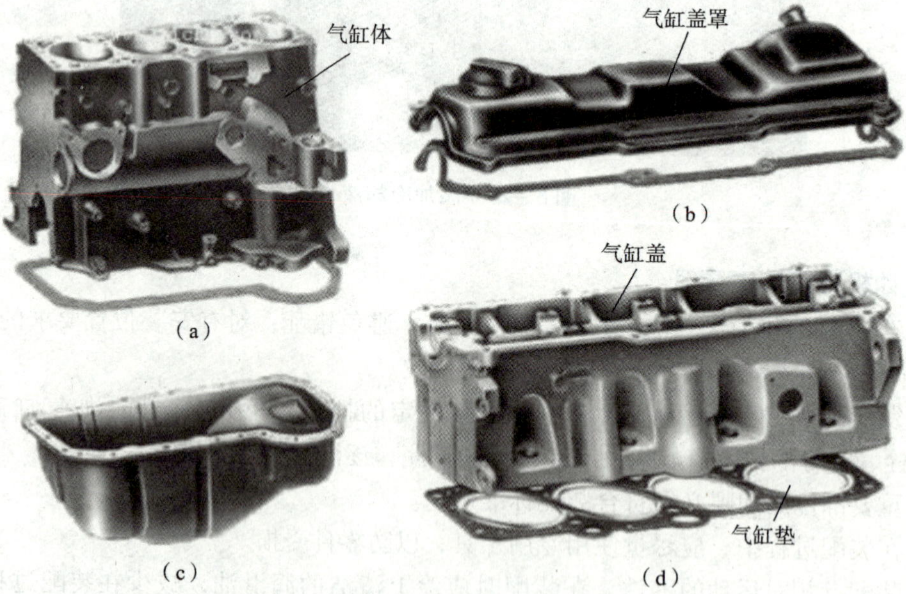

图 8－29　气缸体结构

（a）气缸体；（b）气缸盖罩；（c）油底壳；（d）气缸垫和气缸盖

问题：

（1）发动机大修工艺过程有哪些？

（2）如何检查和检验活塞、气缸连杆等处的配合间隙？

提示：

安装时注意主轴承的定位（在缸体上），以及和主轴承上的油孔对应的缸体上的油孔，并按规定的力矩和顺序拧紧瓦盖螺丝。

任务四　发动机磨合与验收

学习目标

（1）掌握什么是发动机的磨合走合。
（2）了解发动机的验收依据。

相关知识

一、发动机磨合

1. 磨合的作用

磨合实质上就是通过零件配合表面的摩擦运动，进行一种特殊的机械加工的过程。零件表面之间通过相互配合，可以达到以下效果。

（1）扩大配合表面的实际接触面积。

（2）降低配合表面的表面粗糙度。

（3）增大配合间隙。

2. 磨合设备

由加载设备（由测力机构和水力测功器组成）、拖动装置（包括电动机、摩擦离合器、变速器等）、润滑供给装置及测油耗和发动机转速的辅助设备等组成。

3. 磨合规范

发动机的磨合过程分为两个阶段：第一是出厂前台架上进行的磨合（包括冷磨合和热磨合），一般称为发动机的磨合；第二是发动机装车出厂后，在汽车运行过程中进行的磨合，一般称为汽车走合。

4. 发动机冷磨步骤

冷磨时，将发动机装在冷磨架上，侧置气门式发动机，不装气缸盖；顶置气门式发动机，装气缸盖，不装火花塞及冷却系统、燃油系统。冷磨的转速由低速到高速，分三个阶段运转。冷磨时间的长短，视零件质量、装配情况而定，若表面粗糙度低，则冷磨时间短，一般约2h。在磨合中，应观察机油压力及各种部件的工作情况，如有不正常现象，应停止磨合，将故障排除后再磨合。冷磨结束后，将发动机拆散，再将发动机全部零件清洗干净，按规定重新装复。

5. 发动机的热试

将冷磨后装复的发动机装好全部附件，以自身的动力进行运转，对发动机进一步磨合并排除故障，热试要求如下：

（1）热水水温保持在75℃～85℃，试验分三个阶段进行，时间应在1～2h。

（2）热试中应听、看、检查发动机的工作情况。如各衬垫、油封、水封、接头是否漏油、漏水、漏气、漏电；机油压力表、水温表、电流表等的读数是否正常。

（3）调整点火系统、供油系统，将发动机转速稳定在400r/min以下时，运转应平稳。

（4）用气缸压力表测量气缸压力，汽油机各缸压力差应不超过平均值的5%，柴油机各压力差应不超过平均值的8%。

（5）检查发动机各缸是否有不正常的响声。

（6）热试以后，应换润滑油及机油滤清器滤芯。

随着汽车制造工艺技术的提高，现在所生产的发动机配件为装配件，其中有许多为免磨合件，在修理过程中大多只进行热试。

二、发动机验收

验收发动机时，发动机应具有良好的动力性、怠速稳定性，以及较好的燃油经济性，同时排放符合环保要求，各附件工作正常。

1. 一般技术要求

（1）装备齐全，按规定完成发动机的磨合，且无漏油、漏水、漏气、漏电等现象。

（2）加注的机油量、牌号以及润滑脂符合原厂规定。

（3）加速时无爆声、消声器无放炮声、工作中无异响。

（4）机油压力和水温正常。

（5）气缸压力符合原厂规定，各缸压力差：汽油机应不超过各缸平均压力的8%，柴油机不超过10%。

2. 主要使用性能

（1）发动机在正常工作温度下，5s能起动，柴油机在5℃、汽油机在－5℃环境下起动顺利。

（2）加速灵敏，速度过渡圆滑，各工况工作稳定。

（3）最大功率和最大转矩不低于原厂规定的90%。

（4）最低燃油消耗率不得高于原厂规定。

（5）发动机排量值符合GB 7258—2004《机动车运行安全技术条件》的规定。

提示：

在生产实践过程中检查三漏后，进行路试，检查发动机加速性能及有无异响等。

三、发动机走合期内容及规定

发动机大修竣工后承修人有义务告知送修人。走合期的内容及规定如下：

（1）走合期。规定走合期的原因在于发动机组成运动副的零件虽然经过了机械加工，但零件表面仍有微观的几何形状误差，所以接触表面并未达到理想的配合，再加上装配上的误差与零件存在的毛刺，发动机使用初期，毛刺表面的凸起处就会被摩擦下来。为了延长发动机的使用寿命，在走合期内实行减载运行，走合期一般为1 500～2 004km，用户完成走合期后应回修理厂进行走合期维护。

（2）走合期规定。载重量不得超过额定的80%，不许拖挂；严格控制车速，最高车速不得超过40～60km/h等。走合结束后，结合二级维护对发动机进行一次全面检查。

问题：

1. 发动机竣工有哪些内容？
2. 为什么要对竣工的发动机进磨合？
3. 新车及大修后的发动机为什么要进行走合保养？厂家对此有何要求？

小　结

1. 起动发动机，倾听发动机在怠速、中速和高速运转时有无杂声、异响，拆下发动机总成。

2. 清洗、拆卸发动机，清除积炭、油污和结胶，清理水垢，清洁主油道、油底壳，检查各机件的技术状况，研磨气门，检验气门弹簧，检测轴承衬瓦，根据情况更换活塞环，检查油封，根据情况进行更换。

3. 拆检、清洗汽油泵和喷油器，在试验台上进行试验，使其符合标准，拆洗空气滤清器，更换机油，清洗汽油滤清器及其管道。

4. 检验气缸盖，根据情况更换气缸盖衬垫，清洗进、排气歧管及消声器并紧固其螺栓和螺母，检查并紧固飞轮壳与缸体的螺栓。

5. 更换细滤芯，拆卸机油泵、机油集滤器，装上油底壳并紧固，发动机装配后，加注对应标号的新机油至规定高度。

6. 调整皮带张紧度。

7. 拆检水泵，根据情况更换密封皮碗和垫圈，水泵轴加注润滑脂，检查节温器并疏通水道及分水管。

______汽车接车单

接车时间____年__月__日

顾客姓名		车牌号		车型		车辆颜色	
顾客电话		行驶里程		VIN 号			
行驶证日期			保险日期		保险公司		

维修项目

______KM 常规保养□　一般快修□　洗车□　其他□

维修项目	配件	工时	合计	维修项目	配件	工时	合计
1				8			
2				9			
3				10			
4				11			
5				12			
6				13			
7				合计			

故障描述	技师诊断结果

常规保养项目

机油		座椅条件	
转向轴		音响	
刹车油		前车胎压	
防冻液		后车胎压	
电瓶		前刹车片	
玻璃清洗液		后刹车片	
雨刮器		刹车油管	
全车灯光		方向球头	
升降玻璃		门锁机构	

外观检查（有损处打 X）

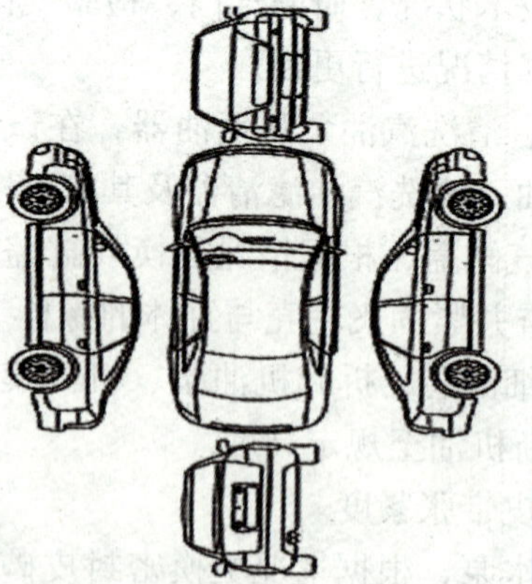

油量显示

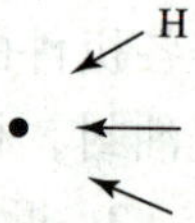

旧件

带走□

不带走□

洗车

是□

否□

备注：1. 此单据中预计费用是预估费用，实际费用以结算单中最终费用为准。

2. 将车辆交由我店检修时，已提示将车辆内贵重物品自行收起并妥善保管，如有遗失本店恕不负责。

质检签字：　　技师签字：　　顾客签字：

交车时间：　年　　月　　日

参考文献

[1] 杨波，李维娟，张金友．汽车发动机构造与维修［M］．北京：北京理工大学出版社，2014.

[2] 朱辉．汽车发动机构造与维修［M］．北京：北京理工大学出版社，2017.

[3] 于增信．汽车发动机构造、原理与维修［M］．北京：机械工业出版社，2014.

[4] 于世标．汽车发动机构造与维修［M］．北京：兵器工业出版社，2016.

[5] 史楠．汽车发动机构造［M］．北京：电子工业出版社，2016.

[6] 王建昕，帅石金．汽车发动机原理［M］．北京：清华大学出版社，2011.

[7] 陈家瑞．汽车构造（第五版）［M］．北京：人民交通出版社，2006.

[8] 李军．汽车发动机构造与维修［M］．重庆：重庆大学出版社，2006.

[9] 谈黎虹．汽车发动机构造与维修［M］．杭州：浙江大学出版社，2007.

[10] 郭新华．汽车构造［M］．北京：高等教育出版社，2004.